中青年经济学家文库

现代企业统计理论体系创新研究

Research on the Innovation System of Modern Enterprise Statistics Theory

王艳明 著

经济科学出版社

图书在版编目（CIP）数据

现代企业统计理论体系创新研究/王艳明著 . —北京：经济科学出版社，2010.4
（中青年经济学家文库）
ISBN 978 - 7 - 5058 - 9287 - 3

Ⅰ.①现… Ⅱ.①王… Ⅲ.①企业管理 - 经济统计 - 研究 Ⅳ.①F272.2

中国版本图书馆 CIP 数据核字（2010）第 075402 号

责任编辑：李　雪
责任校对：王苗苗
版式设计：代小卫
技术编辑：邱　天

现代企业统计理论体系创新研究
王艳明　著
经济科学出版社出版、发行　新华书店经销
社址：北京市海淀区阜成路甲 28 号　邮编：100142
总编部电话：88191217　发行部电话：88191540
网址：www. esp. com. cn
电子邮件：esp@ esp. com. cn
天宇星印刷厂印刷
德利装订厂装订
787×1092　16 开　19.25 印张　340000 字
2010 年 4 月第 1 版　2010 年 4 月第 1 次印刷
ISBN 978 - 7 - 5058 - 9287 - 3　定价：57.00 元

序

改革开放以来，尽管企业统计也进行了一定程度的改革，但仍存在诸多与现代企业制度不相适应的问题需要研究和解决，企业统计在企业生产经营中处于比较尴尬的地位。在国际上如何做好企业统计工作也没有现成的经验可资借鉴。何况中国有自己的国情，正在进行的有中国特色的社会主义事业要求中国企业统计必须走出一条自己的道路。企业统计如何更好地适应市场经济和现代企业制度的要求，如何与经济管理体制改革、企业管理模式的转变相协调，企业统计如何定位，其职能是什么，企业统计指标如何设计，如何运用统计技术并开展统计信息化建设，这一系列重要的实际问题由于研究难度比较大，近年来很少有这方面的研究成果问世。很欣喜地看到山东工商学院王艳明教授通过多年对企业统计改革与发展有关问题的研究，形成了《现代企业统计理论体系创新研究》一书。本书作者先后完成了多项企业统计改革与发展相关课题及论文，本书的形成不仅总结了作者以往的研究成果，而且也包括了一些最新研究成果，使得全书对我国企业统计有一个比较系统的阐述，提出了许多带有创新性的看法与操作方法。本书的研究本着务实求新的原则，通过对我国企业统计理论体系的探索研究，做了如下创新性工作：

1. 以"企业统计功能"为核心重新构建了"现代企业统计理论体系"框架。提出了现代企业统计功能有三个方面，并从理论上对这三个功能的内容和实现形式进行了系统论证，对于进一步明确现代企业统计定位，更好地实现企业统计功能，充分发挥企业统计对企业生产经营管理的有利作用，提供了基本理论依据。

2. 重点研究了"现代企业统计功能的实现方式"，特别是对"企业经营管理统计指标体系"的研究，跳出了"就指标体系讨论指标体系"的传统思维定式，提出了基于信息技术的指标体系设计原则和流程，强调对"基本指标体系"与"分析指标体系"按一定程序分开设计；针对企业统计管理功能，提出了"企业统计技术与企业管理方法融合"的观点。

3. 运用问卷调查方法对我国企业统计现状进行了调查和系统分析。通过分析，明确了我国企业统计实践中存在的关键问题：企业统计定位模糊，企业统计功能没有得到有效发挥，企业统计在企业管理中作用甚微。对著作选题的提出和明确研究思路起到了重要的指向作用。

4. 系统研究了企业统计运行模式和企业统计信息化建设问题。对我国企业统计运行模式的发展过程进行系统分析的基础上，提出了构建"现代企业综合信息型企业统计模式"，并以制造业为例设计出"多功能型"企业统计模式的运行框架。围绕企业统计运行模式构建，在理论上系统地论证了企业统计信息化建设的目标与任务。

5. 实现了企业统计理论与实践的很好结合。结合作者参与完成的横向项目，对大中型企业统计信息系统的开发目标、开发内容、业务流程和基本功能、应用系统层次划分及软硬件安排等方面进行了系统分析。从实践上对论文的理论研究提供了一个很好的检验。

6. 对现代企业统计功能实现的相关保障措施进行了系统阐述。对企业统计基础工作规范化建设、企业统计人力资源和教育培训、企业统计文化建设等进行了研究。提出了比较系统的企业统计能力的评价理论和方法，为现代企业统计理论在实践中的应用效果提供了一个可行的检查评估框架。

本书的选题富有理论意义和实际意义，是一项研究难度较大的工作，作者经过深入调研，收集了大量的第一手材料，进行了深入的分析，对我国企业统计的现状及存在的问题进行了详细的了解并取得深刻的认识。在此基础上，纵跨经济学、管理学等多门学科，对企业统计理论与实践展开了深入的研究，得出一系列具有创新特征的结论。该书的出版，不仅可以为我国企业统计工作直接提供重要的参考，而且有利于推动和深化对企业统计理论与方法的研究。

当然，我国企业统计理论与实践创新是一项复杂的系统工程，本书还存在不够成熟和不尽完美之处，如现代企业管理中的统计技术研究尚欠深入、具体，特别是如何运用统计技术调研市场、为开辟市场服务，如何将统计技术具体应用于生产过程、检验过程及预测尚需进一步开展研究。

2010 年 3 月

前　言

随着社会主义市场经济体制的建立和完善，我国政府统计体制改革在适应新的市场环境与经济形势方面迈出了坚实的步伐，取得了较大成效。然而，对于企业统计而言，尽管随着企业改革的不断深化，企业统计自身也进行了不同程度的改革，并在企业经营活动中发挥着一定的作用。但随着企业经济主体日趋多元化，企业结构和经济联系日益复杂化，对统计信息的需求成倍增长，对企业统计的要求越来越高。据调查，目前我国不少企业管理者、统计负责人甚至直接从事统计工作的统计人员对"企业统计是什么"、"企业统计干什么"、"企业统计怎么干"等统计基本问题缺乏深层次的认识与思考，因而导致企业统计的地位不高、企业统计作用难以发挥、企业统计队伍不稳定等不利于企业统计发展的诸多问题。其中原因，我们认为一方面企业统计理论研究导向存在一定问题，理论研究中严重存在重宏观、轻微观的现象；另一方面，统计理论与统计实践脱节，企业统计理论研究未能充分考虑企业统计的特殊性，使得企业统计研究的许多成果缺乏可操作性。近年来，统计分析的传统方法逐步改进和完善，先进的统计分析方法也不断涌现，但这些统计分析方法如何正确地运用于企业生产经营管理中，发现统计特有的功能与作用，一直未能很好解决。为此，如何丰富、完善、发展我国企业统计理论与方法，更好地用于指导企业统计实践，满足企业经营管理需要，成为当前迫切需要去研究和解决的一个重要课题。

因此，本书紧密结合我国企业实际，针对我国企业统计理论研究存在的薄弱环节及问题，进一步丰富、完善和发展了现代企业统计有关理论，使其指导性更强；在企业统计实践上将现代企业统计融于企业管理过程之中，探索满足现代企业管理需要的统计功能、实现方式、运行模式与统计技术，对于各类型企业特别是大中型企业统计改革，具有现实指导意义。

由于作者水平和学识有限，书中难免有不当与错误之处，敬请各位专家、学者和广大读者对本书的内容和结构多提宝贵意见。

在本书的写作过程中，参阅与引用了多方面的研究资料，已在参考文献注明，有遗漏之处，敬请谅解并向有关作者表示衷心的谢意。

作 者

2010 年 2 月

目　　录

第*1*章

概　　述

问题提出的背景

1.1.1　理论背景

统计无论是作为一项工作或是一门科学，其本质是一种认识活动，是主观认识客观、主观反映客观的认识活动，是通过采集、整理、反映和分析数据来对客观事物的总体现象进行观察和探索的过程。不论在国家宏观层面还是企业微观层面都起着举足轻重的作用。宏观上，国家在进行宏观调控把握社会经济运行态势时，离不了大量的准确、及时、全面的统计信息；微观上，企业的生产经营管理与决策，同样需要企业内部、外部方方面面的统计信息。统计作为管理与决策的参谋与助手，统计的语言是数据，统计的产品表现为数据、信息、报表、年鉴、分析报告、统计方法、统计软件等。统计产品的质量与国家宏观决策和企业微观决策的质量紧密相关，不正确、不及时、不全面、不系统的统计产品会导致决策的低效、无效，甚至是错误与失败。斯里尼瓦桑·拉赫胡纳森（Srinivasan Raghunathan，1999）利用一个理论模型和模拟分析来研究数据质量与决策质量之间的关系，最终研究结果表明，在一个完全确定性的问题中，数据质量与决策质量呈正相关的关系。统计机构作为生产宏微观数据的主要部门，其工作成果对管理与决策而言意义重大。

从 20 世纪 90 年代开始，中国政府统计体系开始转轨，以适应市场经济对经济管理的需要，经济统计理论也逐渐从原来以部门统计为主体，向宏观经济统计和微观经济统计转变。在这个过程中，宏观经济统计有了很大发展，而作为微观经济统计基础的企业统计理论和实践一度处于低谷期，这与各部门统计从统计理论研究中淡出后，企业统计理论研究没有及时跟进有很大关系。从近几年正式发表的文献中，很少看到对企业统计理论体系进行重建的内容，虽然有部分统计理论工作者从教学需要出发对企业统计教材的内容体系进行了大胆探索，但目前仍然处于探索研究阶段，并没有形成比较成熟的体系。造成这种结果的原因可能有两个方面：一是我国经济统计理论界的研究特点决定的。因为我国经济统计理论研究一直以政府统计管理中的问题为研究重点，转轨以来的政府统计从原来的以部门管理需要为主转变到以宏观管理需要为主，相应的经济统计必然转变到以宏观经济统计为重点。这样，微观经济统计问题就相对被忽视。二是中国统计学术界的人才结构的影响。众所周知，我国统计理论界主要由两大类统计研究人员组成，一是社会经济统计研究人员；二是数理统计研究人员。前者偏重经济与社会统计问题研究，后者偏重数理统计方法与应用研究。但是，由于企业统计理论问题是从原来的经济统计体系中分化出来的，主要是经济统计研究人员在从事企业统计理论的研究，而企业统计涉及很多数理统计方法在企业中的应用，这对经济统计人员来说并非强项，而数理统计研究人员对企业统计并不关注，这就形成了前述的企业统计理论研究的低谷期。应该说，经过"大统计学体系"讨论以来，统计学界两大阵营之间有了更多合作和相互渗透。经济统计研究人员也更加重视了数理统计方法的应用，数理统计研究人员也开始关注经济统计问题研究，这种发展趋势使得企业统计中逐步引入了更多的数理统计方法，特别是在企业产品质量控制、统计预测、企业数据挖掘、企业综合评价等方面广泛使用现代统计方法。但从现状来看，统计基本理论体系和内容均未有太大改变，总的说来就是淡化理论，添加方法。

我国现有的企业统计理论研究与成果主要是从两大方面展开的。一方面以统计学基本理论体系进行设计的，包括企业统计设计、企业统计信息收集与整理、企业统计分析、企业统计信息发布的基本理论与方法；另一方面以企业生产经营管理活动过程来展开的，即企业统计组织与条件、企业生产要素统计、企业产出统计、企业综合评价等几大方面。多年来，企业统计为了更好地满足现代企业管理与决策的需要，我国学术界及统计工作者对企业统计工作提出了很多建设性意见，发表了许多有创新意义的论文。1995 年 1 月 1 日至 2009 年底 15 年间，中国期刊全文数据库、中国优秀硕士学位论文全文数据库和中国博士学位论文全文数据库在"来源（期刊名）+题名（企业＋统计）"的检索结果中经济统计核心期刊《统计研究》、《中国统计》、《统计与决策》共发表学术论文 250 篇，其中《统计研究》33 篇，《中国统计》110 篇，《统计与决策》107 篇；出版了《管理统计学》、《企业管理统计学》、《现代企业统计》、《企业经营统计学》等教材，全国社科规划办公室及国家统计局还组织了许多相关项目的立项研究。另外，国家统计局还专门组织了企业统计论文评奖等，目的是推动企业统计理论与实践的创新，更好地为企业经营管理与国家宏观调控服务。总结现有的研究成果来看，教材总体存在着体系雷同，新意不足等问题，仍没有摆脱计划经济时期企业统计的特色；从发表的学术论文来看，谈局部工作改革的多，如"如何完善企业统计管理体制、建立健全企业统计机构；如何增强企业统计职能、提升企业统计地位，参与企业的管理与决策活动等"，没有形成"企业统计"自身的理论体系。现代企业统计理论体系的构建需要遵循统计学基本理论的指导，但又不完全等同于统计学基本理论，现代企业统计理论必须融入现代企业管理之中，以为企业管理与决策提供优质的服务为目标进行研究。现代企业统计只有在理论体系上有所创新，才能适应当前企业发展的需要，才能发挥好企业统计整体功能。

企业统计理论是企业统计工作的先导，是企业统计改革与发展的指南。实践表明，企业统计理论在我国企业统计发展的实践中发挥了较好的指导作用，使我国企业统计工作在服务对象、服务内容、服务方式、服务功能等方面发生了根本性的变革。当前，世界上许多国家尤其是发达国家都非常重视统计学的理论研究和发展，我国企业统计理论与方法的研究相对于宏观统计理论的研究来说，较为薄弱，企业统计基础理论与工作实际存在一定的脱节，许多企业统计人员认为统计太抽象、太深奥，难以掌握。也就是说，企业统计基础理论在指导企业统计工作实践上缺乏一定的目标指导性及实际可操作性。具体表现在以下三方面：第一，随着企业统计实践的不断发展，企业统计理论研究滞后，缺少能够指导企业统计实践创新的理论体系。从已有的研究成果来看，企业统计理论重点内容缺少对现代企业统计的本质、任务功能、工作内容、工作方式方法等统计基本问题系统的阐述，企业统计工作者对自身的工作基本是按照传统的工作思路与方式进行，即按照统计报表制度和有关统计管理条例从事统计报表的编制、常规的统计分析等工作，对现代企业统计的本质与功能认识不清，也没有非常系统的可以借鉴的有一定理论高度的理论研究成果指导企业统计工作的开展。第二，统计理论研究中严重存在重宏观、轻微观的现象。比较而言，政府统计改革与创新研究有更多的成果，而企业统计理论成果较少，而系统的创新性研究成果更少见。应该说，过去对微观统计的研究是不够的，不少统计学家在提到今后一段时期统计学需重点研究的项目中，绝大多数也是宏观的统计理论问题，极少是关于企业统计在内的微观统计问题。从统计研究新成果来看，企业统计理论研究成果无论是数量还是质量均呈下降趋势（从统计的最权威期刊《统计研究》可以看出，自进入 21 世纪以来，共发表关于企业统计方面的论文只有 15 篇，而且 2005 ~ 2009 年五年发表 2 篇，三个年份为 0 篇）。第三，现有的统计理论研究成果与企业统计实践存在脱节，企业统计理论研究未能充分考虑现代企业的特点，使得企业统计研究的许多成果缺乏针对性与可操作性，被企业统计实际工作者束之高阁。刘冰（2006）指出统计理论与统计实践的偏差存在于很多方面，既有统计理论比较抽象性的原因，也有实际统计工作过分简化的原因，致使源于实践又高于实践的统计理论与实际统计工作的距离越来越远，偏差不断扩大。近年来，许多传统的统计分析方法逐步改进和完善，先进的统计分析方法也不断涌现，但这些统计分析方法如何正确地运用于企业生产经营管理中，发挥统计特有的功能与作用，一直未能很好地解决。另外，现行企业许多统计人员没有很好地将企业统计理论转化为现实工作中统计特有的技术与方法优势，在企业发挥着其他岗位难以发挥的作用，形成统计工作的特色优势。长此以往，不仅企业统计不能发展，而且技能单一、墨守成规的统计人员也会面临裁员下岗的危险。道理很简单，享受企业的各种工资待遇，不能很好地为企业服务，不符合市场经济发展的原则与要求。现代企业统计向何处去？这是许多统计理论研究者和企业统计工作者都反复思考的问题。多年来，关于企业统计创新和改革的讨论，可以说涉及企业统计的方方面面，虽然也取得了一些共识，但是，并没有找到一条创新和改革的主线，这恐怕正是企业统计理论研究一度陷入困境的深层次原因。应该说，这些问题已经引起统计理论界、政府统计部门及实际统计工作者的高度重视，大量的事实证明，没有一种超前的理论研究作为基石，企业统计的改革和实践，必然缺乏理论导向和没有理论支撑的。最终导致统计思想观念狭隘，统计改革举措的起点不高，统计发展的进程不快，甚至会走弯路。

1.1.2 现实背景

企业统计与现代企业管理之间关系密切，作为市场竞争主体的企业，在市场竞争中谋求生存与发展离不开统计数据的支持。我国的企业统计工作是在计划经济体制下为适应国家统计制度和统计调查方法的要求建立起来的。计划经济时期，国家是企业的唯一投资者，是企业唯一的利益主体，企业的经营机制也是由国家进行直控经营，统负盈亏，所以企业的生产规模、产品结构、技术发展、原材料的供应、产品的销售、劳动力的使用等等，一切都由国家进行统一安排。此时企业的管理制度比较简单，其主要任务是高效率地协调企业内部的各生产环节，确保生产过程的有序进行以及保质保量地完成国家计划的各种生产任务。这一时期统计的工作范围、工作形式、工作内容以及统计的功能等均比较单一。主要是按上级要求填报各式表格或总结性分析文章向上级报送，供其了解所辖企业的经济动态，并逐级汇总上报，供国家安排调整宏观经济发展计划，满足国家计划管理的需要，监督和检查企业能否按国家的计划要求均衡地完成生产任务。同时帮助企业管理者及时地了解企业各环节的生产状况，实现生产控制之用。对企业自身来说，传统的企业统计仅仅起到事后总结之用，企业发展与否完全取决于上级的安排。

改革开放以后，我国的经济管理体制逐渐由计划经济体制向市场经济体制过渡，随着市场经济体制的建立与完善，企业成为市场经济中自主经营、自负盈亏的独立主体，企业制度发生巨大的变化。企业的利益主体多元化，企业经济结构的复杂化，导致企业统计在内容、形式、技术、功能、范围等方面均发生了相当大的变化。同时，以企业经营机制转换、现代企业制度建立和人员精减为主要目标的企业改革，给企业统计带来了很大的冲击。显然，传统的形成于计划经济时期的企业统计运行模式已难以适应这一制度环境的变化。具体表现为：第一，统计服务对象的变化。计划经济时期主要为政府服务，满足政府计划管理的需要；现在除了满足政府对宏观管理经济信息的需要之外，主要服务于企业生产经营管理的决策者及其管理职能部门，服务于企业的所有股东，服务于企业的债权人。第二，统计需求环境的变化。在企业的市场化改革进程中，企业统计信息的需求环境发生了相当大的变化。企业对统计信息不仅在数量上，而且在形式上、质量上都发生了很大变化。计划经济时期企业仅需要单一的统计信息（资料）和数字化的统计分析。在市场经济时期的今天，企业不仅需要过去简单的统计描述信息，而且需要统计参与到生产经营管理过程中，直接对企业生产经营过程进行监控，取得监控信息，实现企业生产经营的顺利发展；要求企业统计能对企业一定时期内的生产经营状况进行综合评价，以便企业的决策者和生产经营管理者能及时、准确地了解企业的经济状况；要求企业统计能够动态地揭示企业生产经营活动的变动规律，发现相应经济活动的变动趋势，为企业经营决策提供强大的支持；要求企业统计在其产品开发、市场开拓、投资风险识别等方面提供科学的支持。这一切都需要以满足企业管理与决策需要为目标，通过构建科学合理的、具有指导意义的企业统计理论体系，促进现代企业统计整体功能的发挥，提高统计服务层次。第三，统计信息源的变化。企业统计信息源是企业统计信息的初始来源，它是企业统计信息的供给性因素。在传统计划经济体制时期，企业信息源极其狭窄。企业内部，仅有企业生产的组织与管理，一切市场活动并不属于企业统计观测的领地，从而这部分信息也未纳入企业统计信息源的范围。同时企业内部会计核算、统计核算与业务核算相互分离的格局，无形之中也将企业的统计信息源限定在相对狭小的圈子。在企业外部，由于企业是单纯的计划性生产主体，宏观环境的变化，相关企业的变化并不会对企业的内部生产产生多大影响。因此，企业外部信息绝大部分没有纳入企业统计信息源之中。加上改革开放以前的封闭式生产经营模式所限，国际市场的信息也被排除在企业统计信息源之外。信息源狭窄导致传统企业统计产品规格不全、品种老化、不能满足现代企业管理对信息产品的需求。第四，信息技术的发展也为企业统计带来了机遇与挑战。传统的信息一般来自于报表数据及传统媒体披露的资料。无论在信息传递速度，还是在信息容量上都有局限。在信息时代，以互联网为标志的现代化信息载体使企业统计获取信息更方便、更快捷，容量更大，从而使企业统计信息源在时间与空间上都获得了前所未有的扩张。恰恰是这种信息技术的迅猛发展，特别是网络技术的兴起和广泛应用，不但为改变传统层层汇总的统计方法提供了条件，而且将从根本上改变传统的统计运行方式。

对于企业统计而言，随着企业改革的不断深化，企业统计的地位与作用也越来越不容乐观，企业统计的生存与发展面临着一个非常严峻的考验。首都经济贸易大学统计学专业部分师生曾到人才就业市场做过调查，企业很少招聘统计人员，问其原因，一是大型国企统计岗位已经人员饱和；二是具有市场经济特征的三资企业等基本不设统计专门机构。一些厂长、经理说，我们现在急需市场调查、经济分析、信息技术、质量管理等方面的人才，不需要搞统计的。在他们看来，企业统计就等于上报报表，除完成上报报表以外，企业统计对企业几乎没有什么用。这种观点是计划经济时期企业统计在企业管理者心目中留下的看法或印象，这种看法或印象至今都没有得到很好的改变，众多企业管理者对企业统计工作不重视、不支持也就不足为怪了。事实证明，在市场经济体制下，统计在现代企业的作用越来越大，企业的管理与决策、生产与经营等领域无处不用到统计的思想与方法，上述调查企业急需的市场调查、经济分析、信息技术、质量管理等人才，正是有统计知识背景的人员发挥作用的所在。

企业统计实质是一种知识的再生产，其产品的知识含量相当高。统计信息已成为企业领导的耳目。在这方面西方发达国家已远远走在前面。如国际商用机器（International Business Machines，IBM）公司在1998年就做出规划并投入2500余名专家在全球范围内利用因特网进行研究开发，将其各地分公司的生产经营研发数据及全球市场信息和相关产品技术发展动向等资料进行统一收集、管理和分析，使之转变成具有重要指导意义的信息，用来指导改善各级决策层的业务水平，增强企业市场竞争能力和反应能力，使得企业发展战略规划更加科学合理，同时大大降低生产经营成本，以适应瞬息万变的全球市场。瑞典一家保险公司，自1991年起已开始建立一套名为"导航仪"的指标体系，运用统计学思想和统计分析方法，将公司的智力资本进行量化并运用到日常管理中，不仅可以确切了解公司当前的经营状况，还能预测公司未来发展潜力，同时激励雇员进行保险产品的创新和开发，起到了良好的效果。在残酷的市场竞争面前，企业的竞争优势、企业对优势资源之间的充分结合以及正确的战略决策都会影响甚至决定企业的生存与发展，而要做好这一切都基于对企业现状和竞争对手及市场信息的充分了解和正确认识，从这个认识基础上来说，企业统计的职能已从简单的人、财、物的数据的采集和加工整理填写报表而上升为新的战略高度，不仅需要企业统计的信息功能更需要企业统计的分析与管理功能。借助企业统计特有的功能，既能及时、正确、全面地采集数据，也能科学、有效地加工分析数据，发现问题，提出对策建议，服务于企业的管理与决策。

1.2

研究的目的和意义

对于企业统计而言，尽管随着企业改革的不断深化，企业统计自身也进行了不同程度的改革，并在企业经营活动中发挥着一定的作用。但是，根据我们进行的企业统计状况问卷调查了解到（详见第 3 章），目前我国企业统计的实际情况是，大部分企业统计仍存在诸多与现代企业制度不相适应的问题，企业统计的现状很不乐观，企业统计处于比较尴尬的境地，而且国外也没有很好的可资借鉴的经验。那么，企业统计工作如何更好地适应市场经济与现代企业制度的要求，如何与经济管理体制的改革、企业管理模式的转变相协调；企业统计如何定位，企业统计的功能是什么；如何组织企业统计工作；企业统计指标体系如何设计以实现对现有统计内容的整合和补充；如何应用统计方法分析解决企业管理与决策中的问题，企业统计人员应具备的素质与能力；如何构建高效的统计信息系统等，对这些问题的解决，尽管已有许多的研究成果从不同的角度进行了一定程度的讨论，但从体系来看仍不够全面、从指导性来看操作性不强、从研究深度来看许多问题并没有说深说透，关于企业统计的诸多理论问题需要有系统性的研究和创新。只有在科学的理论指导下，才能还原企业统计的本质，正确把握现代企业统计的特征与功能，最大限度地发挥企业统计的作用。因此，提出了"现代企业统计理论体系创新研究"的课题，从理论体系的高度对企业统计的理论进行重新认识和构建。在已有企业统计理论研究成果的基础上，根据我国现代企业实际，对现代企业统计理论存在的问题与不足在创新的基础上进行重构，不求面面俱到，以期发挥企业统计理论指导统计实际的作用，真正为满足企业管理与决策需要发挥统计应有的功能与作用。

本书紧密结合我国企业统计实践，在吸取前人有用的研究成果的基础上，从现代企业统计功能的角度构建了现代企业统计理论框架体系，进一步丰富和发展了现代企业统计的理论与方法；在与企业统计实践的结合上，强调现代企业统计融合于企业管理过程之中，探索满足现代企业管理需要的企业统计功能及其实现形式、企业统计运行模式、企业统计方法技术、企业统计信息化建设等。该研究成果对加快我国企业统计改革，促进企业统计发展，实现企业统计工作的新突破具有重要的学术价值和实际应用价值。同时本研究成果如能很好地应用到统计实践中，对加强企业统计在企业管理中的影响力与作用力，提高企业统计地位与影响都会有非常重要的作用。

1.3
研究范围、内容和技术路线

1.3.1 研究范围

如上所述，"企业统计"应该说是我国特有的研究课题。在欧美等发达的市场经济国家，"企业统计"通常是指以"企业"为总体的调查统计活动，而在我国则专门指企业为经济管理活动和面向政府统计部门提供统计服务需要的统计工作过程，在后一种意义上，国外很少关注企业的"企业统计"，因为是企业自己的事情。但是，在我国目前的经济管理体制和统计管理体制下，企业统计工作水平既关系到企业自身的经营管理活动质量，又直接影响到政府统计调查数据的质量。企业统计产品虽然应该成为企业管理与决策的依据，但它的产生及对它的认识和管理仍带有强烈的计划经济色彩，使得企业缺乏对统计产品这一重要的生产力资源进行积极主动的开发利用，企业统计的优势与职能尚需进一步的开发与总结。研究边界总结如下：

（1）本书的研究对象是企业，属于企业微观层面的研究。应该说我国的企业数量众多，类型多样，本书理论研究对象主要针对工业企业。

（2）本书研究的内容为"企业统计有关理论研究"，应该说是我国特有的，重点研究"企业为经济管理活动和面向政府统计部门提供统计服务需要的统计理论与方法，即企业统计功能创新理论研究"，不研究政府对企业的统计调查活动，后者属于"政府统计"研究的范围。本书研究也只有在涉及"向政府统计部门提供统计报表数据时企业统计活动的规律"才会涉及政府统计的相关问题。

（3）企业统计理论涵盖内容丰富，不可能一一涉猎，本书不研究企业统计纯技术方面的内容如调查技术、数据挖掘技术、企业统计计量模型等，而是对企业统计理论体系进行创新研究。

1.3.2　研究内容

本书共有八章，各章内容安排如下：

第 1 章　概述。本章阐述了本书研究的背景，指出了本书研究目的和意义，提出了研究内容与基本方法，并对本书总体内容及结构安排进行了说明，归纳出本书的主要创新工作。

第 2 章　国内外研究现状及评述。本章主要针对 1995 年 1 月 1 日至 2009 年年底 15 年间，发表在经济管理类核心期刊上以企业统计为主题的具有代表性的论文进行了系统梳理，总结了期间我国企业统计理论研究的基本情况，在已有企业统计理论研究成果的基础上，明确研究的重点与需要做的工作。

第 3 章　我国企业统计现状调查分析。本章是在问卷调查结果整理的基础上对我国企业统计实际现状进行了分析。主要做了两部分工作：一是基于问卷调查结果进行描述性分析；二是基于问卷调查结果进行统计模型分析，通过分析，明确企业统计现实及存在的问题，找出制约企业统计活动向前发展的关键因素，为后述研究打下基础。

第 4 章　现代企业统计功能研究。本章是在目前现有的企业统计理论研究比较中，提出了现代企业统计理论体系的核心问题是正确认识和解决"现代企业统计功能"问题，以此为主线展开"现代企业统计理论体系"创新研究内容，将企业统计功能重新定位为三个方面：信息功能、分析功能、管理功能。研究分别从企业统计功能的三个方面详细论证了企业统计功能的定位、内容和实现形式等。

第 5 章　现代企业统计运行模式。本章主要梳理了我国企业统计的运行模式的演变历程，找出了现行企业统计运行模式存在的问题，提出了现代企业统计运行模式的基本架构与功能，并以制造业为例设计出"多功能型"企业统计模式的运行示意图。

第 6 章　现代企业管理中的统计技术研究。本章主要从统计方法论的角度对如何将现代统计技术与企业经营管理有效结合做了大量系统性工作，根据现代企业经营管理各领域对统计技术的需求，分八个方面即企业运营管理、质量管理、营销管理、人力资源管理、财务管理、风险管理、技术创新管理和综合评价对统计技术的运用进行了详细讨论和阐述。

第 7 章　现代企业统计信息化建设。本章系统地论证了企业统计信息化的六个子系统相互之间关系，明确了其地位与作用。指出企业统计信息化建设工作本身就是一项系统工程，完成这项工作需要从五个方面同时推进，具体可以概括为"五化"；提出了企业统计信息化建设的"三建一防"工程。实践上以某矿业集团非煤产业统计信息系统开发为例，从系统开发目标、开发内容、业务流程和基本功能、应用系统层次划分及软硬件安排等方面进行了介绍，并对实际开发实施的效果进行了总结。

第8章　现代企业统计理论创新的保障。本章主要从企业统计理论创新保障的角度对企业统计基础工作规范化建设、企业统计人力资源与教育培训、企业统计文化建设和企业能力建设四大方面进行了系统的研究。指出企业统计规范化建设的内容，进而提出了实施标准、目标和评价体系；企业统计人力资源与教育培训部分，探讨了企业统计人力资源的素养、企业统计人力资源的现状以及企业统计人力资源建设等内容；现代企业统计文化建设部分主要从企业统计文化的界定、建设原则、内容进行了理论上的深入探讨；企业统计能力建设是一个全新的内容，从企业统计能力建设问题入手，讨论我国企业统计能力的内涵及其与政府统计能力的区别，提出了企业统计能力评价的系统结构，并从个体评价和总体评价两个角度对企业统计能力的评价方法进行了研究。

1.3.3　研究的技术路线

本书研究内容的逻辑顺序见图 1-1。

1.4
研究的基本方法和主要创新点

1.4.1　研究的基本方法

通过文献调研，了解我国企业统计改革和企业统计理论与方法研究的现状，明确研究的方向，运用问卷调查方法对我国企业统计现状进行了调查和系统分析。通过各种访谈和对调查问卷的描述统计分析和推断分析，明确了我国企业统计实践中存在的关键问题。这对"现代企业统计理论体系创新"课题的提出和明确研究思路起到重要的指向作用。通过亲自参与企业统计信息系统研究课题，结合自己多年与企业管理和统计人员的交流，借鉴专家意见，最终形成本课题研究的总体框架和具体内容。

（1）文献调查。系统整理企业统计理论研究现状，找出企业统计理论创新的难点和薄弱点，为本课题研究指明方向。

概述
本书研究背景、研究目的和意义
本书研究内容和技术路线、研究方法和创新点

↓

国内外研究现状及评述
相关概念、企业统计研究基本情况、文献综述及评述

↓

我国企业统计现状调查分析
调查方案设计、企业统计现状分析、存在问题与建议

↓

现代企业统计功能研究
企业统计功能定位：信息功能、分析功能、管理功能

↓

现代企业统计信息功能
的实现形式：
统计调查基本统计指标
体系设计
企业统计信息中心
企业统计信息系统

现代企业统计分析功能
的实现形式：
分析统计指标体系设计
企业统计分析报告系统

现代企业统计管理功能
的实现形式：
管理统计方法体系设计
企业统计决策支持系统

↓

现代企业统计运行模式
我国企业统计运行模式的历史及存在问题
现代企业统计运行模式设计

↓

现代企业管理中的统计技术研究
通过现代企业运营管理、质量管理、营销管理、
人力资源管理、财务管理、风险管理、技术创新
管理和综合评价对统计技术的运用进行讨论和阐述

↓

现代企业统计信息化建设
现代企业统计信息化的基本内涵、特征与功能
现代企业统计信息化建设及应用案例

↓

现代企业统计理论创新的保障
企业统计基础工作规范化建设
企业统计人力资源与教育培训
企业统计文化建设、企业统计能力建设

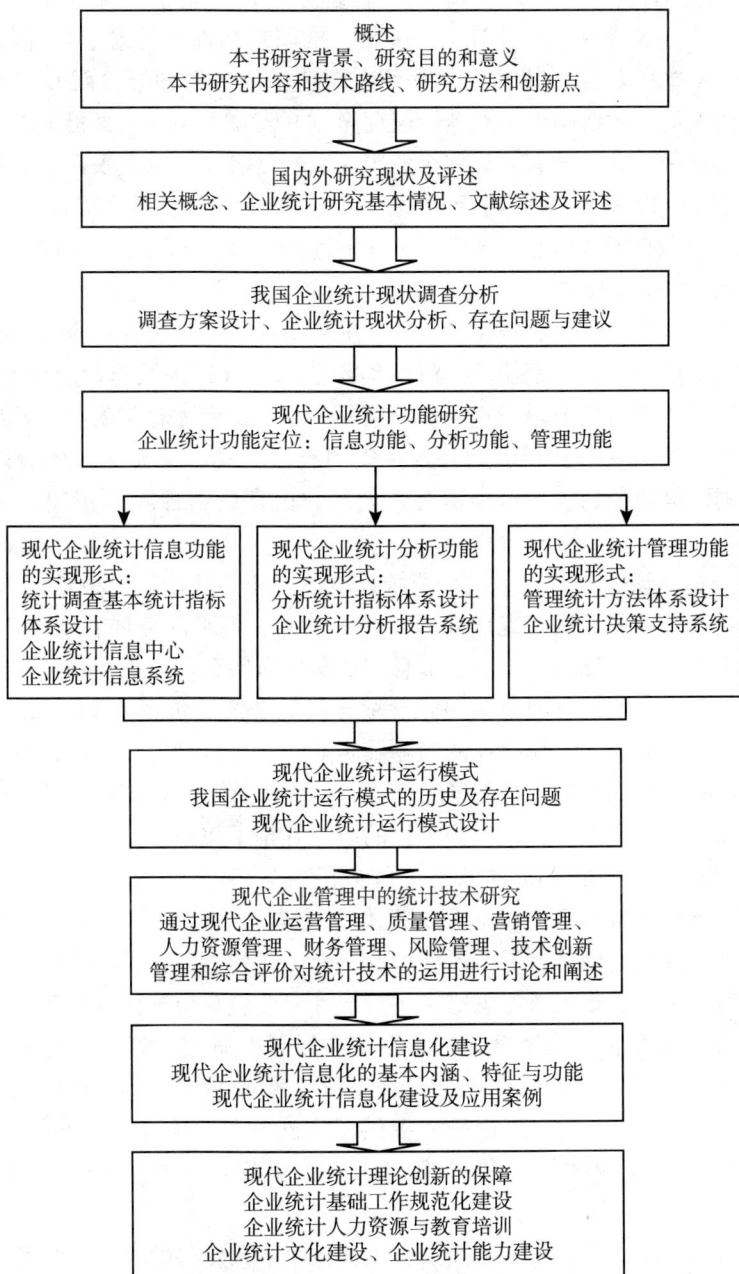

图1－1　本书研究内容与技术路线图示

（2）问卷调查。为配合项目研究，使理论的创新基于客观事实，项目组采用抽样调查的方式进行了"统计工作现状"的问卷调查（见附录）。调查问卷分为两部分：A 卷和 B 卷，其中 A 卷是调查企业主要分管领导，而 B 卷是调查企业统计工作人员。此次问卷调查范围覆盖全国 9 省市，包含东部沿海发达区域和少数中西部省份；涉及国有、集体企业等 8 大经济类型；遍及采矿、制造业及电力等 12 大行业以及各种不同规模的 206 家企业（集团）。问卷发放 206 份（套），回收有效问卷 183 份（套），回收率达 88.83%，有效率 100%。

（3）现场访谈调查。在山东范围内进行了实地调查，借寒暑假之机分别到济南、青岛、淄博、烟台、济宁、泰安、威海等城市的有关大型企业进行了走访调查。调查单位有：济南钢铁厂、海尔集团公司、青岛国风药业股份有限公司、中国石化集团齐鲁石化公司、兖州矿业集团公司、烟台冰轮集团公司、烟台东方电子信息产业集团有限公司、烟台张裕集团有限公司、某矿业集团有限责任公司、莱芜钢铁集团公司、三角集团有限公司、山东成山橡胶（集团）股份有限公司等。

（4）小型座谈会。召开了"企业统计改革"小型座谈会。2006 年 12 月我们召集了烟台市统计局、国家统计局烟台调查总队、烟台港务局、烟台建设集团、烟台冰轮集团公司、烟台东方电子信息产业集团有限公司、烟台张裕集团有限公司、烟台朝日啤酒集团有限公司的分管领导与综合统计负责人 15 人在山东工商学院围绕现代企业统计工作存在的问题及企业需要什么的统计、统计能为企业做什么、企业统计应如何定位等问题展开讨论，大家针对所在企业统计状况，各抒己见，提出了很多观点与建议，为项目的研究开拓了思路。

（5）专家咨询。在 2006 年 6 月中国人民大学主办的"国际统计论坛"上，笔者就"我国企业统计若干问题研究"作了专题发言，并与到会的著名专家学者就企业统计改革问题进行了广泛深入的交流，各位专家也围绕目前我国企业统计现状提出了很多创新观点与思路，包括统计专业教育与统计就业等问题。

（6）参与大型企业集团统计信息系统项目开发研究。第二负责人主持完成了"某矿业集团非煤产业统计信息管理系统"项目的研究（2008 年山东省科技厅组织鉴定），为本项目理论研究提供了实践案例，本项目最终成果极大地提高了非煤产业企业统计工作效率与水平，更好地发挥管理与决策的参谋作用。

通过以上工作，基本掌握了我国企业统计改革和发展的现状，明确企业统计实践对企业统计理论的需求，提出现代企业统计理论体系的核心问题是正确认识和解决"现代企业统计功能"问题，以此为主线展开"现代企业统计理论体系"创新研究内容。最后提出实现现代企业统计理论创新的保障措施。

1.4.2　主要创新点

研究工作主要围绕"现代企业统计功能及其实现形式"进行理论体系的创新，主要创新点总结为如下五个方面：

（1）以"企业统计功能"为核心重新构建了"现代企业统计理论体系"框架。提出了现代企业统计功能有三个方面：统计信息功能、统计分析功能和统计管理功能。并从理论上对这三个功能的内容和实现形式进行了系统论证，对于进一步明确现代企业统计定位，更好地实现企业统计功能，充分发挥企业统计对企业生产经营管理的有利作用，提供了基本理论依据。

（2）重点研究了"现代企业统计功能的实现形式"，特别是对"企业经营管理统计指标体系"的研究，跳出了"就指标体系讨论指标体系"的传统思维定式，提出了基于信息技术的指标体系设计原则和流程，强调对"基本指标体系"与"分析指标体系"按一定程序分开设计；针对企业统计管理功能，提出了"企业统计技术与企业管理方法融合"的观点。

（3）运用问卷调查方法对我国企业统计现状进行了调查和系统分析。通过问卷调查进行的描述统计分析和推断分析，明确了我国企业统计实践中存在的关键问题是：企业统计定位模糊，企业统计功能没有得到有效发挥，企业统计在企业管理中作用甚微。这对"现代企业统计理论体系创新"课题的提出和明确研究思路起到重要的指向作用。

（4）系统研究了企业统计运行模式和企业统计信息化建设问题。企业统计运行模式是企业统计功能的实现的重要方面，在对我国企业统计运行模式的发展过程进行系统分析的基础上，提出了构建"现代企业综合信息型企业统计模式"，并以制造业为例设计出"多功能型"企业统计模式的运行框架。围绕企业统计运行模式构建，在理论上系统地论证了企业统计信息化的六个子系统相互之间关系及其地位与作用。同时指出企业统计信息化建设需要从企业统计数据信息化、企业统计信息流程化、企业统计流程系统化、企业统计系统网络化和企业统计网络智能化五个方面同时推进。

（5）对现代企业统计功能实现的相关保障措施进行了系统阐述。对企业统计基础工作规范化建设、企业统计人力资源和教育培训、企业统计文化建设等进行了研究。提出了比较系统的企业统计能力的评价理论和方法，为现代企业统计理论在实践中的应用效果提供了一个可行的检查评估框架。

第 2 章

国内外研究现状及评述

本章文献综述的内容就是将国内外学者关于企业统计理论的研究成果进行归纳总结，以期在前人学者研究的基础上对企业统计有一个更为全面深入的认识，为现代企业统计理论体系创新做些铺垫。

企业统计服务的经济利益主体即为企业，只有满足企业经营管理与决策需要的企业统计才有生存与发展的必要，所以要进行企业统计理论研究，必须弄清现代企业的内涵、本质、特征及其对统计理论和实践的要求，才有利于统计理论创新的进一步研究。

2.1
本书相关概念

2.1.1 我国"企业统计"及其演变

由于实行计划经济体制，改革开放以前的企业只是政府计划的执行者，没有独立自主地位。因此，传统的企业统计是以满足政府宏观统计核算为主，全面满足国家宏观管理需要的一种行政统计组织，是政府统计的基础，企业统计工作的主要任务是定期完成政府系统全面统计报表。改革开放以来，在向市场经济过渡过程中，企业统计的服务对象也开始了渐变：由原来的单一的服务政府，过渡到政府和企业兼顾，再到以服务企业管理为主、服务政府统计为辅的轨道上来。在这个发展过程中，人们的企业统计观念也在发生相应的变化。

（1）计划时期的企业统计观。

我国的企业统计，曾经在计划经济时期发挥着重要作用。尤其是在为政府、部门提供计划管理信息服务方面有着"辉煌的业绩"。那时期的企业统计作为政府统计组成的基础部分，担负为政府部门提供制定和修订计划所需的统计信息，检查反馈国家计划执行情况的信息收集、整理分析和上报，严格执行上级政府、部门布置的除经常性统计报表以外的调查任务，同时为保证完成政府、部门的生产经济计划任务，企业统计必须向企业领导管理者提供必需的内部基本的人、财、物信息资料，并负责检查计划的执行情况的工作。企业统计由此成为我国的经济建设中的不可缺少的重要的"基础性工作"。总之，历史上，除了"大跃进"、"文化大革命"两个特殊时期，整个计划时期的企业统计工作尽管基本是向上"报报表"，尽管也是"清水衙门"，但由于其在政府统计方面发挥的重要作用而获得较高的社会地位。那时统计工作实行"统一管理、分工负责"的原则，综合统计部门负责统一组织、指导、开展全厂统计工作，各业务部门负责本业务系统的统计工作，车间统计员负责开展车间的统计工作。

（2）转轨改革时期的企业统计观。

这一转轨时期经济形势的变化，带来企业统计功能的变化和服务方向上的调整。随着企业"自主权"的"逐步扩张"，企业统计越来越无法满足企业的需要。尽管企业统计也在不断地进行着自身内容、服务方向和方式方法的调整，但由于企业体制改革似乎更快于统计体制的改革，"统计为政府服务"的惯性使得企业统计的改革严重滞后于企业改革的需要。甚至于在一段时期内，中小企业借企业机构改革之势，取消"企业统计"。一时间，企业统计地位在急速下降。企业统计似乎变得可有可无，多数中小企业统计组织被撤并，统计人员被缩编或改行且变动频繁。

（3）市场经济的企业统计观。

近十年来，随着社会主义市场经济体制的逐步建立，企业面临的市场竞争形势日益激烈，企业对统计的需求也日益增加，人们的统计观也在悄悄地发生着变化。"越是市场经济，统计越重要"的观点逐步为企业管理和决策者所接受，人们开始意识到现代统计方法在企业生产经营管理和决策中的不可替代的作用。改革现有统计体制，充分发挥统计在企业中的信息、咨询和监督以及决策支持等方面作用的呼声越来越强烈。更多的企业，尤其是市场化程度较高、竞争激烈的大中规模的现代企业（集团）都在积极探索统计改革之路。在这种形势下，深入研究企业统计理论，对现代企业统计理论体系进行创新的需要日益强烈。

2.1.2　现代企业统计的内涵

现代企业是适应市场经济和信息化社会要求的独立社会单元，与传统的企业对统计的需求相比较，有很大的不同。现代的企业统计为适应现代企业管理经营和决策需求，在应用领域、工作手段、统计功能以及信息管理等方面具有以下几个方面特点。

（1）应用领域扩大化。

由于信息技术的发展，企业统计不仅能够更加系统地、及时地搜集企业内部的生产经营信息，而且可以较为方便、快捷地搜集宏观的社会经济信息、市场信息、竞争对手信息、相关客户信息、供应商信息、潜在竞争者信息等，大大地扩大了企业统计的触角。并且现代企业统计可以实现物流、资金流和信息流的协调统一，进一步发挥了企业统计的信息综合能力和分析概括能力。

（2）工作手段现代化。

互联网环境下各种统计信息的收集是实时的，无论是企业外部数据还是企业内部数据，一旦发生都将存入相应的服务器，并主动及时送到企业管理信息系统中等待处理。通过数据仓库技术（Data Warehouse，DW）和联机分析处理（On-line Analysis. processing，OLAP）技术以及智能化的专业软件对这种复杂的统计信息进行管理和使用。

（3）功能实现全面化。

由于企业生产经营管理的需要以及统计技术的发展，现代企业统计对统计功能的实现表现出全面化特点：不仅可以满足于事后统计信息的加工与整理，而且可以将其统计功能扩展到企业生产经营管理的事中控制和事前预测；不仅可以满足于利用统计信息对企业生产经营情况进行描述，而且可以将其功能扩大到统计规律的揭示和对企业决策的支持。

（4）统计管理信息化。

在统计数据管理方式上，可以实现集团型企业对分支机构的集中式管理，并实现统计与业务、财务的协同、动态核算、及时控制、在线办公等管理模式。这有利于整合整个企业的资源，全面提高企业的市场竞争能力。

在建立企业统计信息网络（ESIN）的条件下，统计人员可以改变传统的工作方式，面对计算机和互联网构筑一个高效率的工作空间；统计人员可以利用网络进行高效率的统计调查；利用网络以最低费用在世界范围内发布并传输统计信息；分散办公和移动办公将成为现实。

总之，现代企业统计是以现代企业管理理论和统计理论方法为基础，以满足现代企业管理需要为核心服务内容，运用统计设计、统计调查、统计分析和统计管理方法服务企业科学管理的系统性方法工具；现代企业统计不同于传统企业统计的"统计岗位或机构"观念，主要是一种系统方法的功能展现，是一种能够适应现代市场经济需要、能够适应现代企业制度需要、综合运用现代统计和信息技术、深度结合现代企业经营管理理论的企业统计。

2.2

我国企业统计研究的基本情况

（1）从论文的发表数量来看，数量呈下降趋势，研究人员不集中。

据统计，1995～2009 年共 15 年的时间里，中国知网、中国期刊全文数据库在"来源（期刊名）+ 题名（企业 + 统计）"以经济统计核心期刊《统计研究》、《中国统计》、《统计与决策》为代表期刊的检索结果中共发表以企业统计为题的学术论文仅 250 篇，年均不到 20 篇。其中《统计研究》共计 33 篇，《中国统计》110 篇，《统计与决策》107 篇，详见表 2 - 1。所发表论文中，关于企业统计理论创新研究的论文几乎没有。与宏观统计、政府统计方面的论文相比，这个数量的确很低。论文发表的情况虽不能说明一切，但至少向我们展示了一个信号，就是目前中国主流统计学界对于企业统计的研究热情不高，成果很少。在统计中还发现一个现象，即在所发表论文的作者中，发表 2 篇以上的不足 10 人，这说明，研究者对企业统计缺乏持久的研究兴趣和热情。

表 2 - 1　　　　经济统计三大期刊发表企业统计为题的论文统计　　　　单位：篇

年份	《统计研究》	《中国统计》	《统计与决策》	小计
1995	5	4	12	21
1996	0	8	10	18
1997	3	1	2	6
1998	2	4	5	11
1999	8	9	3	20
2000	3	22	16	41
2001	3	15	2	20
2002	3	9	9	21
2003	1	7	12	20
2004	3	6	8	17
2005	1	8	11	20
2006	0	3	5	8
2007	1	6	6	13
2008	0	6	5	11
2009	0	2	1	3
合计	33	110	107	250

注：作者统计所得，下同。

15 年间所发表论文数量，按 5 年分组，前 5 年（1995～1999 年）年均发表 15 篇，中间 5 年（2000～2004 年）发表 24 篇，近 5 年（2005～2009 年）发表论文较少，只有 11 篇，其中最多的是 2000 年，达到 41 篇。企业统计研究的现状很不乐观，从统计最权威杂志《统计研究》发表的此类论文数量可以说明这一点。1995～1999 年、2000～2004 年、2001～2006 年在《统计研究》上发表的论文数量分别是 18 篇、13 篇和 2 篇，前 5 年超过后 10 年，特别是近 5 年中有 3 年此类文章为零。

（2）从内容来看，企业统计改革和创新研究成果居多。

企业统计改革和创新无疑是企业统计研究的主体，在这 250 篇论文中，直接以企业统计改革和创新为论文题目的就有 62 篇。加上那些在文章中包含着企业统计改革内容的，这方面的研究至少占到 2/3 以上，可以说企业统计研究的历史，就是企业统计改革研究的历史。

对于企业统计的研究，总体来看呈现点面结合的格局。一方面许多专家学者从整体的角度探讨企业统计改革的必要性和改革的方向：汪作先（1998）指出企业统计改革的方向；颜德伦等（1999）对企业统计的现状，企业统计改革的目标、改革的关键，企业统计工作的定位等方面进行了较为全面的讨论；董逢谷（2000）则对企业统计的含义，企业统计机构的设置，企业统计的职能以及政府统计报表等热点问题进行了深入的讨论。另一方面部分专家学者则是抓住其中的一个细节深入地进行研究：万寿桥（2001）探讨了企业统计的市场化定位和目标取向；管于华（2005）讨论了六西格玛管理与企业统计前景；邵建利等人（2005）则重点研究了 ERP 系统与企业统计的结合应用问题，提出了 ERP 系统中统计核算信息生成模型及符合我国企业统计核算要求的信息。

总体来看，1999 年以前的论文，多属于前者，即整体探讨阶段；而 2000 年以后，则更偏重于后者，即专题深入研究阶段。

2.3

企业统计理论研究文献综述

单纯关于统计理论方面的理论研究文章不是很多，蔡旭初（1994）分析了市场经济条件下所表现出来的统计理论导向弱化，统计理论作用滞后的主要因素：观念障碍、方法障碍、条件障碍及国际障碍，指出统计理论除了研究统计活动的方法外，更应研究统计活动的规律，其统计职能、统计思想、统计观念、统计法制、统计道路等的研究都应该成为统计理论实体，成为统计理论基础框架。蒋真华（2008）指出传统的统计理论有一个很大的弱点，即它的主要内容是与现行政策、制度交织在一起。已有的企业统计理论研究主要集中在以下几个方面：企业统计的定位问题，企业统计机构设置和管理体制问题，企业统计内容、方法手段和技术创新问题。经过多年的研究和讨论，在某些问题上已经基本达成共识，而在某些问题上却仍然分歧很大。还有一些问题是大方向基本达成一致，但细节问题还未有定论，仍有很大的探讨空间。

2.3.1　关于企业统计定位问题的研究

关于企业统计定位问题，实质上是企业统计"能够干什么、应该干什么"的问题。

（1）关于企业统计应当主要为谁服务的问题。

企业统计的定位是企业统计改革中首要的、基础的问题，决定着企业统计改革的方向和企业统计肩负的任务，其实质是服务方向问题，所要解决的是为谁服务及服务方式的问题。主流的观点是：企业统计应该从计划经济时期为政府报表服务为主转变到为企业管理服务为主。

董逢谷（2000）总结，目前的主流观点认为政府统计报表是一项义务，而作为独立的经营单位，企业统计的主要服务对象应是企业本身而非政府的统计机构，完成统计报表仅是企业作为一个独立主体必须完成的法定义务。黄建新（2000）指出，企业统计一方面要与上级统计部门的要求相统一，另一方面要满足国家宏观经济管理的需要。在两方面统一的过程中，要以内为主，内外兼顾，充分发挥企业统计的职能作用，更好地为企业经营管理服务。彭永红（2003）建议企业统计应由主要为上级服务的报表型统计转为主要为本企业经营决策服务的参谋智囊型统计。

（2）关于企业统计与政府统计关系的问题。

与企业统计的定位问题紧密相连的一个问题就是应该如何认识和理顺企业统计与政府统计的关系。黄良文等（1995）指出市场经济条件下，政府统计与企业统计有不同的统计目标，需要摆正二者的位置，调整好二者之间责权利的关系；明确了对于基础信息，企业和政府应实行伙伴合作关系；对于专门信息或分析加工信息则应实行商品交换关系。应大力加强行业统计，因为它是统计中协调政府与企业责权利关系的最佳联结点。何锦义（1999）提出了变"行政统计"为"法治统计"，政府统计机构与企业是平等的调查者与被调查者的关系，应依法进行。李军德（2000）强调：政府统计和企业统计在服务对象、统计立足点、统计目的、统计内容上存在重大差异，需注意制度和指标体系上的衔接。王艳明（2006）给出了在市场经济条件下，协调政府统计与企业统计的关系的合理建议：一是政府统计部门依法向企业布置任务，不干预企业统计的内部事务，定期向企业反馈综合信息、行业信息，做到来源于企业，服务于企业，支持和协调企业开展咨询活动。企业依法完成国家规定的统计任务，不得拒报、虚报、瞒报和漏报。二是政府统计部门要加强对企业统计改革的行业指导，提出正确导向，明确企业统计的地位和作用，重视并支持企业统计改革。三是政府统计部门和行业管理部门要减少重复调查，避免多头向企业要资料，减轻企业统计负担，切实为企业统计改革创造宽松的宏观环境。

（3）关于企业统计的功能或职能问题。

有两种观点：一是与政府统计职能一致的"三大职能"论；二是企业统计特有的"多职能"论。

企业统计"三大职能"论。这是来源于政府统计"信息、咨询和监督"三大职能的提法，代表性的是董逢谷（1999）的观点。他认为，企业统计的职能取决于企业统计的服务对象，服务对象分别是企业业主、决策管理层、主管部门和政府统计机构，企业统计的职能具体化为信息、咨询和监督。并对企业统计的三大职能进行了详细阐述。许多文献持有类似观点。另外，王雷（2004）在三大职能之外提出：提高统计分析水平，增强统计分析在企业决策中的服务功能。

"多职能"论就是提出企业统计有多个职能，不同的学者提出的具体表述又有所差异。代表性的是纪宏等（1996）适应企业经营管理的需要，企业统计的职能可归纳为描述、评价、预测、决策和控制五项基本职能，并对这五大职能进行了阐述。张涵（1999）指出，统计不应只是高清晰度的照相机，应是超远程的望远镜和高倍数的显微镜，即预测、监测和参与决策应是统计的重要任务。苏永明（2005）提出，在进一步强化统计的描述功能基础上，大力开拓企业统计的控制功能、综合评价功能和统计分析功能，提升企业统计的服务层次。增强企业统计参与管理，实现企业统计的决策支持能力。刘畅（2005）在市场经济下，现代企业统计根据研究对象范围的拓展、新的研究内容的纳入、统计信息系统与外部环境的相互联系的顺序与方式不同，具有决策功能、监控功能、统计诊断功能。彭莉莎（2009）提出，企业经营管理统计具有提供信息和传输信息、综合评价、诊断、决策和监督五大职能。陈振裕（2000）又专门对企业统计分析工作从分析的范围、内容、时间、频率、方法、手段、形式等做了较为详细的系统研究，提出了统计分析软件化是深化改革企业统计分析工作的最终目的。

（4）企业统计与企业管理的关系。

比较一致的看法是：企业统计的工作重点是为企业管理服务，企业统计是企业管理的参谋和工具。当企业管理由过去的经验管理向科学管理转化以后，企业经济管理也越来越需要依赖于企业统计，企业统计成为企业管理必不可少的工具。张涵（1999）建议，企业统计应拓宽统计工作空间，适时提供各种调查分析结果，即对企业未来有用的统计信息和带有浓厚咨询性质的精品。董逢谷（2000）将企业统计界定为企业统计活动和企业统计工作两个层次。并指出，企业统计活动是现代企业制度得以实现的基本保证。管理科学必须以企业统计为依托。崔瑛（2000）进一步明确，市场经济条件下的企业统计应该是以企业为核心、以市场为依托、以企业发展为目标的企业管理活动的一个有机组成部分。史传坤（2003）提出：要把日常工作的重点放在为企业经营决策服务上。围绕企业的生存与发展，围绕企业发展战略的实施开展统计分析与服务。陈涌泠（2004）认为，企业统计是企业管理的基本工具和手段之一，企业统计的功能、技术和方法，都是为企业服务所必需的，企业统计的应用和深化是企业管理应用和深化的一部分。

2.3.2　关于企业统计的运行模式问题

企业统计的运行模式主要是回答"企业统计怎样干"的问题，可以从企业统计机构和管理体制改革，企业统计与会计核算的关系等方面进行分析。

（1）关于企业统计机构的设置与管理体制的讨论，存在不同的观点。

实践中许多企业在机构改革中都对企业统计机构进行了调整。有的撤销了统计机构，更多的是将统计部门附属在生产、企业管理、财务部门。这些做法是否合理？是否有必要设置统计机构，以及以什么样的方式设置统计机构是当前统计界争议极大的问题。

林梦琦（1999）提出破除旧的企业统计管理体制，建立新的企业条件管理体制。王诚惠（2004）指出现行的管理体制及运行方式有三个弊端：一是没有一个专门的部门从企业适应市场竞争的多侧面、多角度，从经营管理的全方位来综合考虑企业需要的各种统计信息，以及怎样搜集这些信息；二是对企业目前搜集汇总的各种信息难以进行更高层次的配套综合分析，使信息的利用仅停留在初级层次；三是企业各部门之间难以实现有效的信息交换与共享，也使信息的可利用范围及程度要打一些折扣。蔡宏宇（2007）提出要根据市场经济管理企业的要求，调整对企业统计工作的管理制度、管理形式和管理方法，以确保企业统计充分发挥作为企业管理重要手段的作用。因此企业统计适合实行企业决策层统一领导、企业各部门分别负责的管理体制。

对企业统计机构是否有必要设置及如何设置有四种不同观点：

第一，有的学者提出"统计机构无形化"的设想。董逢谷（2000）将企业统计机构定义为实现企业统计定位，而存在于企业各层次的相应统计组织，有有形和无形之分。有形的统计机构是指专门从事企业统计工作的机构，其在形式上具备统计机构的名称并配置专职的工作人员。无形统计机构是指运用统计技术方法，完成一定信息收集、信息服务的机构，这些组织或人员一般不以统计工作为其主要职责，在形式上也没有统计的称谓，只是统计功能的使用，客观上实现了统计方法技术向各职能部门渗透，这一现象称为"企业统计机构的无形化"，有形统计机构主要实施报告、信息库和培训职能，而无形统计机构主要实施咨询和控制职能。20 世纪 90 年代以来，统计机构无形化在中小企业中已成为一种趋势。指令企业专门设置统计机构只会受到抵制，而统计机构无形化促进统计的渗透和强化。

第二，有的学者主张不再设置专门统计机构，企业统计应走市场化、产业化道路。万寿桥（2001）认为：仅存的一两个统计人员需应付大量报表，从事市场调查力不从心。企业统计报表只能反映内部信息，多数可从其他部门取得。所以企业统计逐渐消失是合理的。企业只完成少量报表，可不必设置专门统计人员。现存的大量统计人员，实行资源重组，根据自身专业优势，知识特长走向市场，优化组合。从原企业分离出来成立调查公司，统计事务所等统计产业，走产业化道路。接受企业的委托，为企业提供有偿服务，实现统计信息资料的商品化，不再承担政府部门的报表义务，而是利用自己的优势从事市场调查与分析研究，为企业提供咨询服务。企业不设统计机构和统计人员，工作由其他职能部门完成，实现了统计方法向各部门的渗透。当然，企业统计的市场化定位也要分阶段进行。

第三，大部分学者都认为应该保留统计机构，不过各有侧重。有的十分强调企业内部的机构设置权；有的强调统计机构的差异化；还有的强调统计机构的独立化。宋丽群（1999）建议企业的统计机构不仅不能削弱，而且还要大力加强。要设立企业总统计师制，企业的总统计师要与总工程师、总会计师、总经济师享有相同待遇。这样才能从组织上保证总统计师协调管理的权威性。谢中枢（1995）根据 1992 年 7 月 23 日国务院颁布的《全民所有制工业企业转换经营机制条例》，提出必须尊重企业享有的内部机构设置权。隗斌贤（1997）强调了使企业统计组织成为企业经营管理机构的组成部分，其设置完全由企业自行决定。王亚雄等（2000）主张建立直接对总经理负责，摆脱局部利益影响，不受制于个人或各部门所左右，围绕企业的总体利益独立高效地展开工作的统计信息中心。有统计调查取样权、综合计划检测权、上报发布数据权、参与决策评价权。细分成以下几个职能部门：计划设计，信息收集与处理，生产经营与控制，综合分析部门，资料提供和保管部门。王艳明（2001）认为统计机构的设置应因企业而异。企业可以综合统计部门为中心，把各个分公司，分厂，车间，班组的基层统计职能科室的专业统计有机地组织起来，建成上下成线、纵横成网、相辅相成、协调统一的统计网络，并通过综合统计部门解决综合统计与专业统计，对外报表与对内报表的分工协调问题。统计机构的设置，要与整个企业管理机构的设置相适应。由于各企业的生产经营性质、规模大小等不同，企业统计机构的设置不可能只有一种模式，要根据不同企业的特点考虑。彭永红（2003）强调企业统计机构必须是企业直接管辖下并直接为企业发展决策服务的专门综合管理机构。不仅要能够直接连接企业内部各生产机构，而且要直接连接企业决策机构、管理机构、营销机构，更要广泛连接与本企业有关的社会机构。袁卫秋（2006）提出，企业统计信息管理需要首席信息官（CIO），首席信息官负责企业信息资源的开发、利用和管理，制定信息资源管理的政策和规划，建设信息管理系统，开发信息技术和制定信息标准，加强内外信息交流，参与经营决策等。李晓翼（2008）提出，建立新型的企业统计机构，企业统计机构要办成信息中心。在市场经济条件下，企业的统计工作，不但要保证完成上级的报表报送任务，还要切实地为企业的经营管理服务。

第四，有的学者主张由民间统计组织（如市场调查公司等）担负起企业统计信息采集的任务。耿奎（1998）指出民间统计实体可以为那些空缺统计机构的企业提供信息，是企业统计的拓展和补充。何锦义（1999）主张变"强化企业统计机构"为"弱化企业统计机构"。理由是：企业统计机构占用企业的财力却在为政府服务，与企业利润最大化的目标矛盾；既要为政府统计服务以调查者身份面对企业，又以被调查企业代言人的面目出现，承担为企业利益保守秘密的任务，必然无所适从。企业统计机构和统计人员参与企业管理，只不过是统计人员的一种良好愿望。要企业保持高素质的统计机构只能是政府统计部门一相情愿的事。变统计人员在内为统计人员在外，效仿税务系统的监管员制度，具体负责与一地的企业联系，指导监督企业填表。

（2）关于企业统计与会计的关系，观点各异。

主要有三种观点：一种观点认为可以用会计代替统计；另一种观点则认为统计无可替代；还有一种观点，认为统计会计应尽快实现一体化，将企业统计建立在企业会计核算的基础上。

①变统计指标为会计指标。耿奎（1998）认为企业信息既包括内部信息又包括外部信息，但内部信息的搜集加工由会计核算来完成，统计拿过来用就行了，统计信息主要是面向市场信息。何锦义（1999）认为应该变企业统计指标为企业会计指标。因为企业微观管理和核算向来是以会计核算为基础的，

与统计有关的只是统计方法而已，统计方法不仅统计人员可以用，其他人员也可用。

②统计无可替代。苏永明（2001）指出，有人主张变统计指标为会计指标，这是"拿来"而不是创新，使统计在这种改革中失去自我。统计信息比其他信息具有全面性，其信息咨询监督职能是无可替代的。企业会计工作的主体内容是企业的资金运动过程的核算，无法提供企业管理中所需的其他信息。会计核算主要针对内部核算、微观核算，且大多是事后核算。统计核算既有内部核算，还有外部核算；既有多阶段问题分析，还有整个过程的综合评价；既有事后情况的总结判断，还有事前发展方向的科学预测。

③以会计核算为基础的会计统计一体化。《企业统计改革与发展》课题组（1995）指出企业统计运作的内部协调之一是消除多头核算，另一个是协调建立起共享信息的标准核算方法，主要是统计对会计资料的运用的科学核算原则和方法①。隗斌贤（1998）阐明，一要建立以会计核算为基础，以统计为综合研究和分析方法，以计算机为技术手段的三位一体的企业核算体制，把企业统计的核算职能归并到会计核算之中，作为会计核算的一个分支，统计只是作为一种分析研究的方法和预测、决策、控制职能而存在，不必建立独立的统计数据采集系统，也不一定要设置专门的组织机构；二是改进统计报表制度，使之在核算准则上向会计靠拢，更多的利用会计信息满足上报统计报表的需要。杨全照（2003）也主张企业统计核算应与会计核算相协调。统计适应会计变化，就要研究如何利用会计资料，我们不可能也不应当要求会计科目和财务报表向统计指标靠拢，而应当依据现行会计科目和财务报表，改进和细化统计指标数据的采集和计算方法，科学加工和充分利用现有的会计资料，当前企业会计制度相对统计制度而言要成熟且规范，再加上有工商税务部门的有力监督，较之统计数据的可靠性要高得多，况且与国家财政指标、税务指标、金融指标联系起来。因此，在对企业实施调查时直接采集会计指标，再根据各级统计部门的需要生成统计指标。邵建利（2004）从企业管理角度来看，统计数据取之于会计数据可以降低核算数据的采集成本。并且指出了实现统计会计核算一体化的途径是基于事项法的三位一体的企业柔性核算信息系统，即：对于经济事项采用多重属性度量，自动生成会计统计核算报表；有助于满足使用者多层次和多方面的要求；产生大量数据，可通过数据库管理和数据仓库技术解决；还可开展数据挖掘和时间序列分析等深度分析工作，实现核算信息的价值提升。

---

① "企业统计改革与发展"课题组。企业统计改革新体系 [J]。统计研究，1995（3）：49~56.

2.3.3　关于企业统计内容、方法手段和技术创新问题

主要包括企业统计指标体系、统计方法手段和信息技术应用三个方面。

（1）企业统计指标体系存在的问题。

学者们普遍认为，现有企业统计指标体系不能满足企业科学决策和参与市场竞争需要。隗斌贤（1997）提出，企业统计改革的关键是把企业统计真正还给企业并在企业"生根开花"，更新统计内容，完善统计方法，建立管理型统计。颜德伦等（1999）则揭示了企业需要各种信息，但企业统计忙于报表，现有数据过于庞杂却不适用的尴尬境地。王艳明（2001）指出现行企业统计指标大部分为反映企业内部信息的指标，且多为事后描述，信息量小，超前性预测性指标少，缺乏反映外部的横向的统计指标体系，不能从动态上评价、分析、监督、预测市场及企业运行过程。而且反映内部信息的统计指标多为上报统计报表使用，对企业经营中的热点难点反映不够，难以满足企业领导和管理决策者的需要。

（2）关于企业统计指标体系的设计。

关于企业统计指标体系的设计，大部分企业统计改革方面的文献都会提到，但并没有形成一个公认的企业统计指标体系。在设计思路上取得了比较一致的看法：首先，以反映企业生产经营活动的全貌为宗旨；其次，应具有全面描述、评价、分析、预测和监督企业发展的功能；再次，要结合企业目标、经营战略和管理措施来设置；最后，要加强各种经济核算的通用性，以提高企业的管理效率。

褚可邑（1999）提出，企业统计指标体系应分为内部信息和外部环境两大方面，然后再进一步细分。如内部信息指标可包括生产，库存、劳动、固定资产、财务金融指标，销售情况、科技投入指标等方面；外部环境指标可包括产品需求构成，地方购买力，用户变动情况，市场占有，市场价格，企业信用，竞争对手动向，资源供应，天气和自然灾害等方面。杨全照（2003）所设计的四大指标群也充分体现了由数量到质量，由现象到本质的层层深入的科学逻辑：一是反映企业基本情况的指标群；二是反映企业经济总量的指标群；三是反映企业经营运行质量的指标群；四是反映企业市场竞争情况的指标群。

还有一些文献是在基本指标设计之外特别强调了某一侧面。如马岚（2001）强调统计指标体系设置要国际化，对企业的科技创新能力和社会效益应给予必要的关注。王艳明（2003）指出，应加强对企业质量控制统计指标体系、企业综合评价统计指标体系、企业产品市场需求和供给能力的统计指标体系、企业市场竞争能力及活力的统计指标体系、企业科技创新能力统计指标体系的研究及构建。高家规（2005）认为不能忽视关系企业可持续发展的环境资源指标体系。

张丽英（2006）则指出传统的企业指标体系对信息、技术等无形资产对企业生存发展所起的作用，创造的价值没有计量和统计，对人才和智慧的产出也无法统计，这就要求建立一套能充分反映知识经济要素投入产出关系的企业统计指标体系。李晓翼（2008）提出建立企业新统计体系的内容：一是企业外部信息；二是企业内部信息；三是企业经济核算体系；四是分析决策支持系统；五是控制系统。

（3）统计手段创新是实现企业统计信息化的关键。

王延东（2004）指出深化企业统计改革的关键是统计手段的创新。统计手段包含资料报送手段、调查方法、数据整理和分析技术等诸多方面。对于统计手段创新的讨论中，最为引人注目的是如何应用 ERP 技术提升企业统计工作。企业统计存在"数出多门"、"信息孤岛"现象，数据不唯一，不能共享，没有发挥信息化投资的综合效益。而 ERP 的作用恰恰是，通过一整套的数据采集、传输、共享机制，消除了"信息孤岛"，形成完整的企业生产经营统计数据，为统计分析提供了丰富的数据资料。杨鲁营（2004）概括了 ERP 信息技术的特点：源头数据自动采集，实时传输、统一标准、充分共享；重视跨学科、多部门专家协同工作、集中决策；企业网络向底层生产控制网和外部网两头延伸，通过财务管理信息系统与投资、物资、销售、人力资源管理等信息系统的融合，实现价值量与实物量的对接。顾晓中（2005）评价了实施 ERP 对企业统计工作的作用：信息高度集成，物流、资金流、信息流三流合一，强化了统计的信息职能；实时动态的三流同步，信息透明，资源共享，可实时查询信息，为咨询提供及时准确全面的信息资源；ERP 的动态监控系统，为监督职能提供了信息平台；强化了企业统计的基础工作。

（4）关于企业统计信息化建设问题。

实现统计信息化管理，有利于提高统计数据的准确性和及时性，从而将人从繁琐的数据计算中解脱出来，利用现代计算机技术高效率、全方位地开发利用信息资源，实现统计报表处理和统计分析研究报告写作计算机化，使统计人员把更多的精力用于统计分析和统计预测上来。颜德伦等（1999）提出，当前建立统计信息系统在组织形式方面的突出问题是，不少企业的信息中心与统计组织机构是分离的两个部门，工作重点和人员配置方面没有实现有机地结合。杨海山（2001）提出企业信息网络建设的主要内容：建立企业内部统计各专业统计的协作机制，企业与政府、部门统计的信息传递机制，企业与社会统计咨询机构之间的信息共享机制和企业自身需要的市场信息机制。陈彦玲（2001）讨论了三种企业统计信息系统的设计思路：一是可以按照企业管理层次设置，如集团系统、工厂系统、车间系统。二是可以按照企业管理职能设置，如财务信息系统、人事信息系统、生产调度信息系统。三是可以按照企业信息流转规律（再生产的基本环节）设置。刘崇欣（2004）描述了企业统计信息数据库的通用模式。指出构建企业统计信息数据库通用模型的关键是通用性和适用性。包括企业动态的指标库、公式库、统计函数库、统计报表库，以及统计分析方法库、图形库和模型库。苟巧玲（2007）提出，建立企业统计信息库，加强和提高数据的可靠性、准确性、及时性和系统性。企业统计信息库的建立为实现企业的科学决策和管理提供了可靠的依据，加强和提高了数据的可靠性、准确性、及时性和系统性；有利于对统计资料的全面开发和应用；企业信息化建设和管理现代化的实现，并且为统计资源共享、实现统计信息的商品化、产业化、社会化奠定了基础。

2.3.4　国外企业统计有关问题

国外的"企业统计"是指政府统计中以企业为调查对象的统计。与我们的"企业统计"比较接近的概念是"商务统计"或"管理统计"，即是统计技术在企业商务活动或管理活动中的运用。实际上，国外企业，尤其是大企业，在企业内部管理和市场活动中广泛运用统计技术。据文献考察，日本、英国、德国、加拿大等国企业统计情况，对发达的市场经济国家的企业统计有了些感性认识，这些国家的企业统计具有以下特点：第一，统计方法与职能在企业中非常受重视，统计应用的领域非常广泛。企业的市场调查、商情预测、经营决策、技术开发、产品设计、生产管理、质量管理、产品销售、财务管理、企业文化等各个方面都运用了统计方法和思想；第二，企业统计是企业自身的行为，除了按法律规定向政府提供有关统计数据以外，政府对企业统计无权干涉，企业统计只对出资人或管理者负责并为其服务；第三，虽然统计方法与职能在企业应用得很广泛，但大多数企业没有专门的统计机构，统计的职能分散在各个部门，经理、工程师、设计师、会计师一般都是比较精通统计业务的专家。

顾卫兵（2008）总结了法国中小统计体系的主要特点：①多方参与的统计体系。法国中小企业统计调查体系涉及统计、税务、劳动、商法院、海关等较多部门，并不是由一个部门统计所有的数据。各部门分工协作，各自负责，保证所统计的数据的准确性和及时性。②非政府组织发挥重要作用。非政府组织作为中小企业统计分析的重要补充，更加具体和有针对性，发挥着重要作用。各行业协会根据行业发展的新情况、新问题，开展统计调查分析，提出政策建议和行业发展方向，为政府决策和行业内企业发展提供参考依据。③注重统计分析的实际应用。法国的政府部门和企业非常重视统计信息的实际应用。国际企业发展署法国信息中心开展多方面的信息服务，组织专题性研讨会，让企业了解市场状况，并帮助中小企业找到合作伙伴。法国工商会有定期统计出版物，发布有关的经济指标和信息，企业可直接在网上方便查找，还建立了统计信息的反馈机制，不断完善统计信息。

得出的几点启示：①建立完善的乡镇企业统计调查网络体系。②加强对乡镇企业基本数据的分析和运用。法国对中小企业数据的分析与运用方面走在世界前列，有一个比较成熟的机制。建议我国财政安排专款，以项目、课题等形式，支持事业单位及社团等非政府组织，加强对乡镇企业统计调查数据的研究、分析与运用。③加大乡镇企业统计调查事业投入度。法国有200多万家中小企业，各统计调查机构都有充足的经费作保障。而我国统计调查领域普遍存在吃老底、凭感情等现象。要确保乡镇企业统计调查事业健康发展，就必须加大对乡镇企业统计调查事业的投入力度，为乡镇企业持续、健康、平稳和快速发展作出贡献。

陈振裕（1992）对国外企业统计工作情况进行了总结，对我国目前许多企业统计工作仍有借鉴作用。①从统计报表制度的设计思想来看，国外十分重视统计调查的经济效益。一是对项目调查的确定十分慎重；二是把全面调查的指标减到最低限度；三是充分利用已有的统计和行政登记资料；四是调查的资料全部综合整理。②从企业统计报表的设计原则来看，在满足宏观管理和微观管理的需要上有两种不同做法。苏联与东欧是既满足宏观也满足微观管理的需要。西方国家则只满足宏观管理的需要，不考虑微观。③从企业统计报表的调查范围来看，工业企业不仅被作为工业生产的基层单位，还被作为社会经济活动的基层单位。因此既有反映工业生产的指标，也有反映非工业性生产和非物质生产活动的指标，反映企业经济活动的全貌。④从企业统计报表的体系和分类目录来看，国外十分重视它们的科学性、成套性和稳定性。许多国家在指标体系上，注意相互衔接配套，重视分类的标准化和规范化。在确定第一次设计时十分慎重，确定后只作局部性改变。⑤从企业统计报表的设计特点来看，国外注意六个方面的结合和两个方面的区别对待。六个结合是：月季统计同年度、普查统计相结合；全面同非全面调查相结合；数据同情况调查相结合；基本项目的定期调查同附加项目的不定期调查相结合；统计表式的设计同现代化计算工具的要求相结合；把各类行业的共同需要的指标同每类行业特殊需要的指标相结合。两个区别对待是：对规模大的企业用长表，小企业用短表；大企业实行全面调查，小企业抽样调查，更小的企业利用行政登记资料。⑥从企业统计数字的质量控制来看，国外十分注意避免大差错。主要措施是：注意用简便的统计方法，通俗易懂便于掌握；在表式设计上尽量把代码、指标名称、分组分类目录、计算单位都印好，只让企业填数；对容易填错的地方加上特殊醒目的标志以引起注意，对容易产生不同理解的指标要求表末加注解；采用数字质量控制指标以验证主要数字质量。⑦在企业统计报表资料的数据处理上，较普遍地使用计算机，并把现代统计方法用于管理。⑧从企业统计报表资料搜集和资料来源看，各国做法不尽一致。大致有三种：苏联把统计会计搞成一套报表，由统计局批准布置到企业；南斯拉夫价值量指标由簿记局布置，实物量指标由统计局布置到企业；其他国家由统计部门制发统计报表，包括价值量和实物量指标。⑨企业统计资料的搜集是多渠道的，国外政府统计部门十分重视对企业资料的保密工作。⑩在企业的统计职能和机构的设置上，各国情况不一。

总之，由于我国统计体制的特殊性，我们在企业统计数据搜集方式和方法上不能完全照搬西方国家，应该开发研究与之相适应的新理论和新方法（赵彦云，2006）。

2.4

相关研究成果评述

从近 15 年的企业统计研究文献资料来看，企业统计改革和理论研究成果可以说十分丰富，这些成果对指导企业统计工作、推动企业统计改革、促进企业统计创新都具有非常重要的现实意义。通过文献梳理，我们也发现，企业统计理论研究还存在明显的不足，这些不足正是值得进一步深入研究的方向。下面分别从企业统计定位、企业统计运行模式、企业统计内容和手段的创新等方面进行简要评述。

2.4.1　关于企业统计定位

对企业统计定位问题是讨论较多的一个理论问题。应当说，无论是企业统计工作者，还是统计学术界，大家普遍认同一个观点：企业统计存在的价值主要是服务于企业生产经营管理。但在企业统计如何正确处理好为企业自身服务和为政府统计服务方面，观点不尽一致。这仍然是一个没有很好解决的理论问题。企业统计定位中一个非常关键的问题是：企业统计的功能问题。大多数学者从职能理论出发，讨论了企业统计的职能问题，有"三大职能"说，还有其他观点。"三大职能"说来源于政府统计，在运用到企业统计时受到很大限制，因此，有的学者重新提出了一些新的职能，虽然在某些职能上是重叠的，如分析、预测、决策、控制等职能都有不止一个学者提到，但终归是没有一个比较统一的观点。显然，这个问题是关系到"企业统计能够干什么和应该干什么"的一个重大理论问题，仍然需要进行深入的理论探讨。

2.4.2 关于企业统计运行模式

企业统计运行模式关系到企业统计改革实践的效果。其中讨论较多的问题是企业统计组织机构改革问题，也有文献讨论了企业统计管理体制。企业统计管理体制是从政府统计角度考虑问题的一种观念，在市场经济条件下，企业统计与政府统计不再有上下隶属关系，这种所谓的"管理体制"已经不存在了。企业统计组织机构问题倒是一个现实问题，这不是"应该不应该保留"的问题，而是企业管理的内部事务，不同企业可以有不同的处置办法。企业统计组织机构从来都不能脱离企业发展阶段而独立存在。实践证明，除了具有足够规模的企业设有专门的统计机构或岗位外，大部分中小企业都没有专门的统计机构，至多是有个兼职统计人员。所以，企业统计的运行模式必然要发生转变，完全依赖统计机构进行运行的模式存在很大的局限性。对企业统计理论的研究不能停留在"统计机构改革"层面，这个实践层面的问题早已不是问题，重要的要研究如何适应这种变化，重新构建企业统计新的运行模式。

2.4.3 关于企业统计内容和手段的创新

企业统计定位、运行模式的变化，必然会要求企业统计内容和手段进行创新。企业统计内容的创新主要反映在企业统计指标体系的变革上，而企业统计手段的创新主要反映在企业统计信息化建设上。现有文献对企业统计指标体系讨论虽然很多，但缺乏系统性，而且多数是就"指标体系"研究指标体系，而不是从整个企业统计功能实现的角度去研究，缺少系统的理论指导。实际上，企业统计指标体系并没有一个统一的标准，完全随企业不同发展阶段的需要而定，重要的不是给出企业统计指标体系，而是研究企业统计指标体系设计的原则、流程和方法，用于指导具体企业的统计指标体系设计实践。就企业统计信息化建设而言，已经有不少研究成果。存在的不足是，关于企业统计信息化的研究与企业统计改革的研究经常是"两张皮"，没有很好地结合。企业统计信息化建设只是企业统计功能的实现手段或者平台。只有从这个高度去认识，企业统计信息化建设才能取得实效。

总之，企业统计不同于政府统计，不一定需要独立的统计组织机构，重要的是促进统计与企业管理的融合，这方面我们需要更多的借鉴国外企业的经验，让企业统计在无形中为企业管理服务。

第 *3* 章

我国企业统计现状调查分析

3.1

现代企业统计现状调查方案设计及实施过程

　　为全面了解我国企业统计工作现状,加快我国企业统计改革步伐,更好地为企业生产经营管理与决策服务,我们采用问卷调查的方式组织进行了"企业统计工作现状"调查。调查问卷分为 A 卷和 B 卷两种,其中 A 卷是调查企业主要分管领导,B 卷是调查企业统计工作人员(问卷详见附录)。此次问卷调查范围覆盖全国 9 省市,包含东部沿海发达区域和少数中西部省份;涉及国有、集体企业等 8 大经济类型;遍及采矿、制造业及电力等 12 大行业以及各种不同规模的 206 家企业(集团)。问卷发放 206 份(套),回收有效问卷 183 份(套),回收率达 88.83%,有效率 100%。回收的 183 份有效问卷分布情况见表 3 – 1。

表 3 – 1　　　　　　　　　　　问卷调查对象分布情况

按企业规模划分	大型企业		中型企业		小型企业	
	29.2%		26.8%		45.0%	
按被调查统计人员年龄分	30 岁以下		30 ~ 45 岁		45 岁以上	
	33.7%		51.5%		14.8%	
按被调查统计人员的文化程度分	本科及以上		专科		中专及以下	
	35.9%		43.8%		20.3%	
按被调查统计人员统计工作年限分	5 年以下		5 ~ 10 年		0 年以上	
	43.9%		32.3%		23.8%	
按被调查统计人员所学专业来分	统计专业	会计专业		管理专业		其他专业
	8.3%	57.7%		20.3%		13.7%

3.2

企业统计现状分析

3.2.1 基于问卷调查结果描述性分析（问卷A）

（1）对企业统计工作的重视程度在领导与统计人员之间存在着明显差异，企业统计不满意的现象较为严重（见表3－2）。

表3－2　　　　　　　　企业统计工作的重视程度　　　　　　单位：%

重视程度 调查对象	很重视	一般	不太重视	没有用	不好说
企业领导	64.6	30.9	4	0	0.5
统计人员	31.7	47.7	19.6	0	1

从对企业领导调查情况来看，企业领导对统计工作很重视的占64.6%，一般与不太重视的占34.9%；而对现行统计工作表示满意的只有24.0%，比较满意和不太满意分别占到62.3%和13.7%。这说明绝大多数企业领导尽管对目前企业统计的工作成果不是很满意，但从思想上还是重视企业统计工作的。从对企业统计工作人员调查情况来看，认为企业领导对统计工作很重视的只有31.7%，比企业领导低32.9个百分点。产生这种差异的原因，我们分析认为一方面是企业领导与统计人员之间的工作协调程度不够，统计人员没有能够很好地领会领导的工作安排，没有真正发挥统计的作用；另一方面，企业领导对统计工作的安排不得当，企业统计人员难以发挥应有的作用，以致造成了这种差异的存在。

在调查中我们还发现，各企业领导对统计工作不太满意的原因为：72.7%的企业领导认为目前统计工作不能够发现、分析和解决实际问题，27.3%的企业领导认为不能够及时全面提供所需要的信息。这说明目前我们许多企业的统计工作还仅仅停留在统计初级工作的层面上，没有能够很好地对企业统计信息进行深层次挖掘与分析，来对企业经营管理决策提供有力支持。

（2）企业领导对企业统计的整体功能与作用认识不清，统计作用难以发挥。

企业统计发挥信息、咨询、监督功能及作用的程度与企业综合统计人员能否真正参与企业管理与决策有关。据调查，有68.2%的企业领导认为综合统计人员参加企业管理与决策很有必要，认为无所谓与没必要的分别占25.6%

和 6.2%。但就参与的内容来看，企业领导对企业统计的期望不是很高，61.5% 的企业领导认为综合统计人员能够提供决策所需统计信息就可以了，要求能为企业决策提供咨询的只有 31.6%，只有 6.9% 的领导认为最好能直接参与决策过程。

对在企业经营管理中企业统计作用的理解，各企业领导的看法也存在差异。31.8% 的企业领导认为统计的作用就是完成报表，54.0% 的企业领导认为统计工作除完成统计报表之外，还应提供一些咨询意见，另外 14.2% 的企业领导则认为应全面发挥统计的信息、咨询、监督作用。从这里可以看出，68.2% 的企业领导希望统计工作不要仅仅停留在完成统计报表，应该能够为企业提供咨询服务，充分发挥统计的综合职能；但仍有 31.8% 的企业领导存在对企业统计职能认识不清，企业统计被忽视等问题。

关于企业统计在本企业经营管理中发挥作用程度的调查，调查结果不容乐观。结果表明企业领导认为企业统计发挥作用很大的只有 24.3%、发挥较大作用的占 33.9%、作用一般的占 37.3%、作用较小的占 4.5%。由此可以看出，目前企业统计工作并没有得到大多数企业领导的认可，企业统计地位低、待遇差也就不足为怪了。

（3）企业领导对现有统计人员素质满意度不高。

统计人员素质的高低决定着统计工作所发挥作用的大小，对企业统计人员素质的评价，23.3% 的企业领导认为目前统计人员素质完全能满足企业要求，63.1% 的领导认为基本能满足要求，13.6% 的人认为不能满足要求。这说明在许多企业领导眼中，现有企业统计人员素质偏低，难以全方位地满足企业管理与决策的要求。从调查结果来看，目前企业统计人员的文化程度普遍不高，统计专业素质较低，本科以及上人员仅占 19.8%，统计学背景的专业人员占 21.8%，就说明了这一点。实际上，统计工作是一个专业性很强的工作，现有企业统计人员学历整体偏低和非统计专业背景比例过大等因素，很大程度影响了企业统计人员在企业管理中应发挥的作用。因此，76.7% 的企业领导认为现有企业统计人员的素质难以完全满足企业需要也应为正常反映。

（4）企业领导对企业统计未来充满了信心和期望。

随着企业市场化的深入，企业经济主体日趋多元化，企业结构和经济联系日益复杂，对统计信息的需求越来越大，要求企业统计服务的内容越来越多，服务的面越来越广，质量越来越高。据调查，有 23.5% 的企业领导希望提供经营和决策方面的咨询，有 56.9% 的企业领导希望能够提供各种统计分析报告。因此，从调查情况来看，大部分企业领导对企业统计期望值与要求很高，希望他们能够提供各类有情况、有问题、有建议的统计分析报告，充分发挥企业统计咨询职能，做好企业管理与决策者的参谋。另外，调查所知，高达 85.1% 的企业领导认为随着企业市场化的深入，企业统计力量应该加强，只有 13.2% 和 1.1% 的企业领导认为应该维持现状和削弱。由此可见，尽管在我国很多企业领导对企业统计工作存在诸多不满意的地方，但对企业统计工作仍然充满了信心和期望，也相信在企业领导与企业统计工作人员的共同努力下，企业统计定会有更大的作为，高质量、高效率地为企业管理与决策服务。

3.2.2 基于问卷调查结果描述性分析（问卷 B）

（1）企业统计工作没有得到广泛认可，企业统计队伍稳定性不容乐观。

常言道，"干一行、爱一行"。一般来说，对一项工作只有喜欢或热爱，他才会投入极大的热情与精力去从事这项工作，工作成果自然就会数量多、质量高。表 3 - 3 反映了被调查对象工作年限与其工作认可度的关系，从表中可以发现在总人数中喜欢与很喜欢统计工作的占总人数的 51.5%，不喜欢统计工作的只占 5.0%，态度中性的占 43.4%。这说明从我国企业统计队伍总体来看，热爱统计工作的统计工作者比例刚过半。但从统计工作年限来看，统计队伍不够稳定，从事统计工作 10 年以下的占到 76.2%，43.9% 的统计人员工作不到 5 年就换岗，这种现象对统计事业的发展与壮大非常不利。在被调查对象中，工作年限的长短与对统计工作热爱程度具有正相关关系，10 年以上的对统计的热爱程度最高，喜欢统计工作的比例达到 55.5%；其次是工作年限 5 ~ 10 年的，喜欢统计工作的占 54%；而工作年限 5 年以下的喜欢统计工作不过半数，只有 44.1%。这些数字反映了一个显著规律，即：企业统计人员从事统计工作年限越长，对统计的热爱程度越高，这说明统计工作是一个"慢热"的岗位，当人们开始接触统计时，可能觉得统计工作很枯燥乏味，在企业发挥不了什么作用。但随着工作的逐步开展，对企业统计认识越来越深刻，企业统计综合职能发挥得越来越好，就会愈加喜欢这项工作。

表 3 - 3　　　　从事统计工作的年限与对统计工作喜欢程度　　　单位：%

调查项目	很喜欢	喜欢	一般	不喜欢	占总人数比重
5 年以下	2.9	41.2	51.5	4.4	43.9
5 ~ 10 年	4.0	50.0	46.0	0.0	32.3
10 年以上	8.3	47.2	38.9	5.6	23.8
占总人数比重	5.1	46.4	43.4	5.1	100.0

（2）企业统计人员对统计工作喜欢程度与所学专业有关联。

表3－4反映的是统计人员所学专业与对统计工作态度的关系，我们发现所学专业为管理专业和统计专业的统计人员更热爱自己的本职工作，比例分别是62.9%和60.0%，会计专业比例是49.5%，除以上三个专业以外的其他专业的统计人员对本职工作的喜欢比例只有33.3%。对上述现象分析后我们认为，与统计专业和管理专业毕业的统计人员相比，其他专业的统计人员对统计工作的理解以及对统计专业技能的掌握相对不足，这可能是造成这些专业的统计人员对统计工作热爱程度低的原因。

表3－4　　　　　　　　统计人员所学专业与对统计工作喜欢程度　　　　　　单位：%

调查项目	很喜欢	喜欢	一般	不喜欢	占总人数比重
统计专业	6.7	53.3	40.0	0.0	8.3
会计专业	3.9	45.6	47.6	2.9	57.7
管理专业	8.6	54.3	34.3	2.9	20.3
其他专业	0.0	33.3	41.7	25.0	13.7
占总人数比重	5.1	46.4	43.4	5.1	100.0

（3）不同规模企业在机构设置上、统计制度建设上、对统计工作的重视程度上都存在着较大差异。

关于企业统计组织的设置，《中华人民共和国统计法》第19条规定：企事业组织根据统计任务的需要设立统计机构或在有关机构中设置统计人员并指定统计负责人。以上规定只能认为是一种建议，企业对统计机构的设置有很大的自主权与决定权。调查表明：大型企业中设有独立统计机构的占20.0%，中型企业中只有10.5%，小型企业为0。总体来看，独立设置的统计机构在各规模企业中都很少。相对而言，大型企业由于管理复杂程度高，企业信息需求量大，对企业统计工作要求相对高一些，还有一定比例的大型企业设立了独立的统计机构并指定了统计负责人。

从统计工作制度建设来看，调查发现，不同规模的企业在统计工作制度建设方面存在着较大的差异。大型企业有详细统计管理制度的占75%，没有统计管理制度的只占10%；而中小型企业，有详细统计管理制度的企业分别占21%和12.5%，没有统计管理制度的占了26.3%和31.3%（见表3－5）。

从统计工作受重视程度来看，大型企业的统计人员认为企业对统计工作很重视的占35%，比较重视的占55%，不够重视的只占10%；中小型企业统计人员认为企业对统计很重视的占15.8%和26.7%，一般重视的占63.2%和46.7%，

表 3 – 5　　　　　　　　不同规模企业的统计管理制度情况统计　　　　　单位：%

企业规模	非常详细具体且分工明确	比较详细，但不分综合统计和专业统计	有，但很简单	没有统计管理制度	占企业总比重
大型	30.0	45.0	15.0	10.0	28.2
中型	10.5	10.5	52.6	26.3	26.8
小型	3.1	9.4	56.3	31.3	45.0
占企业总比重	12.7	19.7	43.7	23.9	100.0

不够重视的企业均占到了 20% 左右。从上面的数字可以看出，企业规模越大，统计管理制度也越完善，对统计工作的重视程度也越高，统计发挥的作用因而也就越大（见表 3 – 6）。

表 3 – 6　　　　　　　　不同规模的企业对统计工作的重视情况　　　　　单位：%

企业规模	很重视	一般重视	不好说	不够重视	占总人数比重
大型	35.0	55.0	0.0	10.0	29.0
中型	15.8	63.2	0.0	21.1	27.5
小型	26.7	46.7	6.7	20.0	43.5
占总人数比重	26.1	53.6	2.9	17.4	100

（4）企业统计队伍总体来看年龄偏小，文化程度偏低，专业不对口现象普遍。

从企业统计人员年龄来看，87.3% 的统计人员年龄在 45 岁以下，统计队伍转岗比较严重，有丰富统计经验与统计能力的人员少，影响了企业统计工作的质量与效率。企业统计队伍低龄化也反映企业统计在企业的地位与受重视程度。

从统计工作性质来看，统计工作是一项专业性十分强的工作。统计功能发挥得如何，在某种程度上取决于统计人员的文化素质及专业背景。企业统计人员文化程度与专业背景见表 3 – 7。总体来看，企业统计人员文化程度偏低，经过系统专业培训的统计人员比例偏少，专业不对口现象严重，影响了企业统计整体功能的发挥。

（5）企业统计人员培训偏重"实用式"岗位培训，提高综合素质与能力的系统培训不够。

要想保证人才的可持续发展，企业必须采取多种方式与渠道对专业人员进行有计划的培训。调查表明，有31.1%的统计人员从事统计工作后能定期参加过统计培训，47.3%的人不定期地参加过统计培训，10.8%的人有机会参加但从未参加过统计培训，10.8%的人根本就没机会参加统计培训，企业统计培训状况良好。从企业规模的分类情况来看，大中型企业80%以上统计人员能够定期或不定期地参加统计培训（见表3-8）。这也说明大中型企业对企业统计工作及统计人员很重视，有实力、有能力、有需求、有计划地组织企业统计人员参加培训。

表3-7　　　　　　　　　　　　企业统计人员基本情况

分　　组	类别	比重（%）
年　　龄	30 岁以下	36.6
	30~45 岁	50.7
	45 岁以上	12.7
文化程度	中专及以下	32.1
	专科	48.1
	本科及以上	19.8
专业背景	统计学	21.8
	会计学	27.5
	经济管理	17.0
	其他	33.7

表3-8　　　　　　　　　　企业统计人员参加培训情况　　　　　　　　单位：%

培训情况	总比重	企业规模		
		大型	中型	小型
从未参加（没机会）	10.8	5.0	5.3	18.8
从未参加（有机会）	10.8	10.0	10.5	12.5
参加过（不定期）	47.3	40.0	63.2	40.6
参加过（定期）	31.1	45.0	21.1	28.1
合　　计	100.0	100.0	100.0	100.0

就培训方式而言，24.8%的统计人员参加过企业内部培训，49.0%的统计人员参加过政府部门培训，3.4%的统计人员到院校进修学习，另外3.4%的人以其他方式进行过培训。从这里可以看出，企业培训的主要途径还是参加政府部门的培训和企业内部的培训，能够到各大学院校参加系统性、专业性的进修学习机

会还是比较少。

对于参加培训效果的调查，10.0%的人认为统计技能水平有很大提高，61.7%的人认为有较大提高，28.3%的人认为提高不大，没有人认为培训后统计技能水平没有提高。由此可见，大部分统计人员认为统计培训对于提高统计技能水平还是有帮助的。

（6）企业统计人员对自身工作的认可度不高，不同规模企业统计发挥作用有显著差异。

在调查中，统计人员认为本企业对统计工作很重视、一般重视、不够重视分别占31.7%、47.7%、19.6%。按照企业规模分类来看，大型企业的重视程度，重视最高占35.0%，不够重视最低占10%。这说明企业规模越大，对企业统计的需求也就越大，企业统计受重视的程度自然就越高。其中不受重视的主要原因为：14.7%的统计人员认为领导不懂统计，8.8%的统计人员认为统计工作在企业中不重要，52.9%的人认为统计工作没有发挥应有的作用，23.5%的人不清楚原因（见表3-9）。

表3-9　　　　　　　　　企业规模与企业重视统计工作程度关系　　　　　　单位：%

重视程度	大型	中型	小型
很重视	35.0	15.8	26.7
一般重视	55.0	63.2	46.7
不够重视	10.0	21.1	20.0
不好说	0.0	0.0	6.7
合　计	100.0	100.0	100.0

从表3-10中可以看出，企业规模的不同，企业统计人员对统计在管理中的重要性看法也有很大差别。认为统计在企业经营管理中很重要的大型企业统计人员占75.0%，中型企业占68.4%，小型企业占35.5%。对于大型企业来说，统计机构或岗位设置相对科学，企业统计制度建设较完善，统计基础工作较好，企业对宏微观信息需要得多，企业对统计的要求就比较高，企业统计信息、咨询和监督的作用就发挥得比较好。对于小型企业来说，企业的组织结构比较简单，统计体系不健全，财务工作是这类企业的重点，因此统计工作相对重要性就比较低。

（7）企业不重视外部市场调研现象较为普遍，企业统计人员参与市场调研比例低。

据调查，目前，在我国许多企业外部市场调研没有得到应有的重视，企业统计人员参与外部市场调查度不高。从企业规模来看，统计人员参加市场调查的比例随着企业规模的增大而增大，见表 3 - 11。

表 3 - 10　　　　不同规模企业统计人员对统计在管理中的重要性态度　　　　单位：%

重要性	大型	中型	小型
很重要	75.0	68.4	35.5
一般重要	25.0	21.1	51.6
不太重要	0.0	10.5	9.7
不重要	0.0	0.0	3.2
合　计	100.0	100.0	100.0

表 3 - 11　　　　　　　统计人员参加外部市场调查情况　　　　　　　单位：%

参加情况分类	总比重	企业规模		
		大型	中型	小型
经　常	8.2	15.0	10.5	0.0
偶　尔	44.6	60.0	47.4	40.0
没　有	47.2	25.0	42.1	60.0
合　计	100.0	100.0	100.0	100.0

（8）企业统计基础工作有待进一步加强。

企业统计工作手段现代化，是提高统计工作效率，保证统计工作质量的关键。据调查，目前企业统计人员完成各项统计工作使用计算机的比例为 73.3%，最常用的软件当中，74.0% 使用 Excel，只有 2.8% 使用 SPSS 或 SAS 等专业统计软件，另外 23.2% 使用其他软件，例如财务软件、REPORT97、K3ERP、MTB13 以及自主研发软件等。

企业信息化是现代企业发展的趋势，统计信息化是企业信息化的一个重要组成部分。在此我们也调查了企业信息化的情况。在调查中，43.6% 的企业统计信息已经联网，28.6% 的统计人员认为企业信息化程度很高，59.5% 的统计人员认为企业信息化程度一般，11.9% 的统计人员认为企业信息化程度较差。随着企业规模的增大，相应地，企业信息化程度也在提高。认为本企业信息化程度很高的大型企业中占 41.7%，中型企业中占 28.6%，小型企业中占 15.4%。统计信息的传输通过计算机网络通讯传送的，大型企业占 70.0%，中型企业占 77.8%，小型企业占 41.9%。可见大中型企业的统计信息化基础较好，而小型企业有待进一步提高。

　　企业三大核算包括统计核算、会计核算与业务核算，这三者的协调统一，是企业正常运行的基础。据调查，27.3%的企业统计人员认为现行企业三大核算完全协调，67.7%认为总体协调、局部不协调，3.5%认为很不协调。

　　企业统计指标体系是否科学全面，关系到企业统计工作的成败。从调查结果来看，只有15.2%的统计人员认为目前的统计指标体系完全能够满足企业经营管理需要，有76.3%的统计人员认为基本能够满足，5.6%的人认为不能满足，还有3.0%的人不太清楚。

　　（9）企业存在多头管理，统计报表重复填报，工作量大，任务重。

　　由表3-12可见，企业越大，企业对外报表的种类越繁多，重复填写情况比较突出。大型企业的对外统计报表平均21.0套，中型企业平均11.5套，小型企业平均4.9套。47.4%的大型企业认为企业对外报表种类很多、很繁琐、重复填写，中型企业占17.6%，小型企业占20.0%。

表3-12　　　　　　　　　　　　企业对外报表情况　　　　　　　　　　单位：%

调查项目	大型企业	中型企业	小型企业
种类少，很简单	10.5	23.5	40.0
种类较多，较复杂	42.1	58.8	40.0
种类很多，很繁琐，重复填写	47.4	17.6	20.0
合　计	100.0	100.0	100.0
平均对外报表数（张）	21.0	11.5	4.9

　　（10）企业统计功能发挥不够全面，参与管理程度偏低。

　　企业统计只有真正参与企业管理与决策方能发挥统计的效能，更好地满足企业管理的需要。据调查，有47.9%的统计人员参与企业管理仅限于编制统计报表，41.8%的统计人员能够定期提供企业基本经营情况分析，10.3%的统计人员能够结合企业管理和决策需要搜集信息和进行深度分析。

　　从表3-13可以看出，随着企业规模增大，统计工作并不仅仅限于编制统计报表。大型企业中，65.0%的统计人员能够提供企业基本经营情况分析，15.0%的企业统计人员能够结合企业管理和决策需要搜集信息和进行深度分析。而在小型企业中，68.8%的企业统计人员的工作仍然仅限于编制统计报表。所以，随着企业规模的扩大，统计人员参与企业管理的程度也越来越深。

表 3 - 13　　　　　　　　　统计人员参与企业管理程度　　　　　单位：%

调查项目	总比重	企业规模		
		大型	中型	小型
仅限于编制统计报表	47.9	20.0	52.6	68.8
能够定期提供企业基本经营情况分析	41.8	65.0	31.6	31.3
结合企业管理和决策需要搜集信息和深度分析	10.3	15.0	15.8	0.0
合　　计	100.0	100.0	100.0	100.0

在没有实现信息化的企业中，1 ~ 2 年内有实现企业信息化要求和愿望的总共占 66.7%。按规模划分：大型企业中 1 ~ 2 年内有实现企业信息化要求和愿望的占 100.0%，中型企业中占 81.8%，小型企业中占 43.8%。

3.2.3　基于问卷调查结果统计模型分析

（1）基于二维列联表分析的因素相关性检验。

首先，利用联立表分析寻找变量之间关系。进行二维列联表的独立性检验，关心的目标是两个变量是否相互影响（独立），即检测原假设 "$H_0 : P_{ij} = P_i . P_{.j}$" 表示独立，备择假设 "$H_1 : 至少有一个不相等$" 表示相关。检验统计量采用：

$$Q = \sum_{ij} \frac{(n_{ij} - e_{ij})^2}{e_{ij}} = \sum_{ij} \frac{n_{ij}^2}{e_{ij}} - n.. \sim \chi^2_{(r-1)(c-1)}$$

式中，$e_{ij} = n.. \times P_{ij} = n.. \times \hat{P}_i. \times \hat{P}_{.j} = \frac{n_i. n_{.j}}{n..}$。

针对调查问卷的特征：A 卷由企业主要分管领导填写、B 卷由企业统计工作人员填写，分别就 A 卷和 B 卷中的问题进行相关性分析，二维列联表独立性的 Pearson 卡方检验结果分别列于表 3 - 14 和表 3 - 15 中。

表 3 - 14　　　　　　　　二维列联表的独立性检验（A 卷）

	A1		A4		A8	
A6	18.645	Df = 6	3.088	Df = 4	12.302	Df = 6
	(0.005)	***	(0.543)		(0.056)	*
A9	13.944	Df = 6	2.893	Df = 4	11.537	Df = 6
	(0.030)	**	(0.576)		(0.073)	*

注：Df 表示自由度；括号中数字为卡方统计值的尾概率；***、**、* 分别表示 1%、5%、10% 显著性水平下显著。

表 3 - 15 二维列联表的独立性检验（B 卷）

	B15		B26		B33	
B1	53.184 (0.162)	Df = 44	25.238 (0.831)	Df = 33	30.074 (0.614)	Df = 33
B2	63.989 (0.009)	Df = 40 ***	50.239 (0.012)	Df = 30 **	50.269 (0.012)	Df = 30 **
B5	14.750 (0.064)	Df = 8 *	5.477 (0.484)	Df = 6	5.538 (0.477)	Df = 6
B6	11.824 (0.019)	Df = 4 **	4.837 (0.184)	Df = 3	6.018 (0.111)	Df = 3
B11	49.844 (0.000)	Df = 12 ***	16.489 (0.057)	Df = 9 *	9.777 (0.369)	Df = 9
B18	33.087 (0.000)	Df = 8 ***	36.079 (0.000)	Df = 6 ***	11.683 (0.069)	Df = 6 *

注：Df 表示自由度；括号中数字为卡方统计值的尾概率；*** 、** 、* 分别表示 1%、5%、10% 显著性水平下显著。

表 3 - 14 的检验结果表明：A1、A8 都与 A6、A9 存在关联性，意味着 "领导对目前企业统计工作满意程度" 与 "企业统计工作人员素质" 这两个因素将影响到 "企业统计工作在企业经营管理中的作用大小" 与 "领导对企业统计工作重要性的看法"。

由表 3 - 15 的检验结果可以看出，企业经济类型（B1）对企业统计工作重要性（B15、B26、B33）都没有显著影响，而企业所属行业（B2）、企业统计人员参加外部市场调查（B18）对企业统计工作重要性（B15、B26、B33）都有显著影响；企业规模（B5）、企业独立设立统计机构（B6）对企业领导经常关注统计工作（B15）有显著影响；企业统计管理制度健全（B11）对企业领导经常关注统计工作（B15）和企业统计工作地位提高（B33）有显著影响。

（2）基于多元选择模型影响效果检验。

为考察影响程度，进一步采用多元选择模型进行定量研究。研究中，分别将 A1、A8 看作被解释变量，将 A6、A9 看作解释变量。由于 A1、A8 属于多元选择并且带有明显的顺序，故采用有序的多元选择模型

$$Y_i^* = \alpha + \beta X_i + u_i^*$$

式中，Y_i^* 为不可直接观测的潜变量。以三重选择为例，Y_i 为决策变量，取值为

$$Y_i = \begin{cases} 1, & Y_i^* \leqslant c_1 \\ 2, & c_1 < Y_i^* \leqslant c_2 \\ 3, & c_2 < Y_i^* \end{cases}$$

因而有

$$P(Y_i = 1) = P(Y_i^* \leqslant c_1) = P(u_i^* \leqslant c_1 - \alpha - \beta X_i) = F(c_1 - \alpha - \beta X_i)$$

$$P(Y_i = 2) = P(c_1 < Y_i^* \leqslant c_2) = P(c_1 - \alpha - \beta X_i < u_i^* \leqslant c_2 - \alpha - \beta X_i)$$

$$= F(c_2 - \alpha - \beta X_i) - F(c_1 - \alpha - \beta X_i)$$

$$P(Y_i = 3) = 1 - F(c_2 - \alpha - \beta X_i)$$

这里，可以采用极大似然估计，但这里的 c_1 和 c_2 两个临界值也需要估计；根据分布函数 $F(\cdot)$ 的不同，有 Probit 模型、Logit 模型与 Extreme 模型三种类型。文中选用 Probit 模型，即分布函数 $F(\cdot)$ 取标准正态分布函数。

为进行定量，需要将 A6 与 A9 中的备选答案进行分值转换，具体见表 3 – 16。在 EVIEWS 6.0 软件中，利用"Ordered Choice"模块进行有序的多元选择模型建模计算，得到结果见表 3 – 17。

表 3 – 16 　　　　　　　　　　　　备选答案分值转换

变量	5	4	3	2	1
A6	满意	—	比较满意	—	不太满意
A9	完全能满足要求	—	完全能满足要求	—	不能满足要求
B6	有	—	—	—	没有
B11	非常详细具体且分工明确	比较详细，但不分综合统计和专业统计	有，但很简单	没有统计管理制度	
B15	十分关注	比较关注	一般	偶尔关注	从没关注
B18	经常参加	—	偶尔参加	—	从没有
B26	很重视	一般重视	不够重视	不好说	
B33	更受重视	基本相同	没有以前重视	不清楚	

表 3 – 17　　　　　　　　有序的多元选择模型估计结果（被解释变量为 A1）

	模型 1			模型 2			模型 3		
A6	– 0. 206	(0. 003)	***	—	—		– 0. 103	(0. 267)	
A9	—	—		– 0. 226	(0. 001)	***	– 0. 156	(0. 096)	*
c_1	– 1. 365	(0. 000)	***	– 1. 439	(0. 000)	***	– 1. 541	(0. 000)	***
c_2	– 0. 430	(0. 074)	*	– 0. 503	(0. 038)	**	– 0. 598	(0. 022)	**
c_3	1. 082	(0. 000)	***	1. 041	(0. 000)	***	0. 937	(0. 001)	***
Pseudo R^2	0. 021			0. 025			0. 027		
样本量	175			176			175		

注：c_1、c_2、c_3 表示三个临界值；括号中数字为回归系数 Z 检验的尾概率；*** 、** 、* 分别表示 1%、5%、10% 显著性水平下显著。

由表 3 – 17 中模型 1 可以得到方程：

$$\hat{A1}_i^* = -0.206 \times A6_i$$

$$P(A1 = 1) = F(-1.365 - \hat{A1}_i^*)$$

$$P(A1 = 2) = F(-0.430 - \hat{A1}_i^*) - F(-1.365 - \hat{A1}_i^*)$$

$$P(A1 = 3) = F(1.082 - \hat{A1}_i^*) - F(-0.430 - \hat{A1}_i^*)$$

$$P(A1 = 4) = 1 - F(1.082 - \hat{A1}_i^*)$$

进而可以计算出各种选择的概率。

由模型 2 可以得到方程：

$$\hat{A1}_i^* = -0.226 \times A9_i$$

$$P(A1 = 1) = F(-1.439 - \hat{A1}_i^*)$$

$$P(A1 = 2) = F(-0.503 - \hat{A1}_i^*) - F(-1.439 - \hat{A1}_i^*)$$

$$P(A1 = 3) = F(1.041 - \hat{A1}_i^*) - F(-0.503 - \hat{A1}_i^*)$$

$$P(A1 = 4) = 1 - F(1.041 - \hat{A1}_i^*)$$

进而可以计算出各种选择的概率。

图 3 – 1 的结果表明，领导对目前统计工作越满意，企业统计工作在企业经营管理中的作用越大的可能性就越高。类似于图 3 – 1 的表现，图 3 – 2 的结果表明，企业统计工作人员素质越高，企业统计工作就越容易在企业经营管理中发挥更大的作用。

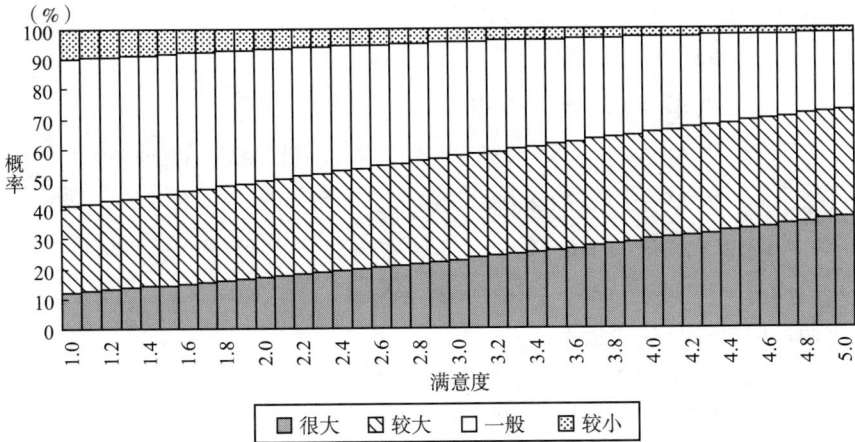

图 3 - 1　决策概率（被解释变量为 A1，模型 1）

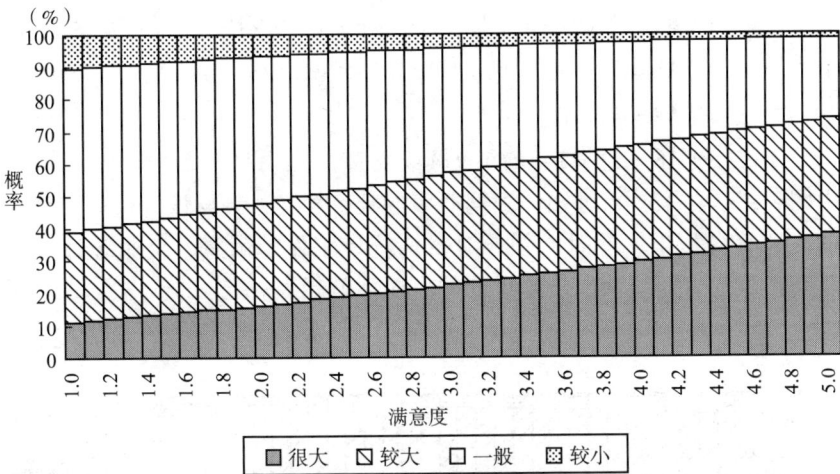

图 3 - 2　决策概率（被解释变量为 A1，模型 2）

表 3 - 18　　　　　有序的多元选择模型估计结果（被解释变量为 A8）

	模型 1			模型 2			模型 3		
A6	− 0. 154	(0. 057)	*	——	——		− 0. 058	(0. 576)	
A9	——	——		− 0. 190	(0. 019)	**	− 0. 154	(0. 138)	
c_1	− 0. 102	(0. 705)		− 0. 219	(0. 415)		− 0. 280	(0. 344)	
c_2	1. 288	(0. 000)	***	1. 123	(0. 000)	***	1. 117	(0. 000)	***
c_3	——	——		——	——		——	——	
c_4	2. 083	(0. 000)	***	1. 974	(0. 000)	***	1. 910	(0. 000)	***
Pseudo R^2	0. 013			0. 020			0. 021		
样本量	174			175			175		

注：c_1、c_2、c_3 表示三个临界值；括号中数字为回归系数 Z 检验的尾概率；***、**、* 分别表示 1% 、5% 、10% 显著性水平下显著。

由表 3 – 18 中模型 1 可以得到方程：

$$\hat{A8}_i^* = -0.154 \times A6_i$$

$$P(A8 = 1) = F(-0.102 - \hat{A8}_i^*)$$

$$P(A8 = 2) = F(1.288 - \hat{A8}_i^*) - F(-0.102 - \hat{A8}_i^*)$$

$$P(A8 = 3) = F(2.083 - \hat{A8}_i^*) - F(1.288 - \hat{A8}_i^*)$$

$$P(A8 = 4) = 0$$

$$P(A8 = 5) = 1 - F(2.083 - \hat{A8}_i^*)$$

进而可以计算出决策概率。

由表 3 – 18 中模型 2 可以得到方程：

$$\hat{A8}_i^* = -0.190 \times A9_i$$

$$P(A8 = 1) = F(-0.219 - \hat{A8}_i^*)$$

$$P(A8 = 2) = F(1.123 - \hat{A8}_i^*) - F(-0.219 - \hat{A8}_i^*)$$

$$P(A8 = 3) = F(1.974 - \hat{A8}_i^*) - F(1.123 - \hat{A8}_i^*)$$

$$P(A8 = 4) = 0$$

$$P(A8 = 5) = 1 - F(1.974 - \hat{A8}_i^*)$$

由图 3 – 3 与图 3 – 4 可知，根据概率的频率含义，领导认为企业统计工作很重要的占到 50% 以上。同时，领导对目前统计工作越满意、企业统计工作人员素质越高，认为企业统计工作越重要的可能性就越大。

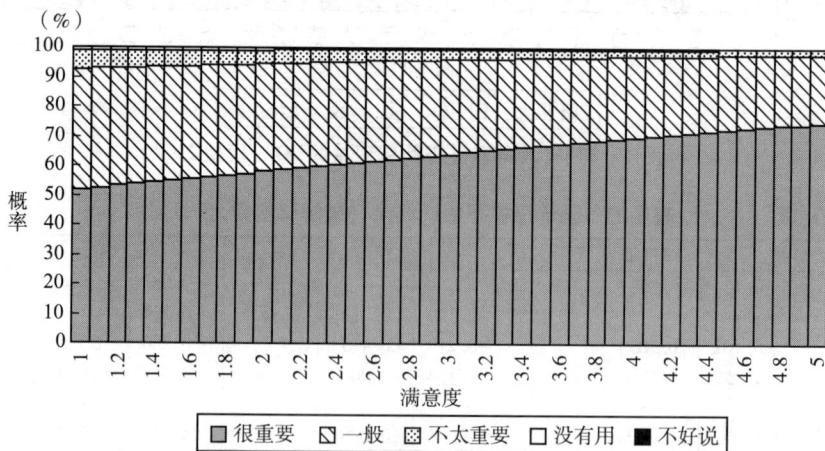

图 3 – 3 决策概率（被解释变量为 A8，模型 1）

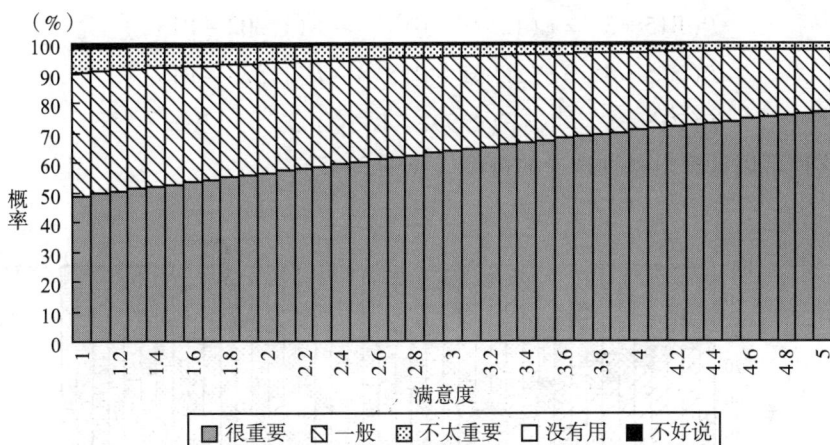

图 3 - 4　决策概率（被解释变量为 A8，模型 2）

　　现在对问卷 B 中相关因素影响程度进行定量研究，相关问题中备选答案进行分值转换，具体见表 3 - 16。在 EVIEWS6.0 软件中，利用 "ordered choice" 模块进行有序的多元选择模型建模计算，得到结果见表 3 - 19。

表 3 - 19　　　　　　有序的多元选择模型估计结果（被解释变量为 B15）

	模型 1			模型 2			模型 3		
B11	0.558	(0.000)	***	—	—		0.526	(0.000)	***
B18	—	—		0.343	(0.000)	***	0.306	(0.000)	***
c_1	−0.018	(0.953)		−0.953	(0.000)	***	0.421	(0.194)	
c_2	1.302	(0.000)	***	0.349	(0.036)	**	1.864	(0.000)	***
c_3	1.528	(0.000)	***	0.571	(0.001)	***	2.116	(0.000)	***
c_4	2.991	(0.000)	***	2.049	(0.000)	***	3.719	(0.000)	***
Pseudo R^2	0.067			0.056			0.114		
样本量	199			192			191		

　　注：c_1、c_2、c_3 表示三个临界值；括号中数字为回归系数 Z 检验的尾概率；***、**、* 分别表示 1%、5%、10% 显著性水平下显著。

　　由表 3 - 19 中模型 1 可以得到方程：

$$\hat{B15}_i^* = 0.558 \times B11_i$$

$$P(B15 = 1) = F(-0.018 - \hat{B15}_i^*)$$

$$P(B15 = 2) = F(1.302 - \hat{B15}_i^*) - F(0.018 - \hat{B15}_i^*)$$

$$P(\text{B15}=3) = F(1.528 - \hat{\text{B}}15_i^*) - F(1.302 - \hat{\text{B}}15_i^*)$$

$$P(\text{B15}=4) = F(2.991 - \hat{\text{B}}15_i^*) - F(1.528 - \hat{\text{B}}15_i^*)$$

$$P(\text{B15}=5) = 1 - F(2.991 - \hat{\text{B}}15_i^*)$$

进而可以计算出各种选择的概率（见图 3 - 5）。

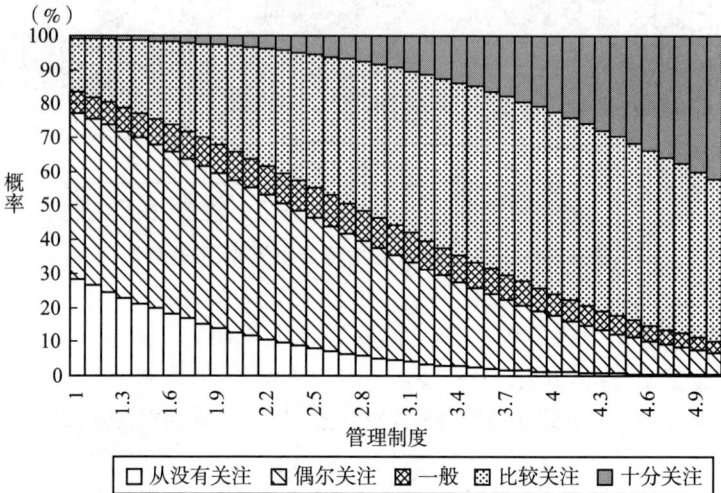

图 3 - 5　决策概率（被解释变量为 B15，模型 1）

由表 3 - 19 中模型 2 可以得到方程：

$$\hat{\text{B}}15_i^* = 0.343 \times \text{B}18_i$$

$$P(\text{B15}=1) = F(-0.953 - \hat{\text{B}}15_i^*)$$

$$P(\text{B15}=2) = F(0.349 - \hat{\text{B}}15_i^*) - F(-0.953 - \hat{\text{B}}15_i^*)$$

$$P(\text{B15}=3) = F(0.571 - \hat{\text{B}}15_i^*) - F(0.349 - \hat{\text{B}}15_i^*)$$

$$P(\text{B15}=4) = F(2.049 - \hat{\text{B}}15_i^*) - F(0.571 - \hat{\text{B}}15_i^*)$$

$$P(\text{B15}=5) = 1 - F(2.049 - \hat{\text{B}}15_i^*)$$

进而可以计算出各种选择的概率（见图 3 - 6）。

由图 3 - 4 可以看出，企业统计管理制度越健全，领导对企业统计工作关注程度越高的可能性越大；由图 3 - 5 可以看出，企业统计人员参加企业外部市场调查越多，能够提供的决策信息就越多，领导对企业统计工作的关注程度也就越高。

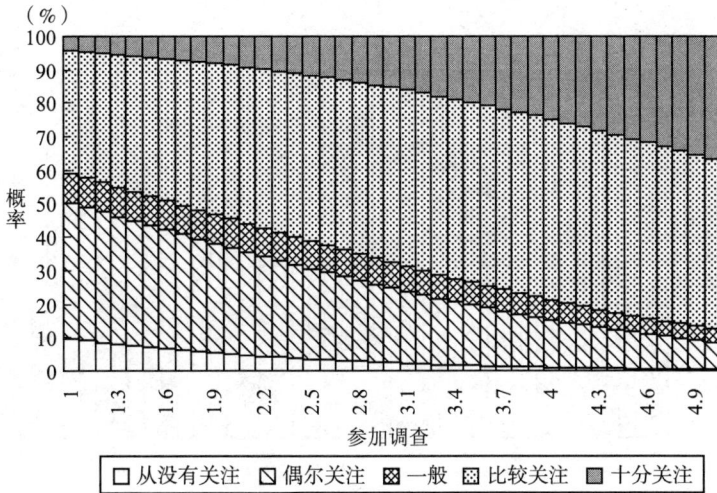

图 3 - 6　决策概率（被解释变量为 B15，模型 2）

表 3 - 20　　　　　有序的多元选择模型估计结果（被解释变量为 B26）

	模型 1			模型 2			模型 3		
B11	-0.259	(0.005)	***	—	—		-0.171	(0.079)	*
B18	—	—		-0.404	(0.000)	***	-0.393	(0.000)	***
c_1	-1.299	(0.000)	***	-1.432	(0.000)	***	-1.965	(0.000)	***
c_2	0.040	(0.892)		0.036	(0.832)		-0.462	(0.148)	
c_3	1.582	(0.000)	***	1.597	(0.000)	***	1.121	(0.004)	***
Pseudo R^2	0.018			0.086			0.098		
样本量	198			190			189		

注：c_1、c_2、c_3 表示三个临界值；括号中数字为回归系数 Z 检验的尾概率；***、**、* 分别表示 1%、5%、10% 显著性水平下显著。

由表 3 - 20 中模型 1 可以得到方程：

$$\hat{B}26_i^* = -0.259 \times B11_i$$

$$P(B26 = 1) = F(-1.299 - \hat{B}26_i^*)$$

$$P(B26 = 2) = F(0.040 - \hat{B}26_i^*) - F(-1.299 - \hat{B}26_i^*)$$

$$P(B26 = 3) = F(1.582 - \hat{B}26_i^*) - F(0.040 - \hat{B}26_i^*)$$

$$P(B26 = 4) = 1 - F(1.582 - \hat{B}26_i^*)$$

进而可以计算出各种选择的概率（见图 3 - 7）。

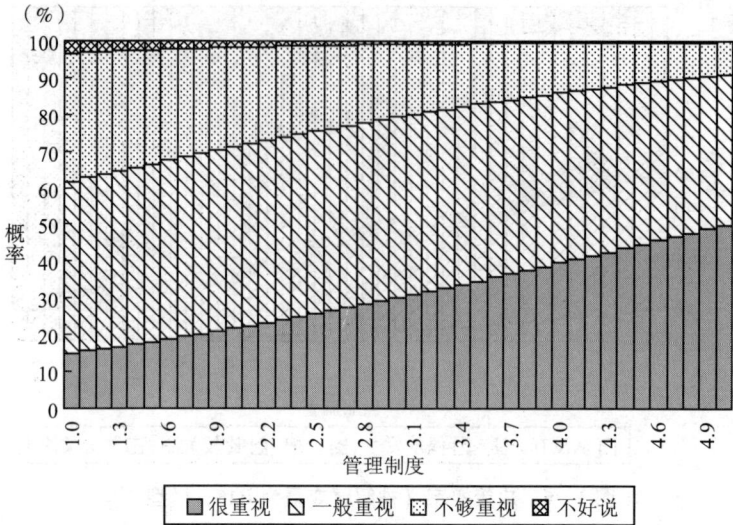

图 3 - 7 决策概率（被解释变量为 B26，模型 1）

由模型 2 可以得到方程：

$$\hat{B}26_i^* = -0.404 \times B18_i$$

$$P(B26 = 1) = F(-1.432 - \hat{B}26_i^*)$$

$$P(B26 = 2) = F(0.036 - \hat{B}26_i^*) - F(-1.432 - \hat{B}26_i^*)$$

$$P(B26 = 3) = F(1.597 - \hat{B}26_i^*) - F(0.036 - \hat{B}26_i^*)$$

$$P(B26 = 4) = 1 - F(1.597 - \hat{B}26_i^*)$$

进而可以计算出各种选择的概率（见图 3 - 8）。

由图 3 - 4 和图 3 - 8 可知，企业领导重视企业统计工作的占多数，达到 68% 以上。更进一步，企业管理制度越健全、企业统计参加企业外部市场调查越多，企业领导重视企业统计工作的可能性也在显著提高。

（3）基于结构方程模型企业统计工作重要性及其影响因素判定。

①结构方程模型设定。结构方程模型通常可以表示为测量模型 + 结构模型两个部分。

测量模型：

$$y = \Lambda_y \eta + \varepsilon$$

$$x = \Lambda_x \xi + \delta$$

结构模型：

$$\eta = B\eta + \Gamma\xi + \xi$$

其中：y——由 p 个内生观测指标组成的 $p \times 1$ 向量；

　　　x——由 q 个外源观测指标组成的 $q \times 1$ 向量；

　　　η——由 m 个内生潜变量（因子）组成的 $m \times 1$ 向量；

　　　ξ——由 n 个外源潜变量（因子）组成的 $n \times 1$ 向量；

　　　Λ_y——y 在 η 上的 $p \times m$ 因子负荷矩阵；

　　　Λ_x——x 在 ξ 上的 $q \times n$ 因子负荷矩阵；

　　　Λ_y 和 Λ_x 的元素为 λ_{ij}，表示第 j 个因子在第 i 个观测指标上的
　　　　负荷；

　　　ε——p 个测量误差组成的 $p \times 1$ 向量；

　　　σ——q 个测量误差组成的 $q \times 1$ 向量；

　　　B——$m \times m$ 系数矩阵，其元素为 β，描述内生潜变量 η 之间的关系；

　　　Γ——$m \times n$ 系数矩阵，其元素为 γ，描述外源潜变量 ξ 对内生潜变量
　　　　η 的影响；

　　　ζ——$m \times 1$ 残差向量，反映了 η 在方程中未被解释的部分。

在 AMOS 软件中，将结构方程模型设置成如图 3 - 9 形式。

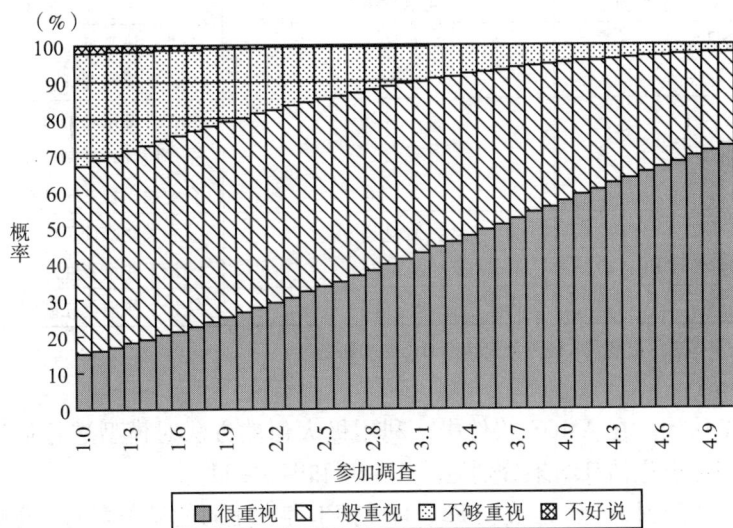

图 3 - 8　决策概率（被解释变量为 B26，模型 2）

模型中变量含义见表 3 - 21。

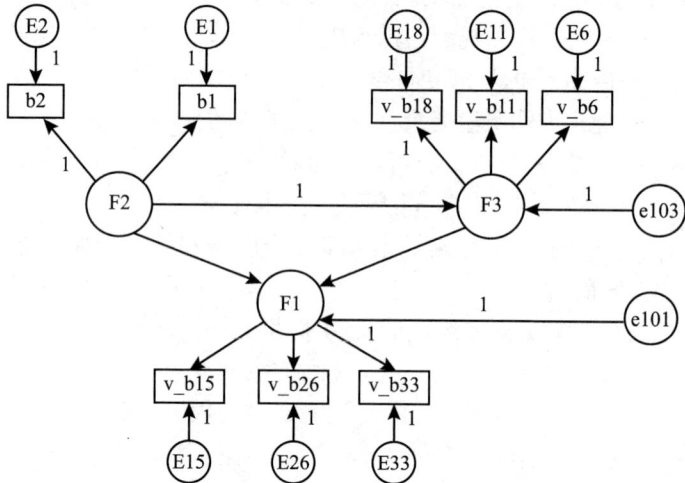

图 3 - 9　统计工作重要性、企业特征、统计工作现状结构关系模型

表 3 - 21　　　　　　　　　结构方程模型 M 中各变量的含义

潜变量	可观测变量	变量描述
企业特征	b2	企业经济类型
F2（ξ_1）	b1	企业所属行业
统计工作现状	v_ b18	参加外部市场调查
F3（ξ_2）	v_ b11	企业统计管理制度
	v_ b6	企业设立独立统计机构
统计工作重要性 F1（η）	v_ b15	领导关注统计工作
	v_ b26	统计工作重要性
	v_ b33	统计工作地位提高

注：表中 v_x 表示由变量 x 经过分值转换而得到的新变量。

②模型估计。在 AMOS 软件中，利用极大似然方法对模型进行估计，得到非标准化和标准化估计结果分别见图 3 - 10 和图 3 - 11。

图 3 - 10 和图 3 - 11 均表明 F3、F2 对 F1 存在正向的显著影响，意味着企业特征和统计工作现状将显著影响人们对统计工作重要性的看法，特别地，企业工作现状越好，企业统计工作的重要性就越强。同时，F2 对 F3 也存在正向的显著影响，表明企业特征也是统计工作现状的重要影响因素，即在不同类型的企业中，统计工作现状存在较大差距。

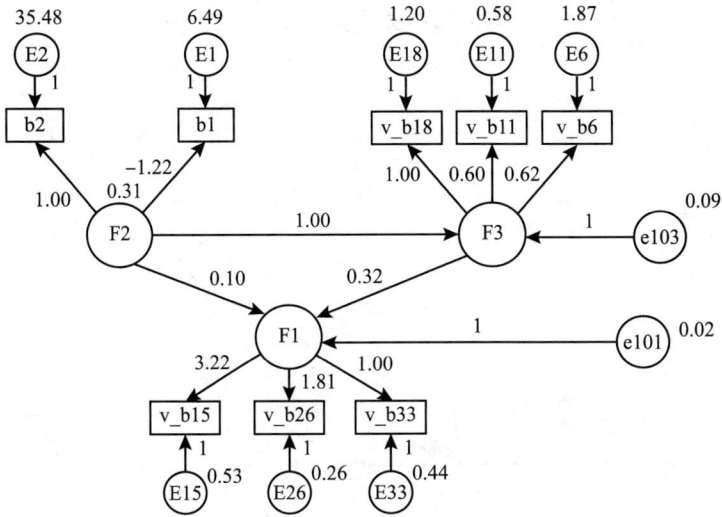

图 3-10　非标准化估计结果

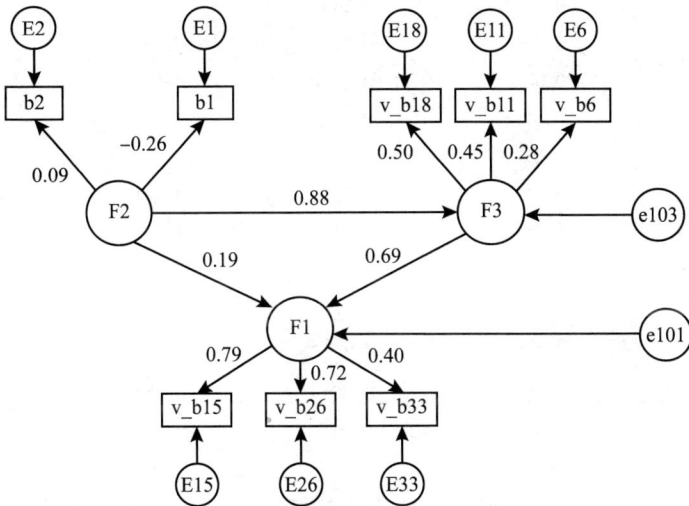

图 3-11　标准化估计结果

③模型评价。

☆参数的显著性检验。

从模型估计结果来看，在 0.05 的显著性水平下，路径系数和载荷系数均达到显著水平（见表 3-22、表 3-23）。

表 3 – 22 路径系数和载荷系数估计结果

			非标准系数	标准化系数	S. E.	C. R.	P
F3	< – –	F2	1.000	0.876			
F1	< – –	F2	0.102	0.194	0.884	0.116	0.908
F1	< – –	F3	0.322	0.695	0.732	0.440	0.660
v_ b33	< – –	F1	1.000	0.405			
v_ b26	< – –	F1	1.808	0.724	0.406	4.459	***
v_ b15	< – –	F1	3.218	0.792	0.721	4.460	***
b1	< – –	F2	– 1.224	– 0.258	1.423	– 0.860	0.390
v_ b18	< – –	F3	1.000	0.501			
v_ b11	< – –	F3	0.600	0.448	0.160	3.747	***
v_ b6	< – –	F3	0.619	0.276	0.235	2.635	0.008
b2	< – –	F2	1.000	0.093			

表 3 – 23 模型方差估计结果

	Estimate	S. E.	C. R.	P
F2	0.310	0.363	0.854	0.393
e103	0.094	0.376	0.250	0.803
e101	0.021	0.020	1.061	0.289
E33	0.443	0.051	8.605	***
E26	0.257	0.046	5.556	***
E15	0.533	0.129	4.141	***
E2	35.481	3.899	9.100	***
E1	6.492	0.919	7.066	***
E18	1.204	0.174	6.929	***
E11	0.578	0.076	7.614	***
E6	1.872	0.215	8.721	***

☆模型拟合程度检验。

从模型整体拟合程度来看，各项拟合指数值均显示出较好的拟合程度，所构建模型可以接受（见表 3 – 24）。

表 3 – 24 模型拟合指数

指数名称	χ^2/df	RMSEA	NFI	CFI	AIC
模型	2.724	0.073	0.955	0.902	85.023
接受值	1 ~ 5	<0.08	>0.9	>0.9	—

3.3

企业统计存在的问题与建议

根据问卷调查、实地调研和召开座谈会情况汇总，将企业统计存在的主要问题归纳总结，并提出相应的建议与对策。

（1）不同规模的企业在统计制度建设方面存在着较大的差异，企业统计基础规范化建设尤其是中小企业及新建企业急需重视与加强。

企业规模越大，统计管理制度也越完善，对统计工作的重视程度也越高。但是，总体上看，设置专门统计机构的企业较少，企业对统计很重视的比例不高。这也说明，市场经济条件下的企业与计划经济时期的统计机构设置有很大不同，其执行的职能也在发生明显的变化。由于企业统计从原来主要服务于对外报表转变为主要为企业经营管理服务，统计岗位必然融合到企业相关管理职能部门中。企业统计制度是企业统计工作的指南，是规范与搞好企业统计工作的关键。调查表明，现行许多企业特别是新建企业、小型企业由于统计制度体系不健全，使得企业统计基础工作薄弱，统计工作难以有效开展，统计整体功能难以发挥。调查还表明，只有12.7%的企业有非常详细且分工明确的统计制度，所以建立健全完整、科学的统计制度体系，加强企业统计基础规范化建设是当前企业统计改革与发展的关键。

（2）现代企业统计队伍存在着年龄偏轻，从事统计工作时间偏短，文化程度、专业知识水平偏低，科班出身统计人员比例小等现象比较严重，必须将企业统计队伍建设作为企业人力资源建设的重要组成部分，提升企业统计工作者的地位与待遇，科学规划与安排企业统计人员的继续教育与再提高，使企业统计人员做到"有为有位"与"有位有为"。

出现这一状况，原因有多方面，但有一点是基本肯定的，就是企业统计人员在企业中的相对待遇水平偏低。由于受多方面因素影响，企业统计人员在继续教育、福利、晋升、职称等问题上的机会较少，许多统计人员即便通过"统计师"职称考试，但由于没有岗位，各方面的待遇也不能享受，极大地挫伤了统计人员的积极性；另一方面，企业对统计人员的工作缺乏行之有效的奖优罚劣制度，干好没有奖励，干坏也没有关系。使有些有才能的统计人员纷纷跳槽，人心浮动、队伍不稳，统计人员年轻化严重，影响统计工作质量的提高；还有些企业经常调动统计人员的工作单位及岗位，哪个部门需要人，就可以随意地从统计部门调出，严重影响了统计工作的正常开展，造成统计人员工作的不稳定以及统计队伍的不稳定。调查表明，现有企业统计从业人员从事企业统计工作 5 年以下的占

43.9%，而10年以上的只有23.8%，而且只有5.1%的统计人员很喜欢统计工作，造成企业统计工作的恶性循环。搞好企业统计工作，归根结底靠人才。为不断地提高企业统计人员的政治、业务素质和完成统计工作的能力，要采取多种多样的方式，经常对企业统计人员进行教育与培训。岗位培训工作在今后应当形成一种较为完善的统计教育制度，企业综合统计负责人应定期对专业科室、企业基层统计人员轮流进行培训。在报表、法规或制度有所改变时，应及时组织培训，让全体企业统计人员及时了解新情况、新动态、掌握新方法，以便更好地完成统计任务。另外，有关部门应制定相应的政策，保持企业统计队伍的基本稳定，鼓励统计人员爱岗敬业，钻研业务，不断提高统计工作质量和服务水平，使统计工作更好地为企业发展服务，为社会发展服务。

（3）大部分企业的统计工作还停留在统计基础工作的层面上，没有能够很好地对所取得的统计数据进行深入的挖掘，来对企业经营管理决策提供有力的支持，必须加强对现代企业统计理论的研究，对现代企业统计的功能、任务、内容、运行方式进行重新设计与定位。

调查表明，各企业领导对统计工作不太满意的原因为：72.7%的企业领导认为目前统计工作不能够发现、分析和解决实际问题，27.3%的企业领导认为不能够及时全面提供所需要的信息。一方面，仍有相当部分的企业领导对统计工作的重视程度不够，没能让综合统计人员真正参与到企业的生产经营决策当中；另一方面，企业统计在企业经营管理中的作用没有得到充分的发挥，大部分企业统计工作仅仅停留在完成报表等基础工作上，企业领导应该更多的关心统计工作和统计人员，为统计工作营造一个良好的发挥潜能的工作环境。随着市场化的深入，大部分企业领导认为未来企业的统计力量应该加强。他们希望统计人员能够进行深层次的分析和数据挖掘，能够从统计人员那里得到更多的管理信息与决策支持，而不仅仅只是提供统计报表。

（4）关于企业统计数据质量还存在诸多不令人满意的现象，此问题的出现，既有主观原因又有客观原因。其中，提高企业统计能力，实现企业统计工作手段现代化与加强企业统计信息化建设是提高统计数据质量关键。

调查表明：①从企业统计数据的准确性来看，49.2%的人认为比以前更准确了，44.7%的人认为与以前差不多，5.6%的人认为质量下降，0.5%的人说不清楚。②从企业统计数据的适用性来看，15.2%的统计人员认为完全能够满足企业经营管理需要，有76.3%的统计人员认为基本能够满足，5.6%的人认为不能满足，还有3%的人不太清楚。③从企业统计数据的一致性来看，27.3%的企业认为统计、会计和业务三大核算完全协调，67.7%的企业认为三大核算基本协调，3.5%的企业认为很不协调，1.5%的企业不清楚。④企业统计数据的及时性可以从企业统计人员的工作负担反映，工作负担是影响统计数据及时性的主要原因。企业越大，企业对外报表的种类越繁多，重复填写情况比较突出。大型企业的对外统计报表平均 21.0 套，中型企业平均 11.5 套，小型企业平均 4.9 套。47.4%的大型企业认为企业对外报表种类很多、很繁琐、重复填写，有这种看法的中、小型企业分别为 17.6% 和 20%。因此，影响企业统计数据的质量既有主观因素又有客观因素，需要对影响企业统计数据质量因素进行具体分析，最大限度地消除影响因素，以更好地满足国家宏观调控与企业管理决策的需要。

这次调查使我们深刻认识到：现代企业管理中的专业统计包含了丰富的专业内涵，除了一般的专业报表之外，还包括统计标准、数据处理、调查分析、计算技术、信息咨询等丰富的专业内容，部分岗位还涉及财务核算、生产管理、技术工艺等跨专业的基本知识。他们的工作理应得到企业各方面的理解、关注与支持，而不应因承担很多对外工作而被忽视。应充分调动和发挥统计在企业管理中的服务与监督职能，对促进企业的经济发展和经济信息一体化建设十分重要。

因此，相对于企业统计地位的下降、企业统计机构的撤并、企业统计队伍的不稳定，企业对内外部的信息需求增加，企业科学管理与决策越来越需要一个部门能够为他们提供有利于管理与决策的信息与咨询。但随着市场经济体制的逐步完善，企业生产经营自主权的扩大，计划经济时期企业统计工作"一刀切"、"一盘棋"的时代已成为历史，企业统计的个性化服务特色愈加鲜明，要更好地发挥统计的功能与作用，现代企业统计工作必须在理论上寻求一套具有一定指导意义与可操作性的理论体系，以更好地指导企业统计工作，提升企业统计能力和水平，发挥其应有的作用。

第 *4* 章

现代企业统计功能研究

在政府统计理论中，有统计职能的提法。对政府统计来说，统计有三种职能，统计信息职能、统计咨询职能、统计监督职能。其中，统计信息职能是基本职能。借用这种提法，在企业统计理论中，有学者（董逢谷，1999）提出了类似的企业统计的三种职能。也有学者（纪宏，2003）提出现代企业统计的职能归纳起来有描述、评价、预测、决策和控制五个基本职能。

那么，什么是职能呢？职能（Competency）是指人、事物、机构所应有的作用。从人的职能角度讲，是指有一定职位的人完成其职务的能力；在指事物的职能时，一般等同于事物的功能；机构的职能一般包括机构所承担的任务、职权、作用等内容。就企业统计而言，与其说是一个部门，还不如说是一种方法和工具，从这个意义上讲，企业统计与政府统计完全不同，直接套用政府统计的职能理论来界定企业统计职能并不合适。因此，笔者认为用企业统计功能的提法更合适。

所谓功能（function）是指事物或方法所发挥的有利的作用。就企业统计而言，从系统角度思考问题，可以把企业统计看成一个服务于企业经营管理活动的方法系统，这样，企业统计的功能就是指企业统计方法系统的功能。

因此，企业统计功能可以定义为：企业统计方法系统在企业经营管理活动过程中所能够发挥的有利作用。本章专门讨论现代企业统计的功能定位、具体内容及其实现形式。

4.1

现代企业统计的功能定位

在研究现代企业统计的功能定位时，首先需要对企业统计的范围进行明确界定。作为企业内部的一种方法或工具，企业统计不能与企业统计人员或岗位画等号，更不能等同于企业统计工作部门（许多企业没有设置专门的统计工作部门）。因此，企业统计的范围不能从企业统计人员、岗位或部门的职责去界定，只能从企业统计方法系统本身应当具有的本质属性去寻找。企业统计是相对于宏观经济统计而言的，是一种微观经济主体的特殊活动，因此，不能把属于宏观经济统计研究的内容列入企业统计的范围。这样首先就要排除经典的《企业经济统计学》教材中属于宏观经济统计的内容，如作为 GDP 核算基础的企业总产值和增加值核算、价格指数的编制以及工业发展速度指标的计算等。事实上，这些内容在宏观经济统计中都有阐述。

　　另外，企业需要关注外部环境，特别是宏观经济环境，但对宏观经济环境的研究需要运用宏观经济统计的方法，这也不属于"企业统计"的范围（虽然是企业统计工作者的职责）。

　　类似地，企业统计还需要与工程技术领域的统计适当分界，由于企业统计的服务对象是企业生产经营管理活动，企业统计的研究对象就是企业生产经营管理的对象，只是侧重其数量方面，运用统计特有的方法。企业统计的研究对象可以表述为：企业生产经营活动过程及结果的数量方面。这样，与工程技术统计的边界划分标准是：以产品或服务标准及其相关工艺标准为界，标准确定之前（包括标准确定）的研究属于工程技术领域，标准确定之后的领域属于生产经营活动领域。这样，关于质量管理统计中的抽样检验、统计过程控制、六西格玛管理等属于企业统计的内容，而关于产品和工艺技术设计中的统计方法，如试验设计、可靠性统计和测量系统分析等内容不属于企业统计的内容[①]。

　　根据以上认识，对现代企业统计定义为：关于企业生产经营活动过程及其结果的统计数据的收集、整理、分析和使用的方法系统和工作过程。这个定义包含理论和实践两方面的含义。从统计理论角度看，它是一套关于现代企业运行活动的研究方法系统；从实践角度看，它是指企业统计的完整工作过程。根据统计数据的来源不同，现代企业统计分为企业内部统计数据和企业市场统计数据两个方面的研究内容。由于对这两方面数据的研究的具体做法有明显差异，在讨论过程中需要适当分开阐述。

　　根据现代企业统计的定义，现代企业统计首先要围绕企业生产经营活动收集企业管理需要的统计数据，并对数据进行整理，形成可用的形式（数据库或图表形式），然后需要定期或不定期的进行统计分析，形成统计分析报告供企业管理层参考。对于企业重要的生产经营管理活动，如计划管理、质量管理和绩效管理等，统计需要直接参与管理过程，发挥决策、控制和评价的功能。因此，现代企业统计功能可以概括为三个方面的功能，即统计信息功能、统计分析功能和统计管理功能（含决策、评价、控制等）。

---

① 周纪芗，茆诗松. 质量管理统计方法［M］. 北京：中国统计出版社，1999.

4.1.1　现代企业统计的信息功能

（1）定义与理论依据。

①现代企业统计的信息功能的定义。信息是反映物质和非物质状态或运动特征的表现形式，它普遍存在于自然界、人类社会和人的思维之中，统计记录了自然界、人类社会和人的思维活动的数据特征，无疑统计数据是信息的重要组成部分。

在现代企业经营管理活动中，信息已经成为继人、财、物之后的第四种重要资源，企业经营管理活动过程的每一个环节都时刻离不开信息的运用，统计数据是一种重要的定量信息，因此，统计信息是企业经营管理活动过程必不可少的信息资源之一。

现代企业统计的信息功能，是指企业统计通过统计数据的收集、整理、传递和管理的一系列活动，形成系统完整的企业统计信息数据库，从而满足企业经营管理活动需要而发挥的有利作用。

②现代企业统计信息功能的理论依据。如前所述，现代企业统计的服务对象是企业生产经营管理活动，研究对象是企业生产经营活动过程及结果的数量方面。因此，现代企业统计信息功能的理论依据就是现代企业生产经营管理理论和关于统计数据的统计学方法论。这样，企业统计的信息功能就是围绕企业生产经营管理需要，运用统计学理论方法，准确、及时和系统地反映企业生产经营活动内容的数量方面，提供管理需要的有效信息。

根据现代企业生产经营管理理论，现代企业生产经营活动过程见图4-1。

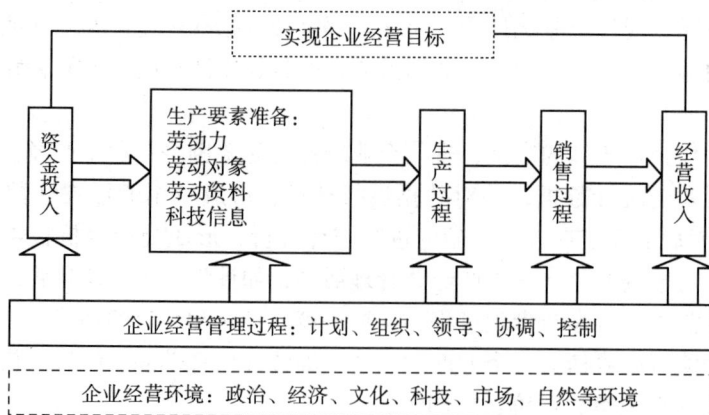

图4-1　现代企业生产经营活动过程示意图

从图 4 - 1 中可以看出，企业生产经营活动过程是按时间顺序不断循环的过程，每一阶段的表现为：资金投入阶段表现为财务资金的运用、分配等，企业利用所投入的资金进行劳动资料、劳动力和科技信息投入，各种投入进行相应的资源转换进入了生产过程；生产过程则表现为生产技术准备、质量管理与监控等；当产品生产出来以后就要设法销售出去，相应的进入了销售过程，销售过程则表现为市场营销、产品价格的制定、售前和售后服务等；当产品销售实现时就表现为企业的经营收入。当整个过程结束时还需要进行评价反馈，即表现为企业经济效益评价和对实现企业经营目标情况的综合评价。在整个生产经营过程中始终伴随着企业经营管理活动，包括计划、组织、领导、协调、控制。同时，企业的生产经营各个环节过程是相互影响和制约的，而且企业的经营活动是在一定的外部环境下进行的，为保证企业生产经营活动的顺利进行，企业需要及时搜集有关外部条件的资料，作为企业分析研究的参考。

企业生产经营活动是围绕企业生产经营目标展开的，而生产经营目标是企业自身经营实力与外部经营环境的综合作用的结果。在企业生产经营目标制订过程中，需要企业内部和外部的统计信息，需要对企业所处的外部环境及时掌握及跟踪分析，其中包括对宏观经济环境、市场环境等进行调研分析。就现代企业统计理论而言，对企业内部生产经营活动统计数据的研究无疑是企业统计的内容，对企业外部统计数据的研究，内容非常广泛。其中，属于企业经营活动范围的内容是市场营销活动，因此，对市场数据的研究也属于企业统计的内容，其他方面如行业分析和宏观经济分析虽然也要运用统计理论和方法，但不属于企业统计理论研究的范围。

（2）现代企业统计的信息功能的具体内容。

具体来说，现代企业统计的信息功能表现为如下四个方面：

一是企业统计数据收集和整理：根据企业经营管理活动对统计信息的需求，进行统计数据的收集和整理，提供给企业决策层和生产经营管理部门使用。

二是建立企业统计信息流程：形成企业统计信息的传递网络，保证统计信息在企业内部和外部相关单位或个人的有效传递，从而发挥企业统计信息的有利作用。

三是企业统计数据管理：建立系统完整的企业统计信息数据库，可供企业各级管理者和业务部门及时查询使用，也为企业发展研究提供系统的统计数据。

四是企业统计数据发布：企业统计需要对外提供统计数据，包括对社会和政府部门，这既是企业承担的社会义务，又是企业生存和发展的需要。其中，企业对政府部门（包括统计、财税、工商等部门）的统计报表只是企业统计工作的副产品。

政府统计部门（及其他部门）如果需要企业额外提供企业现有数据库中没有的数据，则需要进行相关的培训指导并承担相关的成本。例如，政府统计要求企业统计填报"企业增加值"及相关数据，就应从政府统计调查的角度进行流程设计。政府统计部门重点收集企业统计中现成的数据，然后自己加工得到企业增加值等数据，从而减轻企业统计负担并提高企业统计数据质量。事实上，我国2007 年就对规模以上工业企业统计制度进行了改革，取消了企业填报增加值，改为直接对成本费用进行调查，由统计部门根据调查资料计算增加值。

对现代企业统计的信息功能，我们提出两个观点。

第一个观点：统计数据≠统计信息。数据是信息的一种形式，但数据并不一定是信息，经过组织加工的数据才是信息。所以，为一定目的运用科学方法收集、处理和加工的系统的统计数据才成为统计信息。所以，企业统计的信息功能，是指运用科学的方法，对企业生产经营过程中统计数据进行收集、处理和加工，得到系统的统计数据，供企业生产经营业务活动和管理使用，从而发挥统计数据的有利作用。

第二个观点：与政府统计相似，企业统计数据也不需要面面俱到，也不一定全部使用"普查"方法，也可以使用甚至于应优先推荐使用抽样调查方法收集数据。例如，在质量管理领域、市场调查领域、人力资源和设备管理领域等，都可以运用抽样调查技术。

4.1.2　现代企业统计的分析功能

（1）定义与理论依据。

①现代企业统计的分析功能定义。一提到"统计分析"，一般人往往想到分析文章或分析报告。应该说，统计分析与统计分析文章是两个不同的概念。"统计分析"是思维活动，是对统计数据的认识过程，这种思维活动是按一定的程序和规则进行的，而统计分析文章则是对统计分析结果的文字表述，是我们对统计数据认识的"升华"。统计分析要在一定的理论框架内严格遵循一定的程序和规则进行。就企业统计而言，这个理论框架是企业经济学和企业管理学分析研究的框架，目的是为企业统计分析提供认识企业经济现象以及现象之间关系的理论和方法。

统计分析是实证分析，它以经济学、管理学的基本原理为指导，以大量的统计数据为基本依据，应用经济学、管理学、统计学的方法，在定性与定量分析的结合中，进行定量分析，目的是解释经济现象、发现和寻找事物发展的规律性，推断事物发展的趋势。统计分析具备以下特点：一是以经济学和管理学的基本原理为分析的基本框架。二是分析观点完全建立在对统计数据分析的基础上，而不是一种假说。统计分析切忌"先定观点、再找数据"。三是定性分析与定量分析相结合，以定量分析为主。四是坚持"客观、中立"的原则。

结合对"统计分析"的认识，对现代企业统计的分析功能定义为：综合运用现代经济学、企业管理学和统计学方法，遵循一定的程序和规则，在定性与定量分析的结合中，对企业统计数据进行深度加工分析，以达到帮助企业改善生产经营提高管理绩效的目的。

企业统计分析是企业统计工作的高级阶段，也是企业统计发挥认识和管理作用的关键环节。它是以基本统计数据为依据，对企业生产经营管理的数量方面及数据关系进行深入系统的分析加工，以达到揭示事物内在统计规律性的认识目的。通过统计调查、整理所得到的基本统计数据，虽然能够描述被研究现象总体的基本状态，但是不能说明事物的内在联系，不能回答事物发展的内在动力、影响因素以及事物发展变化的趋势和规律性。统计分析有利于深化认识，揭露矛盾并提出解决矛盾的措施，有助于企业管理者进行科学管理和经营决策。

企业统计信息功能是企业统计的基本功能，发挥统计信息功能的基本途径是为企业管理提供基本统计数据信息。但是，从广义的统计信息角度看，基本统计数据只是基本的信息，需要深度开发，为企业管理提供更适用的加工信息。从这个意义上讲，无论是基本统计数据还是经过分析加工的数据，包括从数据中提炼的深层认识信息，都是统计信息，即"企业统计信息 = 基本统计信息 + 分析统计信息"。既然如此，企业统计的"分析功能"不明显属于企业统计的"信息功能"范畴吗？如果仅从统计分析提供的分析信息角度来看，这无疑是正确的。不过，从认识论角度看，基本统计数据提供的是相对分散的单个数据的集合，更多的属于感性认识的层面，而通过统计分析特别是综合性统计分析，可以上升到理性认识的层面，即可以揭示事物内在的发展规律性。从这个意义上讲，统计分析功能与统计的基本信息功能有本质的区别。另一方面，企业统计的信息功能着眼点在"提供信息"这个结果上，采取的主要手段是统计数据的收集和整理技术，而统计分析功能的发挥则更多地依靠统计人才和统计分析技术手段，这在现代企业管理活动中具有特殊重要的意义。因此，我们把"企业统计的分析功能"单独列出来进行讨论。

对企业统计的分析功能，还有其他一些类似的提法，如"认识功能"、"诊断职能"、"预测职能"等提法，"认识功能"的说法太过宽泛，上升到了哲学的高度，可以适用于任何学科，没有统计的特点；而"诊断职能"和"预测职能"的提法既不全面，也不准确，"统计分析"首先不是"职能"概念，不是哪个部门或个人的任务，而是企业统计这一"系统方法"的功能作用，是企业中任何人都可以使用的一种系统化工具；同时，统计分析既包括"诊断作用"，也包括"预测作用"，还包括"总结"等其他方面的作用。而且，从现代企业管理实践来看，统计分析是企业领导最看重和最需要的，但也是统计工作中最薄弱的方面之一。因此，强化"企业统计的分析功能"研究具有特殊重要的意义。

目前我国大部分企业都能做到对企业定期分析产品产量、品种、质量、劳动生产率、材料和能源消耗、资金、收入、成本、利润等基本经济指标的完成情况，这种分析基本上是描述性统计分析，深度分析和综合性分析比较少。要发挥企业统计分析功能，需要研究提高企业统计分析能力的理论，要促使企业统计分析从描述型向推断型、从拼盘型向综合型、从事后型向预见型方向转变，充分发挥统计分析在企业管理中的有利作用。

②现代企业统计分析功能的理论依据。现代企业统计分析功能的哲学依据是辩证唯物主义的认识论：经过感性认识上升理性认识，透过现象抓住事物的本质和规律。从现象和本质的区别看，认识了现象不等于认识了事物的本质和规律，从认识的程度和水平看，认识需要由感性认识上升到理性认识；从认识的作用看，正确的理性认识能更好地指导实践。统计分析的目的就在于透过现象认识本质，揭示事物发展变化的内在规律性。

企业统计分析功能的统计学依据是统计学的基本性质。统计学是用于收集数据、分析数据和由数据得出结论的一组概念、原则和方法。而且大多数教科书对统计学的定义，虽然有所差异，但在"收集数据"和"分析数据"这两个方面取得共识。可见，统计分析是统计学方法天然的功能之一。对企业统计来说，虽然其研究对象具有特殊性，但其研究方法不失一般性，因此，企业统计的第二个基本功能我们给定位为统计分析功能。

（2）现代企业统计分析功能的具体内容。

收集、整理形成的统计数据，只是统计工作的初级产品，这是企业统计工作的基本任务。在此基础上，需要对统计数据进一步开发加工，形成统计工作高级产品，这就是统计分析。

企业统计分析功能具体表现形式：围绕企业经营目标和经营管理活动过程对企业内部经营管理数据和外部经营环境数据进行定期或不定期的系统分析，形成系列统计分析产品（如分析报告、分析图表等），提供给企业高层和中层管理者作为企业管理和决策的参考。

根据可用的数据源，统计分析分为：基于基本数据库的统计分析和基于数据仓库的统计分析。一般而言，基于基本数据库的统计分析属于基本统计分析，采用的统计分析方法相对比较简单；基于数据仓库的统计分析属于深度统计分析，采用的统计分析方法相对比较复杂。根据统计分析是否存在固定周期，可以分为定期统计分析和专题统计分析，后者属于不定期统计分析。根据统计分析目的，是事后总结还是对未来进行预测，统计分析可分为事后总结性分析和事前预测性分析。下面分别从定期统计分析、专题调研统计分析和统计预测分析三个方面加以讨论。

第一个方面：定期统计分析。

根据企业生产经营活动节奏和管理要求，周期性的定期对企业生产经营活动的某个方面或整体情况进行分析和预测。根据分析的时间周期长度，通常可分为短期分析、中期分析和长期分析。

短期分析是时间长度在一年以内的分析，包括周、旬、月度、季度、半年和年度统计分析。经常使用的是月度、季度和年度分析；中期分析通常是指1~3年的统计分析；长期分析通常是指3年以上的统计分析。分析周期的划分是相对的，与具体企业的日常经营管理和战略需要相联系；无论是短期分析还是中、长期分析，都有历史资料分析、当前状况分析和未来趋势预测三个不同的角度。

在定期统计分析中，有单项分析与综合分析之分。单项分析是指专门针对某个具体管理领域的问题进行的分析，如销售统计分析，专门对企业销售情况进行分析总结和预测；综合分析是指包括两个以上管理领域的统计分析，如产销平衡分析，既要分析生产情况，又要分析销售情况，涉及两个管理领域。根据综合分析涉及的管理领域的多少和问题的复杂程度，综合分析的综合性也有所不同，综合性最强的是企业生产经营活动全局性分析。综合分析的综合程度与分析的周期长度通常是正相关的。

第二个方面：专题调研统计分析。

属于不定期统计分析。通常企业在某个特殊的发展阶段，会采取特殊的发展战略。在定期统计分析的基础上，可能会发现某些严重影响企业发展的问题，甚至影响企业发展战略的执行。专题调研分析就是在这种情况下提出来的，这种分析方式一般需要组织专门的调研分析小组，其中有管理人员、统计人员，还可能有外聘的相关领域专家。例如，当企业要采取客户导向的经营战略时，客户满意就是成为企业管理决策的目标之一，此时，要制订具体的经营战略目标，需要对客户进行满意度调查和分析研究，为企业管理决策提供备选方案或参考依据。又如，当企业内部员工绩效存在问题时，需要进行关于员工满意度的调查分析。

专题调研分析通常由企业高层管理者提出要求，相关部门管理者具体负责，统计人员参与调研分析过程。企业常见的专题调研分析见表4-1。

表 4 – 1 企业常见的专题调研分析

管理领域	专题调研分析内容	负责部门
市场管理	客户满意度调研分析竞争分析	市场部
人力资源	员工满意度分析	人力资源部
信息管理	信息需求调研分析	综合管理部
财务管理	经济效益分析	财务部
质量管理	统计质量改进分析	生产部、质量管理部
投资管理	投资项目可行性分析	财务部、项目部
计划管理	市场调研分析和预测	市场部、综合管理部

第三个方面：统计预测分析。

企业统计预测是指运用统计技术对企业收集的历史数据进行科学分析，并在此基础上对企业和市场未来发展趋势进行定量分析和判断，为企业计划管理和决策提供参考依据。企业统计预测分析指标大体分为企业经营指标和市场指标两个方面，二者之间存在紧密的联系。

企业统计预测能够发挥两个方面的作用：一方面为企业制定经营计划与决策提供重要依据。企业统计通过对企业现有的及过去的生产经营状况的分析，预测将来可能达到的生产经营目标及供应状况，找出影响未来供需状况的原因，为企业经营计划和战略决策提供可靠保障；另一方面，为企业参与市场竞争提供信息。企业统计通过对市场环境的调查，如市场容量、市场占有率、居民购买力、居民消费偏好、商品需求弹性等的调查和统计分析，对市场的潜在需求和发展变化作出预测，为企业参与市场竞争提供信息保障。

4.1.3　现代企业统计的管理功能

（1）定义和理论依据。

①现代企业统计管理功能的定义。统计学方法应用于企业管理是一个循序渐进的过程，从最初主要是提供统计数据，到后来以统计分析参与管理，再到统计方法直接用于管理（主要在质量管理领域），现在已经发展到统计技术与管理的结合层面，形成了一系列统计管理方法，如基准比较、平衡计分卡、关键绩效指标（KPI）、全面质量管理（TQM）、六西格玛管理等。

企业统计管理功能，一方面是指企业统计在管理中发挥的有利作用，企业管理离不开统计；另一方面也表明，统计方法必须与企业管理结合才能发挥更大作用。

②现代企业统计管理功能的理论依据。管理职能理论认为企业管理有计划、组织、领导、协调和控制等管理职能，计划管理需要决策，决策过程需要运用统计技术，因此，统计决策是统计管理的第一个功能。组织和领导职能需要从企业战略目标制订到战略执行进行全面管理，其中非常重要的一个方面是对企业自身的管理绩效定期进行综合评价。管理绩效评价必然会涉及两个技术性环节：一是绩效度量问题；二是综合评价技术问题。在绩效度量方面，企业统计可以发挥直接的支持作用，成为绩效评价和绩效管理的有机组成部分。协调职能有两方面的含义：一是信息的沟通；二是行动的协调。在信息沟通方面，企业统计起着基础性的作用，通过企业统计信息网络和统计信息的协商交流，企业内部和外部、企业内部各部门、企业管理者和员工等上下左右之间能够逐步达到认识上的一致性和行动上的协调性。由于这种信息沟通是信息功能的派生功能，可归到统计信息功能。在企业管理过程中，过程控制是非常重要的管理环节，企业统计在企业过程控制中发挥作用的领域主要有：质量控制、物流控制、生产计划控制、营销计划控制等。

（2）现代企业统计管理功能的具体内容。

企业统计管理功能的具体表现：

①企业统计是企业管理的基础。

表现为三个方面：一是统计为管理提供信息；二是企业统计不仅可以为企业管理提供各种基本信息和分析结论，还可以为管理工作提供科学的定量研究方法；三是企业管理基础的基础，企业管理的基础工作如标准化工作、定额工作、计量工作等都需要统计的支持。

②企业统计是企业管理的方法。

企业统计不仅是企业管理的基础，也是现代化管理的一种重要管理方法。为了对企业生产经营活动实行科学有效的管理，企业管理具备计划、组织、领导、协调、控制等基本职能，其中计划、组织、控制职能离不开企业统计方法的运用。例如，企业计划管理的主要内容有：分析和预测企业未来趋势，在预测的基础上制定企业经营目标；进行经营决策、选择实现目标的最佳方案；制订企业综合经营计划和专项计划；检查计划执行情况等，这些都要使用统计方法。又如，质量管理中的统计过程控制，抽样检验和六西格玛管理等都是以统计思想和方法为主的管理方法。

4.2

现代企业统计信息功能的实现形式

现代企业统计的信息功能的实现形式主要有：企业统计数据收集（统计调查）、基本指标体系设计、统计信息中心（数据库）建设和统计信息系统设计。

4.2.1 现代企业统计数据收集（统计调查）

企业统计信息功能的实现，需要进行统计数据收集。数据收集有两种方法：统计调查和试验设计。对于企业生产经营管理需要的数据来说，统计调查是主要的数据收集方法。企业统计调查分为两个方向：一是企业生产经营活动本身的数据（以下简称内部数据）收集；二是企业市场数据收集。企业内部数据收集一般采取全面调查方式（也有采用抽样方式的，如质量统计数据），按一定程序进行采集和整理，而对市场数据，一般采取市场调查（包括二手数据收集）方式。

（1）企业内部统计数据的收集流程。

在没有实施企业统计信息化的企业，内部统计数据的一般收集流程见图4－2。

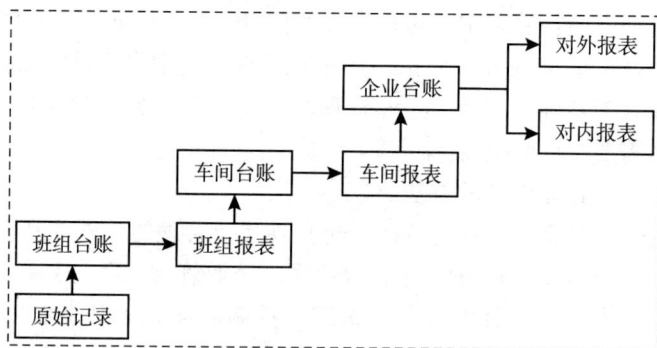

图4－2　内部统计数据的收集流程

如果企业实现了企业信息化和统计信息化，使用企业统计信息系统，则统计数据收集流程大大缩短，可以直接从原始记录输入到生成车间台账、报表，企业台账、报表。而且可以实时查询原始数据和各类台账、报表。

（2）市场调查数据收集问题。

市场调查数据收集理论上是很规范的。但是在企业市场调查实践中，除了少数大型企业外，大多数企业缺少调查技术专业人才，市场调查过程不够规范。企业的部分数据需要委托外部专业调研机构进行收集，但是由于市场调研行业存在的不规范性，导致企业对调研企业存在戒心，从而影响企业正常使用专业调查公司进行市场调研。形成这种局面的因素很复杂，其中有两点是值得注意的：一是企业市场研究部门调研力量薄弱，没有调查技术专业人才；二是企业统计人员对市场调查技术掌握不够，难以参与到企业市场研究过程。如果企业在这两个方面有所加强（如引进专业技术人才或加强相关人员培训），可以很容易改变这种局面。

4.2.2 现代企业统计基本指标体系设计

企业需要的统计数据大体分为两类，一是基本数据，就是没有经过分析加工的数据，一般表现为绝对数，如职工人数、工资总额等；二是分析数据，就是根据基本数据分析加工得到的数据，如平均工资（工资总额/职工人数）、销售收入利润率（销售利润/销售收入）等。既然分析数据是从基本数据计算得到的，在调查时就只需要收集基本统计数据，在分析时再进行加工计算得到需要的分析数据，这样可以节约数据收集的成本，减少信息系统的数据冗余。

在统计调查设计时，对于要收集的基本统计数据，事先应当设计基本指标体系，然后根据基本指标体系进行调查内容的具体项目设计。因此，企业统计基本指标体系是发挥企业统计信息功能的基本形式之一。下面分别从指标体系设计原则、流程方面进行讨论，然后结合工业企业统计作一个具体案例研究，提出一个比较系统完整的工业企业统计基本指标体系。

（1）现代企业统计基本指标体系设计原则。

①基本特征扫描原则：对企业生产经营活动过程及结果的基本情况的描述，是一幅"全景图"，以反映企业生产经营活动的全貌为宗旨；为企业管理和统计深度分析提供基本数据。

②以信息技术为基础、分析管理为导向原则：以信息技术为基础、以统计分析和管理需要为指导、以企业管理环节为重点进行设计。企业统计基本指标体系设计是收集数据建立基本信息数据库的前提，必须事前考虑未来的信息技术应用需要。

③内容体系的系统性原则：能够系统的反映企业生产经营活动过程和结果，指标之间保持有机联系，与会计、业务核算保持有机联系。一般而言，统计核算是建立在业务核算和会计核算的基础上的。

④指标数据易核查原则：有原始数据作为核算基础，一般是绝对数形式，在市场等某些领域直接用相对数或平均数。

（2）现代企业统计基本指标体系设计流程。

①企业统计基本指标体系的设计流程（见图4-3）。

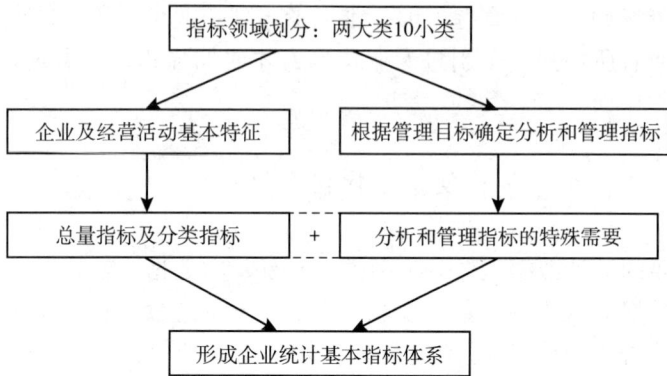

图4-3　企业统计基本指标体系设计流程

从生产经营领域分类开始，在确定生产经营管理目标的基础上，确定统计分析指标与管理指标，然后确定企业统计基本指标体系。

☆按企业生产经营领域分类确定。首先将生产经营领域分为两大类：生产技术类、经营管理类。生产技术类包括生产成果、质量、采购供应、技术与设备；经营管理类包括销售、市场、投资、人力资源、财务管理。

☆确定每个领域的管理目标，由企业高层管理者和职能部门共同确定。

☆确定每个领域的分析指标体系和管理统计方法中的指标体系，根据管理目标、分析目的和管理方法确定。

☆确定每个领域的基本指标体系，为了计算得到分析指标体系和管理统计方法中的指标体系，需要详细确定每个领域基本指标体系。

例如，在人力资源领域，从基本特征考虑，企业需要掌握的基本指标有：员工总数及分类（性别、年龄、文化程度、部门岗位、工龄等），其原始数据就是每个人的基本特征；从统计分析和管理需要考虑，需要定期分析员工结构及变化，需要掌握员工流动率，从基本指标体系能否派生这些分析指标？员工流动率是一定时期流出员工人数占期初人数的比例，因此，需要有流出人数，根据"期末人数=期初人数（上期末人数）+流入人数-流出人数"的平衡关系式，只要掌握期末人数和流入人数，则流出人数就确定了。所以，企业员工人数主要有三个方面指标：期末人数及构成（要有分类）、人员增减变动数（为了分析需要，可能需要具体的细分项目，如调出、退休等）。基本指标与分析指标如下：

基本指标：期末人数、增减变动数。

分析指标：结构指标、平均指标；与其他类别指标联系生成的分析指标，如劳动效率、平均工资等。

根据管理需要，如果要进行考勤管理，出勤率分析指标就是必要的，就需要统计出勤工日数。

不过，并不是所有的分析指标都来自基本统计指标，有些分析指标特别是管理统计指标是临时确定的，需要临时收集数据。如质量管理中的抽样统计数据和市场调查中的抽样调查数据，多是直接得到的，不需要列入基本指标体系。

②企业市场指标的确定流程。

市场指标是所有分类中的一类，但我们将其归到企业外部指标，之所以这样单独列出，是因为市场指标数据的收集成本高、收集难度大，而且在目前条件下难以通过 ERP 等企业信息化手段运用 IT 技术，提高信息集成度。尽管有一些设想或研究成果提出价值链核算体系①，但要进入实践层面还有很长的路要走。因此，对企业外部的市场信息指标有必要单独讨论。

市场是企业面对竞争的直接赖以生存的外环境，包括同质产品或服务的市场和替代品市场，在市场上企业的直接目标是市场占有率，相关目标有市场覆盖率和客户满意度等，涉及产品和服务、竞争对手、客户等因素。市场指标大体可分为如下两个层次。

本企业产品和服务的市场表现指标：市场占有率、市场覆盖率、销售价格、客户拥有量、客户满意度等。

竞争对手企业产品和服务的市场表现指标：销售量、市场覆盖率、销售价格、拥有客户量、客户满意度等。市场竞争活动情况，如促销投入及效果，客户流失率；行业总体情况及发展趋势等。

除行业大类统计数据可以通过政府或行业协会统计得到总量数据外，大部分市场数据是通过市场调查得到的，市场调查多采用抽样调查方法，取得的数据多是相对数或平均数，绝对数多是估计得到的，因此，市场指标设计流程就是市场调查设计流程，是根据市场调查目标确定的，不需要先确定分析指标，再确定基本指标，分析指标就是基本指标。

---

① 齐乃昌，朱震葆. 市场经济呼唤统计管理体制改革 [J]. 统计研究，1999（12）：51–53.

（3）工业企业统计基本指标体系设计案例。

根据两大类10小类的管理领域划分，工业企业统计基本指标体系框架见图4-4。

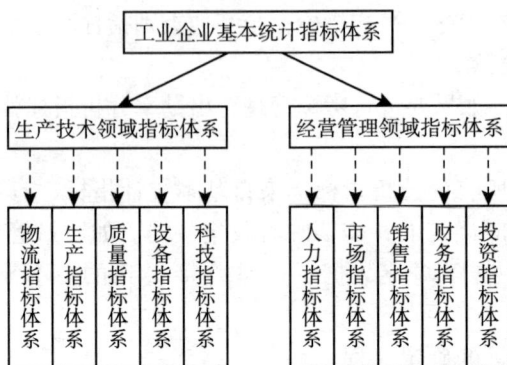

图4-4 工业企业统计指标体系设计框架

下面分别进行讨论，对于有直接数量联系的指标可以通过表格和等式设计表现。

①物流统计指标体系：包括原材料和能源统计指标两类。

☆原材料收、支、存统计指标体系（见表4-2）。

期末库存量＝上期末库存量＋本期收入量－本期消费量－本期拨出量

表4-2　　　　　　　　　　　　企业原材料收支存统计表

品名	计量单位	上期末库存量	本期收入量	本期消费量	本期拨出量	期末库存量

☆能源消费统计指标体系：包括实物能源消费量统计和综合能源消费量统计两类指标见表4-3。

表4-3　　　　　　　　　　　××焦化厂××年能源消费情况统计表

能源名称	单位	年初库存	本年购入量	一次能源投入量	二次能源产出量	出售量	工业生产用	非工业生产用	盘盈盘亏	年末库存	折标准煤系数
洗精煤	吨										
汽油	吨										

续表

能源名称	单位	年初库存	本年购入量	一次能源投入量	二次能源产出量	出售量	工业生产用	非工业生产用	盘盈盘亏	年末库存	折标准煤系数
电力	万度										
焦炭	吨										
焦炉气	万立方米										

②生产统计指标体系：包括实物量统计和价值量统计两类指标。

☆实物产量统计指标——实物产量有原始实物产量和标准实物产量两种，工业产品产量原始实物产量统计见表 4 - 4。

$$标准实物产量 = 原始实物产量 × 折标准系数$$

表 4 - 4　　　　　工业产品产量原始实物产量统计表

产品品名	计量单位	上期末库存	本期生产量	本期销售量	本期末库存

☆价值量统计指标：主要有工业总产值和增加值。

从企业管理角度看，企业增加值对管理的意义不大，而且计算复杂。因此，增加值计算应基于企业会计核算数据，建议不列入企业产值统计指标。

③质量统计指标体系：质量统计指标大部分是分析指标，基本指标主要有等级品数量、合格品数量、次品数量和废品数量等。分析指标体系将在下一节讨论。

④设备统计指标体系。

☆生产设备统计指标：期末实有设备数、已安装设备数、完好设备数、完好设备使用数。

☆生产能力统计指标：某种设备的生产能力、年末生产能力、全年平均生产能力。企业设备的生产能力统计见表 4 - 5。

表 4 - 5　　　　　企业设备的生产能力统计表

设备名称	年初生产能力	年内新增生产能力	年内减少生产能力	年末生产能力

☆动力设备统计指标：主要有动力设备的总能力、动力设备的总动力等。

⑤科技统计指标体系。

☆科技投入统计指标：科技人力资源投入统计指标（包括：专业技术人员数、科技活动人员数、R&D 人员数、技术开发人员数、科学家工程师人数）；科技经费支出统计指标（包括：科技活动经费支出、R&D 经费支出、新产品开发经费支出、技术改造支出）；科技装备投入统计指标（包括：微电子控制生产设备原值、企业设备固定资产净值与原值、新设备总价值）。

☆科技成果与产出统计指标：技术创新与技术改造统计指标（包括：新产品开发项目数、完成技术开发合同数、技术市场成交额、设备技术改造数）；专利统计指标（包括：专利申请数、专利批准数、拥有发明专利数）；新产品统计指标（包括：新产品的产量、品种、销售量、新产品销售收入）；企业科技活动收益统计指标（包括：技术转让收入、科技服务收入、科研产品销售收入、技术入股收入）。

☆科技促进经济社会发展指标：科技竞争能力指标（包括：科技论文数、新产品产出周期（月数）、高新技术产品销售收入、高技术产品产值、高技术产品出口额、新产品实现利税、技术市场成交额）；科技促进经济发展指标（包括：企业总产值、出口额）；科技促进社会发展指标（包括：治理污染费用支出额、三废排放量）。

⑥人力资源统计指标体系。

☆职工人数及增减变动：期初（末）人数；平均人数；各类分组指标，例如，企业的劳动力，按工作岗位可分为以下 5 组：工人和学徒、工程技术人员、管理人员、服务人员、其他人员。

☆工作时间统计：日历工日（工时）数，制度工日（工时）数，出勤工日（工时）数，缺勤工日（工时）数，全日与非全日停工工日（工时）数，全日与非全日非生产工日（工时）数，制度内实际工作工日（工时）数，实际工作工日（工时）数。

⑦销售统计指标体系。

☆销售统计：反映企业产品销售状况的统计指标有两个，一是产品的销售量；另一个是产品的销售额。

☆促销统计：如广告促销及效果统计。

⑧市场统计指标体系。

市场占有率，市场覆盖率，竞争统计指标，行业统计指标。

市场统计指标的数据收集方法通常采用市场调查方法，不用区别基本指标和分析指标。不同企业面临的市场环境不同，关注的市场指标也有很大差异，这里仅列示了几个基本方面。

⑨财务统计指标体系。

☆企业资产负债统计见表4－6。

表4－6　　　　　　　　　　　　资产负债表

资　　产	年初数	年末数	负债及股东权益	年初数	年末数
流动资产			流动负债		
长期资产			长期负债		
固定资产			负债合计		
无形资产			股东权益		
递延及其他资产					
资产总计			负债及股东权益合计		

☆收入、费用、利润形成及分配统计，企业损益表见表4－7。

表4－7　　　　　　　　　　　　企业损益表

指标名称	金　　额
一、主营业务收入（产品销售收入）	
减：主营业务成本（产品销售成本）	
减：营业费用（产品销售费用）	
减：主营业务税金及附加（产品销售税金及附加）	
二、主营业务利润（产品销售利润）	
加：其他业务利润	
减：管理费用	
减：财务费用	
三、营业利润	
加：投资净收益	
加：补贴收入	
加：营业外净收入	
四、利润总额	
减：应交所得税	
五、净利润（税后利润）	

⑩投资统计指标体系。

☆基本建设项目投资统计指标：投资项目个数（及分类个数）、总投资额、注册资金、股本总额及构成、项目工作量设计总量、项目完成工作量（及分类完成工作量）、新增固定资产、新增产值、新增销售收入、新增利税等。

☆证券投资统计指标：由于证券投资已经超出企业生产经营活动范围，其统计指标具有特殊性，此略。

以上只是一般的工业企业可能需要的基本指标体系，并非所有的企业都需要这些指标体系，不同的企业在不同的发展阶段会有所侧重，这完全取决于企业生产经营管理的需要。基本指标体系的主要特点是：需要通过调查等方式去收集指标数据，并能够生成后面的分析指标体系。

4.2.3　现代企业统计信息中心（数据库）建设

按照统计目的设计基本指标体系，收集统计数据，最终会形成一个基本统计信息数据库。为了对企业统计数据库进行有效管理，需要建立企业综合性统计信息管理组织，常见的是建立"企业统计信息中心"，通常设立于企业管理部门之中，也有独立设置的，或设立在企业综合信息中心（统计信息是企业信息的重要组成部分）。企业统计信息中心可以是一个实体机构，也可以是管理机构的一个职能，如企业综合信息中心就有统计信息中心的职能。无论哪种情况，统计数据库都是其核心工具。借助信息技术、网络技术和数据库技术，企业统计数据库具有很强的适应能力，能够满足企业管理需要的全部统计信息的存储和管理功能。

（1）统计信息中心的定位。

统计信息中心不等于"计算机中心"。许多企业设立有企业计算机中心，主要负责企业计算机系统维护。计算机中心只是统计信息中心建设的必要条件之一。更重要的是统计信息的收集流程和数据库的管理。

统计信息中心设立模式：信息化模式和非信息化模式。

信息化模式是运用信息技术、网络技术和数据库技术建立的企业统计信息管理中枢。中心负责整个企业统计信息的收集、整理和数据管理工作，是实现企业统计信息功能的主体部门。信息化模式依赖于企业统计信息化建设工作。

非信息化模式：运用常规方法，如纸质文件、电子文档传递及 Excel 等制表软件进行统计数据收集整理和管理。这种信息中心数据共享程度较低，运行效率较低，统计数据的系统性较差，只能用于业务单一的小型企业。

（2）统计信息流程。

基础数据：如员工基本信息卡，包括编号、姓名、性别、年龄、工龄、学历、岗位等信息。

基本统计表：如期末员工统计表（期末人数及分类、新增人数、减少人数等）。

分析统计表：一种是由本类基本指标计算的分析指标（相对指标、平均指标），另一种是由本类指标和其他类指标计算的分析指标，如劳动效率、平均工资等。

①信息化模式：由基础数据直接生成基本指标统计表和分析指标统计表。实现途径是统计信息系统。关于企业统计信息化建设将在第 6 章专门讨论。

②半信息化模式：借助 Excel 工具，由"基础数据（原始记录）"过录到"统计数据表（台账）"，再生成"基本指标统计表"和"分析统计表"。

③企业会计—统计核算一体化问题

在企业统计信息流程中，需要解决企业会计—统计核算一体化问题，邵建利（2004）提出采用"经济事项法"①。他认为，核算一体化的理论基础是事项会计。从企业管理角度来看，统计数据取之于会计数据可以降低核算数据的采集成本。事项会计理论中的"事项"（event）是指对一项活动（action）特征的可行观察结果。这项活动的特征，能被直接观察到，并对信息使用者具有经济含义。由于信息使用者的不同和同一个使用者的角度不同，对同一个事项，会赋予不同的意义。因此，一项活动从某一个角度观察、计量，对信息使用者有某种经济含义；从另外一个角度观察、计量，又会有另一种经济含义。每一种经济含义用一个事项属性加以描述，这样，一项活动可有一个或多个计量属性。会计信息使用者按照各自的要求对事项信息进行积累、分配和价值计量，最终将事项信息转化为适合使用者的会计信息。

事项法作为会计理论研究的一种方法或一种研究角度，强调按照具体经济事项来报告企业的经济活动，从而更好地满足信息使用者的需求，实现会计信息"决策有用性"的目标。事项法会产生大量的核算数据，批评者曾经担心导致数据"过载"问题。在信息技术广泛应用的今天，这一问题已迎刃而解。适量的数据我们可以用数据库技术管理，过载的数据可以用数据仓库技术进行压缩。因此在信息技术的支撑下，通过多重属性计量，不仅能自动转换生成传统会计和统计核算报表，而且还能更加真实、客观地反映企业经济活动，实现多元化揭示会计信息的目标。同时在核算数据仓库的基础上，我们还可以发挥管理科学研究方法（如统计学、运筹学等）的作用，开展像数据挖掘（DM）和时间序列分析等深度分析工作，实现企业核算信息的价值提升。

由于企业核算信息的使用者是多层次和多方面的，管理者们对数据使用的维

---

① 邵建利。基于信息技术的企业统计会计核算［J］. 统计研究，2004（6）:64.

度和细度也不相同，因此企业核算信息系统在信息生成方面应具有柔性。这样才能根本性地改变企业分头核算、数据冗余、利用率低和信息失真等问题，使企业核算数据在成本、质量、服务和速度上有一个质的飞跃。

根据事项法，主张以核算数据库为核心建立三位一体的企业柔性核算信息系统（EFAIS），EFAIS 的模型见图 4-5 所示。这里的所谓"三位一体"是指系统集事项法、IT 和管理科学研究方法于一体，通过共享数据，最终实现企业统计、会计、业务核算一体化。

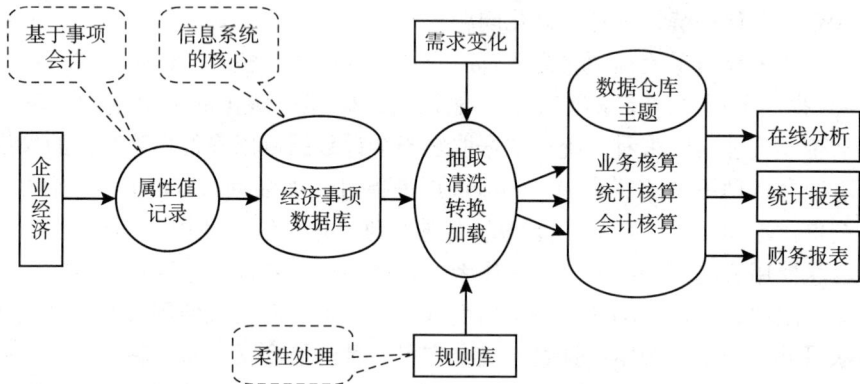

图 4-5 三位一体的企业柔性核算信息系统模型

（3）数据库管理。

对企业统计工作形成的大量统计数据资料，进行有效的管理，对于充分发挥企业统计信息功能具有决定性意义。

数据库技术是信息管理的主要技术之一，数据库是按一定方式组织起来，可长期储存在计算机内、可共享的数据集合。数据库技术的产生解决了多用户、多应用共享数据的需求问题，所以数据库技术的应用极大地提高了人们的数据处理能力。

企业统计数据库是用来对企业统计数据进行存储、统计、分析的数据库系统。研究企业统计数据库的目的，就是根据企业统计数据基本属性，以及企业统计数据处理的要求，构建一种符合企业管理要求的统计数据管理模式。

企业统计数据库分类：基础数据库、统计报表数据库、统计分析数据库。

统计数据库中的数据可以分为两类。微数据和宏数据。微数据描述的是个体或事件的信息；宏数据是综合统计数据，它可以直接来自业务领域或市场调查，也可以是微数据的综合处理结果。

统计数据库要求具有统计指标和统计表的任意维技术，可以让业务人员依据统计概念，进行与录入格式无关的查询分析处理，它以统计元数据信息标准为基础的框架体系，可以自如地容纳不同管理领域的统计数据，可以适应企业统计业务变化的需要。它扩展的统计文档和统计基础业务数据采集能力，可以广泛地服务于各种统计信息系统支持平台；它通过直观多样的数据接口技术，可以使其成为有效的统计数据集成中心；它通过内置的标准的统计算法和分析图形，可以支持实现多样的数据分析，支持管理决策。

4.2.4 现代企业统计信息系统设计

统计信息系统是在传统的人工统计工作基础上，应用统计理论、信息技术、系统工程方法，建立的人/机复合系统。从现代统计信息系统开发来看，企业统计信息系统可以分为统计数据处理系统、统计管理信息系统、统计决策支持和统计专家系统三种。前两类系统属于结构化问题的系统，这两类系统建立和使用解决的是统计效率问题；第三类系统解决的是如何提高统计决策效果问题、解决的是半结构化或非结构化问题。企业的详细业务数据主要来自于统计数据处理系统，它也为企业统计管理信息系统、统计决策支持系统提供基础数据。统计管理信息系统的主要目的是为企业各个业务的管理者提供信息支持，以便让他们更好地把握日常业务，对业务进行有效的管理。具体地说，统计管理信息系统负责向中层管理者提供事先定义好的统计报表数据。统计决策支持系统的主要目的是帮助企业的高层管理者解决在经营决策时面临的特殊问题。与统计管理信息系统不同，统计决策支持系统不是基于面向业务操作的数据库，而是基于面向决策分析的数据仓库。其作用是对数据和信息进行深层次的开发利用。统计专家系统是人工智能应用的一个分支，是一种模拟人类专家解决特殊领域问题的计算机程序，它不仅利用综合数据库，而且基于知识库。基于企业知识库的专家系统可以扩展管理者解决问题的能力，促使企业的信息资源向知识资源转化。

（1）企业统计信息系统的设计。

①企业统计信息系统的结构和功能：企业统计信息系统的结构应包括五个子系统：数据收集子系统、数据处理子系统、数据储存子系统、数据传递子系统和数据提供子系统。企业统计信息系统的功能有：数据的收集和整理，数据的加工和汇总，生成统计图表、分析、预测和决策等。

②企业统计信息系统开发过程。

☆系统分析。系统分析阶段的主要任务有现行系统的详细调查、用户需求分析和新系统逻辑模型的建立等。

☆系统总体设计。系统总体设计的目的是根据已经批准的系统分析报告，考虑实际的技术、经济和运行环境等条件，确定新系统的物理实施方案。具体包括系统总体结构设计和数据库设计。

☆系统详细设计：总体设计完成以后，还需要确定子系统和各模块的具体实现方法，以便最终真正建立一个完善的企业统计信息系统。

☆系统实施。

（2）运用数据仓库技术开发企业历史统计数据。

由于历史的原因，企业历史统计数据可能比较庞杂，而且在不同时间、不同部门存在一致性，这为统计分析带来很大困难。解决的办法之一是将企业历史数据分为业务数据和分析数据，存放在不同的数据系统内，其中业务数据是原有数据，分析数据是新生成的分析数据或从业务数据中提取出来的。为了区别，也可将分析数据称为数据仓库。数据仓库是用于管理决策支持的面向主题、集成、稳定、不同时间的数据集合。就操作来说数据仓库就是按分析主题要求从业务数据中抽取所需数据或补充有关外部数据，并针对分析决策的要求、特点设置多种功能，自成一体的数据储存系统。下面是二者的区别见表4-8[①]：

表4-8　　　　　　　　　　　业务数据与分析数据比较

业务数据（数据库）	分析数据（数据仓库）
• 面向应用	• 面向主题
• 详细的，或全面的	• 综合的，或提炼的
• 在存取瞬间是准确的	• 代表过去的数据
• 为日常工作服务	• 为管理者或分析服务
• 可更新	• 不更新
• 重复运行	• 启发式运行
• 处理需求事先可知	• 处理需求事先不知道
• 对性能要求高	• 对性能要求宽松
• 一个时刻存取一个单元	• 一个时刻存取一个集合
• 事务处理驱动	• 分析处理驱动
• 更新控制主要涉及所有权	• 无更新控制问题
• 高可用性	• 松弛的可用性
• 整体管理	• 以子集管理
• 非冗余性	• 时常有冗余
• 静态结构，可变的内容	• 结构灵活
• 一次处理数据量小	• 一次处理数据量大
• 支持日常操作	• 支持管理需求
• 访问的高可能性	• 访问的低可能性或适度可能性

① 方佳信。统计分析与数据仓库［J］. 上海统计，2002（6）：29.

从表 4 - 8 中可以看出，数据仓库要达到的目标与通常所说的统计分析的要求是一致的，我们完全可以利用数据仓库技术来为统计分析服务。同时利用统计分析的理论和方法在对于确定数据仓库内的分析主题和进行相应的数据分析也是大有帮助的，二者结合就可以使企业统计信息系统如虎添翼，更好地发挥其作用和价值。要实现这样的目标，首先是要在企业统计信息系统功能结构设计时予以充分的考虑，企业统计信息系统无论规模大小都应该满足以下两个基本要求：

一是收集企业处理生产经营过程中各方面的数据信息，完成相应的业务要求如报表输出等，并将系统产生的全部数据按业务处理规则储存起来。

二是为开展统计分析或经营决策提供方便、灵活、多样的使用环境，使得企业统计信息系统最终能对企业提高经济效益有所帮助。

为此，企业统计信息管理系统需有如下的基本功能结构，见图 4 - 6。

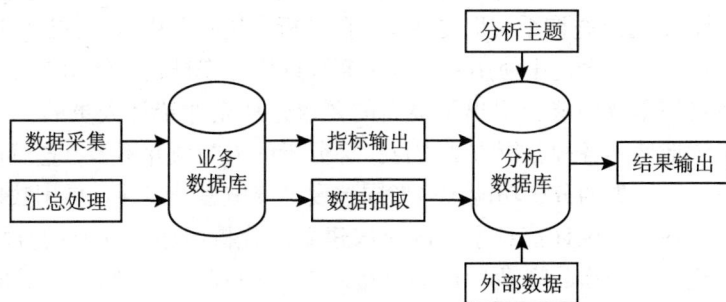

图 4 - 6 企业统计信息管理系统基本功能结构图

在图 4 - 6 中，由基础数据采集、汇总处理、指标输出与业务数据库组成业务处理系统，也可以称之为报表处理系统。由业务数据抽取、分析主题设计、外部数据输入、分析结果输出与分析数据库组成分析处理系统，也可以称之为数据仓库系统。两个子系统各行其职，相对独立，互为补充，有机结合，形成合力。

系统在整体功能上应满足以下要求：

整体性。各模块虽有分工，但应从企业统计信息管理的全局出发，抽取其共性的需求，形成总体需求，以此提高信息资源共享与效率。

网络性。系统必须建立在网络运行基础上，不但要有数据上报，还要有信息下传。

灵活性。系统开发是阶段性的，但生产变化是永恒的，应用系统要有足够的灵活性和适应性，基本功能应可以按需组合。

智能性。由于生产所需的数据信息量大面广，单靠人力管理是很困难的，应通过设置监控点、监控值，通过超值报警来实现系统智能管理。

多样性。各类信息的输出显示应具有多种形式，不但应有表格、流程图、趋势图，还要有任意的组合查询，有浓缩的上层信息，也能按需展开下层指标，数据输出不但要有格式，还要有数据库格式。

服务性。统计信息的采集是为需要者服务的，系统应该有多种服务手段与方式，既要方便使用，又要充分考虑到使用者的接受程度。

阶段性。在总体目标确定后，应统一规则，分阶段实施，循序渐进。

下面重点对分析处理系统的功能设计思路作些具体描述。

如前所述，统计分析是具有一个相当难度的创造性工作，其创造性体现在需要根据实际情况将数据与统计分析方法相当好地结合，才能达到分析和预测的目的，这里首先需要对业务与统计方法有较深的理解与把握，而这一点恰是大部分软件开发人员无法做到的。为此，一般情况下统计分析系统只能设计成类似 Excel 这样的界面，通过查询系统取得数据，在分析方法菜单中取得方法，运行后就可以获得结论，是否合适由使用者自行判断。这样的安排在给使用者最高的灵活性的同时也对使用者的能力提出了很高的要求，从企业统计人员的实际情况来看，能够熟练地使用各种分析方法进行指标分析的人为数并不多，这就使得企业统计信息系统中这类的分析功能大多形同虚设。突破思维惯性，借用数据仓库理念，笔者认为在企业统计信息系统内应该建立以分析主题为核心的分析处理系统。所谓分析主题是指将企业常用的分析对象和内容，通过归类形成的分析命题，如企业产值分析预测、企业投入产出分析、产品市场趋势分析预测等。以这些主题为出发点，充分考虑与主题内容分析有关的各种方面的关系、数据以及各种可以使用的分析方法，并补充业务处理系统不能提供的数据，形成类似数据仓库的一个相对独立的分析子集。比如对以价值形式反映的企业生产综合情况的企业产值分析，一般有产品结构分析、对比的发展速度变化、价格影响程度、行业排名以及规划趋势等多方面的要求，围绕这些要求就可能将所需时间内的各构成单位、产品产量、产品价格、同行业其他单位的生产产值、销售产值等数据收集在一起，同时针对产值分析这个特定的主题，可以设定相应的分析方法，如结构分析、对比分析、趋势分析、指数分析等，或者是分析的结果，将这些组合在一起，配以多维查询、数据挖掘、旋转和切片、过滤器、排行榜、数据异常提示、数据计算等数据仓库特有方法，让统计人员能够根据自己的想法和思路在一个大前提和一定的范围内去操作数据，并进行加工输出，而不是仅以某种固定的模式去查看数据。

首先是分析主题的设计。按某个主题建立分析模型需要一定的组织归纳能力和统计专业知识，这对高层次的统计工作者本身就是一个挑战，是其能力的体现。系统在建立的时候，开发者肯定能将有一两个分析主题包括在内。但统计分析不是一事一时的工作，已有的分析主题还要继续完善，新的分析主题又会提出，如何把这些变化设置进企业统计信息系统，就是必须在系统设计时有妥善安排。采用向导方法建立分析主题是解决矛盾的一个很好的方法。将在系统内建立分析主题过程分解为若干个步骤，引导用户通过选择或确认，达到系统的自行扩展而不是修改程序，由此来体现系统的可扩展性和自学习能力。其次是分析数据的抽取。分析主题所需数据主要来源业务数据库，如何将业务数据转换至数据仓库是成功的另一个关键。就统计信息系统而言，完全可以利用统计指标的构成特点建立相对统一的数据信息结构，使之简化明了。

4.3

现代企业统计分析功能的实现形式

企业统计分析是企业经营管理的重要手段之一。企业要在激烈竞争的市场经济中做到知己知彼，立于不败之地，就需要及时掌握本企业生产经营活动情况、企业相关的市场信息和其他经营环境信息，这些信息中的定量信息大多数来自企业统计提供的基本情况信息和统计分析信息。企业统计分析可以准确及时地为企业经营管理提供相关数据和分析结果，使企业管理者对企业生产经营过程和结果有一个比较全面系统的认识和把握，对于改善企业经营管理水平，提高企业经营管理绩效，具有不可替代的作用。

现代企业统计分析的实现形式主要有三个方面：企业统计分析指标体系设计、企业统计分析报告系统、企业统计预测分析。

4.3.1 现代企业统计分析指标体系设计

统计信息功能提供了可供分析的基本统计数据，但是，基本统计数据仅能反映生产经营基本状态，要想结合具体的管理目标找出问题、分析问题以便解决问题，还要对基本数据进行加工分析，提炼出有针对性的统计信息，帮助企业管理者作出正确的决策。

以企业销售过程为例，基本统计数据库提供了销售量、价格等数据，而且积累了分月的连续的时间序列数据。但是，企业当前的销售状况是好是差，必须进行统计分析，通过与过去比较、与同行比较，通过分析增长率及其变动，分析各销售区域及销售人员的销售情况，分析企业市场占有率变化，分析销售费用率变化等各个方面，才能得出销售总体情况的结论。在必然时，还需要对销售趋势进行分析预测，为下一步销售工作提供参考。

（1）设计原则。

一致性原则：与基本统计指标、统计标准分类相一致原则。

管理导向原则：以企业管理需要为指向，以企业管理环节为重点进行设计。

内容体系的系统性原则：尽可能反映企业生产经营活动的水平、结构、质量、速度和效益等，应能够满足统计评价、分析预测、决策和控制管理的需要。

指标数据可得性原则：由基本数据作为分析基础，或通过调查可以得到。

经济性原则：在需要专门调查的情况下，要考虑调查成本与分析价值的比较，当调查成本超过统计分析的使用价值时，不具有可操作性。

（2）设计流程。

①根据管理目标确定分析目标；

②根据基本指标数据库进行计算得到相对数和平均数；

③根据市场调查或内部抽样调查得到分析指标；

④形成企业统计分析指标体系；

⑤用于企业统计管理过程。

企业统计分析指标体系设计流程见图4-7。

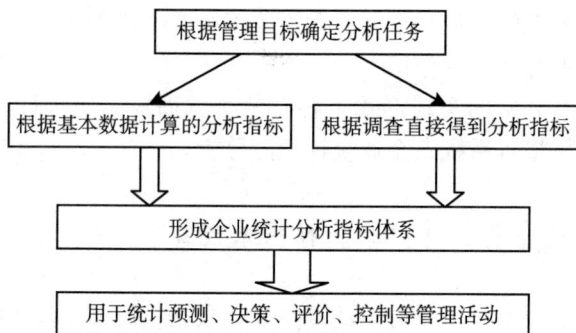

图4-7 企业统计分析指标体系设计流程

（3）工业企业统计指标体系设计案例。

①某煤矿工业企业劳动生产率分析指标体系设计案例。

对于煤矿企业来说，劳动生产率是影响企业绩效的最重要指标之一，是一类分析指标。在设计分析指标体系时，既要考虑企业管理目标，又要考虑可供分析基本统计数据。企业管理目标是提高劳动生产率，从而提高企业总产量，降低单位产品成本。从劳动生产率相关的基本统计指标来看，有各类员工的职工人数和出勤工日数，也有详细分类的产品产量和总产值数据。

☆劳动生产率指标。

实物劳动生产率，又称劳动效率。包括全员劳动生产率（企业人均产量）、工人劳动生产率（工人人均产量），其中工人劳动生产率可以按不同的下属单位分别计算。

价值劳动生产率，又称人均总产值，既可以按全员计算，也可以按工人计算。

按劳动时间计算的劳动生产率，如工吨效率（产量/出勤工日数），也可按不同的下属单位分别计算。

☆劳动生产率指标的分析。

横向对比分析指标：与同行企业的比较分析，内部各单位比较分析；

动态分析指标：与基期对比的增长指标（绝对量和相对量）；

因素分析指标：根据"总产量＝职工人数×全员劳动生产率"、"全员劳动生产率＝工人劳动生产率×工人占全部人数比重"等指标体系，可以对全员劳动生产率对总产量的影响、工人劳动生产率对全员劳动生产率的影响等进行深入分析；

相关与回归分析：可以对工人劳动生产率与工人出勤率，对全员劳动生产率与产品单位成本进行相关分析与回归分析；

差异分析：对不同班组工人的日产量进行抽样推断，比较班组之间劳动效率的差异；

与劳动定额进行比较，分析劳动定额的完成情况。

②工业企业科技统计分析指标体系设计。

工业企业科技统计指标体系基本上可按照科技投入指标、企业科技成果与产出统计指标、科技促进经济社会发展三大类进行设计[①]。为了说明分析指标与基本指标之间的关系，特将基本指标与分析指标列入表 4-9 中。在表 4-9 中，科技统计基本指标属于"基本指标体系"的一部分，其数据需要通过调查收集，而分析指标则是根据基本指标计算得到。有了"科技人员期末人数"，就可以计算得到"平均人数"；有"科技人员期末人数"结合其他人力资源统计基本指标中的"全部职工期末人数"可以计算得到"科技活动人员占全部职工数比重"，等等。

---

①　李宝瑜，刘洪主编．企业经营统计学［M］．科学出版社，2006．

表4-9　　　　　　　　　　　　　科技统计指标体系设计

大类指标	中类指标	基本指标	分析指标
科技投入指标	科技人力资源投入	科技人员期末人数 折合全时工作人员数 技术开发人员数 科学家、工程师人数	科技人员平均人数 科技活动人员占全部职工数比重 技术开发人员占全部科技人员比重 科技人员中科学家工程师比重 科技人员增减量/率 科技人员流入量和流出量
	企业科技经费支出	科技经费支出 R&D 经费支出 新产品开发经费支出 技术改造支出	科技经费支出增长率 科技经费支出占利润总额比重 科技经费支出占总费用支出比重 R&D 支出额占销售收入比重 新产品开发经费支出占销售收入比重 技术改造支出占销售收入比重
	企业科技装备投入统计	微电子控制生产设备原值 企业设备固定资产净值 新设备总价值	微电子控制生产设备原值比重 设备新度系数 人均占有固定资产 科技装备率
科技成果与产出指标	技术创新与技术改造统计指标	新产品开发项目数 完成技术开发合同数 技术市场成交额 设备技术改造数	技术开发合同履约率 企业技术成交额在企业总收入的比重 设备技术改造率
	专利统计指标	专利申请数 专利批准数 拥有发明专利数	专利效率 人均专利效率 专利成长率
	新产品统计指标	新产品产量、新产品产值 新产品品种数 新产品销售量 新产品销售收入 新产品出口收入	新老产品的品种替代率 新产品产值率 新产品税金节约率 新产品销售收入比重 新产品出口收入占销售收入比重
	企业科技活动收益统计指标	技术转让收入 科技服务收入 科研产品销售收入 技术入股收入	技术转让收入增长率 科技服务收入增长率 科研产品销售收入增长率 技术入股收入增长率
科技促进经济社会发展指标	科技竞争能力指标	科技论文数 新产品产出周期（月数） 高新技术产品销售收入 高技术产品产值 高技术产品出口额 新产品实现利税 技术市场成交额	高技术产品产值占企业总产值比重 高技术产品出口额占企业出口额比重 高新技术产品产值率 新产品利税占利税总额比重 申请专利批准率 科技人员人均科技论文数 科技活动人员人均技术市场成交额 市场占有率的增长率

续表

大类指标	中类指标	基本指标	分析指标
科技促进经济社会发展指标	科技促进经济发展	企业总产值 出口额	企业总产值增长率 出口额占总产值比重
	科技促进社会发展	治理污染费用支出额 三废排放量	人均继续受教育时数 治理污染费用支出额增长率 三废排放量降低率

4.3.2　现代企业统计分析报告系统

（1）层级报告系统。

①通常按管理层级汇报。如班组统计分析向车间主任汇报、车间统计分析向制造部经理汇报，生产统计分析向分管副总汇报，企业总体统计分析向总经理汇报。

②分析报告的形式：分析报告手册、会议分析报告、工作总结与汇报。

☆统计分析报告手册。

这是企业比较常用的形式，一般是将企业统计分析按管理部门分列专题，同时有综合性统计分析，有的附有综合性定期分析报告。在手册中，通常把分析数据和计算基础数据一并列出，多以统计分析表格形式展示分析结果。

存在的常见问题有：一是手册内容面面俱到，重点不突出，没有紧密结合企业当前经营管理重点进行分析；二是统计分析结果表现形式单一，表格较多，统计分析图形式使用不充分；三是分析深度不够，分析结果的文字表现力不够，难以引起领导的重视。

改进建议：将统计分析手册分类制作，一是供高层领导使用的内参式统计分析报告，以文字、图表为主，强调阶段性重点深度分析，能够提出问题和对策建议；二是供各管理部门使用的通用性统计分析手册，特点是比较全面详细，方便各部门和高层领导随时查阅；三是专门针对部门管理工作进行的重点分析报告，要根据企业阶段性管理目标进行选题，供有关部门参阅。

☆会议分析报告。

会议分析报告不同于统计分析手册。由于会议时间受到限制，每位参会人员发言时间有限，会议分析报告要求分析内容重点更集中，主要目的在于查找存在问题，以便提出改进措施。企业会议分析报告最忌讳罗列式分析，光说成绩不讲问题。会议分析报告最好采取多媒体工具，运用图文声像并茂的方式，信息量要大。

☆工作总结与汇报。

工作总结与汇报如果采取会议方式，与会议报告要求相似。如果采用书面方式，则要求系统性和重点性结合，摆成绩和讲问题并重。企业管理人员写工作总结和汇报时，不会运用统计数据，更不会进行统计分析，这是因为管理者缺少统计技术知识，需要加强相关知识培训。

（2）非层级报告系统。

①扁平化报告系统：包括信息系统平台发布（权限管理）、专题分析要报（决策层和各部门）、统计信息通讯（横向联系）。

☆信息系统平台发布。

分析报告直接通过企业信息系统平台发布，企业各级管理人员根据管理权限通过网络平台查看分析报告。在信息化和网络化快速发展的今天，企业应大力推广这种方式。

☆专题分析要报（决策层和各部门）。

对于企业重要的分析选题，多数是由企业高层管理者提出的。企业相关部门和统计分析人员则应以专题分析要报的开展直接提交高层领导。

☆统计信息通讯（横向联系）。

为了加强横向联系，企业可以定期或不定期在企业内"出版"企业统计信息通讯，将不属于企业机密的企业一般信息传递给企业各部门和基层员工，必要时可以传递给企业利益相关者，如销售代理商、供应商和广告商等。当然，也可以提交给政府相关部门。

②企业生产经营活动分析会议：分为小型分析会议和综合分析会议两种。

☆小型分析会议，属于专题分析的范围，可以围绕企业某个阶段的突出管理问题，召集企业相关人员参加，会议召开之前，应先通知相关人员，让其充分准备，做好分析资料。如销售分析会议、质量分析会议等。

☆综合分析会议，一般指企业综合经济活动分析会议，多采取定期召开的方式，每月或每季度召开一次。参加人一般是企业各部门管理者和专业分析人员。

4.3.3　统计预测分析

在企业统计分析实现形式中，统计预测分析是一种具有特殊意义的形式。由于在市场经济条件下，企业经营活动时刻受到外部经营环境变化的影响，特别是市场变化的影响。企业需要随时关注市场的变化，这就需要充分利用各种方法包括统计方法进行市场分析和预测。企业统计预测分析主要是市场预测，包括以下内容：

（1）市场环境预测。

市场环境预测主要是对影响企业进行经营活动的各种宏观环境、间接环境和直接环境进行的预测，包括地区人口总量变化、人口构成变化、人口流动性变化等方面的预测，对政治、经济、文化、科技或者社会环境的预测等。

（2）消费需求预测。

在一定时期一定市场范围内，对消费者在产品需求的数量、需求结构、需求特点及其影响需求的各种因素进行的预测，它包括消费者现实需求与潜在总需求的预测，购买能力的预测，居民收入增长速度及增长量、居民可支配收入中消费资金的总量和变化情况、居民银行存款余额及其投资意向的预测，需求特点的预测，需求影响因素变化预测等。

（3）商品供应预测。

商品供应预测包括通过各种渠道最终可能提供给消费者消费和提供给生产者的各种生产、生活资料的总量预测，既有商品宏观供应总量的预测，也有微观供应量中对某种规格、品种、款式的产品供应量进行的预测。

（4）市场行情预测。

市场行情预测主要是对市场供求关系和价格总体水平变化进行的预测。不仅对同一产品的各种差价进行预测，而且对不同产品的比价变化进行预测；不仅对主要产品价格的变化趋势进行预测，而且要对具体产品，甚至是具体产品的某个规格、某个款式的价格变化进行预测；同时对产品价格的变化对产品生产、产品成本、企业经营、消费与购买行为等带来的影响进行预测。

（5）企业营销前景预测。

企业营销前景预测的主要内容有企业产品市场销售量的变化趋势，企业产品的市场占有率、产品知名度、产品美誉度的变化，企业销售渠道及其网络的变化，企业促销活动效果的预测以及对企业产品的市场销售状况作出定量、定时、定情景和相应概率的预测等。

4.4

现代企业统计管理功能的实现形式

对企业统计管理功能具体实现形式的研究，侧重研究企业统计在企业管理中的功能、作用，特别是研究企业管理方法中的统计应用及其实现形式，而不是研究管理方法本身，目的在于说明企业统计的管理功能的作用方式。

现代企业制度不同于传统企业管理的一个重要方面，就是适应市场经济和社会化大生产的要求，突出科学管理。科学管理中重要的一方面就是企业统计，企业统计是企业科学管理不可缺少的工具。[①] 企业统计是企业管理的基础，这是众所周知的。但是，如果对企业统计功能的认识仅仅停留在"基础功能"阶段，企业统计功能很难得到充分发挥。事实上，企业统计是现代科学管理和企业管理方法的核心要素之一，离开企业统计技术的应用，许多管理方法只剩下一个"理论的空壳"。由于涉及统计方法的管理方法有很多，本部分研究目的在于说明企业统计的管理功能，因此，主要通过具体管理方法，如关键绩效指标（KPI）作为案例加以说明。

强调统计方法融入管理过程和管理技术是统计管理功能的体现，这一观点的实践意义在于：一直以来人们对统计的观点是，统计是统计，管理是管理，统计在企业管理中只是提供个数据，最多参谋一下，这非常不利于统计功能的发挥。所以，要强调企业统计与管理的融合问题，而不是强调企业统计的相对独立性。这对企业组织机构设计有重要指导意义：即企业统计岗位和人员应紧密结合业务管理部门，最好是管理岗位兼有统计功能，而不是单独设立统计岗位，让统计与管理在同一个岗位、同一个部门更好地融合。当然，对于统计的基本信息功能需要设立专门的岗位和人员负责执行。

4.4.1　现代企业统计管理方法体系

统计管理方法体系设计：在前述两个平台的基础上，通过综合运用现代统计方法和管理方法对企业经营活动过程和结果进行统计决策、综合评价和统计控制等，实现统计的管理功能。与计划、组织、协调、控制等企业管理职能相联系，统计管理的具体功能表现为统计决策、绩效管理、综合评价、过程控制等。

（1）企业管理统计决策方法。

决策是企业管理的一个基本职能，在企业决策过程中统计发挥的功能有两个方面：一是企业统计为决策提供基础信息；二是企业统计为决策提供重要方法。统计决策的特点就是在决策过程中充分利用统计信息和统计方法。

统计决策有广义和狭义之分。广义的统计决策是指使用统计方法进行的决策，狭义的统计决策专门指不确定情况下的决策，包括风险型决策和完全不确定型决策。统计决策提供了未来情况具有不确定性时处理问题的理论和方法，在企业经营决策中有广泛的应用。其中最有代表性的统计决策方法是风险型决策，即依据概率统计理论与方法进行的决策。

---

① 齐乃昌，朱震葆. 市场经济呼唤统计管理体制改革 [J]. 统计研究，1999（12）:51–53.

　　统计决策在企业管理中的应用条件：量化的决策目标；存在两种以上的自然状态；存在两种以上的可供选择的行动方案；每一种方案在每一种状态下的收益报酬应当是可以计量的；已知各种状态发生的可能性大小，即状态发生的概率，分为先验概率和后验概率。

　　统计决策在企业管理中的应用领域主要有：投资决策（包括基本建设投资、更新改造投资、证券投资）、生产决策、经营决策等。

　　决策方法有：不确定型决策方法、风险型决策方法。风险型决策方法又分为基于先验概率的决策和运用样本信息的决策等。根据决策目标的多少，决策方法又分为单目标决策和多目标决策。

　　（2）企业管理统计评价方法。

　　企业管理统计评价是指企业综合统计评价（又称企业多指标综合统计评价）。它是根据企业经营管理的需要，运用统计综合评价的理论和方法，把反映企业生产经营活动各方面的指标有机结合起来，从总体上对企业生产经营状况和持续发展能力进行全面的统计评价和综合分析。企业综合评价的主要内容有经济效益评价、经营绩效评价、企业竞争力评价、企业活力评价和科技创新能力评价等。下面重点讨论企业经营绩效统计评价、企业竞争力统计评价。

　　①企业经营绩效统计评价体系及其特点。

　　企业经营绩效是指一定经营期间的企业经营效益和经营者业绩的总和，也称为企业经营效绩。企业经营效益水平主要表现在盈利能力、资产运营水平、偿债能力等方面，而经营者业绩除了经营效益外还应包括企业成长和发展能力等内容。企业经营绩效评价的目的在于对企业整体经营状况进行全面评价，以考核企业经营者的经营业绩，其评价内容则包括企业经营活动的各个方面，既要包括企业经营活动过程，又要包括企业经营活动成果；要能够反映企业经营和发展的各个重要方面，如企业经济效益、运营管理效率、人力资源综合素质、财务风险控制、技术创新能力、市场竞争能力、持续发展能力等[①]。

　　1999 年财政部等五部委联合颁布了《国有资本金效绩评价规则》和《国有资本金效绩评价操作细则》，推出了一套企业效绩评价体系。它运用了统计学和运筹学方法，采用特定的指标体系，对照统一的评价标准，按照一定的程序通过定量和定性的对比分析，从企业的盈利能力、资产运营水平、偿债能力和后续发展能力等方面对企业的经营效益和经营者业绩进行评价。

　　企业效绩统计评价体系具有区别于我国以往评价体系的显著特点，具体包括：

---

① 陈安之，穆庆贵，胡焕绩主编. 新编企业管理（第六版）［M］. 立信会计出版社，2008.

☆重点评价企业资本营运效益。

企业效绩评价体系突出了净资产收益率的核心地位,重点评价企业资本营运效益。推动企业以最少的投入获取最大的产出,抑制"大而全"、"小而全",即盲目追求资产最大化倾向。同时,还从企业的财务效益状况、资产营运水平、债务偿还能力和未来发展潜力等多方面进行对比分析,有效地推动国有资本整体效益的提高。

☆采取了多层次指标体系和多因素分析方法。

企业效绩评价体系采取了多层次指标体系和多因素分析方法。指标体系有三个层次,由基本指标、修正指标和评议指标共32项指标组成。其中,实行初步评价采用基本指标;实行基本评价,则在初步评价的基础上,采用修正指标对初步结论加以校正;实行综合评价,则在基本评价的基础上,再采用评议指标对基本结论进一步补充校正。三层次指标实现了多因素互补和逐级递进修正。运用这套指标体系,能够很好地补充解决以往评价指标单一、分析简单的缺陷。

☆以统一的评价标准作基准。

评价体系以横向对比分析为基础,利用全国企业统计资料,采用数理统计方法,统一测算制定和颁布不同行业、不同规模企业的标准值,这在我国尚属首次。采用统一的评价标准值,便于企业在行业内和不同规模间比较,真实反映企业的主观努力程度。企业可通过评价进行全国横向对比,确定自身在同行业、同区域、同规模企业中的水平和地位。

☆采用定量分析和定性分析相结合的办法。

我国过去的企业业绩评价体系只有定量指标,而这套评价体系增设了8项定性指标,分别考察对企业经营效绩有直接影响但又难以统一量化的各种非计算因素,采用专家评议的形式作出综合分析。

☆评价各环节操作实现自动化。

对整个评价计分过程,开发了专门的评价系统软件,充分利用现有会计信息资料,使计分操作完全采用计算机处理,虽然评价体系涉及指标多,但具体应用却十分简便,易于推行。

②企业竞争力综合评价指标体系。

所谓企业竞争力,就是在开放经济中,一个企业比其他企业更有效地向消费者提供产品与服务,并且获得自己发展的能力或综合素质。企业竞争力由三大能力组成,即技术能力,主要包括独有的核心技术与核心产品及其研发能力等;商业能力,主要包括融资能力、保持与客户的良好关系以及如何投资、推销产品等;管理能力,包括充分发挥个人和资源能力、部门间协调能力、商誉管理、品牌管理等。

　　企业竞争力综合评价通常要按行业分别进行，因为不同的行业对企业核心竞争力的关注点有所不同，其评价内容（表现为评价指标体系）也有明显差异。同时，由于综合评价方法的不同，评价指标体系中指标的多少也会有明显差异。一般而言，企业竞争力评价指标体系大体包括以下五个方面：

　　☆企业规模实力指标。包括企业的销售收入、资产总额、员工人数等规模指标。

　　☆企业盈利能力指标。包括总资产报酬率、净资产收益率、销售利润率、人均利润水平等。

　　☆市场竞争能力指标。包括市场占有率、营销投入（占销售收入）比率、销售人员占员工比例、客户满意度、品牌影响力等。

　　☆企业人力资本指标。包括员工受教育程度、管理者综合素质指数、人力资本开发成本率、管理人员比率等。

　　☆技术创新能力指标。包括研发人员占员工比率、研发投入占销售收入比例、新产品产值率、新技术带来的劳动生产率提高率等。

　　③企业竞争力综合统计评价案例。

　　下面以我国 IT 企业为例介绍主成分分析法在企业竞争力综合评价中的运用步骤。

　　确定企业竞争力综合评价指标体系：IT 企业属于高新技术行业，人才、知识和技术创新在企业竞争力中具有突出的地位。根据这一特点，结合上文关于企业竞争力五个方面的内容，确定如下 17 个指标组成 IT 企业竞争力综合评价指标体系（见表 4 - 10）。

表 4 - 10　　　　　　　　IT 企业竞争力综合评价指标体系

序号	指标名称	计量单位	变量名	序号	指标名称	计量单位	变量名
1	年销售收入	万元	X_1	10	销售人员占员工的比例	%	X_{10}
2	资产总额	万元	X_2	11	研发人员占员工的比例	%	X_{11}
3	净资产	万元	X_3	12	研发投入占销售额比例	%	X_{12}
4	员工人数	人	X_4	13	管理费用占销售额比例	%	X_{13}
5	人均利税	元	X_5	14	管理人员占员工比例	%	X_{14}
6	销售利润率	%	X_6	15	管理人员综合素质指数	%	X_{15}
7	净资产收益率	%	X_7	16	员工平均受教育年限	年	X_{16}
8	总资产报酬率	%	X_8	17	人力开发成本占总成本比例	%	X_{17}
9	营销投入占销售额比例	%	X_9				

主成分分析法用于企业综合评价的基本步骤：主成分分析是一种应用范围较广的多元统计分析方法，进行多指标综合评价是主成分分析的主要应用场合之一。主成分分析法是通过恰当的数学变换，使新产生的变量—主成分成为原变量的线性组合，并选择少数几个相对重要的主成分进行综合评价的方法。某一主成分在总离差信息中的比例越大，它在综合评价中的作用就越大。由于主成分分析法在将原始变量转变为主成分的过程中，同时形成了若干个主成分及其权数，这样就在指标权重确定上克服了主观因素的影响，从而使综合评价结果可能更为客观。

用主成分分析法进行综合评价的详细步骤（略）。

（3）企业管理统计控制方法。

控制是企业管理的重要职能之一，企业统计在企业管理中能够发挥统计控制功能。企业管理统计控制就是根据统计信息，对企业生产经营活动进行即时跟踪、检查监控、发现偏差、找出原因、采取措施，保证企业生产经营活动按计划进行，以实现企业管理目标。企业统计除了从企业整个目标管理角度进行计划检验和监测控制，还从各个具体的管理领域进行专项统计控制，主要应用领域有：质量管理统计控制、物流管理统计控制、成本管理统计控制等。质量管理中的统计控制最具有典型性。

统计技术在质量管理中的应用有 60 多年历史，经历了两个阶段：统计质量控制和全面质量管理。1924 年，美国贝尔电话公司的休哈特博士运用统计方法提出了质量控制图，主要思想是在生产过程中预防不合格品的产生，变事后检验为事前预防，有利于提高产品质量、降低生产成本，大大提高了生产率。质量控制图方法后来发展成为系统的统计过程控制方法（SPC）。1929 年，该公司的道奇与罗米格又提出了抽样检验的方法，提高了产品检验的效率、降低了检验的成本。1961 年，菲根堡姆提出了全面质量管理理论（TQM），将质量控制扩展到产品寿命周期的全过程，强调全员参与质量管理。统计技术是全面质量管理的核心，是实现全面质量管理与控制的有效工具。

统计学方法引入企业管理过程，形成了一系列统计管理程序。如全面质量管理、统计过程控制、六西格玛管理等，这些程序都有一个共同特点，即统计技术是其重要组成部分，统计技术与其他管理方法、工具共同形成了完整的管理方法体系。

SPC 无疑是经典的质量管理统计技术，六西格玛管理是以质量管理为核心的系统绩效改进方法，它是基于 SPC 工具的综合性绩效管理方法。

六西格玛管理最先由摩托罗拉公司于 1987 年提出并实施，后被许多国际性商业机构采用并发展。六西格玛管理，是一种获得和保持企业在经营上的成功并将其经营业绩最大化的综合管理体系和发展战略，是使企业获得快速增长的经营方式，它不是单纯的技术方法的引用，而是全新的管理模式。除了"西格玛"本身就是统计学的标准差指标外，六西格玛管理常用的统计度量指标和工具有：①西格玛水平（Z）；②百万机会缺陷数（DPMO）；③西格玛工具——SPC。从六西格玛的本质来看，六西格玛管理体现了科学管理方法在企业的系统和集成的应用。所谓科学管理就是要从企业业务流程和管理活动的特点和规律出发，分析业务流程或管理流程中的问题，从事实和数据出发，找出问题的根本原因，提出科学的问题解决方案，实现业务流程改进，并建立有效的控制体系，保持持续改进①。

（4）企业绩效统计度量方法。

企业绩效管理方法中包含着大量的统计技术和统计思想，可以认为，统计技术是企业绩效管理的核心技术工具之一。例如李萍（2003）提出的"动态绩效统计信息与企业监控"就具有相似的思路。企业绩效管理从关注角度不同，大体分为两个层面：一是企业层面，即企业绩效管理与评价；二是个人层面，即员工绩效管理与评价。

基于统计工具的企业绩效管理与评价方法有，KPI、平衡计分卡、六西格玛管理、标杆超越法等；员工绩效管理与评价方法：目标管理、360 度考核法、量表评定法等。由于本书的目的不在于讨论管理方法，而在于论证企业统计的管理功能，因此，仅选择关键绩效指标（KPI）和平衡计分卡两个有代表性的统计管理方法重点讨论，以说明企业统计所具有的管理功能。

①关键绩效指标（KPI）。

KPI 是现代企业中受到普遍重视的绩效度量和评价方法，它通过组织内部某一流程的输入端、输出端的关键参数进行设置、取样、计算、分析，实现对该流程绩效度量，KPI 是企业绩效管理系统的基础，也是将企业战略目标分解为可操作性目标的工具。

KPI 设计分为三个层面：企业 KPI、部门 KPI、个人 KPI。三者是层级递进的关系。KPI 的一般流程有五步：确定关键成功要素。确定关键评价指标。确定关键评价标准。确定评价数据来源。进行持续性沟通。其中，前四步均需要企业统计的参与。

确定关键评价指标。KPI 作为一种目标式、量化性和代表性的系统绩效评价体系，可量化是其成功运用的重要原则之一。在全部关键绩效指标中，量化指标占有很大比例。统计方法在选择关键绩效指标时能够发挥不可替代的作用，如可

---

① 何桢，岳刚，王丽林. 六西格玛管理及其实施［J］. 数理统计与管理，2007（6）.

以运用多元统计的因子分析法、主成分分析法找出影响企业战略目标的关键绩效指标。即使是对行为化指标，有时也要用统计的方法加以测量。常用的绩效指标的类型见表4-11。

表4-11   常用的绩效指标的类型

指标类型	举　例	证据来源
产出	产量、销售额、利润	业务记录、统计和财务数据
质量	破损率、独特性、准确性	生产记录、上级考核、客户考核
成本	单位产品成本、投资回报率	财务数据
时限	及时性、到达市场时间、供货周期	同级考核、客户考核

在KPI方法中，统计还有一个作用，就是确定绩效标准。绩效指标考核必须结合绩效标准才可行。许多量化的绩效指标的标准确定，需要通过统计方法进行分析预测来确定，通常需要运用行业和市场数据作为参照的标准。

确定评价数据来源，更是与统计密切相关。可采用的方法有：原始记录法、抽样法、评价法（如360度绩效评价法）等。

②平衡计分卡（BSC）。

20世纪八九十年代，很多公司认识到仅仅使用财务指标衡量企业经营绩效的方法是妨碍企业进步的原因之一。如各公司经营管理者为了达到财务指标要求，有意减少研究与发展经费、技术开发经费、员工训练经费等，这对企业的可持续发展是十分不利的。另一方面，传统的单一财务考核体系偏重对有形资产的考核和管理，对无形资产和知识资产的管理显得力不从心。基于这种背景，西方企业管理实践中兴起对平衡财务与非财务指标的综合绩效考核方法的研究，其中较有代表性的就是卡普兰和诺顿（Robert Kaplan and David Norton，1992）提出的平衡计分卡（BSC），一种系统评价企业绩效的方法。该方法从四个方面关注企业绩效：客户、内部流程、学习与发展、财务（见图4-8）。

与KPI方法相似，在企业运用平衡计分卡方法进行绩效评价时，同样需要统计方法参与其中，无论是指标的选择，还是评价方法、数据的准备，都离不开统计方法的要素。没有统计要素，这种方法就无从谈起。另一方面，平衡计分卡的思想也为统计分析指标体系设计提供了指南。如果企业采用平衡计分卡绩效评价方法，则在统计分析阶段，最好与平衡计分卡的四个方面相匹配。

财务类指标
例如，投资回报率、现金
流量、利润、盈利率

客户类指标
例如，客户满意度、市
场份额、用户数量、平
均用户收益

企业远景
与战略

内部流程类指标
例如，安全事故率、
项目完成周期、项目
质量、返工率

学习与发展类指标
例如，新业务服务收入、
内部员工满意度、部门协
作满意度、员工收入水平

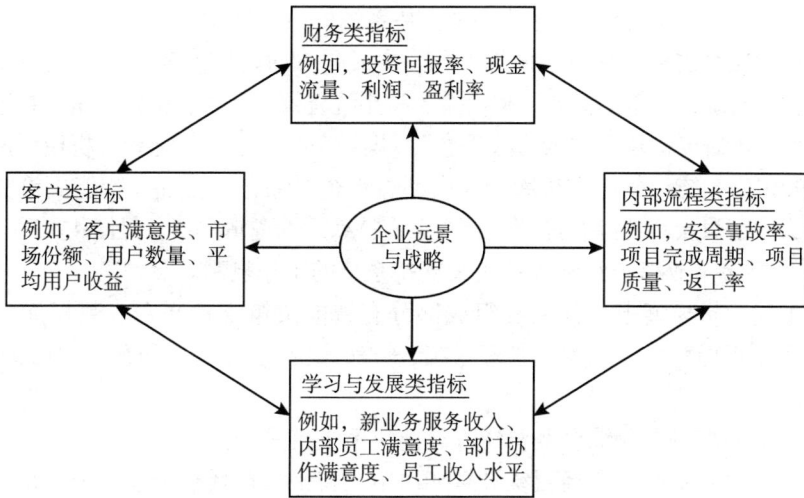

图 4-8　平衡计分卡绩效评价工具

4.4.2　现代企业统计决策支持系统（以煤炭企业为例）

大中型煤炭企业所处的环境日益复杂，企业高层领导需要更多的参与到问题处理、决策与规划活动中来。由于涉及的层面多，大中型煤炭企业领导要及时、准确地获取各方信息，并从这些繁杂的信息中快速、正确地作出决策，是一件非常困难的事。如何从单一的煤炭生产统计转化为多产业、多种经济类型的综合性统计，科学、准确、高效、灵活地取得统计数据，以全面、准确、及时地反映企业的生产经营现状，也是对企业管理者提出的挑战。因此，构建符合企业实际需要的经营统计决策支持系统已经成为大中型煤炭企业的亟须解决的问题。

决策支持系统是辅助决策者通过数据、模型和知识，以人机交互方式进行半结构化或非结构化决策的计算机应用系统。它是管理信息系统向更高一级发展而产生的先进信息管理系统。它为决策者提供分析问题、建立模型、模拟决策过程和方案的环境，调用各种信息资源和分析工具，帮助决策者提高决策水平和质量。简而言之，是对决策提供支持的计算机系统。首先，它的对象是上层管理人员经常遇到的结构化程度不高、说明不充分的问题；其次，它是传统的数据存取、检索与现代分析技术或模型的结合；再次，它使用交互会话的方式并强调对环境及用户决策方法改变的灵活性及适应性；最后，也是最重要的，它的作用是支持而不是代替高层决策者制定决策。

（1）煤炭企业综合经营统计决策支持系统的系统结构。

目前，决策支持系统正在向综合化、集成化方向发展。为了实现大中型煤炭企业综合经营统计决策的需要，使决策支持系统有效的运行，根据决策支持系统的理论发展，本研究构建了"四库一平台"（煤炭企业数据库、统计分析模型库、统计分析知识库、统计分析方法库和大中型煤炭企业综合经营统计智能决策支持平台）的大中型煤炭企业综合经营统计决策支持系统的逻辑模型，见图4-9所示。

（2）煤炭企业综合经营统计决策支持系统的工作机制。

在上述逻辑模型中，其主要组成部分有智能决策支持平台、数据库管理系统、模型库管理系统、知识库管理系统、方法库管理系统。下面分别对其工作机制进行解释。

①大中型煤炭企业综合经营统计智能决策支持平台。

大中型煤炭企业综合经营统计智能决策支持平台包括整个系统中各角色应用的界面，界面综合了问答式对话、菜单技术、自然语言和图形方式等组织方式，设计既简洁直观又灵活友好，利于用户进行交互操作；不同角色，其操作权限、界面也不同，各类用户根据自身的角色登录系统，完成其工作任务。

②数据库管理系统。

数据库是决策支持系统的一个最基本的部件。在上述构建的大中型煤炭企业综合经营统计决策支持系统中，采用的是集成化的数据库系统，以达到资源的共享目的。通过煤炭企业经营管理数据集成平台，将该企业管理信息系统收集的各类信息存放到数据库中。

决策支持系统和管理信息系统的数据库及其管理系统在概念上有很多共同点，如数据库的某些功能及其实现的方法，数据库管理系统的某些作用等。这主要是由于决策支持系统对数据库系统的某些概念来自于管理信息系统。但是，由于决策支持系统和管理信息系统之间存在着根本的区别，所以它们对数据库的要求有本质上的不同，两者的工作目标不一样：决策支持系统使用数据的主要目的是支持决策，因此它对综合性数据或者经过预处理的数据比较重视；管理信息系统支持日常事务处理，所以注重对原始资料的收集、整理和组织。与管理信息系统相比，为决策支持系统服务的数据库要庞大、复杂得多。不过从资源共享的角度看，二者在组织机构内部也可以使用同一个数据库。

本系统对于数据库管理系统（DBMS）也有一定的要求。管理信息系统的DBMS主要用于信息服务和日常事务处理，要求具备数据的组织、查询、检索、统计等功能。此外，还要求DBMS提供制表、绘图、显示等功能。而决策支持系统则要求DBMS具有很强的数据预处理和数据分析的能力，能够为决策所需要的各种计算机推理服务。

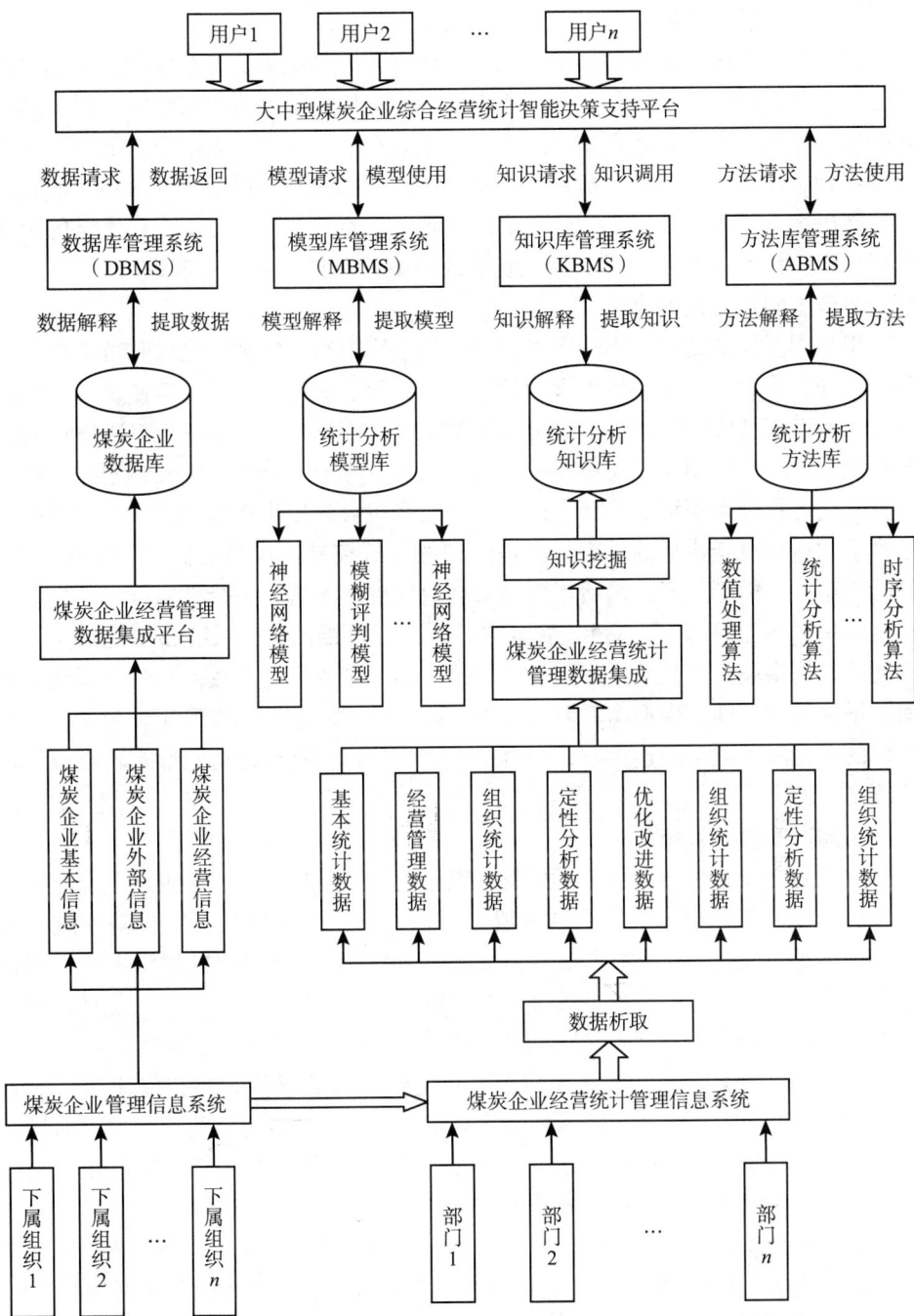

图 4-9　大中型煤炭企业综合经营统计决策支持系统逻辑模型

③模型库管理系统。

模型库是传统决策支持系统的三大支柱之一，是决策支持系统最有特色的部件之一。与管理信息系统相比，决策支持系统之所以能够对决策制定过程提供有效的支持，除了系统设计思想不同之外，主要在于决策支持系统中有能为决策者提供推理、比较、选择和分析整个问题的模型库。因此，模型库及其相应的管理系统在决策支持系统中占有十分重要的位置。在本研究中，由于存在大量的统计分析需求，模型库的存在可以更好地帮助决策者选择合适的模型进行统计分析，帮助决策者制定正确的决策。

模型库所构造的模型不一定很复杂，但一定要符合实际，建模时特别注意推理能力和决策者的干预。由于模型的生成、修改、更新、删除、连接是经常性的操作，所以模型库的管理成为非常重要的工作。模型库管理系统（MBMS）的主要功能为：一是模型库用于模型的定义、监理、存储、查询、修改、删除、插入以及重构等；二是模型的选择、监理、拼接和组合，提供根据用户命令将简单的子模型构造成复杂模型的手段；三是模型的运行控制。从调用者获取输入参数，传给模型并使模型运行，最后把输出参数返回到调用者，一个模型可能被另一个模型调用（甚至是多层嵌套），后者被对话命令直接调用，系统必须提供灵活而方便的控制手段；四是数据库接口的转换。为了减少模型对数据库管理系统的依赖，增强其独立性，模型中对数据库的访问采用了同一的标准形式。为了与一种具体的数据库管理系统连接，必须有一个转换接口，将标准访问形式转化成具体系统要求的形式。

④知识库管理系统。

知识的生成有两种途径，一是由煤炭企业管理信息系统、煤炭企业经营统计管理信息系统形成的基本数据经过数据析取操作，分类存放，生成基本统计数据、经营管理数据等8类数据信息。如图4-9所示，通过数据集成平台、知识挖掘模型等工具进行处理，生成煤炭企业统计分析管理知识，并转入统计分析知识库，再通过知识库管理系统进行管理和知识调用。知识库包括基本统计知识库、经营管理知识库、组织管理知识库、定性分析管理知识库、优化改进知识库、计算机程序库、统计文档库和基本知识库等。二是统计分析专家通过对煤炭企业数据库的使用，综合运用现有知识，应用模型库中的模型，结合相应的算法，生成新的集成化程度更高的知识，也是知识库的知识来源。

知识库管理系统的流程包括知识获取、存储、共享、使用、检验和知识创新6个紧密相连的环节，实现了经营统计知识系统化、自动化和流程化管理。

☆知识获取。获取是知识管理支持系统的首要工作，知识直接来源于经营统计分析人员在统计分析过程中发现或生成的新知识，统计分析中形成的各类文档以及来自于企业以外的知识。知识管理人员将三方面知识进行系统分析和有机整合，成为知识的主要来源，但这些知识还需要进一步检验。

☆知识检验。由度量人员对知识管理人员形成的知识，通过对统计分析实测及绩效评价，采用度量统计分析技术，对知识验证后，以电子文件，或纸质文档的方式进行记录整理，形成可以电子化的初步知识，并传递给知识工程师。

☆知识存储。知识工程师对知识进行认真研究，从知识表达清晰化、数据组织有序化、内容存储本体化等几个方面进行审阅后，对知识的格式进行规范化处理，并根据知识管理支持系统的要求以及知识库的体系结构，进行知识粒度的划分、编码、属性分类、集成以及再组织操作，通过知识库管理系统存入相应的知识库内。

☆知识使用。经营统计分析人员根据具体问题，向人机交互界面录入知识请求，知识库管理系统通过案例推理模型（CBR）和问题解释后，获取所需的（或相似）知识，如对获得知识不满意，可重新选择推理模型，进行下一轮的搜寻，直到找到满意的知识为止，否则，发布知识需求信息。另外，操作人员还可以通过人机交互平台，向知识管理员提供新知识。

☆知识共享。知识共享可使统计分析人员快速地消化吸收现存的知识资源，实现个人知识总量的迅速增长，为企业知识管理的推广应用打下坚实的基础。煤炭企业对团队协作水平要求较高，系统使用者通过 KMS 实现定期有效交流，系统自动调取并解释团队关心的知识。在统计分析人员遇到问题、无法找到相应知识时，系统支持用户在统计分析过程中相互协作，做到充分的知识交流与共享。

☆知识查询。查询是知识库管理系统的一项基本功能，由知识检索引擎完成，主要满足经营统计相关人员对知识的查询。知识检索引擎封装多种搜索策略与检索算法，包括元搜索、智能 Agent 检索、多策略获取、多模式获取与检索、多方法多层次获取与检索等，以满足经营统计相关人员对知识高效检索的需求，查询功能的完善与否是 KMS 应用灵活性的体现。

☆知识创新。知识创新是一个持续动态的过程，经营统计专家、知识工程师协助经营统计人员，根据新形成知识以及对经营绩效进行评价，结合库中已有知识和自己的智慧，探索项目开发的新规律，将知识不断升华后，存入相应的知识数据库中，并应用到新的领域，实现知识增值，丰富知识库内容，推动煤炭企业核心竞争力不断增强。

⑤方法库管理系统。

统计分析决策支持系统建立方法库的难点之一是把程序和数据综合起来，因此需要增加方法库的适应性和灵活性。统计分析决策支持系统的方法库应有如下功能：

☆方法库系统是具有扩充性的程序组件，它们可以和多种数据库相连，并由于应用有关的控制系统。它把特定应用的要求转换成相应的系统程序。所谓的"程序组件"是指可以用来进一步组合构造的基本模块。用户可以用一些基本构建来设计更为复杂的程序，这些复杂程序也加入组件集合，可作为进一步的构件，因此，组件集合呈层次结构。

☆可扩充性是指在组件集合（程序库或方法库）中随时可以加入新的组件（程序或方法），这包括完全新建的方法和组合生成的方法。当然，程序库在开始时应该包括一些初步的程序，为节省开发费用，应从各种渠道获取这些程序，加以整理入库。系统应该能够容纳多种语言编制的方法，因而把程序库和系统程序语言连接起来成为必不可少的一部分。如果把程序库的输入输出和数据库相连，应提供一种数据结构，它能和多种数据库相连。

总结：对于大中型煤炭企业来说，经营统计决策支持系统的逻辑模型和工作机制如上所述，应进一步发挥模型库、方法库、知识库的集成作用，更好地利用智能人机交互界面技术，为决策者提供更加人性化的帮助。本研究提出的新型决策支持系统模型是用户将问题的特征及需要决策的问题录入到人机交互界面，由交互系统向模型库管理系统（MBMS）发出知识模型调用请求，MBMS解释用户的请求，并匹配相应的模型，返回人机界面；用户可根据自己的主观判断及模型的要求，向方法库发出算法请求，并可适当的调整相关系数；算法和模型结合后，向数据库提出数据请求，取得相应的数据后，返回给调用模型，由知识推理模型搜寻所需要的知识，用户根据统计分析过程中遇到的问题，判断知识是否满足要求，如不能满足要求，重复前述过程，进行下一轮的模型选择及算法匹配，直至搜索到所需要的知识为止。

本书针对煤炭企业的矩阵式组织结构，建立的煤炭企业管理信息系统向决策支持系统传递信息的标准接口，实现数据信息的底层集成；系统支持各类数据、模型、知识和方法的提取和群组协同，有效地解决煤炭企业经营统计决策支持系统集成来自各基层组织和各部门的数据，更好地帮助煤炭企业的决策者进行决策。

4.5

本章小结——现代企业统计三大功能的分界及联系

前面详细讨论了现代企业统计的三大功能及其实现形式，本部分作为总结，对企业统计的三大功能的分界和它们三者之间的有机联系进行归纳。总之，企业统计的三大功能本质上是融合在一起的，之所以分开讨论，主要是加强对企业统计功能更明晰和准确的认识。

4.5.1　现代企业统计三大功能的分界

统计信息功能：从数据收集——处理——加工——形成数据库，并提供数据使用网络和进行数据管理。统计数据库（也可以是半手工状态的数据集）的建成是统计信息功能实现的基本标志，否则就是不完善的。当然，对统计数据库的直接利用，如企业内部查询和对外提供信息等，都属于企业统计信息功能。在这个过程中，统计调查方法和数据处理方法发挥主要作用。

统计分析功能：当统计数据形成系统的数据库形式后，就成为可以进一步分析的对象。统计分析是信息需求方根据研究目的结合研究对象具体情况进行深入研究的过程，在这一过程中统计分析方法发挥重要作用，这就是企业统计的分析功能。统计分析的成果表现为：统计分析图表、统计分析报告等。统计分析要紧密结合企业经营管理工作的需要，从层次上包括企业基层单位（企业内部具体部门，如采购部、制造部、销售部等）统计分析、法人企业统计分析、企业集团统计分析等；从内容上包括专业统计分析和综合统计分析；从时间上包括定期统计分析（年、半年、季、月、旬）和不定期统计分析（特殊专题分析）；从分析主体包括专职统计人员的统计分析和其他人员的统计分析；从分析方法包括描述统计分析、推断统计分析和多方法综合运用的统计分析；从分析要达到的目的包括阶段总结性分析、问题诊断性分析、预测分析等。

统计管理功能：当统计方法与管理方法有机结合时，统计就发挥了管理的功能，在许多管理方法中统计方法都是重要的组成部分，离开统计方法，这些管理方法就不复存在，因此，我们认为，统计已经在执行管理的职能，这就是统计的管理功能。

事实上，企业统计管理功能可以有广义和狭义两种理解：广义地说，企业统计信息功能和分析功能都是为企业生产经营管理服务的，都在执行管理的职能。从这个意义上，统计信息（包括基本信息和分析信息）是企业管理的基础。狭义上，企业统计管理功能主要是指企业统计作为一种系统方法工具直接在管理过程中发挥的有利作用，具体表现为统计技术与管理方法的直接结合。所以，要发挥企业统计的管理功能，不能仅停留在"基础"层次上，需要企业统计直接参与管理过程。企业统计三大功能的区别见表 4 - 12。

表 4-12　　　　　　　　　现代企业统计三大功能比较

	统计信息功能	统计分析功能	统计管理功能
定义	企业统计通过统计数据的收集、整理、传递和管理的一系列活动，形成系统完整的企业统计信息数据库，从而满足企业经营管理活动需要而发挥的有利作用	综合运用现代经济学、管理学和统计学方法，遵循一定的程序和规则，在定性与定量分析结合中，对企业统计数据进行深度加工分析，以达到帮助企业改进生产经营管理绩效的目的	现代企业统计在实现企业管理目标过程中发挥的直接有利作用。狭义上指统计技术与管理方法结合，形成了一系列统计管理方法
理论依据	现代企业生产经营管理理论统计学方法论	辩证唯物主义的认识论统计学的基本性质	管理职能理论、统计决策与评价理论、绩效管理理论、质量管理理论等
具体内容	1. 企业统计数据收集和整理 2. 建立企业统计信息流程 3. 企业统计数据管理 4. 企业统计数据发布	1. 基于基本数据库的统计分析和基于数据仓库的统计分析 2. 定期统计分析和专题统计分析 3. 总结性分析和预测性分析	1. 企业统计是企业管理的基础 2. 企业统计是企业管理的方法
实现形式	1. 企业统计调查 2. 企业统计基本指标体系 3. 企业统计信息中心 4. 企业统计信息管理系统	1. 企业统计分析指标体系 2. 企业统计分析报告系统	1. 企业统计管理方法体系 2. 企业统计管理与决策支持系统

4.5.2　现代企业统计三大功能的联系

企业统计的三大功能之间的区别是相对的，三者之间存在着紧密的有机联系。企业统计信息功能、分析功能和管理功能之间是相互依赖、相互支持的，共同形成了企业统计的整体功能：即企业统计参考企业管理和决策，帮助企业管理者提高企业整体管理水平、实现企业绩效目标。同时，三大功能之间又是"分工合作"的，信息功能是基础，没有信息功能，就不可能发挥出分析功能，没有信息功能和分析功能，也不可能实现管理功能。企业统计的三大功能紧紧围绕企业管理目标，层层递进发挥作用，才能实现企业统计的功能价值，才能最终实现企业的社会价值。

如图 4-10 所示，企业统计信息功能发挥着基础性作用，从基本指标体系设计开始，通过企业统计调查，收集企业基本统计数据形成基本数据库；在此基础上，根据统计分析指标体系和分析方法对基本统计数据进行分析加工，形成分析数据库，发挥统计分析功能；基本数据库、分析数据库和在管理信息系统基础上生成的管理数据库共同形成企业数据仓库，借助企业管理方法（包含统计技术），利用企业数据仓库，进行数据挖掘，充分发挥企业统计的管理功能，进而实现企业管理目标。

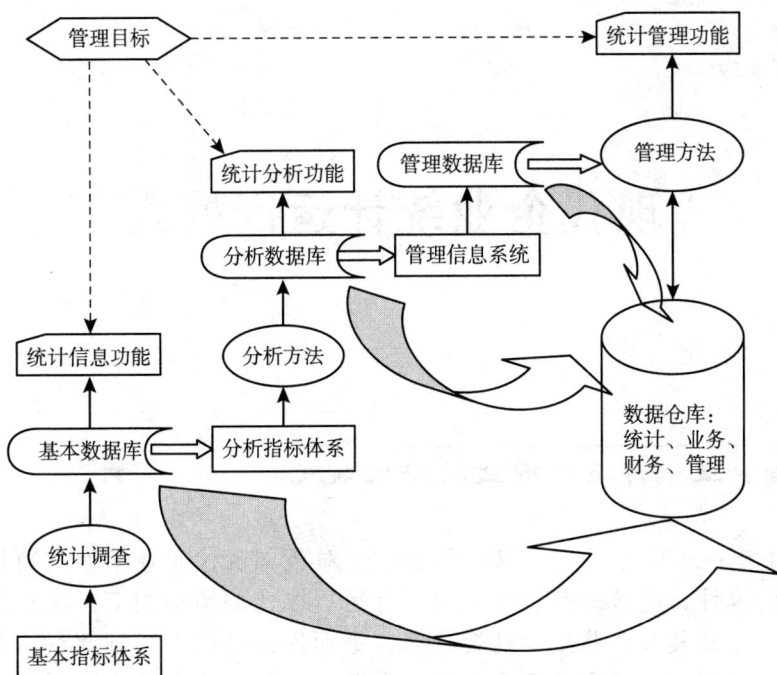

图 4 - 10 企业统计功能实现流程

总之，现代企业统计日益发展成为企业管理的工具，无论是其传统的信息和分析功能，还是随着现代管理理论的发展出现的现代管理新技术，都不断加深着统计技术在企业生产经营管理活动中的作用，企业统计与企业管理的结合越紧密，企业统计的功能发挥就会越充分。

第5章

现代企业统计运行模式

5.1

我国企业统计运行模式的历史演变

为了把握历史脉搏，汲取经验教训，对我国现代企业统计运行模式进行科学的设计，应该研究我国企业统计运行模式的历史演变，探讨其存在的必然，了解其经济背景和社会状态，进而探讨其内在的规律性。从我国的各类型企业统计发展的经历来看，企业的统计模式大体上经历了以下几个阶段。

5.1.1 平行分割式"专业分散型"统计运行模式阶段

这一阶段是从 20 世纪 50 年代起，在国民经济恢复、发展过程中，各类企业也在不断发展，企业统计作为企业组织生产必不可缺的一部分，也相应建立起来。在这个阶段中，任务分工是比较明确的，基本的原则，是谁负责何种工作，谁就负责做何种统计。于是，生产统计就由企业生产主管部门统计，销售统计就由企业销售部门负责，原材料、能源消耗统计就由原材料、能源管理部门负责，财务统计就由财务部门负责。这种统计方式，是和当时计划体制相呼应的。计划工作需要什么资料，统计就相应地进行统计。无论是下达的生产计划、销售计划，统计上都有相应结果，便于检查计划执行情况，便于新的一轮计划的制订。企业统计适应了企业完成政府和各主管部门执行计划的需要，在企业内部较为稳固地发展起来，并由此形成了迄今仍在执行的各种制度，如设立了各专业的原始记录、台账制度，等等。由于它是由企业内部各业务部门分头进行统计的，研究中我们把这种统计模式定了个名称叫"分散的专业型统计模式"（见图 5 - 1）。

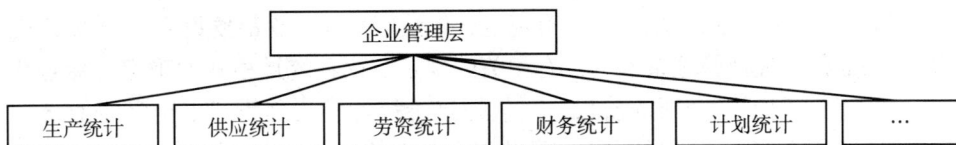

图 5 - 1　分散的专业型统计模式

在这样一种机构设置下，企业统计所接收和处理以及它所输出的信息量都是非常有限的，而且在许多方面与平行的其他部门之间是重叠的；同时，在这种机构设置下，企业统计缺少了极为重要的综合分析和系统分析的能力。因此，在大多数情况下，统计工作成为企业可有可无的一部分，对有些企业而言，它充其量只是作为一种与会计核算、业务核算并存的核算体系而存在。不难看出，经济体制从根本上决定着企业统计的功能、地位和作用，而企业中统计的功能、地位和作用一旦定位以后，也就决定了企业的统计组织设置。一定的统计组织设置总是与一定的统计功能、地位和作用相适应、相匹配的。显然，这样一种统计组织设置已经越来越不能满足市场经济体制与企业经济管理对统计的要求。

随着企业的发展壮大，随着统计项目的不断细化，"分散的专业型统计模型"也暴露出一些问题：一是数出多门，容易产生矛盾。这种模式下，统计结果是由各业务部门分别报出的，由于核算的方式不同，资料来源不同，核算终止期不同，因此指标之间常常出现不协调现象，甚至同一指标出现不同的数值。二是不利于对企业统计实行统一的标准化管理。因此，如何建立集中统一的企业统计体系问题就被提了出来。

5.1.2　专业分散，统一管理的"混合型统计运行模式"阶段

在计划经济时期我国的很多企业，特别是大中型工业企业，都基本上建立了集中的统计机构，如一般性工业企业，在总厂成立了计划统计处，各分厂、各车间的统计工作直接隶属于总厂统计机构的领导。全厂实行了由总厂到分厂到车间到工段到班组的完整网状统计管理体系，建立了企业严密的统计制度，统一规范了统计数据、统计台帐、统计原始记录的格式。企业对外报送的统计数据，统一由企业负责统计的机构——计划统计处一家向外提供。企业内部的统计数据协调了，企业对外报送的数据一致了，企业统计基础工作规范了，企业统计分析研究也在综合部门的指导下开展起来了。这种统计模式，适应了企业发展的需要，成为企业进行生产活动的一个不可或缺的部门。这种模式，在全国都迅速地推广，成为企业统计建设的一个方向。直到 1983 年制定《统计法》时，最后用法律的形式把

它确定下来，在《统计法》中明确规定，"各大中型企业都要设立综合统计机构"。一般各省统计管理条例中也有相关的规定。这种统计模式的确定，标志着企业统计发展到了一个新的阶段，我们把这种统计模式称为"混合型企业统计模式"（见图5-2）。到1985年，经几次大范围的统计检查，我国各地的大中型企业基本上都建成了综合统计。

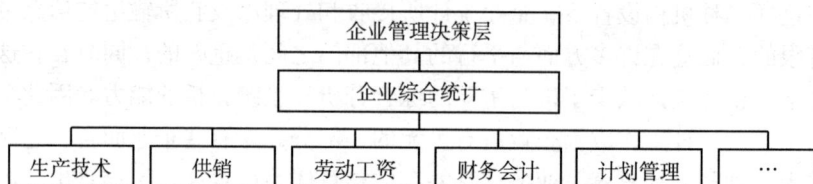

图5-2　集中与分散相结合的混合型企业统计模式

5.1.3　平行"管理型综合统计运行模式"阶段

20世纪80年代后期，随着经济体制改革的进行，企业改革也在不断深化。当时，厂长责任制、承包责任制的各种改革措施不断推出。企业内部，过去的那种"粗放式"的经营管理方式已再也行不通。企业在对上完成目标任务的前提下，企业内部加强管理、加强考核的要求已成为企业领导的普遍要求。企业内部需要一个对下面各级组织生产、经营任务完成情况的考核部门。也就是说，在企业内部，在把总体目标分解落实到车间、班组后，需要一个部门对各车间、班组完成目标任务的情况进行考核。那么，在企业内部，由哪个部门来负责比较合适？是厂长办公室？还是财务部门，还是其他管理部门？当时一些企业率先在这方面做了尝试，一些稍大且较为规范的企业，把对全厂各部门、各车间的考核工作交给了统计部门。其原由有三：一是综合统计掌握了全厂的各种生产经营数据，由统计负责考核顺理成章；二是统计本身未承担各项指标具体完成任务，由统计考核比较客观；三是综合统计在企业内已形成网络，数据实行层层上报，考核发布系统不用在组织系统上再做什么大变动。这样，在这些企业中，统计的功能迅速扩大了。它不但承担了资料的搜集、调查、汇总、分析的功能，同时还承担着检查、发布、考核的功能，也就是说，统计进入了企业的管理工作。

统计进入了管理，对企业中的统计工作是个极大的推动。一是统计的地位大大提高，因为统计考核的结果说明了各部门、各车间任务完成情况，各单位都甚为关注，统计由以前无人关心，甚至无人过问的态势而变成了层层过问、人人关心的状态。以当时（20世纪末）广为流行的"邯郸钢铁集团统计模式"为例，各部门、各车间领导不但月月要了解，甚至天天要过问，以便于组织改进生产经营活动。由于考核的结果直接与职工的奖金挂钩，全厂职工对统计工作也是非常关注，统计部门一时成为全厂瞩目的部门。二是加强了企业基础工作，提高了统计数字质量。由于考核结果涉及各部门完成任务的状况，甚至牵涉职工工资、奖金的发放，因此统计人员不敢有半点懈怠，认真搞准数据，不敢出半点差错。各部门、各车间也努力协助统计部门做好各项统计的基础工作，使每项数据数出有据，使考核的结果经得起检查推敲。三是提高了统计人员素质，统计人员承担的工作如此重要，各单位在选择统计人员时一般都安排素质较好、能力较强的人员来担任。统计进入管理，给统计工作注入了活力，也为企业的管理作出了贡献。当时把这种统计模式叫"综合管理型企业统计模式"（见图5-3）。

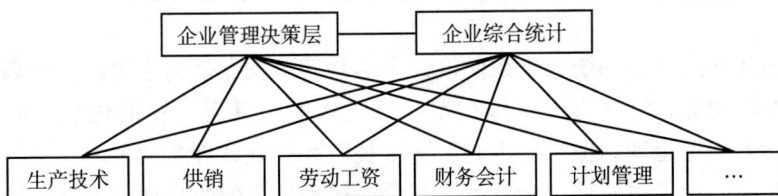

图5-3 综合管理型企业统计模式

"综合管理型"统计模式的推出，在全国各类企业，特别是工业企业中激起巨大反响。一般来说，凡实行这种模式的企业，统计工作都有所发展，统计的作用也进一步得到发挥，我们实际调研中的兖州矿业集团、上海宝钢集团总公司、邯郸钢铁集团有限公司等"综合管理型"企业统计模式在全国也产生了很大影响。从企业统计由"分散专业型"统计，再到"综合型"统计，再到"综合管理型"统计的发展历程看，我们可以在企业统计运行模式的建立上总结出如下原则[①]：

一是企业统计运行模式的建立必须遵循统计为企业服务的原则。企业的统计工作要为完成政府交给的统计任务服务，要为完成主管部门及有关部门交给的统计任务服务，但更重要的是为企业服务。企业统计，如果在企业的决策、经营和生产中发挥不了作用，而仅仅是完成上级要求填报的几张报表，企业统计永远不

---

① 北京市统计局，国家统计局北京调查队：北京市统计业务流程重构的探索与实践 [C]. 第十五次全国统计科学讨论会论文集，2009（11）：574-586.

会有地位，统计的作用也得不到发挥。因此，企业统计模式的建立，必须适合企业本身的需要。

二是企业统计模式必须随着形势的发展而不断推进，与时俱进。回顾企业统计经历的这几个模式，每种模式都在当时历史条件下发挥了积极作用，在当时都是成功的。但随着形势的发展，也都逐渐暴露了不适应的一面。因此，必须与时俱进。只有不断改进，不断创新，企业统计才能有生命力。

三是任何一种企业的统计模式都离不开统计的基本内容，同时更注重在当时的历史条件下发挥统计的总体功能。统计有它的特定工作，如资料收集、汇总等，但是，要想更好地为企业服务，同时还要全方位发挥整体功能，只有这样，才能更好地提高统计工作水平。

5.2

目前我国企业统计运行模式存在的主要问题分析

上述几种改革中的统计组织的设计，尽管其出发点是为了提高统计地位，实现统计整体功能，许多方面比以往单一的统计模式具有一定的优点。但我们认为，设计者的思想观念似乎还没有彻底摆脱旧有的统计理念的束缚。从某种意义上讲，只是迎合了短时期内企业改革需要而被动进行的改良而已。这些统计组织模式与现代企业统计创新的要求还有相当的距离，很难保证统计整体功能的充分展示，以适应现代企业体制对企业统计的要求。

以往的企业统计模式难以适应现代企业的需要，不合理主要表现为，没有充分考虑企业自身的规模和运行机制，忽视统计组织应以企业经营服务和发挥统计职能这一宗旨，长远性较差。这是企业统计组织改革中最为严重的问题。具体地说，我国以往的企业统计模式设置与现代企业对统计要求相矛盾主要表现为以下几个方面：

（1）信息采集不畅。

统计组织的平行设置，增加了企业统计部门与其他职能部门之间的合作难度。主要表现在信息的采集上的推诿扯皮现象，多数企业统计信息的采集能否准确、及时和全面，很大程度上取决于统计人员的人缘关系。多数企业的统计工作，仅局限于内部基础信息采集、整理和传递上，对外部信息则显得无能为力，或者说存在严重的外部隔断现象。结果是内部信息不全，外部信息没有，企业经营与发展如同闭门造车。加之少且简单的分析工作，使得企业统计很难满足企业管理和决策需求，统计咨询和监督作用更是无从谈起。

（2）难以形成合力。

多数企业的统计组织，自身都存在制度不健全、内容老化陈旧、管理混乱、岗位无序和素质低下的现象。企业统计内部原始记录、台账设计不统一、不规范，各专业多头分散管理，数出多门现象严重。这也导致信息的收集、传递、计算上的重复交叉，严重影响着统计工作效率，同时也很难保证统计组织内部基本运作的协调与畅通。

（3）统计技术落后。

统计调查方法单一和落后、分析少且简单、预测罕见的现象是目前企业统计的现状，改革并未带来统计方法和手段的根本性改变，现代调查、整理和分析方法和先进技术手段很少被应用于统计工作之中，一方面，严重影响统计工作效率与质量；另一方面，很难保证统计信息、分析和管理功能的整体发挥，甚至统计满足企业生产经营管理的日常需要这一基本作用也难以保证，更谈不上统计为企业重大决策提供决策支持了。

（4）模式僵化呆板。

计划时代的企业统计组织模式，包括调整和改革中的几种企业统计组织的设计，从总体上讲都存在致命的弱点，即设计者的思想仍旧受传统的机构部门等硬性岗位式的观念的影响，一味地从适应眼前的企业组织机构出发，始终不能跳出原有"机制怪圈"，并没有从全新角度——从价值工程角度出发，为实现一种功能，去思考和设计统计组织的内容与形式，使得几年来我国学术界进行的企业统计组织（机构）的设计与探索，普遍显得死板僵硬。离"与时俱进"的要求有着相当的距离。

（5）网络化程度低。

现代企业统计对现代信息技术要求较高，信息化的网络时代，为我们提供了方便快捷的信息采集、加工和发布手段的同时，还为企业统计功能的整体发挥，提供了很好的平台。以往的企业统计模式的设计，受到当时社会体制、经济体制和技术时代的限制，现代的技术体现都较低下，很难适应计算机网络时代的统计要求。

近几年来，我国经济体制改革不断深入，企业也在改革中不断变化，现代企业制度的推行，使企业真正成为市场经济中的一个独立法人，实行自主经营、自负盈亏，把企业推到了激烈的市场竞争中，特别是全球经济一体化，我国加入世贸组织等一系列事件，使企业面临了一个更广阔的舞台。各种所有制企业的出现，以及企业管理结构的变化（如公司制、股份制）对企业统计的定位重新提出了要求。加之政府统计部门与企业统计的关系也发生了很大变化：以前是政府领导企业，政府统计和企业统计关系也理所当然是领导关系；现在政府职能已经发生明显转变，政府由直接领导企业转为宏观调控，不再参与企业经营管理，政府统计部门与企业统计的关系也即随之发生了变化。企业统计由以往政府统计服务为主转为以企业生产经营管理为主。政府统计也需要将与企业统计的关系定位作出调整，转为"指导、服务、监督"的关系。因此，如何引导现代企业搞好统计工作，也是政府统计部门、企业领导和专家学者们必须考虑的问题之一。其中，建立适于现代企业发展的具有"现代感"的统计运行模式问题，也就被推了出来。

5.3

现代企业统计模式的基本界定与诠释

模式，亚历山大（Alexander）给出的经典定义是：它首先描述一个在我们的环境中不断出现的问题，然后描述该问题的解决方案的核心。这样，可以无数次地使用那些已有的解决方案，无须再重复相同的工作。模式有不同的领域，建筑领域有建筑模式，软件设计领域也有设计模式。当一个领域逐渐成熟的时候，自然会出现很多模式，企业统计改革与运营之中也必然要经历这样一个过程。模式是一种指导，在一个良好的指导下，有助于你完成任务，有助于你做出一个优良的设计方案，达到事半功倍的效果，而且会得到解决问题的最佳办法。

所谓的企业统计模式，就是指企业在完成所担负的统计任务时，采取的运行方式。具体说，就是企业统计机构的组成方式及企业统计工作的组织方式。

企业的统计模式对企业的发展和统计任务完成至关重要。一个适应企业生存、发展的统计模式，对企业的发展能够起着很好的推动作用，它便于发挥统计的各项功能，促进企业的进步。反之，则影响统计工作开展，影响企业的发展。

当前，我国的经济已由计划经济转为社会主义市场经济，市场经济的形成、完善，对各种类型的企业提出了更高的要求。作为市场经济的基本组成单位——企业，如何在激烈的市场竞争中站稳脚跟，搞好经营，谋求发展，是每个企业都面临的问题。同样，如何在市场经济条件下更好地为企业的经营决策服务，为企业管理服务，使统计真正成为企业领导的参谋部，也是企业统计当前必须考虑的问题。因此，在新的形势下，建立什么样的企业统计运行模式问题，便被提到议事日程上来。

现代企业（集团）统计模式应是以计算机技术和人才知识为支持，以企业统计基本原理和方法为基础，综合运用经营管理学、会计学、"三论"（信息论、系统论、控制论）等科学理论和方法，为企业的生产经营管理活动提供信息服务的系统，由企业统计信息自动化子系统、统计管理控制子系统、统计组织保障子系统组成。它是企业生产经营管理系统的分系统。

为了探讨当前应建立什么样的企业的统计模式，我们应当搞清楚现代企业需要什么，统计能为企业做什么以及如何去做几个问题。

（1）企业需要什么。

广义的企业需要有很多，人才、技术、龙头产品、科学的管理和良好的生存和发展环境等等，都是一个企业的需要。在诸多的需求当中，无论哪一方面的企业需求，其数量、质量、时间、地点、数量关系、特征属性以及供应情况和走向等，都可以归结为企业需求信息。现代企业已不是计划经济条件下按上级指导组织生产的一个被动机器上的一个齿轮，而是在竞争的市场上的一个独立的法人。第一，它的活动平台已经走出本地区，走向全国，走向世界。第二，它必须根据市场变化，依据本身特点，确定它的经营活动目标。第三，竞争中求生存求发展的企业必须了解环境，了解对手，了解自己。因此，它必须掌握信息。它不但要了解内部信息，包括企业内部全部生产情况，经营情况，资金运动情况等等；还需要了解外部信息，比如生产同类产品的企业情况、同行业情况、国内市场情况、国际市场情况等等，甚至它要了解国内政策变动情况、国际规则变化情况等等。也就是说，企业对信息的需求，变得越来越广泛，越来越急迫。准确、全面、及时的信息关系企业能否做出正确决策乃至企业的生死存亡。

（2）统计能为企业做什么。

明确了企业的经营管理和决策需要归结为"信息"，那么统计能为企业做些什么呢？客观地讲，经过这么多年的建设，我国现在的企业统计一般都能较好地提供本企业的各种基本状况及生产、经营、科研等各方面的信息。在统计工作比较健全的企业，如何反映企业自身的状况，都有了一些明确的制度，因此，正确地反映本企业的现状及活动情况，换句话说，企业统计反映内部信息是理所当然的，也是可以完成的职责。那么企业的外部信息呢？现代企业步入市场竞争更需要国家政策、行业制度、市场行情、竞争对手、需求结构及变动方面的外部信息。作为认识事物的工具，企业统计有着其他专业认识工具无法比拟的优点。其在数量关系、数量特征方面的突出特点，定性与定量相结合的设计、调查、整理分析、预测的研究方法以及总体全面的信息特征，决定了企业统计在满足企业信息需求上有着其独有的一面。同时也决定了企业统计在企业的经营管理上突出表现在信息搜集和加工处理上的优势，满足企业经济管理的信息需求。

（3）统计应该怎样做。

当前来讲，在竞争中求生存寻发展的企业，不但需要内部信息，更需要大量外部信息，这是我们企业统计所难以提供的。但是要看到，在采集外部信息上，企业的统计部门有着它特有的优越条件。一是它和政府统计部门，和各主管部门保持着上下联通的关系，随着政府统计部门对社会、对企业、对社会公众服务功能的加强，对企业的服务力度也在加大，比如国家统计局在建立企业集团直报制度同时，也说明了当企业需要某些方面资料时可以向政府统计部门索取（保密的除外）。加上互联网的存在，使我们取得世界范围内的各种资料有了可能。因此，比较而言，企业统计部门集中收集、汇总内部和外部的信息是有条件的，是可能的。在企业中的各个部门相比，也是条件最优越的。

统计工作是建立在统计学、经济学、管理学以及数学、计量经济学等科学体系之上的。分散的信息作用是不大的，综合后才能发挥更大作用。统计恰恰是掌握了各种综合方法，对各种信息的加工处理，是统计部门的强项。因此，现代企业统计，是否可以建成一种能综合各种信息的部门，即建成这样一种统计运行模式：依据企业生存与发展需求，企业统计负责收集内部的、外部的各类信息，进行深度综合加工（包括综合的分析、把脉诊断、预警和预测），为企业的经营决策提供高质量服务。我们把这种企业统计运行模式，称为"综合信息型"统计运行模式。

5.4

现代企业统计模式设计的总体目标

5.4.1 综合的信息查询平台

（1）完成企业统计的基本功能。

包括完成政府规定的各项统计上报任务，以及根据企业发展需要而确定的企业内部各项有关企业内部统计任务。

（2）它是各种信息的集中地。

从区域上说，包括国内、国际和企业生存、发展的有关信息。从分类上看，应包括和企业有关的生产、销售、营销等各方面信息，也包括经济信息、政策信息、科研信息以及市场上各类信息。

（3）在现代企业中，综合信息型统计必须发挥它的"综合"作用，成为企业中的信息中心。

这一中心的基本功能就是建立企业生产经营管理现状、发展等基本信息的查询平台，以满足多维信息使用者的需求。

（4）企业基础统计的无形化，高级统计的功能化。

这并不是意味着企业基础统计一盘散沙，任其自由发展，而是通过统计制度的制约，规范企业基础信息的采集活动，对整个企业的统计信息实行集中管理，实现集中与分散管理相结合，进而实现其统计运行的系统化，实现统计信息的完整性和及时性。

5.4.2　科学的统计管理制度

在现代企业制度下，企业不可能保留庞大的统计体系，企业内部的基础统计实际上是各职能管理部门管理信息的记录，因此可以将企业内部的基础统计渗透到企业管理过程之中，充分利用企业管理过程中形成的业务核算信息，使基础统计无形化。既精减了机构和人员，又实现了基础统计的信息采集功能。这里所谓的"高级统计"是只提供给各职能管理部门的综合统计、企业生产经营过程中的预警与评价、生产经营情况的分析与预测等统计活动。对于这类统计活动，新模式提供一种运行机制，确保这些统计功能的实现。

5.4.3　完善的统计网络体系

企业统计组织体系是现代企业统计运行模式得以正常运行的基本保证。虽然统计管理制度实现集中与分散相结合，但组织体系的各组成部分仍是以统计制度为纽带，以统计规范为标准的相对完整的统一体。在企业内部，建立纵横交叉的统计网络，在纵向上，应当是由企业统计部门与车间班组形成纵向统计资料上报网络。在横向上，组成统计部门与财务、销售、原材料供应、技术、劳资等各部门的信息收集网络。对于企业外部信息收集，除应灵敏地对各类有关信息加以收集之外，为避免随意性，还应建立固定信息采集渠道。如宏观数据由政府统计部门反馈，世界经济动向定期由世界著名经济组织网站取得有关数据。特别是对企业运营息息相关的数据，如产品价格变动情况，材料供应状况，科研发展动态，企业统计部门或由统计部门协同有关部门要建立固定的信息采集渠道，确保企业能及时采集到它所需要的信息。

5.4.4　完备的信息加工体系

统计综合部门应对收集到的信息进行深层次加工，全面反映企业生产经营情况，反映企业在市场中的地位、状况，并对今后的工作提出建议，充分发挥为企业决策服务的作用。

5.5

现代企业统计运行模式的基本架构与功能

5.5.1　现代企业统计模式的基本架构

　　根据现代企业制度的特征、企业统计的运行环境以及企业管理对企业统计的要求，现代企业统计模式——综合信息型统计运行模式的总体架构是：在企业内形成一个统计信息中心，这一中心仅是一个功能性中心，未必一定要是一个独立的机构。统计信息中心主要具有五大方面的功能，即：统计信息管理中心、统计调查中心、统计处理中心、统计产品中心以及统计服务中心。

　　五大功能之间的关系及其基本运行模式见图 5-4。

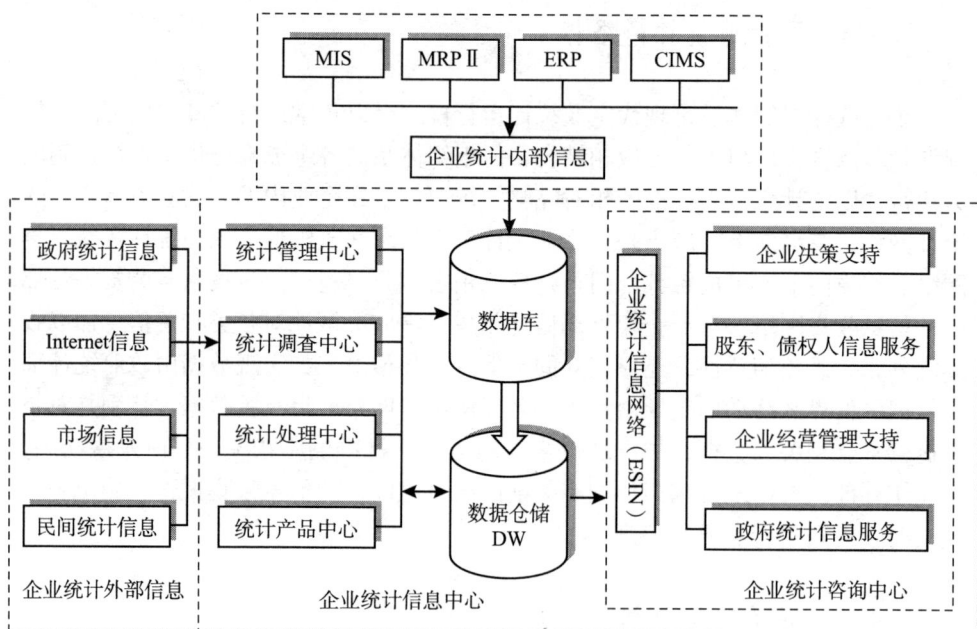

图 5-4　现代企业统计运行模式（以制造业为例）

注：企业的管理信息系统（Management Information Systems，MIS）。
　　制造资源计划（Manufacturing Resource Planning，MRP Ⅱ）。
　　企业资源计划（Enterprise Resource Planning，ERP）。
　　现代集成制造（Contemporary Integrated Manufacturing Systems，CIMS）。

5.5.2 现代企业统计运行模式的功能

（1）统计信息管理。

统计信息管理主要是对企业统计整个运行体系进行协调管理。其功能包括：

①企业统计制度管理。即负责制定企业内部有关统计发展和管理方面的政策、文件以及统计管理制度。如统计数字管理制度，统计数字质量检查制度，统计信息开发和利用管理制度，统计资料保密管理办法，统计绩效考评制度，统计资料档案管理制度等。

②企业统计规范化管理。即负责规范企业各种统计活动。一是企业内部基础统计信息的规范化，规范基础信息的形式、结构及其采集过程；二是统计指标体系的规范化，规范统计指标的名称、经济含义、核算口径、计算方法等；三是统计工作程序的规范化，企业统计运行是一个系统工程，需要规范其统计工作程序、协调各环节之间的关系；四是统计服务形式规范化，企业统计需要以一定形式，向各利益主体提供信息服务。信息时代信息就是财富，对不同的利益主体以什么样的形式，提供什么样的信息必须进行规范管理，进而保证企业的可持续发展。

③统计标准化管理。标准化管理对现代企业统计正常运行是至关重要的。主要制定《统计分类标准》、《统计编码标准》、《统计信息标准》以及《统计计量标准》等。

④统计信息安全管理。对企业统计的各种信息确定安全级别、制定安全措施，确保企业各种统计信息的安全。

（2）统计信息采集。

统计信息调查，是指企业统计根据管理任务的要求，利用各种统计调查技术、采用灵活多样的调查组织形式，搜集与企业发展、生产经营活动等有关的企业内部信息和外部信息。

①企业内部信息的调查是相对简单的。一般采用两种形式：一种形式是计算机采集；另一种形式是手工采集。

所谓计算机采集就是利用企业的管理信息系统 MIS，或制造资源计划 MRPⅡ，或企业资源计划 ERP，或现代集成制造 CIMS 等进行企业管理信息的搜集与加工。这些应用于管理中的计算机软件系统，可以为企业统计提供大量的、规范的、有条理的、高度共享的统计基础信息。企业统计信息管理系统可以利用管理信息数据库中，建立统计数据仓库，满足统计参与管理和提供决策支持的信息需求。

所谓手工采集，是针对管理水平较低的企业而言的，企业的各种生产经营信息只能通过手工的记录来进行。这种传统的数据采集方式，在数据的采集、传输、加工、共享以及数据规范化等方面都比较差。

对于企业内部基础统计信息，无论采取何种方式进行采集，都可以将这种采集过程融入生产经营管理过程之中，是生产经营管理的有机组成部分。

②企业外部信息的调查，成了现代企业统计的重点和难点。因为我国企业管理现代化水平普遍提高，内部基础信息的采集成了职能管理的基本内容，调查范围也相对固定。而企业外部信息则不同，在当今的信息爆炸时代，有关企业生产经营外部环境的信息十分庞杂，需要采集的统计信息在调查范围上不能准确界定、难有固定的调查渠道、调查的内容也随调查的任务不同而不同。

企业外部信息的调查，一般都是采用非全面调查，特别是采用抽样调查来进行组织的专门调查。外部信息调查对于不同的企业可以采用不同的形式来进行。如果企业自身没有足够的能力来完成所需的外部市场调查，可委托民间统计机构来完成；如果企业有能力完成所需的外部市场调查，在调查的组织上可采用项目负责制，即根据调查的任务，临时成立调查组进行专门调查，调查完成后解散该调查组。这样，组织在企业专项调查任务不多的情况下，可有效利用人力资源，但这种松散的组织部便于合作和管理。如果企业规模很大，所面临的专项调查较重，可成立专门的统计调查组织，专门进行市场调查。

（3）统计信息加工与处理。

统计信息的加工与处理，主要完成两个方面的任务。其一是加工整理出《统计法》规定的要求企业上报的统计报表；其二是加工整理出满足企业内部职能管理需要的常规性综合统计信息，为企业管理服务。

（4）统计信息开发与利用。

统计信息的开发与利用，是现代企业统计有效地发挥整体功能的突破点。统计信息的开发与利用，主要包括统计事前预测、事中控制以及事后的分析与评价等。在社会主义市场经济条件下，企业面对的是更多的不确定因素和更多的变量，以及不断丰富的信息，为了更好地开发利用这些信息，现代企业统计就要在传统的统计分析基础上有所创新。①定性分析与定量分析相结合，注重定量分析。统计的特点就是研究事物的数量方面。从定量认识到定性认识，现代统计分析更注重研究事物的数量变化、数量关系和决定事物本质的数量界限，具有量化特点的咨询建议是现代企业科学决策所需要的。②事后分析与事中控制、事前预测相结合，企业应使用多种统计预测方法获取决策的支持信息，使企业统计直接参与到企业管理过程之中，应用多种统计分析方法揭示企业生产经营规律与特征。③个别指标分析与综合分析相结合，注重综合分析。综合分析可以为企业决策提供多种可选择的方案。④单项分析与综合评价相结合，企业统计对企业的生产经营状况既可以进行个体局部分析评价又可以对总体综合进行综合评价，使企业领导者和决策者及时地、充分地认识自我。

（5）统计信息服务与咨询。

统计信息服务包含着广泛的信息服务内容。主要包括：为政府服务，上报政府布置的各种统计报表；为企业管理者服务，反映一定时期内的企业内部的生产经营状况和企业外部环境；为股东服务，反映一定时期内的生产经营业绩；为债权人服务，反映企业当前的偿债能力；为客户服务，反映企业的产品质量、市场占有率、产品价格等信息。

现代企业统计模式中，企业的统计信息服务中心通过企业统计信息网（Enterprise Statistical Information Net，ESIN）构建一个统计信息服务平台，满足各利益主体的统计信息需求。

5.6

现代企业统计模式——综合信息型企业模式的实现

综合信息型统计面临的任务，决定了它已经走出了一般意义上的统计。它是充分发挥着统计的信息、分析与管理功能，成为企业中各类信息的集中、处理的中心。打个比方，它应是企业管理者的耳朵，能在第一时间听到各方面的相关消息；应当是企业经营者的鼻子，能在关键时刻嗅到各方面存在的问题；应当是企业决策者的眼睛，能在敏感时分观察到企业面临的各种状况。因此，建立这样的统计模式并充分发挥作用，所需的条件也是比较高的。

我们以为，现代企业统计模式的实现，必须充分运用现代科学技术。要充分利用计算机和各种网络，要建成企业内部计算机网络系统，同时和外部联网，以有利于数据采集和传输。要建立企业内部数据库，集中储存和处理各类信息。在企业面临环境瞬息万变的市场条件下，不依靠计算机来处理信息已经是行不通的。此外，要有高素质的统计人员。特别是在企业的综合统计部门，要有懂统计、懂经济、懂管理的高素质人才。这种统计人员，懂得如何制定统计制度，以确保按制度取得企业必需的各类信息；懂得统计管理，以便领导、协调企业的统计信息工作；能进行定量模型统计分析，掌握现代统计分析研究方法，以保证在取得信息的基础上提供出高质的分析报告。纵观上述，都可谓是实现现代企业统计模式的必备要素。但我们认为，现代企业统计模式的构建、运行和发展，最为关键是构建适应现代企业发展需求的能够保障现代企业统计运行模式功能实现的现代企业统计管理组织体制。

科学的统计管理组织体制的确立，有利于保证统计资料的科学性、客观性和及时性；有利于统计机构和统计人员顺利执行统计职能，保证统计工作任务的完成；有利于统计整体功能的发挥。

建立现代企业统计组织管理体制，是为了确保现代企业统计功能的充分实现。与以往传统理念上的企业统计管理体制相区别，现代企业统计管理体制至少应该在特色、服务、功能、管理四个方面更具现代特征。从而保障统计在企业的生产经营中的专业特色更加突出、服务目标更加明确、统计功能更加强大和内部自我管理得更加科学。

我们可以设想：如果企业建立了综合信息型统计模式，它全面反映了企业经营状况，收集了企业所需各类信息，提供了企业决策所需的各项资料，并为企业决策提供高水平高层次的意见，企业统计在企业中就牢牢占据了一席之地，统计的地位相应会提高，统计的各项工作也会加强，企业统计在满足企业需要的过程中自己也得到了发展。

还应进一步说明的是，随着经济的多元化，各地条件的不一致，这种模式并不一定是唯一的，比如大中小企业统计的模式就不一定一致，中外企业统计模式也不一致，应当允许多样化。只有在实践中被企业肯定了的统计模式才是成功的模式。

5.7

本章小结

本章对我国企业统计运行模式进行了系统的总结，找出了我国现行企业统计运行模式存在的问题并加以分析，并对现代企业统计运行模式进行了基本界定与诠释，提出了构建现代企业统计模式的基本构想及应具备的五大功能，弥补目前现代企业统计理论研究中的不足；借助价值工程理念，提出企业统计功能实现的价值工程新构思、新理念；借鉴了国内外企业统计成功的经验，系统地设计"现代企业（集团）统计模式"。

第 *6* 章

现代企业管理中的
统计技术研究

统计技术是指运用统计学的方法原理，通过获取和提炼信息，高效地解决实际问题的一门通用技术，是一种投资少，见效快，简便易行的深化企业管理的有效技术。无论处于企业管理的哪个阶段，统计技术作为一种有效的管理的工具，都发挥了巨大的作用。如何根据企业自身的实际情况，合理地运用统计技术，并真正发挥其效用，这是当前困扰每个企业的难题。

统计技术要从管理"要素"，提升为管理"基础"，强调的不是统计技术本身，而是"统计技术的作用"。传统的企业经济统计内容体系重点放在描述统计方法应用上，对企业投入和产出的指标体系有比较详尽的讨论，但现代推断统计技术在企业中的应用较少。本项目在现代企业经营管理中如何将现代统计技术与企业经营管理有效结合上做了大量系统性工作，根据企业经营管理职能领域对统计技术的需求，分8个方面进行了详细讨论和阐述，对企业经营管理在什么场合运用什么统计技术做了系统研究。一是适应现代企业经营管理职能领域分工，从统计技术应用角度，构建了"企业运营管理统计、企业营销管理统计、企业技术创新统计"等内容；二是对"企业人力资源管理统计、企业财务管理统计"等从技术应用角度进行了创新，将一些现代统计技术结合到相应的管理内容中。在企业质量管理统计、风险管理统计和企业综合评价统计方面也都着重在现代统计技术与对应的管理内容结合上做了有益的探索。下面根据"现代企业统计内容体系"的框架，分别对企业运营管理、企业质量管理、企业营销管理、企业人力资源管理、企业财务管理、企业风险管理和企业综合评价8个方面中的统计技术应用进行重点讨论。

6.1

现代企业运营管理中的统计技术

企业运营是将人力、物料、设备、技术、信息、能源等生产要素（投入）转换为有形产品和无形服务（产出）的过程。企业运营活动包括三个基本要素：投入、转换、产出，即运营活动是指输入一定的资源，经过一系列多种形式的转换，实现价值增值，最后以某种形式的输出提供给社会的过程。运营管理就是对运营过程的计划、组织、实施和控制，是与产品生产和服务创造密切相关的各项管理工作的总称。本节对现代企业运营管理中的统计技术应用进行系统研究。

6.1.1 企业运营管理中的统计应用

运营过程是一个投入、转换、产出的过程，是一个劳动过程或价值增值的过程，它是运营的第一大对象，运营必须考虑如何对这样的生产运营活动进行计划、组织和控制。运营系统是指上述变换过程得以实现的手段。它的构成与变换过程中的物质转换过程和管理过程相对应，包括一个物质系统和一个管理系统。物质系统是一个实体系统，主要由各种设施、机械、运输工具、仓库、信息传递媒介等组成。管理系统是指运营系统的计划和控制系统，以及物质系统的设计、配置等问题。其中的主要内容是信息的收集、传递、控制和反馈。运营系统是运营的第二大对象，运营应当考虑如何对运营系统进行设计、改造与升级。

运营管理是对企业生产产品或提供服务的整个系统的管理。生产一个产品，或者提供一项服务，都包括了一系列复杂的转换过程。运营管理就是要管理所有这些独立的过程，使之尽可能有效。在整个运营管理过程中，运营计划管理是最重要的内容，为了制订合理的生产和服务计划，企业需要随时掌握产出数据，并与客户订单进行匹配。为了保证企业经济效益，需要不断提高企业运营效率，关注企业投入过程和投入资源的合理性，并对企业生产和服务过程实施控制。在企业投入资源方面，涉及生产和动力设备统计、生产能力利用统计、原材料和能源统计等内容（见表6-1）。最后，为了衡量运营系统和运营管理的效果，需要将投入与产出结合起来进行分析，以评价企业投入产出的能力和效率，找出改进的方向。

表 6-1　　　　　　　　　　　企业运营管理中的统计应用

运营管理过程	统计信息需求	使用的统计技术
运营计划管理	企业产出统计	统计分组、统计图表、经济指标法、试验设计
	中间投入统计	统计图表、投入产出分析
	生产与服务过程控制	盈亏平衡分析、最优生产批量、企业产出均衡率、期望收益决策法
	运营决策	描述统计、假设检验、方差分析
	产品库存管理	库存结构分析、ABC分析法
设备管理	生产设备统计	分类、比率分析、可靠性分析
	生产能力利用统计	生产能力平衡表、利用率

运营管理过程	统计信息需求	使用的统计技术
原材料与能源管理	原材料采购统计	价值分析、供应商信誉评估、经济采购批量、抽样检验
	原材料库存统计	收支存平衡表、ABC 分析法、库存模型（确定性和随机性）
	原材料消耗统计	消耗定额、指数分析
	能源消耗统计	投入产出率、能源效率分析
运营综合管理	综合统计与评价	综合指数、多元统计分析
	企业投入产出分析	数据包络分析、投入产出分析模型

6.1.2　企业运营统计指标体系

企业运营活动是指输入一定的资源，经过一系列多种形式的转换，实现价值增值，最后以某种形式的输出提供给社会的过程，因此，可以从企业运营资源投入、企业运营产出、企业运营投入产出效果三个方面设计运营统计指标体系。企业运营资源投入指标体系方面，进一步可以分为劳动对象指标体系、劳动资料指标体系、劳动力指标体系和能源指标体系；企业运营产出指标体系又可以分为货物生产企业的产出统计指标体系和服务企业的产出统计指标体系。在各指标体系下可以进一步细化为三级指标和基本指标（见表 6 - 2）。

表 6 - 2　　　　　　　　　　企业运营统计指标体系

一级指标体系	二级指标体系	三级指标体系	基本指标
企业运营投入指标体系	劳动对象指标体系	原材料	采购统计、收支存统计、消耗统计（单位消耗、消耗指数）、利用率
		服务对象	顾客数量及其变动、顾客结构、顾客消费量及结构、顾客流动率及回头率
	劳动资料指标体系	生产设备	期末数量、增减变动、设备能力利用率、设备完好率、设备更新度系数、设备平均使用时间、动力设备超耗率、设备技术先进性、设备事故停机率、每台设备事故频次、维修费用效率、单位产品维修费用、设备修理返修率等
		服务设施	厂房面积、厂房利用率、其他设施数量及利用率（如宾馆房间数及空置率）
		生产能力	期末能力、平均能力、利用率

一级指标体系	二级指标体系	三级指标体系	基本指标
企业运营投入指标体系	劳动力指标体系	劳动量与质量	员工数量及变动、员工结构及质量、劳动时间利用率
		工资福利	工资总额、平均工资、福利水平
	能源统计指标体系	能源消费	能源消费量及构成、能源收支存、综合能源消费量、最终消费量
		能源消耗	单位产品单项能耗、单位产值综合能耗
企业运营产出指标体系	货物生产企业的产出统计指标体系	实物产量	原始实物量、标准实物量
		产值	总产值、销售产值、增加值
		品种	品种数、分品种产量、分品种产值、品种结构、品种数增减变动、新产品产值率
		质量	产品质量（平均质量特性、质量系数、质量分数、等级率）、工作质量（合格率、返修率）、顾客满意度
	服务企业的产出统计指标体系	实物产量（服务对象测量）	分行业不同：如贸易企业的购进量、销售量与库存量，运输企业的运输量
		产值	服务总值、增加值
		品种	服务品种数、新品种数、品种产值结构、品种增长率
		质量	安全性、方便性、时间性、经济性、满意度
投入产出分析指标体系	投入产出效率分析	劳动投入产出效率	企业全员劳动生产率、企业职工工资产值率
		设备投入产出效率	生产设备综合利用率、固定资产企业营业盈余率
		劳动对象投入产出效率	企业流动资产周转次数、单位产品原材料消耗、单位产品能源消耗
		资金投入产出效率	成本费用利润率、资金利润率
	投入产出结构分析	中间产品	自产产品消耗、外购产品消耗、中间产品比率
		最终产品	增加值率，增加值中折旧、劳动报酬、企业纯利比率

6.1.3 企业运营产出统计

（1）企业运营产出统计。

企业运营产出统计重点应放在实物量统计与分析方面，即使是价值量的核算，也主要是为了对实物量进行综合核算和动态分析。对于企业管理来说，企业产出统计核算最重要的意义是用于生产运营计划安排和满足市场供应需要。

①企业运营产出统计基本核算指标。

在实物量核算指标方面主要有产量、品种、服务量指标，在价值量核算指标方面主要有总产值和增加值等。

企业产量统计是企业生产管理的基础，也是企业经营管理工作的基础。产量代表着企业现实的生产成果和现实的生产力，在市场需大于求时，产量就是企业的最大生产能力；在市场供过于求时，产量能够用来分析企业生产能力利用程度。产量指标作为生产计划的核心指标是企业安排人力、物力和财力的指示计。产量统计核算的关键在于：一是准确及时；二是详细到每个品种规格（每个服务项目）。企业实物量核算的主要问题是，服务业实物量核算基础工作相对较弱，原因是我国服务业发展相对滞后，服务企业统计核算也在形成过程中；建议增加服务企业的统计核算内容，如服务对象统计、服务品种、价格、质量和数量统计等。

无论什么类型的企业，其价值量核算方法大同小异。在三个价值量核算指标中，总产值（服务企业又简称总值）是一个最基本的价值量指标，代表企业生产的总成果，又是计算另外两个价值量指标的基础。相对来说，增加值对企业管理的意义就要小得多。增加值主要是作为国民经济核算的基础指标，是政府统计核算的核心指标。在增加值的生产法核算中，需要计算"中间投入"，这是一个中间性核算指标，但这个指标对企业管理的意义比"增加值"指标还重要。对大型企业来说，企业生产计划需要考虑投入产出，总产值就是总产出，增加值是最终产出，"中间投入"对应"中间消耗"，企业的中间消耗水平关系到企业成本水平，直接影响到企业经济效益。所以，对于大型企业和其他有条件的中间消耗较大的中小企业来说，应当认真积累和分析企业"中间投入"的统计资料，从投入产出分析和节能降耗的角度进行深度分析研究。

②企业产出质量统计（见第 6 章第 2 节）。

（2）企业运营产出统计分析。

①企业产出的描述性统计分析。

运营计划完成情况分析：产量计划完成分析、产值计划完成分析、品种计划完成分析、计划完成的因素分析。

运营产出的动态分析：时间序列分析、指数分析。

生产均衡性分析：变异指标法，生产计划完成均衡性。

②经济生产批量决策。

$$q = \sqrt{\frac{2QC_1}{C_2}}$$

根据生产费用最低原则确定。经济生产批量与生产总量（Q）、单位产品和在产品储存费用（C_1）成正比，与生产线更换产品调试费用（C_2）成反比。

③生产品种决策。

试验设计与方差分析：农业企业在分析多个不同的品种对产量的影响，以及不同生产方式的生产效率时，可以运用试验设计与方差分析方法。

基本的试验设计分为三种：一是完全随机化设计；二是随机化区组设计；三是因子设计。

完全随机化设计是指"处理"被随机地指派给试验单元的一种设计。"处理"是指可控制的因素的各个水平，如农业试验设计中的不同的作物品种；"试验单元"是接受"处理"的对象或实体，如面积相同的若干个地块。在试验性研究中，感兴趣的变量是明确规定的，因此，研究中的一个或多个因素可以被控制，使得数据可以按照因素如何影响变量来获取。对完全随机化设计的数据采用单因素方差分析。随机化区组设计就是先按一定规则将试验单元划分为若干同质组，称为区组（Block），再将各种处理随机地指派给各个区组。比如在农业试验中，首先根据土壤的好坏分成几个区组，每个区组中再分若干个地块（通常是因素水平数的倍数）。在每个区组内的若干个地块以随机方式决定所种的作物品种。随机化区组设计试验数据采用无重复双因素方差分析。

因子设计就是感兴趣的因素有两个，如作物品种和施肥方式。假定有甲、乙两种施肥方式，这样，三个作物品种和两种施肥方式的搭配共有 $3 \times 2 = 6$ 种。如果我们选择30个地块进行实验，每一种搭配可以做5次试验，也就是每个品种（处理）的样本容量为5，即相当于每个品种（处理）重复做了5次试验。这种考虑两个因素（可推广到多个因素）的搭配试验设计称为因子设计。该设计用于分析两个因素及其交互作用对试验结果的影响，其试验数据采用可重复双因素方差分析。

④生产方法决策。

在企业运营中，可以运用参数估计与假设检验方法分析不同生产方法的生产效率或某种运营方式的效果。如，在企业生产过程中，为了判断两种生产方法的生产效率，可以分别对两种方法随机安排两组工人进行生产，并测量每个工人的生产效率。假设两组工人的生产效率服从正态分布且有相同的方差，可以运用参数估计方法对两种方法的效率差异进行估计，或运用假设检验方法判断两种方法的生产效率是否存在明显差异。

⑤运营选址方法。

从若干个地址中选择合适地址的决策过程是运营管理者的责任，除了定性考察之外，适当运用统计定量分析方法有助于正确决策。

☆因素评分加权法：针对企业备选择的若干厂址（备选方案），确定影响厂址选择的重要因素，并根据重要性给出每个因素的权重系数（总计为 1），然后对各个因素分别打分（可以采用 100 分制，或 10 分制），最后进行加权综合得到评价结果。如果是多人评价，可以分别由每个专家打分得到评价结果，再对各位专家评价结果进行平均。

☆线性规划运输法：在物流运营网络中，往往有多个物料供应地与多个物料需求地，确定网络的流量，使总运输费用最低或利润最大。这一问题可以采用线性规划运输法。

☆中位数法：在物流运营网络中，如果运输对象所处的地点在一条线路上，需要确定一个运输成本最低的地点为运营总站，这时可以运用统计中位数法。首先搜集各服务网点要求的服务数量，并以此为权数确定中位数网点为运营总站。

☆重心法：在物流运营网络中选择中转仓库或分销中心时，可采用重心法确定运营地址。寻找一个可以实现运输成本最小化的运营地址，需要考虑各运输地址与中转地址的距离和运输数量。假设运入和运出成本相同，可以在平面坐标图中运用坐标点的位置来确定"重心位置"作为中转地址。

6.1.4　企业运营投入统计

（1）原材料采购统计。

①供应商的信誉评估。

企业在作出原材料采购决策时，一般要着重考虑下面三方面的因素：一是企业对原材料种类、质量、数量的要求；二是原材料市场的可供资源，企业可支配的资金及企业的仓储能力；三是企业对原材料的需求类型，如连续需求或一次性需求等情况。在决策过程中最主要的是通过对企业所需原材料的价值分析，对供应商的信誉评估和采购批量的计算，作出采购哪一种原材料、向谁采购、采购多少的决策。原材料采购决策作出之前，对上述几方面的问题要作出评估，评估中可采用下列指标：

一是原材料采购的价值工程系数。本指标是运用价值工程的分析方法，对原材料的功能 F 和成本 C 进行对比分析，力图以最低的成本，实现必要的功能，以提高采购的经济效益。价值工程系数 $V = F/C$ 值越大，说明采购这种原材料的效益越好。

二是原材料交货净值加成率。通过该指标可对不同的供货厂商作出评价，从而决策取舍。该指标是通过企业在使用原材料过程中所追加的费用和对供应商所能提供服务的评价综合而成的。

交货净值加成率（％）＝质量成本比值＋交货成本比值＋服务成本比值

②最佳采购批量的确定。

最佳采购批量是指用某个采购批量采购原材料时，全年的原材料持有总成本值最小。年原材料持有成本指全年的原料购入成本与全年的原材料供应成本之和。原材料年购入成本就是原材料的购入价值与运杂费等的总和，即等于原材料的年需求量与原材料的成交价格加单位运杂费之和的乘积。最佳采购批量公式：

$$Q^* = \sqrt{\frac{2DO}{H + IP}}$$

式中：P 为原材料成交价格加单位运杂费之和，I 为银行年利率，D 为全年需求量，O 为平均每次订货成本。

（2）企业原材料库存统计。

①企业原材料储备定额和周转统计。

企业原材料的储备（库存）必须有一定的数量界限。企业原材料储备定额就是企业在原材料储备中的数量标准。它有两种表现形式：定额储备量，定额储备天数。

企业原材料储备需要进行定额执行情况分析。针对储备定额的两种表现形式，采用下面两种方法：将实际储备天数与定额储备天数相比，分析储备定额天数执行情况；将实际储备量与定额储备量相比，分析储备定额数量执行情况。

企业储备的原材料，在保证生产需要的前提下，周转速度愈快，表明原材料在仓库中存放的时间愈短，可以避免积压资金和影响原材料的充分利用。反映原材料储备的周转速度有周转次数和周转天数两种表示方法：原材料周转次数，表明在一定时期内库存原材料周转了多少次；原材料周转天数，表明原材料每周转一次所需要的天数。

②原材料库存控制的统计方法。

企业原材料库存量控制方法有定量库存控制法、定期库存控制法和定期定量库存混合控制法。

一是定量库存控制法（又称订购点法）。是以固定订购点和订购批量为基础的一种库存量控制方法。当实际库存量降至订购点时提出订购，每次订购数量相同，而订购时间不固定，由原材料需要量的变化决定。

订购点是提出订购的库存量标准，由备运时间需要量和保险储备量两部分构成：

订购点＝平均备运天数×平均每日需要量＋保险储备量

如果库存原材料按 ABC 法进行分类，可根据分类管理的需要，增大 C 类物资的订购批量，严格控制 A 类物资的订购批量。

二是定期库存控制法。是以固定的检查和订购周期为基础的一种库存量控制方法。按规定时间检查原材料库存量并随时提出订购，补充至一定数量。订购时间是预先固定的，订购批量是可变的。订购周期指两次库存检查并提出订购的时间间隔，是影响订购批量和库存水平的主要因素。订购周期的长短主要由下列因素决定：备运时间；企业的用料规模、用料特点、发料制度和储备条件；供货单位生产批量，订货、发货限额和供货特点。

$$订购批量 = \frac{订购周期}{需要量} + \frac{备运时间}{需要量} + 保险储备量 - (现有库存量 + 已订未交量)$$

$$订购周期需要量 = 订购周期天数 \times 平均日需要量$$

$$备运时间需要量 = 平均备运天数 \times 平均日需要量$$

三是定期定量库存混合控制法（也称 $s-S$ 控制法）。s 是最低存量，指订购点；S 是最高存量，指订购时要求补充到的最高点。实行定期检查，盘点库存量高于订购点时不订购，等于或低于订购点时提出订购。这种方法由三个参数规定：检查周期、订购点和最高存量。检查周期的确定方法和定期库存控制法相同。订购点除了备运时间需要量和保险储备量外，还包括检查周期需要量。

$$订购点 \ (s) = 备运时间需要量 + 检查周期需要量 + 保险储备量$$

$$备运时间需要量 = 平均备运天数 \times 平均日需要量$$

$$检查周期需要量 = 检查周期天数 \times 平均日需要量$$

$$最高存量 \ (S) = 检查周期需要量 + 订购点$$

$$订购批量 \ (Q) = 最高存量 - 现有库存量$$

（3）库存模型中的系统仿真技术。

系统仿真以计算机和其他专用物理效应设备为工具，利用系统模型对真实或假设的系统进行试验，并借助于专家的经验知识、统计数据和信息资料对实验结果进行分析研究，进而做出决策。系统仿真一般包括以下几个步骤：问题定义；制定目标；描述系统并对所有假设列表；罗列出所有可能替代方案；收集数据和信息；建立计算机模型；校验和确认模型；运行模型；分析输出。根据系统仿真的通用步骤，库存模型的系统仿真可以按以下步骤进行：

①调研库存系统，明确仿真目标。一般来说，仿真目标不同，所建立的模型也不同，为建立模型所需要采集的数据也就不同，因此对企业库存系统进行仿真一定要对库存系统进行调研，在对其有一个全面、深入的了解之后，明确仿真的目标。

②收集仿真资料，建立模型，根据仿真目标，对库存系统进行选择和整理。在这个步骤中解决的问题包括模型中事件的定义，库存系统中常用的几类事件有需求事件、订货事件、订货到达事件、费用计算事件、程序事件等；确定随机变量的分布类型和参数；确定库存系统仿真的参数，库存系统常用的参数有输入参

数，如需求速率、最高存货量、最低存货量等。状态参数，如库存量等。输出参数，如每日费用、累计费用等；确定仿真算法；确定仿真时钟的推进方法。

③编辑程序，将建立的仿真模型用计算机程序来描述。

④运行仿真模型，在计算机上进行仿真运行，获取模型的输出资料，并不断更改参数的输入值，进行多次仿真，同时为了保证每次仿真条件相同，各种策略均应共用一个随机数发生器。

⑤输出结果分析。每一次模型的仿真运行，只是实际库存系统的一次随机抽样实验，其输出结果带有随机性，必须运用统计学的方法，对仿真结果进行统计分析，从而确定最优库存管理策略。

6.1.5 企业运营综合统计分析

（1）企业投入产出能力分析。

企业投入产出能力是企业投入产出效益、企业持续发展的内在动力和企业持续发展的造血能力。企业投入产出能力是投入单位企业资源，为企业带来的生产成果的数量，也称之为投入产出效益。企业投入产出能力按照投入指标不同，分为以活劳动投入为基础的投入产出能力、以劳动手段投入为基础的投入产出能力、以劳动对象投入为基础的投入产出能力和以成本费用投入为基础的投入产出能力。

①企业投入产出能力统计指标体系。

企业投入产出能力核算指标体系主要包括如下 9 项指标，各指标具体见表 6-3。

表 6-3 企业投入产出能力核算指标体系

指标分类	具体指标	计算方法	
		分子	分母
活劳动投入产出效率	全员劳动生产率（元/人）	企业增加值	平均员工人数
	单位工资产值率（元）	企业增加值	工资总额
劳动手段投入产出效率	单台设备产量	设备实际产量	设备使用台数
	生产设备综合利用率	企业总产值	设备总能力
	固定资产产值率	企业增加值	固定资产净值平均余额
劳动对象投入产出效率	单位产品材料（能源）消耗	材料或能源消耗	产品实际产量
	流动资产周转次数	主营业务收入	流动资产平均余额
资金投入产出效率	成本费用利润率	利润总额	成本费用
	总资产利润率	利润总额	总资产

②企业投入产出能力综合评价指数。

以上各项指标均从不同的角度，反映了企业投入产出能力，但是从这些指标并不能看出企业投入产出能力的综合水平，这就需要我们对不同指标赋予相应权数进行综合，即计算企业投入产出能力综合评价指数。

首先，对以上各项指标，可参考行业先进水平确定标准值，并将各指标实际值与标准值对比，得单项指数；其次，对各项指标运用科学的方法赋予权数；最后，将权数和对应的单项指数进行综合得到企业投入产出能力综合评价指数。

（2）企业投入产出相对效率评价分析。

①数据包络分析模型简介。

数据包络分析模型（Date Envelopment Analysis，DEA），是美国学者查思斯（Charnes）等人创立的用于评价具有相同类型的投入和产出的若干生产或者非生产决策单元（即企业）相对效率的一种有效方法。基本思想是将若干决策单元构成一个生产可能集，然后利用线性规划，在定义生产可能集的范围内，或固定某一决策单元的投入量，尽可能地扩大其产出量，或固定某一决策单元的产出量，尽可能地缩小其投入量。这样，在生产可能集（左下）边界上，来寻找与某一个决策单元相对应的虚拟决策单元。若在生产可能集（左）边界上存在一个与之对应的虚拟决策单元，则说明某一决策单元是相对无效的；若在生产可能集（左）边界不存在一个与之对应的虚拟决策单元，则说明某一决策单元是相对有效的。前者称之为产出型 DEA 模型，而后者称之为投入型 DEA 模型。

在产出型 DEA 模型中，将产出扩大的比例的倒数，或者在投入型 DEA 模型中，将投入缩小的比例定义为该决策单元的相对效率。我们利用投入型或者产出型 DEA 模型评价企业投入产出的相对效率，说明企业经营效果的相对优劣程度。按照在评价企业相对有效性中的作用分，DEA 模型可分为 C^2R 模型和 C^2GS^2 模型。

②C^2R 模型及相对效率指数。

设有 n 个决策单元（即 DMU）（在此即为评价企业），每一决策单元又有 m 种投入和 r 种产出，对于一个 DMU，其投入与产出资料可用向量表示，即：

$$X_j = (x_{1j}, x_{2j}, x_{3j}, \cdots, x_{mj})^T$$
$$Y_j = (y_{1j}, y_{2j}, y_{3j}, \cdots, y_{rj})^T \quad j = 1, 2, \cdots, n$$

生产可能集是指一些可能生产活动的集合。在此，由这 n 个 DMU 的投入与产出及其相应组合所构成生产活动的集合，我们称之为生产可能集。即：

$$T = \{(X, Y) | 产出向量 Y 可以由投入向量 X 生产出来\}$$

因此，这些决策单元的生产活动属于生产可能集，即 $(X_j, Y_j) \in T$（$j = 1$, $2, \cdots, n$）。同时，以这 n 个生产活动为基础，可构造其他可能的生产活动，由

(X_j, Y_j) $(j = 1, 2, \cdots, n)$ 决定的生产可能集是唯一的。即为

$$T = \left\{ (X, Y) \;\middle|\; \sum_{j=1}^{n} X_j \lambda_j \leqslant X, \; \sum_{j=1}^{n} Y_j \lambda_j \geqslant Y, \; \lambda_j \geqslant 0, \; j = 1, 2, \cdots, n \right\} = T_1$$

从实用的角度来看，我们来考察某具体 DMU 即决策单元（企业）的投入和产出水平 $(X_{j0}, Y_{j0}) \in T_1$ 的有效性问题。基于产出不变、投入尽可能减小的思想建构的模型被称为投入型 C^2R 模型，主要用于评价决策单元的投入有效性（包括技术有效和规模有效）；基于投入不变、产出尽可能扩大的思想建构的模型称为产出型 C^2R 模型，主要用于评价决策单元的产出有效性（包括技术有效和规模有效）。投入型 C^2R 模型如下：

$$(D_\varepsilon) \begin{cases} \min & [\theta - \varepsilon(\hat{E}^T S^- + E^T S^+)] = v_D \\ \text{s. t.} & \sum_{j=1}^{n} \lambda_j X_j + S^- = \theta X_{j0} \\ & \sum_{j=1}^{n} \lambda_j Y_j - S^+ = Y_{j0} \\ & \lambda_j \geqslant 0, \; j = 1, 2, \cdots, n \\ & S^- \geqslant 0, \; S^+ \geqslant 0 \end{cases}$$

其中：$\hat{E} = (1, 1, \cdots, 1)_{1 \times m}^T$ 和 $E = (1, 1, \cdots, 1)_{1 \times r}^T$ 为元素全为 1 的 m 维和 r 维向量；$S^- = (s_1^-, s_2^-, \cdots, s_m^-)^T$ 和 $S^+ = (s_1^+, s_2^+, \cdots, s_m^+)^T$ 均为松弛向量。λ_j 为 n 个 DMU 某种组合权重；θ 为被评价决策单元（企业）投入的缩小比例；$\sum_{j=1}^{n} \lambda_j X_j$ 为按权重 λ_j 组合的虚拟 DMU 的投入向量；$\sum_{j=1}^{n} \lambda_j Y_j$ 为按权重 λ_j 组合的虚拟 DMU 的产出向量；X_{j0} 为被评价决策单元（企业）的投入向量；Y_{j0} 为被评价决策单元（企业）的产出向量。

产出型 C^2R 模型如下：

$$(D'_\varepsilon) \begin{cases} \max & [\alpha + \varepsilon(\hat{E}^T S^- + E^T S^+)] = v'_D \\ \text{s. t.} & \sum_{j=1}^{n} \lambda_j X_j + S^- = X_{j0} \\ & \sum_{j=1}^{n} \lambda_j Y_j - S^+ = \alpha Y_{j0} \\ & \lambda_j \geqslant 0, \; j = 1, 2, \cdots, n \\ & S^- \geqslant 0, \; S^+ \geqslant 0 \end{cases}$$

其中：α 为被评价决策单元（企业）产出的扩大比例。

一般地，对于模型 (D_ε)，如果存在着最优解 θ^*、S^{-*}、S^{+*} 和 λ_j^*，则当

①$\theta^* = 1$ 时，第 j_0 个 DMU 为弱有效；当② $\theta^* = 1$，且 $S^{-*} = 0$（每一分量均为0）和 $S^{+*} = 0$（每一分量均为0）时，第 j_0 个 DMU 为有效；当③ $\theta^* \leq 1$，第 j_0 个 DMU 为非有效。此时，最优值 θ^* 即为被评价决策单元投入产出最优效率评价指数，即

$$H = \theta^*$$

当 $\theta^* = 1$ 时，说明该决策单元（企业）的投入产出效率相对最优；$\theta^* \to 0$ 时，说明该决策单元（企业）的投入产出效率相对越低。

对于模型 (D'_ε)，如果存在着最优解 α^*、S^{-*}、S^{+*} 和 λ_j^*，则当① $\alpha^* = 1$ 时，第 j_0 个 DMU 为弱有效；当② $\alpha^* = 1$，且 $S^{-*} = 0$（每一分量均为0）和 $S^{+*} = 0$（每一分量均为0）时，第 j_0 个 DMU 为有效；当③ $\alpha^* \geq 1$，第 j_0 个 DMU 为非有效。此时，被评价决策单元投入产出最优效率评价指数为

$$H = \theta^* = \frac{1}{\alpha^*}$$

当 $\alpha^* = 1$ 时，也即 $H = 1$，说明该决策单元（企业）的投入产出效率相对最优；当 $\alpha^* > 0$ 时，也即 $H \to 0$，说明该决策单元（企业）的投入产出效率相对越低。

值得说明的是，在 C^2R 模型下的所谓有效不仅是技术有效，同时也是规模有效。这就意味着企业的生产活动无论在生产技术上还是在生产规模上都是最优的。企业也只有在比较中保持有效性，才能实现企业持续发展。

③C^2GS^2 模型及其相对效率。

与 C^2R 模型一样，C^2GS^2 模型也是建构在生产可能集之上。它主要用于分析决策单元（企业）技术相对有效性评价的一种有用的方法。

同理，设有 n 个决策单元（即 DMU）（在此即为评价企业），每一决策单元又有 m 种投入和 r 种产出，有对 C^2R 模型生产可能集的分析作基础，我们直接给出 C^2GS^2 模型的生产可能集，即

$$T = \left\{ (X, Y) \,\middle|\, \sum_{j=1}^{n} X_j \lambda_j \leq X, \ \sum_{j=1}^{n} Y_j \lambda_j \geq Y, \ \sum_{j=1}^{n} \lambda_j = 1, \right.$$
$$\left. \lambda_j \geq 0, \ j = 1, 2, \cdots, n \right\} = T_2$$

实际上，C^2R 与 C^2GS^2 模型生产可能集的本质区别就在于是否满足所谓锥性，前者满足所谓锥性，而后者不满足。T_1 与 T_2 相比，T_2 增加了限制条件 $\sum_{j=1}^{n} \lambda_j = 1$，这就使得 T_2 成为一个凸多面体，而 T_1 是一个凸锥。C^2GS^2 模型就是建构在 T_2 这样的生产可能集之上的 DMU 模型。

④DMU 模型在企业投入产出分析中的应用。

☆企业规模收益分析。

众所周知，企业规模收益是指企业规模的扩大，带来企业收益的相应变化状况。对于多投入单产出的企业，甚至单投入单产出的企业其规模收益分析一般较容易。如果存在单投入单产出企业的生产函数 $y = f(x)$，若 $\lambda > 0$，则有

当 $f(\lambda x) = \lambda f(x) \sqrt{b^2 - 4ac}$，规模收益不变；当 $f(\lambda x) > \lambda f(x)$，规模报酬递增；当 $f(\lambda x) < \lambda f(x)$，规模报酬递减。

但是，对于具有多种投入和多种产出的企业（现代企业几乎均属于此类），其规模收益分析通常比较困难。需要借助 DEM 模型（C^2R 模型和 C^2GS^2 模型）来研究。

设有 n 个决策单元，每一决策单元 DMU 有 m 维投入向量 X_j、r 维产出向量 Y_j（$j = 1，2，\cdots，n$）。若对某决策单元 DMU_{j0} 对应的投入产出水平位为 $(X_0，Y_0)$，现在，希望判断该决策单元（企业）的规模收益的性质。

由此可见，从实用的角度来看，判断一个决策单元规模收益的性质，实际上就是判断该企业对应的投入产出点，是否既在生产函数曲线，也在 T_1 的边界直线（OP）上。该企业对应的生产活动同时在边界直线和生产函数上时，该企业的生产活动具有规模报酬不变特征。否则，仅在生产函数上，且生产活动中，投入规模大于规模报酬不变企业者，其生产活动具有规模报酬递减特征；仅在生产函数上，且生产活动中，投入规模小于规模报酬不变企业者，其生产活动具有规模报酬递增特征。

☆企业资金分配分析。

所谓企业资金分配是指根据某一企业（决策单元）投入和产出的时序数据，或者若干个企业（决策单元）投入和产出的截面数据所构成的一个生产可能集，在给定的资金总量约束前提下，确定各项投入和产出的相对最优数量（也就是对各项投入分配资金），使得资金产值率最大化。

研究企业资金分配问题，主要使用变化的 C^2GS^2 模型。因此，对于已有的 n 项对应的企业投入和产出数据（时序数据或截面数据）所构成的生产可能集为如前所述的集合 T_2。

设用于投入的全部总资金为 K，投入的价格向量为 P，产出价格向量为 Q。且无特殊说明时，它们一般大于 0。现在，就是要确定 $(X，Y) \in T_2$，使得产值与资金之比（即资金产值率）$\beta = \dfrac{Q^T Y}{K}$ 最大。对此，也可构建线性

规划模型。

（3）利用企业投入产出模型进行投入产出分析。

①企业投入产出模型的含义及基本作用。

企业投入产出模型是用来反映企业生产的各种产品之间，以及自产产品和外购产品之间消耗和被消耗数量依存关系的数学方程式。它较为准确和科学地反映企业生产的各种产品之间，以及自产产品和外购产品之间的经济技术联系和相互消耗关系。

企业投入产出模型对于分析企业内部生产结构和各种生产活动之间的比例关系都具有十分重要的作用。投入产出模型不仅能够全面反映企业产品在企业内部各部门之间的流向和流量，还能反映企业各部门的生产能力和相互协调关系，这对于研究部门与部门之间的比例关系、各种原材料自产与外购的比例关系、各种产品的外销与自用的比例关系都提供了重要的数量依据。企业投入产出模型也为企业制定适应企业持续发展的相关政策提供重要的依据。企业在制定产品价格政策、产品消耗定额和研究产品成本等方面，都需要根据投入产出模型提供的相关数据作出分析和决策。

②企业投入产出模型在企业持续发展中的运用。

企业投入产出模型的建立，为企业进行成本价格核算以及科学管理提供了有效工具。由于适当制定企业产品价格和优化企业产品结构是企业要保持持续发展的必然要求，所以为了提高企业持续发展水平，企业产品价格核算和优化企业产品结构核算必然成为企业投入产出分析研究的重要内容。

☆企业产品价格的核算。

企业产品价格的确定是通过企业投入产出模型中的价格模型来实现的。企业投入产出价格模型是在企业实物型—价值型投入产出表基础上建构的一种特殊形式的投入产出模型。所以，一般可将企业投入产出价格模型视为企业投入产出基本模型的应用。企业投入产出价格模型如下：

$$\hat{R} = (\hat{F} + \hat{P} + \hat{V} + \hat{M})\ (I - A)^{-1}$$

$$\hat{M} = (M_j),\ M_j = \frac{M_j}{Q_j} \quad (j = 1,\ 2,\ \cdots,\ n)$$

$$\hat{V} = (V_j),\ V_j = \frac{V_j}{Q_j} \quad (j = 1,\ 2,\ \cdots,\ n)$$

$$\hat{P} = (\hat{P}_j),\ \hat{P}_j = \frac{P_j}{Q_j} \quad (j = 1,\ 2,\ \cdots,\ n)$$

$$\hat{F} = (F_j),\ F_j = \frac{F_j}{Q_j} \quad (j = 1,\ 2,\ \cdots,\ n)$$

其中：A 为企业实物型投入产出表中的（自产产品）直接消耗系数矩阵；$\hat{R}$ 为企业各部门产品预计价格向量；M_j 为企业各生产部门实现的利税总额；V_j 为企业各生产部门支付的劳动报酬；P_j 为企业各生产部门的固定资产折旧；F_j 为企业各生产部门消耗的外购材料总额。

如果假定计划时期的直接消耗系数和其他消耗结构不变，企业可以根据自己产品在市场上的竞争力、国家产业政策以及其他因素，确定企业计划时期的利税变动率，最终确定企业计划时期的产品价格；或者根据市场行情，预计企业使用的外购产品价值的变化，在保证适当企业利税率的前提下，确定企业计划时期产品价格。

☆优化企业产品结构，提高企业经济效益。

企业生产的每一产品，既能给企业带来一定的经济收益，但同时又需要消耗一定的企业资源。在企业资源有限的条件下，企业产品结构直接影响企业经济效益。因此，努力优化企业产品结构是保证企业持续发展和提高企业经济效益的重要途径。

根据实物投入产出表，设企业生产 n 种产品，其产量分别为 $Q = (Q_1, Q_2, \cdots, Q_n)^T$，其价格向量为 $R = (r_1, r_2, \cdots, r_n)^T$，相应的成本向量 $H = (h_1, h_2, \cdots, h_n)^T$。我们总希望企业获得的利税最大，但是企业生产的产品数量必然受到产品分配总量的约束、企业产品生产能力的约束和外购产品数量的约束等。因此，对不同产品产量，有以下线性规划模型：

$$\max \quad g = (R - H)^T Q$$
$$\text{s. t.} \quad AQ + Y \leqslant Q$$
$$Q \leqslant N$$
$$EQ + S \leqslant L$$
$$Q \geqslant 0$$

其中：A 为企业实物型投入产出表中，自产产品的直接消耗系数矩阵；E 为企业实物型投入产出表中，外购产品的直接消耗系数矩阵；N 为企业各种产品的最大生产能力向量，$N = (N_1, N_2, \cdots, N_n)^T$；$L$ 为企业可购得的各外购资源的最大数量向量，$L = (L_1, L_2, \cdots, L_n)^T$；$Y$ 为企业最终使用产品向量；S 为企业外购资源的最终使用向量。

在静态投入产出分析中，利用该模型所确定的各产品产量及其相应构成，体现了企业产品产量的最优结构。按照这一结构和数量组织企业生产，可以使企业在生产过程中生产利润最大。

6.2

现代企业质量管理中的统计技术

提高产品质量是兴国之道，也是提高企业经济效益和竞争力的根本之策。质量问题的重要性决定了质量管理的地位和作用。世界著名质量管理学家朱兰（J. M. Juran）认为，20 世纪是生产力的世纪，21 世纪是质量的世纪。以提出全面质量管理和质量成本著称于世的质量管理专家菲根堡姆（A. V. Feigenbaum）认为，质量在全球经济中居领导地位。当前众多企业在建立质量管理体系时，对统计技术的应用是普遍的薄弱环节。周卓基在《ISO9000 统计技术实际应用的若干问题》一文中指出了当前企业在运用统计技术进行质量管理的 10 个普遍问题，其他学者及相关人员也都指出了类似的问题。因此，研究企业在质量管理中的统计技术应用问题，将质量管理中的统计技术与企业经营管理有机结合起来，对于促进现代企业经营管理水平提高有重要意义。

6.2.1　企业质量管理过程中的统计应用

质量管理过程中的统计技术的应用是目前企业统计中内容最全、应用最多的领域。企业质量管理每个阶段的目标、任务、特点不同，适用的统计技术也不同。具体地说，可以按质量管理阶段划分为以下四个方面。

一是质量策划阶段对旨在研究变量间相关关系的统计方法的使用。

质量策划是质量管理的一部分，致力于制定质量目标并规定必要的运行过程和相关资源以实现质量目标。质量策划的目的是保证最终的结果能满足顾客的需要。有许多因素影响和制约产品对顾客需要的满足程度，有经济的、技术的，其中技术又是关键的，也是较难克服的影响因素，需要一些科学的数据分析、处理技术作辅助，统计技术中的试验设计、相关分析、回归分析在这方面大有作为。

二是质量控制阶段过程能力分析和过程控制图等统计技术的使用。

质量控制是质量管理的一部分，目的是保证质量，满足要求。质量控制是一个设定标准（根据质量要求）、测量结果，判定是否达到了预期要求，对质量问题采取措施进行补救并防止再发生的过程。过程能力分析和过程控制图等统计技术正是适应这一特点应运而生并在实践中不断发展和完善的两种统计技术。

三是质量保证阶段抽样检验、可靠性分析等统计技术的使用。

质量保证在质量管理中有特殊的含义，是质量管理的一部分，致力于提供质量要求会得到满足的信任。质量保证定义的关键词是"信任"，对达到预期质量要求的能力提供足够的信任。这种信任是在订货前建立起来的，如果顾客对供方没有这种信任则不会与之订货。质量保证不是买到不合格产品以后保修、包换、包退，也不是确保产品品质的过程控制。抽样检验、可靠性分析等统计技术产生、发展、完善的历程与统计控制技术的历程极其相似，也是重要的统计推断技术。

四是质量改进阶段各种描述性、推断性统计技术的使用。

质量改进是质量管理的一部分，致力于增强满足质量要求的能力。作为质量管理的一部分，质量改进的目的在于增强企业满足质量要求的能力，由于要求可以是任何方面的，因此，质量改进的对象也可能会涉及企业的质量管理体系、过程和产品，可能会涉及企业的方方面面。

此外，还有一些针对质量改进各步骤提出的统计方法，其中既有传统的统计图表法，又有最新发展起来的六西格玛管理技术。为了便于对相关内容有直观的了解，现将质量管理的相关内容以及该部分内容中对统计技术方法的需求归纳见表 6-4。

表 6-4　　　　　　　　　企业质量管理中的统计技术应用

质量管理的相关内容	对统计技术方法的需求	主要统计技术方法
质量策划	从技术角度寻找影响顾客满意的主要因素，各主要因素间相互作用的方式与结果	描述统计、试验设计、方差分析、回归分析
质量控制	制定过程处于统计控制状态的标准，判断过程是否处于统计控制状态，评价过程能力是否合理	过程能力、过程能力指数分析法，质量控制图
质量保证	基于随机原则，提供质量要求会得到满足的信任	抽样检验、可靠性分析
质量改进	增强满足质量要求的能力	描述统计、试验设计、方差分析、回归分析、过程能力、过程能力指数分析法、质量控制图、抽样检验、可靠性分析、六西格玛管理技术

6.2.2 产品策划阶段质量管理的统计技术

（1）试验设计。

产品质量的好坏很大程度上是由设计所决定的，因此在新产品的开发设计阶段就要十分重视，当然设计的好产品要成为真正的高质量的产品，在生产过程中还得有好的工艺参数，为此经常需要进行试验，从影响产品质量的一些因素中去寻找好的原料搭配，好的工艺参数搭配等，这便是多因素的试验设计问题。试验设计的方法有许多，正交试验设计是一种常用的比较好的方法，它利用正交表选择试验的条件，并利用正交表的特点进行数据分析，找出最好的或满意的试验条件。

①正交表。典型的正交表可表示为 $L_n(q^p)$，这里 L 是正交表的代号；n 表示表的行数，在试验中表示用这张表安排试验的话，可做 n 个不同条件的试验；p 表示表的列数，在试验中表示用这张表安排试验的话，最多可以安排 p 个因子；q 表示表的主体只有 q 个不同的数字 1，2，$\cdots$，q，在试验中它代表因子水平的编号，即用这张表安排试验时每个因子应取 q 个不同水平。

②正交设计的步骤。

明确试验目的；明确试验指标；确定因子与水平。在试验前首先要分析影响指标的因子是什么，每个因子在试验中取哪些水平；选择合适的正交表，进行表头设计；列出试验计划；进行试验和记录试验结果；数据分析。数据分析的目的是找出哪些因子对指标有明显影响的，各个因子的什么样的水平组合最好。数据分析有多种方法，如直观分析法、方差分析法、贡献率分析法。

（2）方差分析。

方差分析是常用的统计技术之一。在科学实验和生产活动中，人们常常需要对影响所观察变量的各种主要因素进行分析，以便找出各个因素在什么状态下可使所观察的变量取得最佳数值，从而指导人们的行动，取得好的经济效益。为了解决这类问题，首先需要在各种主要影响因素不同的状态下对人们所研究变量的取值进行观察，然后再对观察得到的数据进行比较分析。方差分析就是分析推断各种因素状态对所观察变量的影响效应的一种统计分析方法。

①单因子方差分析。设在一个试验中只考察一个因子 A，它有 r 个水平，在每一水平下进行 m 次重复试验，其结果用 y_{ij} 表示，$i = 1$，2，$\cdots$，r；$j = 1$，2，$\cdots$，m。常常把全部数据列成见表 $6-5$ 的形式。

表 6-5　　　　　　　　　　　　　　单因子方差分析

水平	试验数据	和	均值
A_1	y_{11}，y_{12}，$\cdots$，y_{1m}	T_1	$\bar{y}_1$
A_2	y_{21}，y_{22}，$\cdots$，y_{2m}	T_2	$\bar{y}_2$
$\cdots$	$\cdots$	$\cdots$	$\cdots$
A_r	y_{r1}，y_{r2}，$\cdots$，y_{rm}	T_r	$\bar{y}_r$

表 $6-5$ 中 $r \times m = n$ 个数据的差异可以用总离差平方和 S_T 表示：

$$S_T = \sum_{i=1}^{r} \sum_{j=1}^{m} (y_{ij} - \bar{y})^2$$

式中：$\bar{y}$ 表示 n 个数据的总平均。

引起数据差异的原因不外乎如下两个：

一是由于因子 A 的水平不同，由此会导致试验结果的不同，可以用组间平方和表示，也称因子 A 的平方和：

$$S_A = \sum_{i=1}^{r} m(\bar{y}_i - \bar{y})^2$$

这里乘以 m 是因为在每一水平下进行了 m 次试验。

二是由于存在随机误差，即使在同一水平下获得的数据间也有差异，这是除了因子 A 的水平外的其他所有原因引起的，我们将它们归结为随机误差，可以用组内平方和表示：

$$S_e = \sum_{i=1}^{r} \sum_{j=1}^{m} (y_{ij} - \bar{y}_i)^2$$

式中：S_e 也称为误差平方和。

可以证明：

$$S_T = S_A + S_e$$

可以设想：在总离差平方和 S_T 中，如果 S_A 所占的比重很大，说明因子的水平不同，导致试验结果差异较大；如果 S_e 所占的比重很大，说明试验结果的差异主要是随机因素引起的，为此构造统计量：

$$F = MS_A / MS_e$$

式中：$MS_A = S_A/f_A$，$MS_e = S_e/f_e$，f_A，f_e 分别为 S_A，S_e 的自由度。

该统计量服从自由度分别为 f_A，f_e 的 F 分布，当 $F > F_{1-\alpha}(f_A, f_e)$ 时认为因子 A 在显著性水平 α 上是显著的；否则，不能认为因子 A 是显著的。

②不存在交互作用的多因子方差分析。多因子方差分析与单因子方差分析的原理是相同的，即也要进行平方和分解，然后进行 F 比，确定因子不同水平的作用是否显著。但与单因子方差分析也有不同之处：一是平方和的分解更加复杂；二是除了确定同一因子不同水平的作用是否显著外，还要对选中的不同因子的显著性进行判断。

③存在交互作用的多因子方差分析。步骤同前，首先是作平方和分解，然后列出方差分析表，作 F 检验，以判断哪些因子与交互作用是显著的。只是在进行平方和分解时要分解出因子间交互作用的影响，方法亦同前。

（3）回归设计。

前面讨论的试验设计与方差分析主要用于判断因子的显著性，找出各因子水平的最佳组合。另一类试验设计问题需要寻找试验指标与各因子间的定量规律。回归设计（也称响应曲面设计）便是这样一种设计，它是在多元线性回归的基础上用主动收集数据的方法获得具有较好性质的回归方程的一种试验设计方法。一次回归正交设计的步骤如下：

①确定因子水平的变化范围。设影响指标 y 的因子有 p 个 z_1，z_2，$\cdots$，z_p，希望通过试验建立 y 关于 z_1，z_2，$\cdots$，z_p 的一次回归方程，那么首先要确定每个因子的变化范围，设因子 z_j 的取值范围为 $[z_{1j}，z_{2j}]$，这里，z_{1j}，z_{2j} 分别是因子 z_j 的下水平与上水平。

②对每一个因子的水平进行编码。记因子 z_j 的零水平为：$z_{0j} = (z_{1j} + z_{2j})/2$，其变化半径为：$\Delta_j = (z_{2j} - z_{1j})/2$，那么因子的水平编码即为：$x_j = \dfrac{z_j - z_{0j}}{\Delta_j}$，$j = 1$，$2$，$\cdots$，$p$，对因子的水平进行编码。

③选择适当的二水平正交表安排试验。在用二水平正交表安排试验时，要用"-1"代换通常二水平正交表中的"2"，以适应因子水平编码的需要。这样一来，正交表中的"1"与"-1"不仅表示因子水平的不同状态，也表示了因子水平的数量大小。经过这样的代换后，正交表的交互作用可以由表中相应列的对应元素相乘得到，从而交互作用列表也不需要了。

在改造后的正交表中，若用 x_{ij} 表示第 i 号试验第 j 个因子的取值，那么

$$\sum_{i=1}^{n} x_{ij} = 0 \quad j = 1，2，\cdots，p$$

$$\sum_{k=1}^{n} x_{ki} x_{kj} = 0 \quad i \neq j，i，j = 1，2，\cdots，p$$

称具有上述两个性质的设计为正交设计。

④数据分析。在一次回归的正交设计中记第 i 号试验结果为 y_i，$i = 1$，2，$\cdots$，n，此时我们假定的模型是：

$$y_i = \beta_0 + \beta_1 x_{i1} + \beta_2 x_{i2} + \cdots + \beta_p x_{ip} + \varepsilon_i \quad i = 1，2，\cdots，n$$
$$\varepsilon_i \sim N(0，\sigma^2) \quad \varepsilon_i \text{ 为 } i.i.d$$

这时可采用回归分析中的最小二乘估计去估计各个回归系数，并对回归方程及回归系数进行显著性检验，最后给出回归方程。

6.2.3　产品形成阶段质量管理的统计技术

产品形成阶段即产品的制造过程。国际标准化组织（ISO）特别注重对过程

的质量管理，将过程方法作为质量管理 8 项原则之一。ISO9000 族对过程方法的解释是："将活动和相关的资源作为过程进行管理，可以更有效地得到期望的结果。任何使用资源将输入转化为输出的活动即认为是过程。组织为了有效地运作，必须识别并管理许多相互关联的过程。系统地识别并管理组织所应用的过程，特别是这些过程之间的相互作用，称之为过程管理。"由此可见，过程方法是一种有效的质量管理方法。对过程进行管理的统计技术主要有过程能力与过程能力指数分析法及过程控制图。

（1）过程能力与过程能力指数。

①过程能力（PC）。过程能力（PC）也称工序能力，是指过程加工质量方面的能力，它是衡量过程加工内在一致性的，是稳态下的最小波动。理解过程能力时要注意区分生产能力，后者是指加工数量方面的能力，二者不可混淆。

过程加工质量方面的能力是通过其加工出来的产品的质量特性反映的，产品的质量特性差异越小，说明过程的稳定程度越高，稳定程度越高，那么过程能力越大。对计量特性来讲，其标准差 σ 的大小可以反映过程稳定程度的高低，σ 越小则过程越稳定，过程能力就越大。在正态分布情况下，通常把过程控制在 $\mu \pm 3\sigma$ 之内，故过程能力定义为 6 倍标准差，即

$$PC = 6\sigma$$

该式适用于双侧规格限的情况。对于单边规格限，则 $PC = 3\sigma$。

②过程能力指数。过程能力指数（也可称工序能力指数）是反映过程能力满足产品技术要求和顾客要求的程度的质量参数，反映企业生产合格产品的能力。

过程能力指数是企业进行过程管理的一个很重要的指标，依据过程能力指数数值的大小可以评价企业生产合格产品的能力。

（2）过程控制图。

过程控制图（Control Chart）是一个简单易行的控制系统，它通过对过程质量特性值进行测定、记录、评估，从而监察过程是否处于控制状态的一种用统计方法设计的图。图上有中心线（Central Line CL,）、上控制限（Upper Control Limit，UCL）和下控制限（Lower Control Limit，LCL），并有按时间顺序抽取的样本统计量数值的描点序列，见图 6 – 1。UCL 与 LCL 通称为控制线（Control Lines）。若控制图中的描点落在 UCL 与 LCL 之外，或描点在 UCL 与 LCL 之间的排列不随机，则表明过程异常。

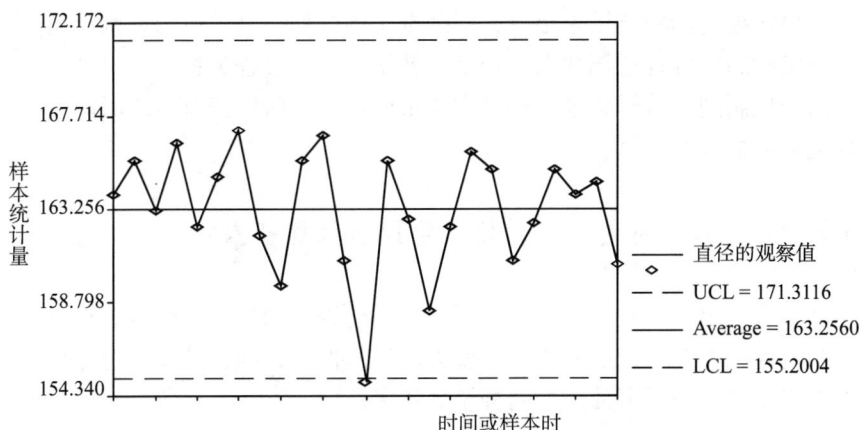

图 6 – 1　控制图示例

①控制图原理。尽管存在多种常规控制图，但其基本原理是一样的，以下以计量值控制图为例加以说明。

引起产品差异的原因无非有两类。一类是偶然原因，引起产品特性值的随机波动，这种波动的特点是方向不定，永恒存在，对质量的影响微小，但难以去除。另一类是系统原因，引起产品特性值的系统变动，有一定的方向性，不是必定存在的，对质量的影响较大，但从技术上是可以去除的。因此，我们可以通过研究质量特性值的分布来判断过程波动的类型，进而判断过程是否处于受控状态。根据数理统计学的知识，变量在其三个标准差范围内变动几乎是一个必然事件（如果变量服从正态分布，该事件的概率为 99.73%），换句话说，如果我们随机抽取一个样本，计算其统计量后发现其超出了该变量的三个标准差之外，那我们就有理由相信过程出现了异常波动。控制图就是利用变量的 3σ 原理来区分偶然波动与系统（异常）波动的。

②应用控制图需要注意的问题。

☆原则上讲，对于任何过程，凡需要对质量进行控制的场合都可以应用控制图。但这里还要求：对于所确定的控制对象——统计量应能够定量，这样才能够应用计量控制图。

☆一个过程往往具有各种各样的特性，在使用控制图时应选择能够真正代表过程的主要指标作为控制对象。

☆控制图有很多种，首先应根据所控制质量特性的数据性质来进行选择。此外还要考虑其他要求。如检出力的大小，样本抽取及测量的难易和费用的高低等。

☆如果在控制图中点子未出界，同时点子的排列也是随机的，则认为生产过程处于稳定状态或统计控制状态。否则，就认为生产过程失控。

☆由于控制图是科学管理生产过程的重要依据，所以经过一段时间的使用后应重新抽取数据进行计算，加以检验。

6.2.4　产品交付使用阶段质量管理的统计技术

产品制造结束后，就要与用户见面。产品能否得到用户的青睐，很大程度上取决于制造商能否对该产品提供有说服力的质量保证，抽样检验与可靠性分析是制造商提供质量保证时可使用的两种统计技术。

（1）抽样检验。

①随机抽样的方法。不管是哪种抽样检验，都是要根据样本的信息进行决策，因此，如何抽取样本十分重要。要使决策客观，在抽样环节就要确保取样的随机性。常用的抽样方法有：简单随机抽样法、系统抽样法、分层抽样法、整群抽样法等。

②抽样检验的流程（以计数标准型一次抽样检验为例）。在最简单的计数标准型一次抽样检验中，对产品批质量的验收判断过程是：从批量 N 中随机抽取容量为 n 的一个样本，检验测量样本中全部产品，记下其中的不合格品数（或不合格数）d。如果 $d \leqslant A$（A 称合格判定数或接收数，也记为 Ac），则认为该批产品质量合格，予以接收；如果 $d \geqslant R$（称不合格判定数或拒收数，也记为 Re），则认为该批产品质量不合格，予以拒收。

③抽样检验的一般原理及抽样方案的确定（以标准型一次抽样检验为例）。抽样检验是通过抽样方案实施的，因此，如何确定一个科学的抽样方案十分重要。科学的抽样方案要有科学的理论作指导，确定抽样方案的理论依据主要是接收概率曲线（OC 曲线）与抽样检验的两类风险。

☆接收概率曲线（OC 曲线）。根据规定的抽样方案，把具有给定质量水平的交检批判为接收的概率称为接收概率。接收概率只受批产品自身质量的影响，即它是批产品自身质量的函数，该函数用图形表示出来，就是接收概率曲线（OC 曲线）。

☆抽样方案确定的一般准则。从保护生产者的角度出发，当然是希望抽样方案越宽松越好，这样就可以避免生产方风险；但是，从保护使用者的角度出发，当然是希望抽样方案越严格越好，这样就可以避免使用方风险。显然，这是一对矛盾。解决的方法是，由生产方与使用方协商出四个参数：AQL，LQL，α，β（α，β 的含义同前，一般规定，$\alpha = 0.05$，或 0.1，$\beta = 0.1$，或 0.2；AQL 称为可接收质量水平，表明产品质量高，*LQL* 称为极限质量水平，表明产品质量低），同时规定当批产品的质量不低于 *AQL* 时，以不低于 $(1 - \alpha)$ 的概率接收这批产品；当批产品的质量不高于 *LQL* 时，以不高于 β 的概率接收这批产品；这四个参数对应着接收概率曲线上的两点，由此即可确定出宽严适当的、将生产方与使用方的利益都考虑进来的抽样方案。

（2）可靠性分析。

可靠性技术既是企业提供质量保证的重要依据，又是企业提高产品质量的一种重要手段。可靠性研究起步于 20 世纪 50 年代，60 年代得以迅速发展，70 年代逐渐成熟，80 年代之后有了更深更广的发展，由最初研究电子产品可靠性发展到现在研究机械和非电子产品的可靠性，从军事装备的可靠性发展到民用产品的可靠性。可靠性研究中使用了大量的统计技术。

①寿命试验。

寿命试验指：从一批产品中随机抽取 *n* 件产品组成一个样本；然后把此样本放在一定的应力水平（工作温度、工作电压等）下进行试验，观察其工作状态，对照事先确定的失效判据，发现有样品失效，立即记录其失效时间；最后用统计方法对这些失效时间数据进行处理，获得这批产品（总体）的各项可靠性指标。

寿命试验有现场寿命试验与模拟寿命试验，完全寿命试验和截尾寿命试验两种，常用的截尾寿命试验又分定时截尾寿命试验和定数截尾寿命试验，正常寿命试验和加速寿命试验之分。

②可靠性分析中的常用指标。

反映可靠性的指标主要有三个——可靠度、平均寿命和失效率，这三个指标不仅都可以用来刻画可靠性的大小，而且还可以相互推算。

☆可靠度。可靠度是指产品在规定的时间和规定的条件下，完成规定功能的概率。如果以 *T* 表示产品的寿命，显然它是一个随机变量，以 *t* 表示它的取值，以 *R* 表示可靠度，则可靠度是关于 *t* 的函数，*t* 越大，可靠度越小，*t* 越小，可靠度越大。因此，可将可靠度更准确地记为 $R(t)$，根据其定义，$R(t) = P\{T > t\}$。

由可靠度还可以引出可靠性分析中另两个很重要的概念——失效分布函数 $F(t)$ 与失效密度函数 $f(t)$。

失效分布函数 $F(t)$ 是指产品在规定条件下规定的时间内不能完成规定功能的概率，显然由于产品发生故障与不发生故障是两个对立事件，因此，$F(t) = P\{T \leqslant t\} = 1 - R(t)$。

失效密度函数 $f(t)$ 是失效分布函数 $F(t)$ 的导数，它表示在 *t* 时刻后的一个单位时间内产品失效的概率，即：

$$f(t) = \frac{\mathrm{d}F(t)}{\mathrm{d}t} \text{ 或 } F(t) = \int_0^t f(u)\ \mathrm{d}u \text{ 或 } R(t) = \int_t^\infty f(u)\,\mathrm{d}u$$

☆平均寿命。平均寿命也是一个很重要的且容易为人们理解的可靠性指标，可以反映产品平均无故障工作时间。若记 θ 为产品的平均寿命，则：

$$\theta = \int_0^\infty tf(t)\,\mathrm{d}t$$

☆失效率。产品的失效率是可靠性理论中特有的重要概念，在实践中，它又是某些产品可靠性的重要指标，不少产品就是用失效率的大小来确定其等级的，如我国对电子元器件的可靠性等级就是按失效率来制定的。失效率是指已工作到时刻 t 的产品，在时刻 t 后单位时间内失效的概率，记为 $\lambda(t)$。

$$\lambda(t) = \lim_{\Delta t \to 0} \frac{P\{t < T \leq t + \Delta t / T > t\}}{\Delta t} = \lim_{\Delta t \to 0} \frac{P\{t < T \leq t + \Delta t\}}{\Delta t \cdot P\{T > t\}}$$

$$= \lim_{\Delta t \to 0} \frac{F(t + \Delta t) - F(t)}{\Delta t} \cdot \frac{1}{R(t)} = \frac{f(t)}{R(t)}$$

我们在介绍失效率时说过失效率是可靠性理论中特有的重要概念，原因就在于它是可靠性理论的核心，即我们常常要根据失效率来推算其他的可靠性指标。

③常见的失效分布及可靠性估计。

人们在各种产品的使用和试验中得到大量数据，对它进行统计分析后，发现一般产品的失效率 λ 和时间 t 呈浴盆曲线形状。根据失效率 λ 和时间 t 之间的关系，可以得到两种常见的失效分布、指数分布、威布尔分布。

☆指数分布条件下各种可靠性指标的估计。指数分布是可靠性中最常用，也是最简单的失效分布。失效率为常数，又与平均寿命互为倒数，这是其主要特征。因此，有关指数分布的统计分析方法主要围绕失效率与平均寿命进行。具体来讲，就是要利用完全样本或截尾样本提供的信息，计算样本统计量，再借助产品寿命的分布，对有关的可靠性指标进行估计。

☆指数分布条件下各种可靠性指标的点估计。我们在上文已详细探讨了各种可靠性指标之间的相互推算关系，为了节省篇幅，仅给出平均寿命的点估计，其余可靠性指标按前文给出的公式计算即可。

可靠性理论证明，如果产品寿命服从指数分布，平均寿命的点估计只与总试验时间 T_r 和失效产品个数有关，而与进行的是定时还是定数、有无替换没有直接关系，它在上述四种情况下的点估计公式为：

$$\hat{\theta} = \frac{T_r}{r}$$

其中，T_r 为总试验时间；r 为失效的产品件数。

☆指数分布条件下各种可靠性指标的区间估计。上面介绍的点估计方法其最大的优点就是方法简单，便于理解和掌握，但却没有给出其估计的精度和可靠度方面的信息，这是它的最大缺点。而区间估计可以用区间的长度表示估计的精度，并且还可以给出该区间包含被估计参数的概率，即给出可靠度方面的信息。

在可靠性研究中除置信区间外，还经常用单侧置信限。如平均寿命 θ，人们希望找一个区间 $(\widehat{\theta_L},\ +\infty)$，使得 $P(\theta\geqslant\widehat{\theta_L})=1-\alpha$，这个 $\widehat{\theta_L}$ 称为 θ 的 $(1-\alpha)$ 的单侧置信下限。类似地，失效率 λ 是愈小愈好，人们希望找一个区间 $(0,\ \widehat{\lambda_U})=1-\alpha$，这个 $\widehat{\lambda_U}$ 称为 λ 的 $(1-\alpha)$ 的单侧置信上限。

理论研究结果表明，在指数分布场合，θ 与 λ 的置信限和置信区间的大小只与失效数 r、总试验时间 T_r 和截尾方式有关，而与有无替换无关，在定数截尾寿命试验中要用到自由度为 $2r$ 的 χ^2 分布，在定时截尾寿命试验中要用到自由度为 $2r+2$ 的 χ^2 分布。这里仅给出平均寿命的区间估计和单侧限估计，其余可靠性指标按前文给出的公式计算即可。

平均寿命 θ 的 $(1-\alpha)$ 的单侧置信下限的估计公式为：

在定数截尾场合：
$$\hat{\theta}_L = 2T_r / \chi^2_{1-\alpha}(2r)$$

在定时截尾场合：
$$\hat{\theta}_L = 2T_r / \chi^2_{1-\alpha}(2r+2)$$

平均寿命 θ 的 $(1-\alpha)$ 的置信区间的估计公式为：

在定数截尾场合：
$$(\hat{\theta}_L,\ \hat{\theta}_U) = \left(\frac{2T_r}{\chi^2_{1-\alpha/2}(2r)},\ \frac{2T_r}{\chi^2_{\alpha/2}(2r)} \right)$$

在定时截尾场合：
$$(\hat{\theta}_L,\ \hat{\theta}_U) = \left(\frac{2T_r}{\chi^2_{1-\alpha/2}(2r+2)},\ \frac{2T_r}{\chi^2_{\alpha/2}(2r+2)} \right)$$

②威布尔分布条件下各种可靠性指标估计的思想与指数分布完全相同，此处从略。

6.2.5　产品质量改进中的统计技术

（1）质量改进的概念及意义。

①质量改进的概念及意义。

GB/T 19000 - 2000 标准对质量改进的定义是：是质量管理的一部分，致力于增强满足质量要求的能力。质量控制是质量改进的基础和前提，而质量改进是在质量控制的基础上使企业满足质量要求的能力达到一个新的水平。企业在短期内满足质量要求可能并不困难，而企业要长期满足质量要求，则必须进行不断的质量改进，因为随着人们生活水平的不断提高，对质量的要求会越来越高。

②质量改进的基本过程——PDCA 循环。

任何一个质量改进活动都要遵循 PDCA 循环的原则，即策划（Plan）、实施（Do）、检查（Check）、处置（Act）。

☆PDCA 的内容：第一阶段是策划，包括制定方针、目标、计划书、管理项目等；第二阶段是实施，即按计划实地去做，去落实具体对策；第三阶段是检查，是指对策实施后，把握对策的效果；第四阶段是处置。一方面，对解决的问题，总结成功的经验，实施标准化，以后就按标准进行；另一方面，对于没解决的问题，转入下一轮 PDCA 循环，为制定下一轮改进提供资料。

☆PDCA 的特点：四个阶段一个也不能少；大环套小环。在每一阶段也会存在制订实施计划、落实计划、检查计划的实施进度和处理的 PDCA 循环；每循环一次，产品质量、工序质量或工作质量就提高一步，PDCA 是不断上升的循环。

③质量改进的步骤。

质量改进的步骤本身就是一个 PDCA 循环，可分为若干步骤完成，两者结合，构成了"四阶段、七步骤"的通行模式。质量改进的步骤为：选择项目；掌握现状；分析问题的原因；拟定对策并实施；确认效果；防止再发生和标准化；总结。

（2）产品质量改进中使用的统计技术。

在产品的质量改进阶段有 18 种常见的统计技术，具体见表 6 - 6。

（3）六西格玛管理。

① 六西格玛管理的含义。

六西格玛管理是通过过程的持续改进，追求卓越质量，提高顾客满意，降低成本的一种质量改进方法，是根据组织赶超同业领先目标，针对重点管理项目自上而下进行的质量改进。六西格玛管理能使企业的质量活动同时为顾客、员工、所有者和整个公司创造价值和经济利益，它注重质量的经济性。六西格玛管理的核心特征是：最高顾客满意度和最低资源成本。

② 六西格玛的统计意义。

六西格玛管理强调对组织的过程满足顾客要求能力进行量化度量，并在此基础上确定改进目标和寻找改进机会。这里，σ 水平是过程满足顾客要求的一种度量。σ 水平越高，过程满足顾客要求的能力就越强，过程出现缺陷的可能性就越小；反之，σ 水平越低，过程满足顾客要求的能力就越弱，过程出现缺陷的可能性就越大。

理论上六西格玛管理质量水平是指，正态分布从 − 六西格玛到 + 六西格玛均在规范下限到规范上限范围内。过程输出的绝大多数都集中在顾客要求的目标值附近。此时，过程满足顾客要求的能力很高。显然，过程输出分布越集中，则输出落在规范下限和规范上限外的概率就越小，过程输出出现缺陷的可能性就越小。若过程的质量水平达到六西格玛水平，则其不合格品不到十亿分之二，基本达到了零缺陷。

表 6－6　　　　　　　　　　　质量改进阶段 18 种常见的统计技术

序号	统计技术	用　　途
1	调查表	收集资料、记录数据
2	分层法	数据按组归类汇总
3	因果图	分析质量结果的潜在原因
4	树图	分析质量的逻辑因果关系
5	流程图	表示过程（如工艺过程、检验过程）的步骤
6	矩阵图	分析元素之间的相互关系
7	对策表	用以制订质量改进计划
8	排列图	分析引起质量问题（或原因）的重要性
9	直方图	用于显示质量波动的形态
10	过程能力指数	反映企业生产合格产品的能力
11	控制图	用于产品生产的质量过程控制
12	散布图	分析两组相关质量数据之间的关系
13	头脑风暴法	在质量分析和改进工作中集思广益、激发灵感
14	亲和图	将定性数据按其相互亲（接）近关系加以归类、汇总
15	水平对比法	将本企业质量水平与先进企业进行比较
16	网络图	用来制订和管理工程计划
17	抽样检验	用于对原材料、产品进行质量抽检
18	试验设计	用于对新产品或新工艺的影响因素进行试验和分析

③ 六西格玛管理方法与 *DMAIC* 过程改进流程。

作为一种管理方法，六西格玛管理包括"六西格玛设计"（一般由 *DFSS* 表示，是 *Design for Six Sigma* 的缩写）和"六西格玛改进"（一般指 *DMAIC* 过程改进流程——即界定 *Define*、测量 *Measure*、分析 *Analyze*、改进 *Improve*、控制 *Control*）两个重要方面。六西格玛管理是通过一系列"六西格玛设计"或"六西格玛改进"项目实现的。

☆ "六西格玛设计"。在策划六西格玛项目时，选择的原则十分重要。此时，评价一系列潜在六西格玛项目并从中挑选出最有希望被团队解决的项目是非常重要的。

☆ "六西格玛改进"。六西格玛项目选定之后，团队全体成员要通力合作，共同完成他们所做的工作。用六西格玛语言来描述就是 *DMAIC*。

依照 *DMAIC* 的五个步骤，可以有效地实现六西格玛突破性改进。团队的工作从一个问题的陈述到执行解决方案，这中间包括了许多活动，通过 *DMAIC* 过程的活动方式，团队成员可发挥最有效的作用，完成项目使命。

六西格玛改进各阶段使用的统计技术见表 6-7。

表 6-7　　　　　　　　　　　DMAIC 过程活动重点及统计技术

阶　段	活动要点	常用统计技术
界定阶段 D	项目启动	头脑风暴法；亲和图；树图；过程流程图；因果图
测量阶段 M	确定基准	排列图；因果图；散布图；过程流程图；测量系统分析；过程能力分析；抽样检验；水平对比法；直方图；趋势图；调查表
分析阶段 A	确定要因	头脑风暴法；因果图；箱线图；抽样检验；水平对比法；假设检验；回归分析；方差分析；试验设计
改进阶段 I	消除或减小要因	试验设计；测量系统分析；过程能力分析
控制阶段 C	保持成果	过程能力分析；控制图；过程文件控制

在选用统计技术时，应注意两点：一是根据实际需要选用统计技术，不要强求一律，追求形式；二是在满足规定的质量要求下，应采用简易可行、费用低廉的统计技术。但当涉及合同或协议规定的质量指标或技术要求时，采用哪种统计技术应与需方协商认定。

6.3

现代企业营销管理中的统计技术

市场营销就是企业通过市场调查和研究，搜集市场变化和市场需求信息，寻求市场机会，根据企业资源和已有销售基础、销售能力，选择合适目标市场，并运用企业全部资源去为顾客群服务，从而达到扩大市场占有份额，提高销售水平，实现企业经营目标的活动过程。有效的营销始于对顾客需要的认识，然后逆向开展工作，通过改变产品和服务来满足顾客需要。这样，营销经理就可以在当前更好地满足顾客需要，并在将来更准确地预测顾客需要的变化，这意味着组织应该专注于建立长期的顾客关系，其中，初始的销售应被视为该过程的开始步骤，而不是最终目标，从而顾客的满意度将提高，公司的盈利能力也更强。企业营销管理在企业经营管理中具有特殊的地位，如何更好地运用现代统计技术帮助企业在激烈的市场竞争中取得竞争优势，正是企业营销统计要解决的问题。

6.3.1　企业营销管理中的统计应用

营销管理过程是指计划并实施概念、定价、促销以及产品和服务的分销，与那些能使顾客和组织目标满意的目标群体交流想法的过程。营销管理过程对统计信息的需求是多方面的，大体可分为如下三个方面：

一是在营销计划制订阶段，关于营销环境的信息是必需的，其中最重要的是关于经济方面的信息，其中大量经济信息以统计数据的方式存在，这需要进行宏观经济形势的分析以及行业发展形势的分析。然后是关于竞争者的有关信息，其中有一部分是以统计数据的方式存在，如竞争者的产品信息、经营业绩及其在营销上的活动情况，但大部分是需要运用市场调查方法去搜集的信息，包括消费者对竞争者的认识程度。竞争者信息并不都是统计信息，有些是非统计型的，通常可称为竞争情报，但在市场调查过程中常常与统计信息一起搜集并形成综合分析报告。在营销计划过程中，对销售的预测和对企业关注的目标市场的需求的预测是比较核心的问题。

二是营销计划实施过程和控制过程中，需要不断搜集营销过程的各类反馈信息，其中既有定性的信息，也有定量的信息，统计信息是其中的重要组成部分。营销过程中的统计信息主要包括两个方面：一方面销售统计信息；另一方面客户关系信息（包括促销统计信息）。

三是从企业层面对营销效果的综合评估，其中最有代表性的是顾客满意度调查与评估。

因此，根据服务于顾客群的营销管理思想，将营销管理过程中的统计信息需求表，见表6－8。

表6－8　　　　　　　　　　　营销管理过程中的统计信息需求

营销管理阶段	重点管理内容	统计信息需求
营销计划的制订阶段	营销环境分析 目标制订	经济动态统计信息、相关行业动态信息、市场调查技术、销售与市场预测
	竞争分析	竞争者经营状况、同类产品信息、竞争者市场动态等
营销过程的控制阶段	销售管理、费用控制	销售统计与分析
	客户关系管理	客户关系统计与分析
	促销效果分析	促销统计与分析
营销效果的综合评估	财务目标评估	销售统计与分析
	顾客满意评估	顾客满意度调查与分析

下面从企业市场调查、企业销售管理、企业营销预测、企业客户关系管理等方面对营销管理中的统计技术进行讨论。

6.3.2　企业市场调查中的统计技术

所谓市场调查是用科学的方法、客观的态度，以市场和市场营销中的各种问题为调研对象，有效地收集和分析有关信息，为制定各项营销决策提供基础性数据和资料。市场调研是任何一个在市场经济体制下的企业的营销活动不可缺少的一部分，是他们赖以成功的基本条件。不管是企业的营销战略决策，还是其他任何的策划或策划组合时，都必须进行市场调研，它是不可替代的市场信息收集方式。

（1）市场调研的内容及分类。

市场调研的内容十分广泛，总的来说，可以分为以下三个方面：

一是对产品本身的调研：如产品的设计、功能用途以及外观包装是否满足顾客需要；顾客对本企业产品的满意程度；产品的生命周期等方面的研究。

二是对产品市场的调研：如整个市场对某产品的总需求量，市场竞争情况；消费者的购买动机与购买习惯；市场的未来发展趋势；有无开拓国际市场的必要等。

三是产品营销方法的调研：如产品定价策略的确定，广告媒体的选择、销售渠道的选择等。某种营销方法的变动对产品销售会产生什么影响，有时可能是一项市场研究中所要搞清楚的主要问题。

根据国外对企业市场调研活动的分析，主要有以下 10 项内容：市场特性的确定；市场需求潜量的测量；市场占有率分析；销售分析；企业趋势研究；竞争产品研究；短期预测；新产品接受性和潜力研究；长期预测；定价研究。

（2）市场调研过程对统计技术的需求。

①确定问题和调研目标对统计的需求。

调研过程的开始首先是认识营销问题或机会。可以通过探索性调研发现营销问题或机会。探索性调研是为了鉴定问题的性质以及更好地理解问题的环境而进行的小规模的调研活动。探索性研究是比较粗略的，一般通过搜集第二手资料，或请教一些内行、专家，或参照过去一些类似的案例来进行。找出原因，明确关键然后在进行进一步的研究。所以，探索性研究一般集中在对第二手资料的处理上。探索性研究要求的数据精度一般较低，对于数据库中数据的矛盾性和冗余性的要求也不太高。同时，企业决策者对于该问题往往有其自身的先验经验。这些不同来源的数据不但在形式上而且在存储方式都存在着不统一。另外，探索性研究所对应的管理层次一般较高，所获得的知识往往需要经过较多的整合才能得到有用结果，因而，对信息的需求量较大，且信息的价值判断较为困难。

因此，以探索性研究为目的调研，一般对数据的精确性要求不能太高。但是，进行数据的真实性、可用性检查是必需的。对于不同来源的数据形式和数据存储形式进行合理的编码形式并选择符合要求的数据库类型是此类问题进行数据分析的关键和难点。一般来说，对每一种数据形式相近的资料进行单独处理得出信息后，再将信息进行融合是处理此类问题比较可取的一种方法。此类问题的另一个难点是信息的价值判断。由于数据量较大，产生的信息量也相对较大，而信息的价值判断标准相对模糊，可能会造成有用信息"淹没"在大量的无用信息中。此时采用的方法将取决于企业对该系统的要求。如果企业能够基本确定其感兴趣的信息范围，采用交互式的分析方法，即由决策者提问，计算机进行回答，是较为合理的解决途径。如果企业要求系统能够自发的发现尽可能多的相关信息，则可借助人工智能等相关学科的方法，导入决策者的先验知识，尽可能地发现信息的价值判断标准，并通过人机交互系统对判断标准进行优化，最后按信息的相对重要性排序显示，再根据决策者的反馈再对判断标准进行进一步的学习，以满足对于今后相似问题的判断。一般来说，数据分析产生的信息在探索性市场研究问题中一般仅作为决策的辅助参考。

②生成调研设计对统计的需求。

调研设计是指实现调研目标或检验调研假设所要实施的计划。即需要建立一个回答具体调研问题或机会的框架结构。在这一环节可以考虑的调研主要有描述性研究和因果性研究。描述性研究是用来如实反映市场营销状况的一种市场调查研究。例如，本企业产品的市场销售增长率、市场占有率、竞争对手的市场营销策略、用户对本企业产品质量和服务工作的评价或意见等。描述性市场研究中，企业需要的信息类型通常是十分明确的。因此，信息的价值判断相对简单。而且，数据的来源一般较为单一，通常是企业进行的市场调查实地收集的数据。然而，对于描述性研究，在数据类型设计阶段就必须考虑所收集的数据是否能够真正、有效地反映决策所需信息的真实情况。对于一些难以收集的信息，可利用相关性原则进行调查。因此，调查设计是描述性研究的一个重要步骤。描述性市场调研通常通过询问法和观察法搜集资料。

因果性研究是为了解释或鉴别市场经营活动中出现的有关现象之间存在的因果关系而进行的研究。在市场营销活动中，经常会遇到一些需要回答为什么的问题。例如，销售量的增加或减少、消费者购买兴趣的变化等，每一种变化的发生都有其具体原因。因果性研究就是要在描述性研究的基础上，搜集有关市场变化的实际资料，并运用逻辑推理和统计分析的方法，找出它们之间的因果关系，从而为预测市场的变化趋势创造条件。因果性研究又分为定性研究与定量研究两种。定性研究是分析某种市场经营现象的发生究竟是由哪些因素造成的，并且这些因素中，哪一个或几个起着决定性作用。定量研究则是要研究各种原因对结果影响的程度，即原因与结果之间的函数关系。传统的因果性研究是基于统计分析的基础上进行的。在利用数据分析进行因果性研究时，可以充分利用这些传统方法。一般情况下，关联规则与分类规则是因果性研究中较多出现的知识形态。利用数据分析技术解决这类的研究问题一般有较好的效果。当然，利用一些先验知识对数据进行一定的分类，或者先进行一定的聚类分析也是经常需要和有益的。

因果性研究的资料可以是来自于实地调查的数据，也可以是从其他渠道搜集到的第二手资料。因果性研究对数据的精度要求较描述性研究稍低，但较探索性研究要高。同时，因果性研究问题中信息的价值判断的难度也介于两者之间。采用一定的推理方法在进行此类研究中通常是有益的。

③实施调研过程对统计的需求。

调研数据的搜集过程主要使用的统计调查技术，具体分为调查数据取得方法和抽样技术两个方面。调研数据的取得方法有：调查法、观察法、实验法。这些方法是获得原始资料的主要手段。调查法是调研员通过与被调查者的交互过程或的事实、观点和态度等方面的信息。具体地说，又包括入户访谈法、街上拦截法、经理访谈、电话访谈、电脑辅助电话访谈、IVR 电话自动询问调研、电脑直接访谈、邮寄调研、互联网调研等。观察法是在不直接干预的条件下监视被调查者的行为。这类方法中发展最快的形式是使用交款处的扫描仪。实验法是调研人员用来搜集数据的第三种方法。在实验中，调研人员可以改变一个或多个变量，如价格、包装、设计、广告主题或广告费用，然后观测这些变化对另外一个变量的影响。营销研究者所用的一种普遍的实验就是市场测试。

调研过程的实施还有一个独立的步骤是抽样。选择哪种抽样方法取决于研究目的、经济实力、时间限制、要调查问题的性质。可供选择的抽样技术分为两类：概率抽样与非概率抽样。每大类中又有许多可供选择的具体方法（见表 6 – 9）。

表 6 - 9		市场调研过程中的统计信息需求
调研过程	重点内容	统计技术
调研目标	探索性研究	第二手资料的搜集、数据挖掘
调研设计	描述性研究：搜集、整理	调查法和观察法、描述性统计分析：频数分析、平均值、百分比及标准差
	因果性研究：定性与定量研究	调查法和第二手资料的搜集、统计分组法、聚类分析、方差分析、回归分析
调研实施	搜集数据的手段：调查法、观察法、实验法	调查法：入户访谈法、街上拦截法、经理访谈、电话访谈、电脑辅助电话访谈 IVR 电话自动询问调研、电脑直接访谈、邮寄调研、网络调研、观察法、实验法
	抽样：概率抽样与非概率抽样	概率抽样：简单随机抽样、系统抽样、分层抽样、整群抽样等。非概率抽样：便利抽样、判断抽样、配额抽样、滚雪球抽样
	分析数据：描述性统计分析，多变量的推断性统计分析	描述性统计分析：统计图表、单向频数表、交叉分组表、描述性统计量。复杂的多变量的推断性统计：差分统计检验、方差分析、相关分析、回归分析、判别分析、归类分析、因子分析、认知图、联合分析等

数据处理和解释阶段，也需要很多统计技术。数据分析技术包括简单的频数分析以及复杂的多变量统计技术。即数据处理的统计分析方法主要分为确定性数据分析和不确定性现象的定量分析。其中确定性分析又包括描述性统计分析，以及较为复杂的多元变量的推论性（检验性）统计分析。在市场调研中常用的统计分析技术有：因素分析、主成分分析、聚类分析、多维尺度分析、潜伏结构分析、多元回归分析、方差分析、协方差分析、虚变量多元回归分析、自动干扰分析、探测分析、判别分析、虚变量判别分析、联合测定分析、规范关联分析、多元方差分析。

6.3.3　企业销售管理中的统计技术

（1）企业销售统计分析技术。

①企业销售统计指标体系。

企业销售统计指标分为两个方面：一个是反映企业销售成果的统计指标；另一个是反映企业销售过程的统计指标。具体见图 6 - 2。

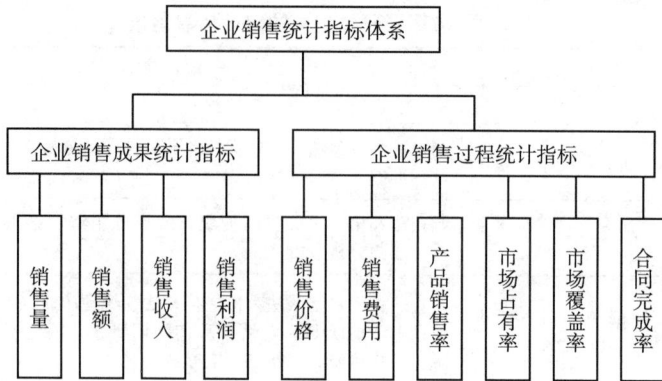

图 6-2 企业销售统计指标体系

②企业销售统计分析技术。

销售统计分析主要运用描述统计方法，因为企业能够全面掌握本企业的销售统计数据，通常在对未来销售指标进行预测时可运用推断统计方法。企业销售统计基本分析技术有如下几个方面：

一是销售计划完成情况分析。重点分析企业销售额、销售收入的计划完成情况。可按不同产品、品种分析销售量、销售额、销售收入计划完成情况，找出影响计划完成的产品因素；按不同销售区域或销售人员分析，找出各区域市场或销售人员对总销售计划完成情况的贡献大小；按不同时间（月、季、年）分析计划完成情况的动态变化。这些分析通常运用统计分析表和分析图方法。

对多种产品销售计划完成情况可以运用指数因素分析法，分析销售额计划的影响因素。由销售额计划完成指数 = 销售量指数 × 销售价格指数，可以分析多种产品销售计划完成程度中，销售量计划完成和销售价格计划完成的影响各是多少。

二是销售计划完成均衡性分析：分销售计划完成率简单平均法和销售额汇总计算法。

三是销售计划完成率标准差法：计算各时期销售计划完成率的标准差和离散系数。可用于不同部门销售计划完成均衡性的比较。

③销售构成统计分析。

可以从不同角度进行分析，深入分析销售的产品构成、区域构成和客户构成，为企业制订针对性的销售策略提供参考依据。

④销售动态分析。

销售动态分析可以通过线图直观描述销售指标的动态变动趋势，也可以运用以下分析方法：

一是销售增长率分析法。通过计算各时期销售增长率、年距增长率，反映企业产品销售量、销售额、销售收入、销售利润等指标的变动方向和变动程度。

二是综合指数分析法。根据销售额指数 = 销售量指数 × 销售价格指数的关系，可以分析多种产品销售额变动中，销售量变动和销售价格变动的影响作用。

三是时间序列分析法。销售趋势分析；季节变动分析；销售周期分析。销售趋势分析可以运用线性趋势、非线性趋势模型，季节变动分析可以帮助企业分析销售的季节性规律，销售周期分析主要是分析一年以上的周期性波动规律。

（2）销售渠道管理中的统计技术。

销售渠道又称流通渠道，就是企业将商品从本企业转向使用者的所有中间环节。销售渠道是由生产者、中间商（批发商、零售商）和消费使用者组成。

①销售渠道的分类。

生产资料销售渠道与消费品销售渠道有所不同。

消费品销售渠道通常有5种情形，见图6-3。

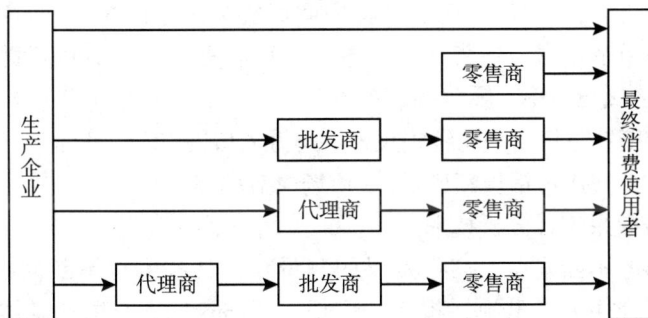

图6-3　消费品市场常见的5种销售渠道

与消费品销售渠道相比，生产资料销售渠道没有零售商，这样就减少一个类型。

②销售渠道分析。

☆销售渠道构成分析。

通常可按直接销售和间接销售分析，对于间接销售再按零售渠道、批发渠道、代理渠道和代理—批发渠道分析，计算各类销售渠道销售量、销售额比重，分析企业主要销售渠道并重点培育。

☆中间商评价。

一看实力，资金实力、销售队伍能力、经营条件等；二看信誉，其他同行的评价，在当地或全国的知名度、影响力；三看服务，通过直接接触，考察对方经营思想和服务态度。根据这三个方面，可以将中间商划分为若干个信用等级。对中间商的评价，如果信誉有保证，也可以从经营规模和成长性两个方面考察，具体可分为如下 A、B、C、D 四类（见表6－10）。

表6－10　　　　　　　　　　　　　对中间商的二维评价

经营规模	成长快	成长一般	成长差
大	A	A	B
中	A	B	C
小	B	C	D

注：A 类为企业关键客户，B 类为重点客户，C 类为一般客户，D 类为淘汰客户。

☆销售渠道效率。

中间商效率：平均代理规模、平均批发规模，中间商集中度（前 10 位中间商销售比重）、销售渠道周转速度（按中间商资金占用计算）、退货率、中间渠道资金平均占用余额占年销售额的比重、终端铺货速度（中间商货进终端平均天数）、市场区域覆盖率、零售网点覆盖率。

零售商效率：零售商平均销售规模、每万人口网点数、正常销售缺货率、上柜费用率（上柜费用占销售额比重）、市场覆盖率。

（3）广告效果统计分析技术。

随着媒介的不断发展，广告效果的测量与评估技术也不断面临新的挑战。现在的广告媒介主要有电视、报纸、广播、网络这四大全国性媒体，还有例如户外广告、电影等传播媒介。在广告信息传递效果的测量上基本统计指标体系不会发生大的变化。主要通过媒体覆盖范围、媒体覆盖率、信息到达率等指标来反映。

①广告效果测定的一般方法。

无论企业通过什么样的媒体做广告，最终都要将获得的广告信息进行分析处理，研究与企业经营状况的关系。而统计方法恰好能将各种广告信息进行量化，直观、准确地反映出广告效果与企业经营的关系。测定广告效果的方法很多，有回归分析方法，有广告效果费用法、系数法、相关系数法等。

☆广告费比率法。

广告费比率＝本期广告费总额/本期广告后销售（或利润）总额×100%

$$\text{单位费用销售} \atop \text{（或利润）率} = {\text{本期广告后销售} \atop \text{（或利润）总额}} \Bigg/ \text{本期广告费总额} \times 100\%$$

从上面公式可以看出，销售（利润）费用率越小，单位费用销售（利润）率越大，就说明广告效果越好；反之，则广告效果越差。

☆广告效果比率法。

$$\text{销售（或利润）} \atop \text{效果比率} = {\text{本期销售（或利润）} \atop \text{额增长率}} \Bigg/ {\text{本期广告费} \atop \text{用增长率}} \times 100\%$$

销售效果比率越大，说明广告效果越好；反之，则广告效果越差。

☆广告效益法。

单位费用销售（或利润）增加额越大，说明广告效果越好。单位费用销售（或利润）增加额计算公式如下（相对指标）：

$$\text{单位费用销售} \atop \text{（或利润）增加率} = \left({\text{本期广告后销售} \atop \text{（或利润）总额}} - {\text{上期广告后（或未做广告前）} \atop \text{销售（或利润）总额}} \right) \Bigg/ {\text{本期广} \atop \text{告费总额}}$$

☆盈亏分界点计算法。

由销售费用率＝广告费用率/销售额，即 $R = (A + \Delta A)/S$，

得：$\Delta A = RS - A$

式中，A 为基期广告费，ΔA 为报告期广告费增加额，S 为报告期销售额，R 为平均销售费用率。

ΔA 为正值，说明广告费使用合理；ΔA 为负值，说明广告费未能有效使用。

☆小组比较法。

小组比较法中常用的有广告效果系数法和相关系数法。

广告效果系数法。根据小组比较法，在广告推出后，调查以下两种情况：看没看过广告；有没有购买广告商品。假定调查结果见表 6 – 11。

表 6 –11　　　　　　　　　　　广告效果调查

	看过广告	未看过广告	合计
购买广告商品	a	b	$a + b$
未购买广告商品	c	d	$c + d$
合计	$a + c$	$b + d$	n

注：a 为看过广告而购买的人数，b 为未看过广告而购买的人数，c 为看过广告但没有购买的人数，d 为未看过广告又未购买的人数，n 为被调查的总人数。

从表6-11可以看出，即使在未看过广告者当中，也有一定的比例购买了广告的商品，所以要从看过广告而购买的人当中，减去因广告以外影响而购买的人，才是真正因为广告而导致的购买效果。用这个人数除以被调查的总人数所得的值，称为广告效果指数（Advertising Effectiveness Index，AEI）即：

$$AEI = [a - (a+c) \times b/(b+d)]/n \times 100\%$$

相关系数法。小组比较法中还可以用相关系数进行推算，其计算公式为：

$$\beta = \frac{ad - bc}{\sqrt{(a+b)(c+d)(a+c)(b+d)}}$$

一般而言，相关系数β在0.2以下称为低效果，在0.2~0.4称为中等效果，在0.4~0.7称为较高效果，而在0.7以上称为高效果。

②回归分析方法在广告分析中的应用。

☆广告媒体选择。

如果企业想知道哪种广告媒体对增进销售的作用更大，可以搜集本企业历史数据或同行企业样本数据，运用回归分析法进行估计。以销售额作因变量，以选择的两种广告媒体的投入作影响变量，通过建立销售额变量与两种广告媒体投入变量之间的线性回归模型，然后通过两种广告媒体投入变量的回归参数进行分析，回归参数大的广告媒体影响比较大。如果在对参数进行检验时，其中一个参数不能通过检验，表示其对应的变量与销售额之间没有线性相关。如果回归方程或两个参数都不能通过检验，则应重新考虑其他回归模型。

☆广告投入对销售额的影响分析。

如果企业想确定合适的广告费用投入，需要分析广告投入与销售额之间的关系，这时可以建立以广告投入为影响变量，以销售额为因变量的回归模型，一方面可以利用回归模型预测在一定广告投入条件下可能的销售额；另一方面，也可以利用销售额变量反过来对广告投入变量进行控制，以确定合理的广告费用投入。从短期内来看，二者通常呈现线性回归关系。

6.3.4 企业营销预测中的统计技术

（1）企业营销预测的分类。

企业营销预测通常包括销售预测与市场预测两类。

销售预测是指对企业在未来一段时期内产品销售量、销售额、销售收入和销售利润等指标进行的预测。市场预测的内容要广泛得多，包括市场需求预测、市场行情预测、市场供应预测、消费者心理和行为预测、市场环境预测等，其中市场需求预测是核心。市场需求预测可以帮助企业制订营销战略和企业发展战略。

市场需求预测与销售预测的区别：销售预测是指对具体企业在某种假设环境下的销售指标所做的预测，综合了市场需求变化、企业竞争能力、销售队伍能力以及公司销售财务支持等多方面因素的影响，而市场需求预测只是就某种产品在未来若干年的需求情况进行调查、估计和推测，不涉及具体企业的背景因素，市场需求主要取决于企业之外的因素，与企业内容因素无关。市场需求预测与销售预测的联系：销售预测通常建立在市场需求预测的基础上，在市场需求预测完成后，结合企业资源和经营实力，可以预测企业可能的市场份额，然后可以得到销售指标的预测结果。因此，市场预测是销售预测的前提。二者在预测的方法技术上既有区别又有联系，许多方法既可用于市场预测，也可用于销售预测。从内涵上讲，市场预测包含销售预测，销售预测是特定情形的市场需求预测。

（2）销售预测的统计技术。

销售预测是企业的一项常规性工作，除了每年第四季度进行年度预测，平时也要做信息积累和短期预测工作。没有任何一个单一的方法能够给出完全无误的预测结果。而且预测是有假设前提的，当假设前提发生了变化时，预测结果需要随时调整，所以预测本身也是动态的。销售预测的统计技术主要有：

①经理会议预测法。将公司高层管理人员的意见进行综合权衡的方法。各部门管理人员可能事前进行过分析，或者有过多年的相关经验。经理会议预测法是在实践中经常使用的一种预测方法，由于该方法提供了一个小组会议的场合和机会，使与会人员可以直接地进行信息交流，是一种多向沟通的预测方法，可以增强与会者的相互了解，增强企业凝聚力；同时，经理会议法较省力省时；比较多的经理和专家共同参与预测，集思广益，可以排除个人因素的影响，减轻对专家个人的依赖程度。经理会议法的缺点首先是影响因素复杂，各位经理和专家们可能出于对社会因素、人际关系因素、情感因素的考虑而不能畅所欲言；其次是预测结果难以统计，因为经理会议预测的结果会出现各种不同的难以预料的情况，经理发表的意见很难用标准化、程序化的方法进行汇总；有的经理因为工作关系，对商品的销售情况不了解，很难在会议上发表意见。

②销售队伍意见合成法。公司销售部门经理对未来一年的销售情况最有发言权，其原因在于销售部门是一个延伸进公司产品市场的神经网络，对市场的情况及可能变化有直接的了解。所以，销售部门通常通过召开销售人员或地区销售经理会议，让每人提交本地区对未来销售情况的估计并说明理由，然后集合大家意见，形成公司销售预测结果。值得注意的是，如果公司将销售任务与销售人员的收入紧密挂钩，销售人员对未来销售预测有保守趋势。这种过低预测可以通过对每位销售人员建立悲观指数来调整。此指数是通过比较各位销售人员以前的销售预测与实际销售量估计出来。悲观指数通常小于1，用当前销售预测除以悲观指

数得到调整结果。如果销售人员能够利用以下销售预测表进行预测，预测的准确性可以大大提高。

③客户调查法。通过向公司现有客户及潜在客户的调查访问，可以根据客户意见对未来销售量进行估计。对于面向机构组织客户的销售，也可以进行全面调查。访问对象应选择客户单位与公司业务有直接关系的经理人员。对于消费者调查，原则上应采用概率抽样或配额抽样方法并进行估计。与电话调查或邮寄调查相比，对客户的直接拜访可以得到更精确更细致的预测。

④市场份额估计法。适用于日用消费品类的新商品上市前的预测，要求实施预测者对预测商品的市场总体情况比较了解或能够搜集到相关数据。具体预测法步骤如下：第一步：估计目标市场总人数；第二步：估计总的潜在市场＝目标市场总人数×每人年购买量；第三步：总的可利用市场＝总的潜在市场×市场覆盖率；第四步：销售量预测＝总的可利用市场×预计市场份额；第五步：销售额预测＝销售量预测×销售价格。市场份额估计法使用过程中常常需要配合进行一些市场调查，以估计每人年商品购买量、市场覆盖率、预计市场份额、销售定价等参数值。

（3）市场需求预测的统计技术。

①对比类推法。就是利用已有相似商品、其他相似地区同类商品、相关行业等发展变化规律类推某种新的商品、行业未来发展趋势的预测方法。这种方法看似定性预测法，其实在类推过程中要对作为类推依据的商品或行业进行系统全面的统计分析，以掌握其发展变化规律，作为预测商品的推断依据。具体方法有相似商品类推法、相似地区类推法、相关行业类推法、局部总体类推法。

②德尔菲法。是以匿名方式、轮番征询专家意见，最终得出预测结果的一种集体经验判断法。可用于各类市场预测及技术发展趋势预测。德尔菲法是借助社会各方面专家的经验，运用调查统计方法进行综合判断，具有较高的准确性和可靠性。该种方法具有主观与客观相结合、定性与定量相结合的优点。

德尔菲预测法步骤为：一是与专家接触。由预测活动主持人分别向每位专家送达预测项目调查表格，并说明预测的内容和要求。二是进行初步预测。专家们在各自独立的情况下，完成第一次预测意见。在规定的时间内，由预测人员收回调查预测表格。三是整理专家第一次预测结果。由预测人员对专家预测结果进行汇总、整理、分析工作。四是多次交流和反馈。在初步整理的基础上，把全部专家意见汇总后，成为一个有统一要求和内容的表格，或者是问题的汇总。然后再一次以匿名的形式分别送达给各位专家。各位专家在接到第一次预测结果的汇总表格后，对自己的预测结果进行修改。如此反复多次，直至各位专家都认为可以提出最后预测意见为止。

德尔菲预测法的优点为：一是匿名性。二是由于经过多次反馈，专家们可以充分考虑并发表意见。三是预测的统计性、汇总性好。四是应用性强。德尔菲预测法是集专家个人预测法与专家会议预测法的优点于一身的一种预测方法，具体定性与定量相结合的优点。比较适用于对新生事物未来前景进行超前预测。

德尔菲法也存在一些缺点：一是预测的主持人需要进行多次专家预测意见的收集和反馈，需要反复进行文字、图表和资料的整理，费时费力；二是如果预测方案或意见征询调查表格设计不合理，则会给预测工作带来很大困难。

③马尔科夫预测法。

预测内容：市场占有率。

预测步骤：第一步，通过调查得到本期各商品市场占有率或市场份额；第二步，通过市场调查取得各商品市场份额状态转移数据，编制状态转移概率矩阵；第三步，预测下一期各商品市场占有率，也可以预测长期的稳定的市场占有率。

使用条件：一是预测对象满足无后效性假定，即某时期的市场占有率只与某时期的有关，而与之前的无关；二是转移概率在预测期内具有稳定性，如果不满足这一条件，则需要修订状态转移概率矩阵。一般而言，很难保证在长期内状态转移概率矩阵不变，因此，马尔科夫预测法多用于短期预测。

④时间序列分析预测法。包括序时平均法、移动平均法、指数平滑法、各种模型的趋势预测法、季节变动分析法、时间序列因素分解预测法。

时间序列分析预测法是一组统计预测技术，具有可选择性强、适用面广的优点，既可以对具有单一趋势因素的事物进行市场预测，也可以对包含趋势、季节性，甚至循环波动的复杂时间序列进行预测。适用于对大类商品、行业未来发展趋势的预测。常用的时间序列预测模型及其应用条件：一是序时平均法，有简单平均模型和加权平均模型，适用于平稳型时间序列。二是移动平均法，有一次移动平均法和二次移动平均法。前者适用于平稳型时间序列，后者适用于线性趋势序列。三是指数平滑法，有一次指数平滑法和二次指数平滑法。前者适用于平稳型时间序列，后者适用于线性趋势序列。另外还有三次以上的指数平滑法，但在实践中并不常用。指数平滑法比较移动平均法，具有利用历史信息更充分的优点，因此，预测精度也更高，但预测方法计算比较移动平均法复杂一些。四是长期趋势预测法，又称趋势外推法，是根据预测对象的历史数据变化规律，拟合适当的预测模型并进行外推的一组预测方法。根据可选择的预测模型不同可以分为线性趋势预测模型、二次曲线预测模型、指数曲线预测模型、修正指数曲线预测模型、龚佩资曲线预测模型、逻辑曲线预测模型等。长期趋势预测法各种预测模型只是为了适应实际事物发展的多种规律需要而产生的，但是具体选择什么预测模型，需要进行拟合精度的比较，也可以运用两种以上的预测模型进行组合预测。无论是什么预测模型，其预测结果都只是参考性，还应结合对预测对象发展变化的趋势进行定性分析，才能得到比较可靠的预测结论。五是季节变动分析法，适用于有明显季节变动的时间序列。测定季节变动最常用的方法是计算季节指数。季节指数的计算步骤可归纳为：搜集三年或三年以上各月（季）某产品的销售量（额）资料；计算历年的同月（季）平均数和历年的总平均数；将同期各月（季）平均数与历年的总平均数相比，即当年的同月平均数和历年的总平均数；将同期各月平均数与历年的总平均数相比即得季节比率。六是时间序列因素分解预测法，综合趋势预测模型、季节指数和循环波动因素的综合预测方法。通常商品未来市场需求或销售会同时受到趋势和季节性因素的影响，或同时存在趋势和循环波动因素影响，这时要综合运用前述各种方法，将各种影响因素都考虑进来，这样预测结果才能比较接近实际。

⑤回归分析预测法。包括一元线性回归预测法、多元线性回归预测法、加权线性回归预测法、非线性回归预测法和自回归预测法。

⑥投入产出分析法。投入产出分析法最初是用于国民经济规划和分析预测，后来发展到将投入产出分析运用到特大型企业编制物料平衡和资金流量平衡，并在此基础上进行生产规划和预测，特别是在钢铁行业和化工行业得到广泛使用。

企业投入产出模型是用来反映企业生产的各种产品之间，以及自产产品和外购产品之间消耗和被消耗数量依存关系的数学方程式。它较为准确和科学地反映企业生产的各种产品之间，以及自产产品和外购产品之间的经济技术联系和相互消耗关系。

⑦组合预测法。由于不同的预测方法提供不同的有用信息，并且预测精度、侧重点也往往不同，如果简单地选择一种预测方法或将一些预测误差较大的方法舍弃掉，可能会丢掉一些有用的信息。在预测实践中，将不同的预测方法采用一定的结构和参数进行适当组合，从而形成组合预测方法。组合预测方法相对于单独运用某种预测方法具有更高的预测精度。

组合预测方法主要是综合利用不同的单项预测方法所提供信息选择侧重点不同的几种预测方法，并且寻找用于组合各单项预测方法预测结果的权系数是组合预测方法的关键。近年来，组合预测方法也被引入市场预测领域。如Logit组合预测模型采用logistic函数，允许定性影响因素的存在，可以方便地预测趋势变化问题，可以用于预测市场价格的变化趋势、商品市场需求的变化方向等。

6.3.5　企业客户关系管理中的统计技术

客户关系管理中的统计技术包括：客户分类、客户关系分析技术、客户满意度测评和客户数据挖掘。

（1）企业客户的分类。

①按客户采购的经济目的分：生产者、消费者和政府，生产者客户可以按行业细分，消费者客户可以按人口统计特征细分，政府可以按部门细分。

②按客户所处的区域分：国内客户与国外客户，本地客户与外地客户，进一步可以按地区划分。

③按客户采购方式分：个人采购者和集团采购者。

④按客户在流通环节的位置分：代理商、批发商、零售商和最终购买者。

⑤按客户开发的时间分：新开发客户（1 年内）、老客户（1 年以上）。

⑥按客户重要性分（ABC 分类法）：A 级、B 级、C 级。

⑦按客户的认知价值分类：一是内在价值型客户。这类客户的特点是对产品已有很深的了解，他们只希望自己购买时所花费的费用合理，采购过程快捷便利。二是外在价值型客户。除了产品本身的价值外，这类客户更看重企业为他们提供的建议和个性化定制方案的价值。这类客户一般局限于大中客户身上。三是战略型价值客户。这类客户只可能限定在企业的少数几个最大的客户内。他们要求企业能为他们投入大量时间，并建立起战略伙伴联盟关系。

（2）客户关系分析技术。

①客户关系生命周期分析法。

客户关系生命周期指企业与客户建立业务关系到终止的全过程，它描述了客户关系水平随着时间变化的发展轨迹，反映了客户关系从一种状态（一个阶段）向另一种状态（另一阶段）运动的总体特征。一般来说，客户关系生命周期可分为考察期、形成期、稳定期、消退期四个阶段。相应的客户根据客户关系生命周期阶段进行分类，就可分为四种客户：考察期的客户、形成期的客户、稳定期的客户和消退期的客户。

②按客户对企业的利润贡献进行分析。

按客户为企业带来的利润额这个指标进行分类，这种方法主要是根据巴雷托 80/20 法则进行分类，又称 ABC 分类法，ABC 分类法是指企业根据每个客户给企业带来的利润的大小将客户分成 A 类、B 类、C 类，分清客户的重点和一般，从而有区别地确定管理方式的一种分析方法。我们根据利润额构成来区分客户，采用 ABC 分类法曲线，见图 6 - 4。

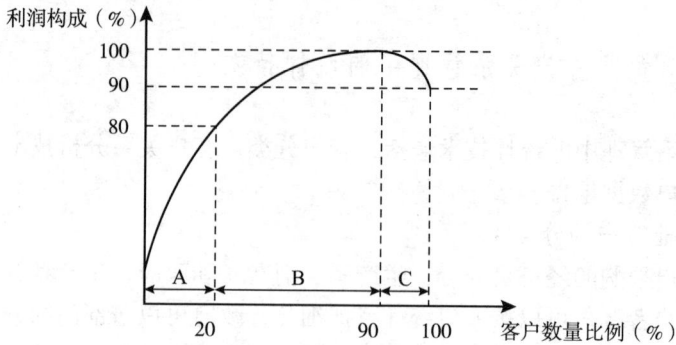

图 6-4　ABC 分类法曲线

　　如图 6-4 所示，客户被分为 A、B、C 三类，A 类客户占 20% 左右，企业 80% 以上的利润来源于这些客户，属于重点客户或 VIP 客户；B 类客户占 70% 左右，只提供了不足 20% 的利润，是可以保持或缩减的客户。即为普通客户；C 类客户占 10% 左右，这类客户为淘汰客户。

　　③客户成本贡献率分析法。

　　成本贡献率是企业与客户年交易中所获取的净利润与客户年分摊营销成本之比值。公式为：

$$CP = \frac{CI - CC}{CC}$$

式中，CI 是指企业与客户年交易中所取得的净利润，CC 是指企业与客户年交易中所发生的营销成本，CP 为客户成本贡献率。

　　将得到的 CP 值与企业的平均销售净利润 $\bar{C}$ 进行比较，根据其取值范围即可区分出客户类型，见表 6-12。

　　运用客户成本贡献率法进行分析，它的优点是可以直观地反映企业与某一客户交易中获利水平的高低，即客户利润贡献率情况。缺点是没能够反映客户的潜在价值、企业与该客户合作中的经营风险及客户生命周期。

表 6-12　　　　　　　　　　客户成本贡献率

指标	计算公式	取值范围	客户类型
V	$V = \dfrac{CP}{\bar{C}}$	$V \geq 150\%$	黄金客户
		$120\% \leq V < 150\%$	白银客户
		$90\% \leq V < 120\%$	普通客户
		$V < 90\%$	淘汰客户

④客户价值分析法。

客户价值是企业客户资源能够给企业带来的利益高低，是客户为满足其需求而且进行消费所体现出来的市场价格。因为客户价值是很重要的一个变量，我们可以利用这个指标对客户进行定量分类。影响客户价值的因素主要有三个，即客户生命周期、客户平均购买额和客户平均消费周期，为此，可以建立如下计算公式：

$$CV = \frac{\bar{e}}{\bar{t}} \times T$$

式中，CV 为从核定期开始计算的客户生命周期的客户价值；T 为从核定期开始计算的客户生命周期长度；$\bar{e}$ 为根据客户消费数据计算的客户平均每次消费额；$\bar{t}$ 为根据客户消费数据计算的客户平均消费周期。

客户价值主要取决于客户生命周期长度 T，客户平均消费周期 $\bar{t}$ 和客户平均每次消费额 $\bar{e}$，根据这三个指标的不同对客户进行如下分类：首先放弃客户。三个变量 T、$\bar{t}$、$\bar{e}$ 都处于劣势。其次发展客户。这类客户特点是三个变量中有两个处于劣势，一个处于优势。再次白银客户。特点是三个变量中有两个处于优势，一个处于劣势。最后黄金客户。三个变量均处于优势。

⑤客户风险分析。

定性分析：信用等级，由业务人员、销售经理和财务部门根据调查给出信用等级评价。根据客户规模和信用等级进行分类，根据客户规模和信用等级的不同组合，可以将客户分为四类：第一类客户为低信用等级、小规模的客户，这类客户的自身价值很低，开发后没有获利保障，且开发成本很高并耗费相当长的时间，是不值得开发或维护的一类客户。第二类客户为高信用等级、小规模的客户，这类客户平均开发成本较高，后期维护费用也较高，但开发成功后会给企业带来较好的收益，是企业在产品的投入期和成长期必不可少的一类。第三类客户为低信用等级、大规模的客户，这类客户属于危险客户，平均开发成本较低，但后期维护成本很高，如果有效地开发会给企业带来较大的收益，但这类客户会给企业带来较大的经营风险，是值得企业谨慎考虑和认真培育的一类客户。第四类客户为高信用等级、大规模的客户。这是企业重点培养的客户，如果能有效地开发该类客户，会增加企业黄金客户的数量，企业将获得更多的利润收入。

反映客户风险的定量测度指标：合同违约率 HT、应收货款占年销售额比率 YS、平均付款周期（天数）ZQ、客户资产负债比率 ZF、客户应付账款占其销售收入比率、门前催款人排队长度。

$$客户风险分数 = (HT + YS + ZF) \times ZQ$$

　　企业营销部门可定期（每季）计算客户风险分数，根据其变化，可以判断客户风险的变化趋势，如果结合定性分析，效果会更好。

　　（3）客户满意度测评。

　　客户满意度又称顾客满意度。客户对具体产品或服务的可感知的效果与他的期望值进行比较后，所形成的愉悦或失望的感觉状态称为"客户满意"。客户满意是通过客户满意度来测评的，客户满意度可以看做是可感知效果与期望值之间的差异函数，是客户满意状况的量化数据，反映的是客户满意程度，作为引导性的经营指标，可以帮助企业在客户管理方面保持领先优势。

　　①客户满意度的测评流程。

　　客户满意度测评是企业根据自己的业务目标并针对客户需求的侧重点，进行规划、调查、测量分析、采取纠正措施和持续改进的过程，从系统的角度出发，它还是一个为推动以客户为中心的业务战略和长远规划而认识市场、优势、实力和机遇的过程。客户满意率测评是一个循环递进的过程，分为五个基本步骤，见图 6 - 5。

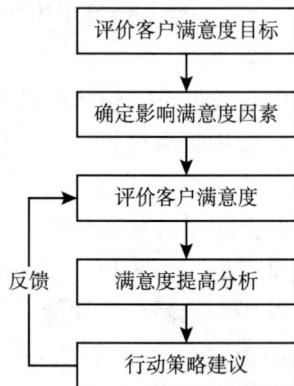

图 6 - 5　客户满意度的测评流程

　　②客户满意度的探索性调查。

　　在明确了客户满意度的总目标基础上，企业首先需要进行探索性调查，对顾客与企业的关系各个方面进行深入的探查，挖掘出影响顾客满意度的因素。在不同行业、不同产品虽然具有各自的特点，它们的客户满意度影响因素也会不一样，但在客户满意度研究方面其核心思想与基本思路却存在着一致性。根据科罗思·费耐尔（Fornell C.，1992）的客户满意度指数理论，影响客户满意度的因素包括客户预期、客户对质量的感知、客户对价值的感知、客户满意度、客户抱怨和客户忠诚六个因素。这些因素不能直接测量，需要进一步展开形成客户满意度指标体系，才能进行定量测度。

为了让顾客参与确定顾客满意度的组成因素，企业要对客户进行浅层调研和小范围的市场调查，可针对一些代表性的客户，进行深入访谈、目标消费群体座谈会或焦点小组访谈、小规模定量问卷调查等。

③客户满意度的测评。

客户满意度的核心是确定企业的产品和服务在多大程度上满足了顾客的欲望和需求，而这些欲望和需求需要建立一系列的指标进行测评，顾客满意度的测评方法又对建立客户满意度指标体系和客户满意度模型进行测评。它是通过抽样调查对抽中的客户样本进行测评，根据样本的数据推断总体满意度。企业就需要对客户满意度进行测评，客户满意度测量指标是客户的满意度指数，它是一种加权平均指数，它在原始数据搜集基础上，建立相应的测评指标体系并进行量化，然后根据一定的客户满意度模型或利用经济计量学模型计算出企业客户满意度指数。

☆建立客户满意度指标体系。

客户满意度的 6 个因素称为隐变量或潜在变量，需要将这些隐变量逐级展开，直到形成一系列可以直接测评的指标，这些逐级展开的测评指标就构成了客户满意度测评的指标体系。借鉴"瑞典客户服务测评价标准"（SCSB）和"美国客户满意度指数"（ACSI）的成功经验，可以将评价指标体系划分为以下三个层次：第一层次："客户满意度指数"是总评价目标，为一级指标。第二层次：影响客户满意度的六大要素，为二级指标。第三层次：根据不同的产品、服务、企业或行业的特点，可将六大要素展开为具体的三级指标。将三级指标的具体内容归纳 16 项评价指标，见表 6 - 13。

这些三级指标是一个逻辑框架，原则上在各行业都是可以运用的。企业在具体选取指标时要对客户进行抽样调查，根据客户对产品或服务的期望以及关注的侧重点进行具体选择影响客户满意度的最有代表性的测试指标。而且还有必要邀请有关专家和具有代表性的客户，对确定的测评指标体系进行论证，在认真听取意见的基础上，对确定的测评指标体系进行修改，确保客户满意度测评结果的公正性和有效性。如果有条件的话，可以组织一次预调查，在小范围内抽取适量的样本，根据拟订好的评价的指标体系设计好调查表实施预测评，可以根据测评的结果对客户满意度进行适当的修改。

表 6 – 13   客户满意度评价指标指数体系

一级指标	二级指标	三级指标
客户满意度指数	客户期望	客户对产品服务质量的总体期望
		客户对产品或服务需求满足程度期望
		客户对产品或服务质量可靠性的期望
	客户对质量的感知	客户对产品或服务质量的总体评价
		客户对产品或服务质量满足需求程度的评价
		客户对产品或服务质量可靠性的评价
	客户对价值的感知	给定价格条件下客户对质量级别的评价
		给定质量条件下客户对价格级别的评价
		客户对总价值的感知
	客户满意度	总体满意度
		感知与期望的比较
	客户抱怨	客户抱怨
		客户投诉情况
	客户忠诚	重复购买的可能性
		能承受的涨价幅度
		能抵制竞争的降价幅度

☆客户满意度测评指标的量化方法。

客户满意度测评实际是一个定量分析过程，由于客户对产品、服务或企业的看法、偏好和态度通常是以定性的形式出现，因此必须用某些特殊的测量技术将它们表示出来，这种测量技术运用基本工具就是"量表"。

与客户满意度相关的几种量表主要有：利克特量表、序列量表、数字量表、斯马图量表等。借助这些量表和调查问卷，通过调查可以得到客户满意度指标调查数据。

☆客户满意度的测评模型。

对各个测评指标进行量化后，企业就可以测算客户满意度指数。客户满意度指数已经成为评估企业业绩的一个重要的非财务指标，它是一个测量客户满意度程度并综合各种度量因素所获得的一个指数。需要建立客户满意度的模型来测评客户满意度。

A. 四分图模型。

四分图模型又称重要因素推导模型，是一种偏于定性研究的诊断模型（见图 6 –6）。它列出企业产品和服务的所有绩效指标，每个绩效指标有重要度和满意度两个属性，根据顾客对该绩效指标的重要程度及满意程度的打分，将影响企业满意度的各因素归进四个象限内，企业可按归类结果对这些因素分别处理。如果企业需要，还可以汇总得到一个企业整体的顾客满意度值。

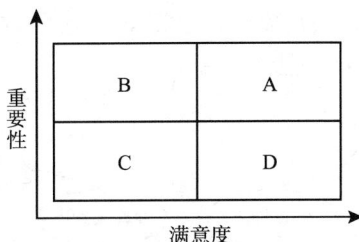

图 6 - 6　四分图模型

A 区——优势区：指标分布在这些区域时，表示对顾客来说，这些因素是重要的关键性因素，顾客目前对这些因素的满意度评价也较高，这些优势因素需要继续保持并发扬。B 区——修补区：指标分布在这些区域，表示这些因素对顾客来说是重要的，但当前企业在这些方面的表现比较差，顾客满意度评价较低，需要重点修补、改进。C 区——机会区：指标分布在这些区域时，代表着这一部分因素对顾客不是最重要的，而满意度评价也较低，因此不是现在最急需解决的问题。D 区——维持区：满意度评价较高，但对顾客来说不是最重要的因素，属于次要优势（又称锦上添花因素），对企业实际意义不大，如果考虑资源的有效分配，应先从该部分做起。

为了绘制四分图，需要计算客户满意度指标的重要性程度得分，公式为：

$$V_i = \sum_{j=1}^{m} K_j R_{ij} \quad (i = 1, 2, \cdots, n; j = 1, 2, 3, \cdots, m)$$

其中：V_i 是第 i 个指标的重要性，K_j 是指标相对重要性为 j 时所对应的分值，R_{ij} 是认为第 i 项指标重要度为 j 级的顾客占总人数的比例。

$$P_i = \sum_{j=1}^{k} x_j y_{ij} \quad (i = 1, 2, \cdots, n; j = 1, 2, 3, \cdots, k)$$

其中：P_i 是顾客对第 i 个指标的满意程度；x_j 是满意程度等级为 j 时对应的分值；y_{ij} 是第 i 项指标满意度为 j 级的顾客占总人数的比例。

总体客户满意度指数计算公式为：

$$CSI = \frac{\sum_{i=1}^{n} P_i V_i}{x_k \cdot \sum_{i=1}^{n} V_i}$$

式中，x_k 为满意度等级最高时的分值。

B. 美国顾客满意度指数模型（ACSI）。

ACSI 是由国家整体满意度指数、部门满意度指数、行业满意度指数和企业满意度指数 4 个层次构成，是目前体系最完整、应用效果最好的一个国家顾客满意度理论模型。ACSI 模型结构见图 6 – 7。

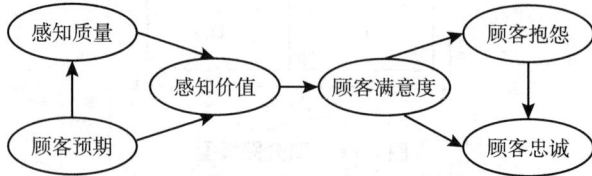

图 6 – 7　美国顾客满意度指数模型

上述模型是以顾客行为为基础选取的 6 个结构变量，顾客满意度是最终所求的目标变量，预期质量、感知质量和感知价值是顾客满意度的原因变量，顾客抱怨和顾客忠诚则是顾客满意度的结果变量。每个结构变量又包含一个或多个观测变量，而观测变量则通过实际调查收集数据得到。

ACSI 模型在构造顾客满意度时选择了 3 个观察变量：实际感受同预期质量的差距、实际感受同理想产品的差距和总体满意程度。顾客满意度主要取决于顾客实际感受同预期质量的比较。同时，顾客的实际感受同顾客心目中理想产品的比较也影响顾客满意度，差距越小顾客满意度水平就越高。顾客抱怨（Customer Complaints）决定顾客抱怨这个结构变量的观察变量只有 1 个，即顾客的正式或非正式抱怨。通过统计顾客正式或非正式抱怨的次数，可以得到顾客抱怨这一结构变量的数值。顾客忠诚（Customer Loyalty）是模型中最终的因变量。它有 2 个观察变量：顾客重复购买的可能性和对价格变化的承受力，顾客如果对某产品或服务感到满意，就会产生一定程度的忠诚，表现为对该产品或服务的重复购买或向其他顾客推荐。

ACSI 模型是由多个结构变量构成的因果关系模型，其数量关系通过多个方程的计算经济学模型进行估计。ACSI 一般公式如下：

$$\mathrm{ACSI} = \frac{E[\xi] - \mathrm{Min}[\xi]}{\mathrm{Max}[\xi] - \mathrm{Min}[\xi]} \times 100\%$$

式中，ξ 是顾客满意度（ACSI）的潜在变量；$E[\xi]$、$\mathrm{Min}[\xi]$ 和 $\mathrm{Max}[\xi]$ 分别表示变量的期望值、最小值和最大值。变量的最小值和最大值由相应的测评变量值决定。

在 ACSI 体系中，所有不同的企业、行业及部门间的顾客满意度是一致衡量并且可以进行比较的。它不仅让顾客满意度能在不同产品和行业之间比较，还能在同一产品的不同顾客之间进行比较，体现出人与人的差异。ACSI 模型各组成要素之间的联系呈现因果关系，它不仅可以总结顾客对以往消费经历的满意程度，还可以通过评价顾客的购买态度，预测企业长期的经营业绩。在实际调研时，ACSI 模型只需要较少的样本（120～250 个），就可以得到一个企业相当准确的顾客满意度。ACSI 模型最大的优势是可以进行跨行业的比较，同时能进行纵向跨时间段的比较，已经成为美国经济的晴雨表。同时，ACSI 是非常有效的管理工具，它能够帮助企业与竞争对手比较，评估企业目前所处的竞争地位。

6.3.6　企业客户关系管理中的数据挖掘

（1）数据挖掘的概念与方法。

①数据挖掘的概念。

数据挖掘（Data Mining），又称数据库中的知识发现，是指从大量的、不完全的、有噪声的、模糊的、随机的实际应用数据中，提取隐含在其中的、人们事先不知道的，但又是潜在有用的信息和知识的过程。数据挖掘一般可分两类：描述型和预测型，描述型挖掘任务是刻画数据库中数据的一般特征，预测型挖掘任务是在当前数据基础上进行推断，以进行预测。根据其发现知识的不同，可以将数据挖掘的任务归为以下几类：关联分析、时序模式、分类分析、聚类分析、预测分析、偏差分析。

②常用的数据挖掘统计方法。

决策树方法、遗传算法、人工神经网络法、最近邻算法、规则归纳法、可视化方法。

（2）企业客户关系管理中的数据挖掘流程。

客户关系管理（CRM）是指以客户为中心，以客户和当前交易数据为基础，利用信息技术从海量数据中找出客户特征，分析客户行为，从中挖掘出对企业有商业价值的信息，从而对企业和客户之间的交互活动或行为进行管理，辅助企业决策和规划的企业经营活动。数据挖掘技术是借助各种分析方法，透过无序的、表层的信息从海量的数据库中挖掘出内在的知识和规律。挖掘出大量的信息之后，企业可以根据这些规律或用这些信息设计数学模型，对发生行为做出结果预测，为企业的经营决策、市场策划提供依据。数据挖掘技术在CRM 中的应用从业务流程角度来讲主要包括销售、客户服务、市场和企业内部管理等方面。

数据挖掘在 CRM 中的挖掘流程见图 6 - 8。

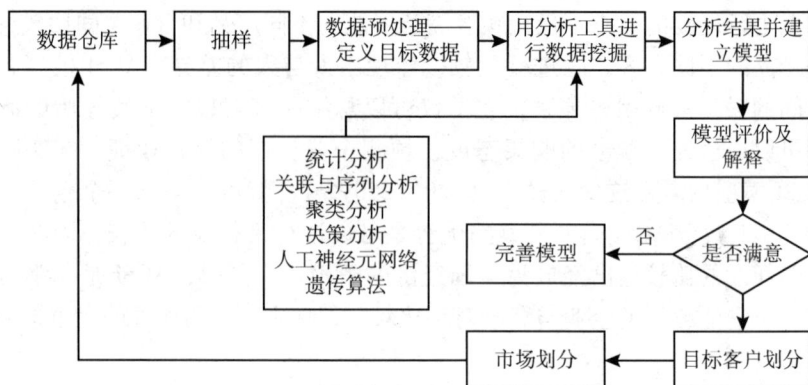

图 6-8 数据挖掘在 CRM 中的挖掘流程

（3）数据挖掘在客户关系管理中的应用。

数据挖掘技术帮助企业管理客户生命周期的各个阶段，包括争取新的客户、有效地进行交叉销售、让已有的客户创造更多的利润、保持住有价值的客户、欺诈监测、购物倾向分析等等。基本的应用有以下 6 个方面：

①客户群体的细分。

第一步就是找出顾客的特征描述。企业和商家通过各种方式收集大量客户消费行为信息，利用数据挖掘让企业从海量的数据中能帮助识别这些不同的客户群，找出对企业最有价值的客户。

②交叉销售。

企业经常需要为原有客户提供新的产品或服务。数据挖掘可以帮助分析出最优的合理的销售匹配。交叉营销是指向已购买商品的客户推荐其他产品和服务。这种策略成功的关键是要确保推销的产品是用户所感兴趣的。首先，通过数据挖掘中的聚类分析，确定交叉销售的目标客户，通过聚类分析，可以确定属于某类顾客经常购买的商品，并向没有购买行为的此类顾客推销这类商品和服务；然后，通过关联分析发现最优的销售组合，并向目标客户展开交叉销售。在企业所掌握的客户信息，尤其是以前购买行为的信息中，可能正包含着这个客户决定他下一个的购买行为的关键因素，数据挖掘的作用就是找到这些因素。

③客户的获得、流失和保持分析。

保持客户就要培养顾客的忠诚度，企业必须在掌握顾客的消费心理和消费偏好的前提下，对顾客提供满意的个性化服务。解决这两个问题的关键在于对顾客的消费心理、消费偏好、消费习惯，也即顾客消费行为模式的掌握。在客户保持中一般涉及多个数据挖掘的模型。首先，建立模型用来预测和识别潜在的流失者；其次，通过数据挖掘识别潜在的流失者中的黄金客户；最后，利用聚类分析等方法对黄金客户中的潜在流失者的数据进行分析挖掘，识别其行为模式等，从而有针对性地对客户采取相应的措施。

④连带或增值销售。

连带销售是指让客户买企业的其他产品或服务，增值销售使客户所买的产品向高价值方向发展。两种措施是企业同客户向深度和广度拓宽的主要措施之一。一个典型的连带销售数据挖掘过程也是一种客户反应行为预测。如果企业向购买 A 产品的客户推销 B 或 C 产品，也要对 B、C 两种产品建立客户反应预测模型，据此确定连带销售 B 或 C 产品的客户群体。

⑤客户盈利能力分析和预测。

不同客户的盈利能力对企业的利润贡献是不同的。企业可以设置一些计算盈利能力的参数，利用数据挖掘对客户信息和客户历史交易记录、售后服务等进行分析，得出每位客户的盈利能力；对客户进行分类，预测客户未来的购买模式和购买行为。这样就可以在市场营销过程中对那些有价值和有潜在价值的客户投入较多资金，向其提供及时的个性化服务，留住这类客户，并有针对性地对其采用交叉销售等手段提高客户的盈利能力；对那些低利甚至无利的客户则可以避免花费过多精力和财力保留，避免无目标地开发新客户。

⑥客户满意度分析。

数据挖掘从零散的客户反馈信息中分析出客户的满意度。能挖掘出影响客户满意度的重要因素，重点改善。影响顾客满意度的因素可能会有很多，但是我们要做的是用数据挖掘工具找出那些最主要的因素，对这些因素认真分析，采取有效的措施，改进它们，以提高客户的满意度，以此增加顾客的忠诚度。

6.4

现代企业人力资源管理中的统计技术

人力资源管理是指企业对人力资源的获取、保持、使用、开发等方面所进行的计划、组织、指挥和控制的一系列活动。通过人力资源的开发与管理，充分挖掘企业人力资源的潜力，合理配置人力资源，调动人的积极性，提高工作效率，实现组织的战略目标。

现代企业管理实践证明，人力资源管理在现代企业管理中居于核心地位。对人的管理是现代企业管理的核心，管理的基本目的之一就是采用特定方法，充分发挥人的积极性、主动性和创造性。现代企业人力资源管理是以企业人力资源为中心，研究如何实现企业资源的合理配置。

6.4.1 企业人力资源管理中的统计应用

企业人力资源管理的内容众多,通过筛选和归纳,我们发现统计技术在现代人力资源管理的应用主要体现在以下几个方面:①人力资源统计指标体系的构建及人力资源价值的测度;②人力资源的需求和供给预测;③人员素质的综合测评;④人员绩效的综合考评;⑤人力资源管理诊断。

为了便于对相关内容有直观的了解,现将人力资源管理的相关内容以及该部分内容中统计技术的需求与对应的统计技术编成表格形式,见表6-14。

表6-14　　　　　　　　企业人力资源管理中的统计技术应用

人力资源管理的相关内容	对统计技术的需求	主要统计技术
人力资源统计指标体系构建及人力资源价值测度	人力资源统计内容、人力资源统计指标体系构成、人力资源价值量核算	描述统计、统计核算技术
人力资源的需求和供给预测	预测企业人力资源的供需	德尔菲预测、趋势预测、回归分析预测、灰色系统预测、神经网络预测、马尔科夫模型预测
人员素质的综合测评	对员工个体的兴趣、人格、能力、技能等方面进行综合测评	德尔菲法、层次分析法、主成分分析、模糊评判法
人员绩效的综合考评	对员工知识、能力、态度、动机、行为和结果做出综合评价	德尔菲法、层次分析法、主成分分析、模糊评判法
人力资源管理诊断	检测人力资源管理的绩效、发现人力资源管理中出现的问题	问卷调查、德尔菲法、相关分析、回归分析、判别分析、假设检验、方差分析、图像分析

6.4.2 企业人力资源统计指标体系

人力资源统计指标体系就是以人力资本理论为基础,以人力资源统计内容为核心,研究人力资源在社会再生产过程中所表现出来的数量关系和数量特征,从而认识其运动规律。人力资源统计指标体系应由以下几类指标组成:

人力资源的数量指标。包括期初人数、期末人数、员工平均人数、员工年龄结构及员工平均年龄等指标。

人力资源投资总额指标。人力资源的开发成本、使用成本及其他费用指标。

文化素质指标。包括员工文化结构、员工平均受教育年限等指标。

技能素质指标。包括职称结构指标、技术平均等级指标等。

精神素质指标。包括员工满意度、员工参与度等指标。

人力资源开发指标。可设置本期新招聘人数、本期参加培训人数和本期人力资源的开发成本三项指标。

人力资源利用指标。人力资源的利用包括人力资源的配置和人力资源的利用效果两部分内容。人力资源的配置指标包括岗位结构指标（即管理人员、科技人员、销售人员、生产人员及其他人员占总人数的比重）和各岗位员工文化结构（各文化水平层次的员工占总人数的比重）。

人力资源利用效益指标。主要包括全员劳动生产率、人均利税率、利税总额、人力资源投资收益率等指标。

组织激励状态评价指标。包括组织目标的认同感、工作满意感、归属感和人际冲突频度和强度等指标。

6.4.3　人力资源价值量核算

（1）经济价值法。

经济价值法是美国会计学家弗兰霍尔茨等人于 1968 年提出。该方法认为人力资源价值在于其能够提供未来的收益，因此将企业未来各期的收益折现，然后按照人力资源投资的比例，将企业未来收益中的人力获得的收益部分作为人力资源的价值。其计算公式为：

$$V_n = \sum_{t=n}^{T} \frac{R_t}{(1+r)^{t-n}} \times H$$

其中，V_n 为以未来盈余现值表示的群体人力资源价值；r 贴现率；R_t 为第 t 期的企业未来净收益；H 为人力资源投资占总资产投资的比例。

（2）未来工资报酬法。

美国的赫曼森教授于 1964 年发表文章提出，他认为企业之间水平的差异主要是由于人力资产素质的不同引起的，因此在计算出劳动力未来 5 年工资报酬现值的基础上，再以本企业盈利水平与本行业平均盈利水平差别的 5 年效率系数进行调整，从而计算出人力资源价值。其计算公式为：

$$V_5 = \sum_{t=1}^{5} \frac{I(t)}{(1+r)^t}$$

式中，V_5 为未来 5 年劳动力工资报酬折现值；r 为贴现率；t 为工作年限 1～5 年；I_t 为第 t 年的工资报酬。

$$K_5 = \frac{5\dfrac{RF_0}{RE_0} + 4\dfrac{RF_1}{RE_1} + 3\dfrac{RF_2}{RE_2} + 2\dfrac{RF_3}{RE_3} + 1\dfrac{RF_4}{RE_4}}{5+4+3+2+1}$$

式中，RF 为现实年度某企业的投资报酬率；RE 为现实年度全行业的投资报酬率；K_5 为 5 年效率系数。

$$E(cv) = V_5 \times K_5$$

式中，$E(cv)$ 为人力资源价值。

（3）未来工资报酬资本化数学模型。

这种数学模型在"未来工资报酬折现数学模型"的基础上考虑了员工提前离职、提升等情况发生的概率，引入了敏感分析的方法。它是预计经济部门或者企业员工在经济部门或者企业服务期间所获得的薪金报酬现值总额，据以确定人力资源价值的一种方法。也可以按本期员工个人加权平均给付额分别乘以到退休为止的平均就业人数。同时，考虑到员工提前离职、提升等因素，可引入概率、敏感性分析等方法。计算公式为：

$$E(c) = \sum_{t=0}^{s} P_n(t+1) \sum_{m=0}^{t} \frac{Q_i}{(1+i_t)^m}$$

式中，$E(c)$ 为一个 n 年龄员工的人力资源预期价值的现值；$P_n(t+1)$ 为该员工第 t 年度平均离开企业的概率；Q_i 为该员工第 i 年的年度平均工资函数；i_t 为使用该员工的收益折现率；S 为员工为企业服务年限。

（4）随机报酬法。

这种方法是弗兰霍尔茨于 1965 年提出的，他认为一个员工对经济部门或者企业的价值在于他在未来时期能够为经济部门或者企业提供的服务，这种服务与其生产能力、在经济部门或者企业中所处的职位相联系，并结合员工在未来时期处于何种服务状态的概率来计算个人服务价值的数学期望。计算公式如下：

$$V = \sum_{t=1}^{n} \left[\frac{\sum_{i=1}^{m} R_i \times P(R_i)}{(1+r_t)^t} \right]$$

其中，V 表示人力资源价值；R_i 为第 i 种工作状态下预期服务的货币表现，即该种状态下能为企业创造的价值；$P(R_i)$ 为员工处于 R_i 状态的概率；m 为工作状态数（含离职状态，其预期服务货币表现为零）；n 为该员工为企业服务期望年限；r_t 为第 t 年的贴现率。

6.4.4　企业人力资源的需求和供给预测

企业人力资源供需分析和预测可分为定性分析和定量分析两种，这些统计技术随着统计理论方法的进展有了新的内容。定性分析方法主要有现状规划法、管理者判断法和经验预测法等，在这些方法中比较成熟有效的是德尔菲法。定量分析法中包括传统的趋势预测法、回归方法，也包括较复杂的灰色系统预测法、神经网络方法以及马尔科夫模型预测。

（1）企业人力资源需求的德尔菲预测法。

德尔菲法用于人力资源预测，其具体实施步骤是：

①选择 20 名左右熟悉人力资源问题的专家，并为专家提供作为人力资源预测的背景材料。

②设计人力资源调查表，表中列出有关人力资源预测的各类问题，这些问题必须能够进行统计处理。

③进行第一轮调查，将调查表送交专家，由专家匿名并独立地对上述问题进行判断或预测；然后对反馈回来的调查表进行分析，并用统计方法进行综合处理。

④根据第一轮调查的专家意见与统计分析结果，设计第二轮调查表，并请专家对第二轮调查表中的问题进行判断、预测，并给出相关的分数。

⑤对第二轮调查反馈的信息进行处理，总分值最高的方案是最佳方案。至此，专家们的意见进一步集中。

⑥根据第二轮调查的结果，给出第三轮调查表，并提出若干种（一般三种）比较方案，再请专家加以判断或预测。

⑦表述预测结果。用文字、图表等形式将专家们的预测结果予以发布。

（2）企业人力资源需求的回归分析预测法。

企业人力资源需求水平通常总是和某个因素有关系的，当这种关系是一种高度相关关系时，就可以用数理统计的方法定量地表示这种关系，从而得出一个回归方程，据此进行预测。该方法可以用以下模型表示：

$$Y = \alpha_0 + \alpha_1 X_1 + \alpha_2 X_2 + \cdots + \alpha_{n-1} X_{n-1} + \alpha_n X_n + \varepsilon$$

其中：Y 是因变量，表示人力资源的需求量；X 是自变量，代表的是人力资源需求各影响因素的度量值；α 是回归参数；n 为自变量的个数；ε 为随机扰动项。

代入 Y 和 X 的观测值，运用最小二乘法，得到 α 预测值 $\hat{\alpha}$，以及预测方程：

$$\hat{Y} = \hat{\alpha}_0 + \hat{\alpha}_1 X_1 + \hat{\alpha}_2 X_2 + \cdots + \hat{\alpha}_{n-1} X_{n-1} + \hat{\alpha}_n X_n$$

根据预测方程可以预测企业未来人力资源需求量。例如，对于生产性企业来说，自变量的选取可以是产值，经济效益，现有员工数量，管理人员比重，生产人员比重，企业为每位员工所花费的成本等因素；而对于销售性企业来说，选取的变量可能又会有所不同。

（3）企业人力资源需求的灰色系统预测模型。

①灰色系统简介。

所谓灰色系统是介于白色系统和黑色系统之间的过渡系统，其具体的含义是：如果某一系统的所有信息已知为白色系统；全部信息未知为黑色系统；部分信息已知，部分信息未知，那么这一系统就是灰色系统。灰色系统理论认为对既含有已知信息又含有未知或非确定信息的系统进行预测。就是对在一定范围内变化的、与时间有关的灰色过程的预测。尽管过程中所显示的现象是随机的、杂乱无章的，但毕竟是有序的、有界的，因此这一数据集合具备潜在的规律，灰色预测就是利用这种规律建立灰色模型对灰色系统进行预测。

灰色预测具有要求样本数据少、建模过程简单、模型表达式简洁、便于求解、预测精度高、可检验等优点。

②灰色系统预测模型构造。

GM（1，1）模型是目前使用最为广泛、最常用的一种灰色系统模型，它通过单一变量的一阶微分方程模型揭示其内在发展规律。GM（1，1）模型是基于随机的原始时间序列，经按时间累加后所形成的新的时间序列呈现的规律可用一阶线性微分方程的解来逼近。然而实际的人力资源系统中往往包含多个变量，且各变量相互关联、共同发展。这时，每一变量的发展变化都不是孤立的，一个变量要受到其他变量的影响，同时也影响着其他变量。多变量灰色模型 GM（1，N）模型旨在从系统、整体、全局、动态的角度对各变量进行统一描述，它反映了 $n-1$ 个变量对某一变量的一阶导数的影响。

考虑 N 个数列

$$x_i^{(0)} = \{x_i^{(0)}(1), x_i^{(0)}(2), \cdots, x_i^{(0)}(n)\} \quad i = 1, 2, \cdots, N$$

对 $x_i^{(0)}$ 作一次累加得 $x_i^{(1)}$。建立 N 个变量的一阶微分方程即为灰色 $GM(1, N)$ 模型，其一般表达式为：

$$\frac{\mathrm{d}x_1^{(1)}}{\mathrm{d}t} + a x_1^{(1)} = b_1 x_2^{(1)} + b_2 x_3^{(1)} + \cdots + b_{N-1} x_N^{(1)}$$

式中系数 a，b_1，b_2，$\cdots$，b_{N-1} 可根据最小二乘法由序列 $\{x_k^0(i)\}$ 拟合而得

到。将上式离散化得：

$$a^{(1)}(x_1^{(1)}(k+1)) + ax_1^{(1)}(k+1) = b_1x_2^{(1)}(k+1) + \cdots + b_{N-1}x_N^{(1)}(k+1)$$

其中：$a^{(1)}(x_1^{(1)}(k+1))$ 为 $k+1$ 时刻 $x_1^{(1)}$ 的累加生成值，$x_i^{(1)}(k+1)$ 为 $k+1$ 时刻 $x_1^{(1)}$ 的背景值。

取

$$x_1^{(1)}(k+1) = \frac{1}{2}(x_1^{(1)}(k+1) + x_1^{(1)}(k))$$

$$x_i^{(1)}(k+1) = x_i^{(1)}(k+1) \quad i = 2,3,\cdots,N$$

可得

$$x_i^{(1)}(k+1) = -a(\frac{1}{2}(x_1^{(1)}(k+1) + x_1^{(1)}(k))) + b_1x_2^{(1)}(k+1) + \cdots$$

$$+ b_{N-1}x_N^{(1)}(k+1) \quad k = 1, 2, \cdots, n-1$$

使用矩阵可将上式改写为：

$$
\begin{bmatrix} x_1^{(0)}(2) \\ x_1^{(0)}(3) \\ \vdots \\ x_1^{(0)}(n) \end{bmatrix} = a \begin{bmatrix} -\frac{1}{2}(x_1^{(1)}(1) + x_1^{(1)}(2)) \\ -\frac{1}{2}(x_1^{(1)}(2) + x_1^{(1)}(3)) \\ \vdots \\ -\frac{1}{2}(x_1^{(1)}(n-1) + x_1^{(1)}(n)) \end{bmatrix} + b_1 \begin{bmatrix} x_2^{(0)}(2) \\ x_2^{(0)}(3) \\ \vdots \\ x_2^{(0)}(n) \end{bmatrix} + \cdots + b_{N-1} \begin{bmatrix} x_N^{(0)}(2) \\ x_N^{(0)}(3) \\ \vdots \\ x_N^{(0)}(n) \end{bmatrix}
$$

记 $y_n = \begin{bmatrix} x_1^{(0)}(2) \\ x_1^{(0)}(3) \\ \vdots \\ x_1^{(0)}(n) \end{bmatrix}$ $B = \begin{bmatrix} -\frac{1}{2}(x_1^{(1)}(1) + x_1^{(1)}(2)) & x_2^{(0)}(2) & \cdots & x_N^{(0)}(2) \\ -\frac{1}{2}(x_1^{(1)}(2) + x_1^{(1)}(3)) & x_2^{(0)}(3) & \cdots & x_N^{(0)}(3) \\ \vdots & \vdots & \vdots & \vdots \\ -\frac{1}{2}(x_1^{(1)}(n-1) + x_1^{(1)}(n)) & x_2^{(0)}(n) & \cdots & x_N^{(0)}(n) \end{bmatrix}$

$$\hat{\alpha} = [a, b_1, b_2, \cdots, b_{N-1}]^T$$

则有 $y_n = B\hat{\alpha}$。按最小二乘法可求得：$\hat{\alpha} = (B^TB)^{-1}B^Ty_n$。

由此，GM$(1, N)$ 模型可以写成

$$\hat{x}_i^{(1)}(k+1) = (x_1^{(0)}(1) - \frac{1}{a}\sum_{i=2}^{N} b_{i-1}x_i^{(1)}(k+1))e^{-ak} + \frac{1}{a}\sum_{i=2}^{N} b_{i-1}x_i^{(1)}(k+1)$$

从上述模型计算得到最终的结果。可通过下式计算得出预测结果。

$$\hat{x}_i^{(0)}(k+1) = \hat{x}_1^{(1)}(k+1) - \hat{x}_1^{(1)}(k)$$

上述模型认为：由区间 $i=[1, N]$ 拟合得到的系数 a，$b_i(i=1, 2, \cdots, n)$ 是恒定不变的，它将适用于该区间外的任何序列点 $t(t>N)$。但这与客观实际是有一定差距的，因为在人力资源管理系统中在不同发展阶段会受到企业发展的内外部客观环境因素影响，作为反映变量间相互关系的协调系数 a，b_1，b_2，$\cdots$，b_{N-1}实质上不可能是恒定不变的，它随着人力资源管理系统在时间上的推移而变化，因此灰色模型系数 a，b_i 应该是随着 t 而动态变化的。此时，灰色 GM(1, N) 模型变为：

$$\hat{x}_i^{(1)}(k+1) = (x_1^{(1)}(1) - \frac{1}{a^t} \sum_{i=2}^{N} b_{i-1}^t x_i^{(1)}(k+1)) e^{-a^t k} + \frac{1}{a^t} \sum_{i=2}^{N} b_{i-1}^t x_i^{(1)}(k+1)$$

（4）企业人力资源需求的神经网络预测。

神经网络预测是一种比较新的预测技术，最常见的是 BP 神经网络预测。BP 神经网络预测的优点是短期预测精度很高，它具有局部逼近网络的优点，可以近似任何非线性函数，该模型用于近期数据的模拟及预测，精度相当高。由于企业人力资源需求预测大多数是短期预测，而且受各种因素的影响，原始统计数据不太符合统计规律，BP 神经网络预测方法人力资源需求进行预测是较理想的方法。神经网络预测方法的原理可以参看本项目企业财务管理中的统计技术部分。

（5）企业人力资源供给的马尔科夫模型预测。

马尔科夫模型预测是将时间序列看做一个随机过程，通过对事物不同状态的初始概率与状态之间转移概率的研究，确定状态变化趋势，预测事物的未来。马尔科夫预测企业人力资源供给情况假定前提是企业内部员工的流动模式与流动概率有一定规律，且该规律在规划期内不会发生变化。

马尔科夫预测企业人力资源供给情况时，首先根据企业的历史资料计算出每一类、每一级别的职员向另一类或另一级别转移的平均概率；根据此概率建立一个人员变动矩阵表，即人力资源的转移概率矩阵。每一类、每一级别的职员向另一类或另一级别转移概率的确定直接影响到供给预测结果的准确性。一般企业都是通过统计历年的人员变动情况，得出每年的各类人员间的转移概率，然后对其平均数做一定修正后作为最终的各类人员间的转移概率。

设将某企业的所有职工分为 k 类，分别用 1，2，$\cdots$，k 表示。p_{ij} 表示从 j 类向 i 类转移的人员占 j 类原有人员数的比例，即从 j 类向 i 类转移的转移概率。由此构造一次人员转移概率矩阵。

$$P = (p_{ij}) = \begin{bmatrix} p_{11} & \cdots & p_{1n} \\ \vdots & \vdots & \vdots \\ p_{n1} & \cdots & p_{nn} \end{bmatrix}$$

m 次人员转移概率矩阵 $p(m) = p^m$，式中 $p_{ij} > 0$。

在一般预测模型中，$\sum_{i=1}^{n} p_{ij} = 1$。但是考虑到人力资源供给的特殊性，即存在人员离职问题，比如：离退休、辞职、裁员等，所以，在上述的转移概率矩阵中 $\sum_{i=1}^{n} p_{ij} \leq 1$。

根据企业年底的各种类人数和上述的人员转移概率矩阵，预测第二年及以后各年的企业人力资源的供给数。

企业的供给人数可以用下面的公式求得：

$$N(t) = N(t-1)P + R(t)$$

式中，$N(t) = [n_1(t), n_2(t), \cdots, n_k(t)]$，$R(t) = [r_1(t), r_2(t), \cdots, r_k(t)]$，$n_i(t) = \sum_{j=1}^{k} n_j(t-1)p_{ij} + r_i(t)$ $(i, j = 1, 2, \cdots, k; t = 1, 2, \cdots)$，$n_i(t)$ 为时刻 t 时 i 类的人数；p_{ij} 为从 j 类向 i 类转移的转移概率；$r_i(t)$ 为在时间 $(t, t-1)$ 内 i 类所补充的人数。

6.4.5 企业人员素质综合测评中的统计技术

企业人员素质测评是指测评主体从特定的人力资源管理目的出发，运用各种测量技术，收集受测人在主要活动领域中的表征信息，对人的素质进行全面系统的评价，以求对人有客观、全面、深入的了解，从而为人力资源开发和管理提供科学的决策依据。

（1）企业人员素质测评指标体系构建。

人的素质由多种因素决定，不能由一个或几个指标所决定，人员素质测评是一个综合评价的过程，人员素质测评要遵循全面性的原则。人员素质有其显性的一面也有隐性的一面，其显性的一面主要体现在针对企业某种岗位的知识、技能以及价值创造，隐性的部分是人力资源所特有的价值观、自我形象、个性和内驱力等情感智力等内容。为了全面科学地对人员素质进行综合评价，人员素质测评指标体系应采用多级指标体系的设立方法。以三级指标体系为例，具体的指标体系组织结构见表 6 - 15。

表 6 – 15　　　　　　　　　　　**企业人员素质测评指标体系示例**

一级指标	二级指标	三级指标
外在显性指标（X_1）	价值创造（X_{11}）	X_{111}
		X_{112}
		…
	职位胜任（X_{12}）	X_{121}
		X_{122}
		…
内在隐性指标（X_2）	内在潜力（X_{21}）	X_{211}
		X_{212}
		…
	忠诚度（X_{22}）	X_{221}
		X_{222}
		…

（2）企业人员素质测评统计方法选择。

基于综合评价的要求，人员素质的测评可以选用的统计方法包括综合指数法、层次分析法、主成分分析法和模糊综合评判法等。前面几种方法在本项目中都有较详细的论述，这里只对模糊综合评判法做一说明。

假设评价的指标因素为 n 个，分别记为 U_1，U_2，…，U_n，则这 n 个评价因素便构成一个评价因素的有限集合 $U = \{U_1, U_2, \cdots, U_n\}$。其中 U_i 表示一级指标，在一级指标下又包含若干个二级指标：$U_i = \{U_{i1}, U_{i2}, \cdots, U_{ik}\}$，$i = 1$，$2$，…，$n$。

假设根据需要将评语划分为 m 个等级，分别记为 v_1，v_2，…，v_m，又构成一个评语的有限集合 $V = \{v_1, v_2, \cdots, v_m\}$，经验表明，评语集应根据实际需要选定评语，以及对评价等级的划分不宜过细或过粗。

根据对指标的认同感不同，在诸"因素"中，对各因素在总评价体系中所起的作用大小和相对重要性来给出权重，用集合 $A = \{a_i\}$ 来表示权重集。通过有目的地分配和调整各指标的权数，可以反映考核者对被考核者的着重点，对确保绩效考评的有效性起到关键作用。对于一级指标，权重集 $A = \{a_i\}$，影响一级指标和二级指标的各权重集为 $A_i = \{a_{ik}\}$，依次类推。权重确定方法可根据人力资源专家和最高层领导者的意见共同讨论。

建立评价矩阵 R_i

$$R_i = \begin{bmatrix} r_{11} & r_{12} & \cdots & r_{1m} \\ r_{21} & r_{22} & \cdots & r_{2m} \\ \vdots & \vdots & \vdots & \vdots \\ r_{k1} & r_{k2} & \cdots & r_{km} \end{bmatrix}$$

某一因素的评价结果 r_{ij} 表示从第 i 个因素出发，对被评价问题作出第 j 种评语的可能程度。$(r_{i1}, r_{i2}, \cdots, r_{in})$ 就是从 i 种因素出发，对评价对象所作的单因素评价模糊子集。多种因素的评价模糊子集可构成一个评价矩阵 R。

对于模糊综合评价，在多层次模型中，模糊综合评价采取逆向由较低层次向较高层次逐级评价。如对于二级指标的评价矩阵 $B_i = A_i \cdot R_i$，得到二级的模糊综合结果 $B_i = (b_{i1}, b_{i2}, \cdots, b_{im})$，再用 $B = A \cdot R = (a_1, a_2, \cdots, a_n) \cdot (R_1, R_2, \cdots, R_n)^{\mathrm{T}}$，得到一级指标的模糊综合评价结果。

最后对各因素的一级指标的模糊综合评价结果进行归一化处理，得出具有可比性的综合评价结果。

6.4.6 企业人员绩效考评中的统计技术

与人员素质类似，绩效也具有多维性的特点，绩效是企业员工的知识、能力、态度、动机、行为和结果，它既反映员工潜在形态的劳动，亦反映员工流动形态和凝结形态的劳动。绩效考评既要考核工作实绩，也要对员工的其他方面进行考核，因此绩效考评也是一个综合评价的过程。

与任何综合评价过程一样，企业人员绩效综合考评首先要构造一个绩效考评的指标体系，然后选用相关的统计综合评价方法。前面人员素质综合测评中介绍的统计评价方法均可适用于此，因此不再赘述。

6.4.7 企业人力资源管理诊断中的统计技术

企业人力资源管理诊断是人力资源管理中的重要一环，通过管理诊断可以随时检测人力资源管理的绩效，及时发现问题，改正错误，将人力资源管理引导到为实现组织目标服务上来。人力资源管理诊断中的诊断方法多数是统计技术和管理学的综合，这些统计方法分定性方法和定量方法两种。定性方法有调查问卷法、德尔菲法、面谈法等。定量方法有相关分析、回归分析、假设检验、方差分析、判别分析和图像分析等。

（1）调查问卷法。

调查问卷法是人力资源管理诊断最常用的方法之一，即通过设计问卷了解企业员工的意愿。依据不同的人力资源管理诊断目的，可以设计出调查对象不同、结构不同、调查内容不同的问卷。对调查结果加工、分析、核对后所得出的相应的改革措施也易于被员工接受。调查问卷法也可用来诊断企业运营状况，以及分析单个人力资源管理部门的管理效果。

（2）德尔菲催化法。

德尔菲催化法的基本步骤是：由诊断人员（一般是人力资源管理方面的专家）对企业有关人力资源管理方面的数据或数据抽样进行分析，并以不记名的方式对几个主要方面的问题做出初步诊断报告，再将可供选择的诊断结果制成一览表，发送给有关人员，要求对此提供反馈或不同意见。如此经过多次反复，当诊断人员的诊断结果基本一致时为止。这个基本一致的结果便是最终的诊断结论。

（3）面谈法。

面谈法是另外一种调查方法，是由诊断人员与少数关键人物进行面谈，从而形成对企业人力资源管理及整个企业状况的准确概念，并对组织运转状况有较准确的认识。

（4）相关分析法。

在人力资源管理的众多变量中，两个或两个以上变量之间可能存在着相关关系，相关分析法就是通过分析变量之间的这种相关关系，达到诊断的目的。例如：在工作满意度和员工旷工之间存在着高度的负相关关系。当员工的出勤率出现问题时，就应该调查员工对企业的满意度是否存在问题。

相关分析可以通过绘制相关图或计算相关系数得到变量间的相关程度。

（5）回归分析。

在人力资源管理诊断过程中，对存在显著相关的变量还可以建立回归方程来进一步描述两者的关系。在人力资源管理诊断中应用回归分析时，一些可能的因变量包括：员工的满意程度；员工工作时间长度；员工的生产率水平；员工的事故率。可以作为自变量的有：背景和履历资料；在企业中的工作经历；个人的目标和愿望；测试得分。管理诊断者可以通过回归分析来寻找影响员工工作效率的自变量。用这些变量建立起来的回归模型有助于管理者发现问题，从而改进决策。

（6）其他统计分析技术。

除了上述常规的统计诊断方法外，人力资源管理诊断还可以利用下面的统计技术：假设检验、方差分析、判别分析和图像分析等。限于篇幅的原因，这里不再展开讨论。

6.5

现代企业财务管理中的统计技术

随着科技的发展和社会的不断进步，企业的生产经营条件越来越复杂，企业的组织形式也越来越复杂，同时市场竞争的加剧对企业管理的要求也与以往不同，企业管理科学更加注重企业所提供的信息，把复杂的经济现象建成各种各样的定量模型，然后通过电脑求解，帮助管理人员按照最优化的要求，对企业极为复杂的生产经营活动进行科学的预测、决策、组织、安排和控制。现代企业统计利用概率统计方法对企业财务管理中的各种风险问题加以描述，更加真实反映了企业财务环境受各种不确定因素的影响。在对当前企业财务状况进行综合评价的同时，更加强调对企业未来财务环境的预测。企业财务管理是一项繁杂的系统工程，现代企业统计方法可以将其用较为简明的统计模型表现出来，并能揭示出各有关因素之间内在联系。

6.5.1　企业财务管理中的统计应用

现代统计技术在企业财务管理中的大量应用极大丰富了企业财务管理的内容，拓展了企业财务管理的职能，使企业财务管理为企业决策提供更大的支持。从方法维度看，统计技术可以给企业财务管理提供描述、评价、预测、控制分析和统计模拟等方法；从功能维度看，统计方法可以完成财务管理过程中的财务描述、财务评价、风险评估、投资决策、营销预测、财务建模等职能。

在国内外财务管理学的著作当中，对财务管理的内容体系并没有一个严格的标准。我们综合多家的表述同时考虑财务管理内容的可执行性，将财务管理的内容分为以下几部分：财务目标的确定；财务环境；计算资本成本和确定最佳资本结构；筹资管理；投资管理；资产管理；成本费用管理；销售收入管理；收益及分配管理；外汇管理；企业财务预警；企业财务评价。

作为主要的定量分析技术方法，统计分析方法几乎适用于财务管理的各个环节。为了更清晰反映财务管理中对统计技术的需求以统计技术在具体财务管理内容中的应用，这里用表格的形式将企业财务管理中对统计技术的需求以及相应的统计技术加以展示（见表 6-16）。

表 6 – 16   财务管理中对统计技术的需求

财务管理内容	财务管理中对统计技术的需求	统计技术
财务目标确定	财务目标指标体系的建立	专家打分法、主成分分析、因子分析
财务管理环境	财务管理环境多因素评价、财务管理环境风险度量、财务管理环境模拟	统计综合评价方法（层次分析法、主成分分析等）、风险决策、系统仿真
计算资本成本和确定最佳资本结构	加权平均成本计量、经营风险和财务风险测度	加权平均法、概率分析、统计风险决策
筹资管理	资本需求量预测	统计预测
投资管理	可行性分析、风险投资决策	风险决策法、敏感度分析
流动资产管理	信用风险度量、存货模式确定	描述统计、统计控制图、系统仿真
固定资产管理	固定资产使用效果指标体系、固定资产折旧计算	描述统计、时间序列分析
成本费用管理	成本费用的预测、成本费用的决策和控制	因素分析、回归预测法
销售收入管理	销售收入预测	加权平均法、增长率分析、移动平均、指数平滑
收益及其分配管理	收益及其分配管理的指标体系建立、收益变化因素预测、收益与风险的均衡	描述统计、因素分析、不确定性决策
外汇管理	汇率预测	多元回归法、时间序列分析
企业财务预警	财务预警	德尔菲法、比率法、多元回归法、人工神经网络模型
企业财务评价	企业各种财务能力评价、股票价值评价、企业财务综合评价	统计描述分析、因素分析、综合评价方法

6.5.2 财务目标确定中的统计技术

在不考虑外部性的条件下，企业的目标是股东财富的最大化，这也是企业财务管理的最终目标，在财务管理的实践中，这个目标必须分解成具体的财务指标才能加以实现。不同的企业可以根据本企业及所在行业的特点，设立富有自身特点的财务指标体系，但这些指标应满足安全性、流动性和收益性的原则。财务目标指标体系的建立要求在安全性、流动性和收益性之间综合权衡，在众多的财务指标当中，构建一个完备而可行的财务目标指标体系。定量的分析方法可以采用专家打分法、主成分分析或因子分析。

6.5.3 财务环境分析中的统计技术

（1）财务环境综合评价。

财务管理是在特定的背景下进行的，这些背景就是企业财务管理环境。财务管理环境包含影响企业财务管理的诸多因素，对企业财务管理环境的分析重要的一环就是对企业财务管理环境进行综合评价。

对企业财务管理环境进行综合评价，首先要建立评价指标体系，评价指标体系可以采用多级指标体系的设立方式。如一级指标可以包含金融环境指标、税收环境指标、商业环境指标、法律环境指标等，再在各一级指标下分别设立二级指标体系，以此类推。

财务管理环境综合评价指标体系建立后，就可以选用合适的综合评价方法对企业财务管理环境进行评价。在统计方法体系内有众多的综合评价方法，其中主要有：层次分析法、模糊综合评判法、主成分分析法等。这些方法对数据处理方式不同，但原理类似，都是将企业财务环境的各个单项指标值最终汇合成一个综合得分的形式，这个综合得分即是对企业财务环境的综合评价。

（2）财务风险环境的统计模拟技术。

除了对企业财务环境的综合评价以外，一种新型的统计分析技术出现在财务环境分析中，这就是统计模拟技术。统计模拟技术主要用来对企业可能面临的风险环境进行模拟，以了解这些风险可能对企业财务管理造成的影响，使企业在风险到来前做出决策。

统计模拟方法主要是采用蒙特卡罗模拟。蒙特卡罗模拟的优点是可以解决许多复杂的概率运算问题，以及适合于不允许进行真实试验的场合，它使人们能够根据实际情况的环境条件建立模型进行实验而无须介入实际过程。对于那些费用高的项目或费时长的实验，更是显示了它的优越性。其基本步骤如下：

①针对实际问题建立一个简单且便于实现的概率统计模型，使所求的解恰好是所建立模型的概率分布或其某个数字特征；

②对模型中的随机变量建立抽样方法，在计算机上进行模拟试验，抽取足够的随机数，并对有关的事件进行统计；

③对模拟试验结果进行分析，给出所求解的估计及其精度的估计；

④必要时，还应改进模型以提高估计精度和模拟计算的效率。

6.5.4 筹资和投资管理中的统计技术

（1）加权资本成本的计算。

企业从不同来源以不同的筹资方式取得资金，每种资本的成本有高有低，总的筹资成本应按加权平均资本成本，它是依据各个个别资本成本和该资本占全部长期资本的比重，通过加权平均方法计算的。如果构成企业资本结构的要素有 n 个，其占资本结构的权数分别为 W_1，W_2，$\cdots$，W_n，它们的个别成本分别为 K_1，K_2，$\cdots$，K_n，则加权平均资本成本可用加权平均公式计算求得：

$$K_\alpha = \sum_{i=1}^{n} W_i K_i$$

（2）筹资需求的预测技术。

统计技术在筹资管理中主要应用于筹资需求的预测。筹资需求预测是指对企业未来的筹资需求量进行估计。统计的回归预测方法用筹资需求预测是一个简单可行的方法。

假定资金需求量和产销量之间存在着线性关系，建立产销量与资金需求量之间的回归模型，根据有关历史资料，用回归直线方程确定参数来预测资金需求量。设产销量为自变量 X，资金占用量为因变量 Y，a 为不变资金，b 为单位产销量所需的变动资金，在资金需求量与产销量之间存在线性关系的条件下，资金需求量预测模型为：

$$Y = a + bX$$

利用最小二乘法求出 a 和 b，并知道预测期的产销量，就可用此方程测算出资金需求量。

某些情况下，资金需求量与产销量间的关系不是线性关系，此时可以建立两者的非线性回归方程。

（3）投资管理中的统计技术。

企业投资分长期投资和短期投资，不论是何种投资都是在预期收益和投资风险两者间权衡取舍。因此企业投资是一种风险条件下的投资决策，统计方法中的风险决策技术正是解决此类问题的有力工具。有关风险决策技术在本项目企业风险管理中的统计技术部分有详细论述，此处不再赘述。

企业投资中的另一种方法是敏感度分析法。敏感度分析法是在简单情景分析的基础上，进一步分析每一因素的变化对投资结果可能产生的影响大小。其基本做法是：固定某一用于分析的变量外的其他所有变量，然后改变所选定的分析变量的值，观察投资结果随这一变量变化的情况。如果投资结果对这一变量的微小变化做出较大的反应,说明这一变量对投资结果有较大的影响,这一变量预测值的准确与否对投资决策非常关键,即这一变量的预测风险较高。反之,则说明这一变量对投资结果的影响不大,其预测风险较低。

6.5.5 资产管理中的统计技术

企业资产管理主要分为流动资产管理和固定资产管理。下面重点对运营资本决策指标体系、现金持有量的确定和固定资产管理中的统计技术进行讨论。

(1)运营资本决策指标体系。

运营资本决策指标体系由一系列相关描述性指标构成,主要包括短期偿债能力指标、长期偿债能力指标、营运能力指标和应收款周转率指标。短期偿债能力指标含流动比率、速动比率、现金比率和现金流量比率等;长期偿债能力指标主要由长期负债与劳动资金比率指标构成;营运能力指标包括流动资产周转率和存货周转率等;应收账款周转率指标包括应收账款周转率和应收账款平均余额指标。

(2)随机模式下现金持有量的确定。

随机模式的原理是根据现金波动范围制定一个现金控制区域,规定现金持有量的上限和下限。当现金余额达到上限界限时,将库存现金转换成有价证券;当现金降到下限界限时,将出售有价证券挽回现金,从而使现金余额经常性地控制在上限和下限之间。考虑转换成本和有价证券利率的条件下,现金可以由图 6-9 中的图形确定。

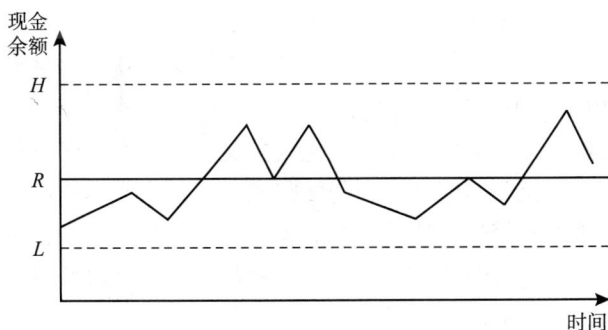

图 6-9 随机模式下现金持有量控制图

注:图中 H 为现金余额上限,虚线 L 为现金余额下限, R 为现金最佳持有量目标控制线。

$$R = \sqrt[3]{\frac{3K\sigma^2}{4i}} + L$$

$$H = 3R - 2L$$

式中，K 为每次有价证券的转换成本；i 为有价证券的日利率；σ 为每日现金余额变化的标准差。

（3）固定资产管理中的统计技术。

固定资产使用效果测度主要是通过固定资产使用效果指标反映。

①固定资产使用效果指标体系。

反映固定资产利用效果的指标，有综合性价值指标和技术经济指标。综合性价值指标主要包括：固定资产占用率；固定资产利润率；固定资产损耗率。技术经济指标主要包括：设备完好率；设备时间利用率；设备台时产量。

②固定资产折旧测算。

固定资产折旧的测算分直线折旧法和快速折旧法。直线折旧法的特点是按照固定资产使用年限或工作量等将固定资产折旧总额平均分配，每年固定资产折旧是等额的，它包括使用年限法、工作量法和工作时间法。快速折旧法是在固定资产使用前期更多地提取折旧，在固定资产使用后期更少地提取折旧，以加速收回折旧的方法，包括年限总额法和倍率余额递减法。

6.5.6 成本费用管理中的统计技术

（1）成本费用的因素分析法。

成本费用的因素分析法利用统计学中的指数体系分析方法，构建成本变动率与影响成本变动各因素的指标体系，来分析各因素的变化对成本费用变动的影响程度。因素分析法的基本计算公式可用下式表示：

某项费用对成本的影响程度 = 该项费用变动率 × 该项费用占成本的比重

（2）成本费用预测中的回归预测法。

回归预测法就是将影响成本费用变化的主要因素作为自变量与作为因变量的成本费用总量建立多元回归模型，利用回归模型对未来成本费用进行预测。此方法需要对因变量的未来值进行估计，才能进行成本费用的预测，对数据的真实性要求较高，在计算机用于财务机制管理时此种预测方法可以普遍使用。关于回归模型的建立过程，此处不做论述。

6.5.7 财务管理中的统计预测技术

财务管理中通常需要对收入、成本和利润等进行预测，可有多种统计预测方法，比较适合的有增长率测算法、加权平均预测法、移动平均预测法、指数平滑预测法、ARMA 模型、人工神经网络模型等。

（1）增长率预测法。

增长率预测法适用于持续稳定增长企业的销售收入预测，比如处于业务扩展期的企业。增长率预测法可以由下式表示：

$$Y_t = Y_0 (1 + r)^t$$

式中，Y_t 表示第 t 期的预测收入，Y_0 表示基期的实际销售收入，$\bar{r}$ 表示销售收入的平均增长率。

销售收入平均增长率 $\bar{r}$ 可以利用历史数据，用几何平均法求得：

$$\bar{r} = \sqrt[n]{\prod_{i=1}^{n} (1 + r_i)^n} - 1$$

式中，r_i 表示历史数据中连续 n 期增长率中的第 i 期增长率。

（2）加权平均预测法。

加权平均预测法是根据以前各期销售额和一定权数（通常是时间）来预测计划期销售收入的一种方法。其预测公式为：

$$\bar{Y} = \frac{\sum t_i Y_i}{\sum t_i}$$

式中，$\bar{Y}$ 是销售收入的预测值；Y_i 是第 i 期的销售收入，t_i 是第 i 期的时间长度。

（3）移动平均预测法。

基本思想：根据时间序列资料、逐项推移，依次计算包含一定项数的序时平均值，以反映长期趋势的方法。设移动间隔长度为 K，则移动平均数序列可以写为：

$$\bar{M}_i = \frac{Y_i + Y_{i-1} + \cdots + Y_{i-K+1}}{K}$$

式中，$\bar{M}_i$ 为移动平均趋势值，即销售收入的预测值；Y_i 为第 i 期的实际销售收入；K 为大于 1 小于 n 的正整数，n 为样本个数。

（4）指数平滑预测法。

指数平滑法是加权移动平均的一种特殊形式，其权数随观测值时间的增加，呈指数衰减，因而称为指数平滑。一次指数平滑公式为：

$$F_{t+1} = \alpha Y_t + (1 - \alpha) F_t$$

式中，Y_t 为第 t 期的实际销售收入；F_t 为第 t 期的指数平滑预测值；α 为平滑系数（$0 < \alpha < 1$）。

找到最佳的平滑系数 α 值，以使均方差最小，即为所求预测模型。一次指数平滑适用于没有趋势变化的销售收入预测，如果销售收入带有线性趋势或非线性趋势可以选用二次指数平滑或三次指数平滑等形式。

（5）外汇汇率变动预测的 ARMA 模型。

外汇汇率的变动会给企业带来外汇风险。因此，有必要研究汇率变化的趋势，搞好外汇风险管理。对外汇汇率的预测可以利用多元回归的方法，即找出影响汇率变化的主要因素，与汇率构建一个多元回归模型，用来预测汇率的变化。但这种方法准确性较差，更一般的做法是构建时间序列分析中的 ARMA 模型对汇率进行预测。ARMA 模型预测方法的基本过程如下：

如果时间序列 $\{y_t\}$ 满足 $y_t = \phi_1 y_{t-1} + \cdots + \phi_p y_{t-p} + \varepsilon_t - \theta_1 \varepsilon_{t-1} - \cdots - \theta_q \varepsilon_{t-q}$，则称时间序列 $\{y_t\}$ 服从 ARMA(p, q) 模型。如果 $q = 0$ 或 $p = 0$，则原模型分别称为 $AR(p)$ 模型或 $MA(q)$ 模型。

ARMA 模型建立的第一步是确定模型阶数，主要有基于自相关函数和偏相关函数的定阶方法和利用信息准则法定阶数（AIC 准则和 BIC 准则）等。ARMA 模型建立的第二步是模型参数的估计，ARMA(p, q) 模型参数的估计，一般采用极大似然估计或最小二乘估计。

ARMA(p, q) 模型 1 步预测的表达式为：

$$\hat{y}_t(l) = \sum_{j=1}^{p} \phi_j \hat{y}_T(l-j) + \sum_{j=1}^{q} \theta_j \hat{\varepsilon}_T(l-j)$$

式中，$\hat{\varepsilon}_T(i) = E(\varepsilon_{T+i} | y_T, \cdots, y_1)$。

预测误差为：$e_t(l) = y_{t+l} - \hat{y}_t(l) = \psi_0 \varepsilon_{t+l} + \psi_1 \varepsilon_{t+l-1} + \cdots + \psi_{l-1} \varepsilon_{l+1}$。则预测的 95% 置信区间：$\hat{y}_t(l) \pm 1.96 \sigma (\psi_0^2 + \psi_1^2 + \cdots + \psi_{l-1}^2)^{1/2}$。

ARMA 模型预测是一种平稳时间序列预测，而汇率在实际中常常是非平稳的形态，此时可以对汇率序列进行 n 次差分使其平稳化，再建立 ARMA 模型进行预测，此时称汇率序列为 ARIMA(p, n, q) 序列。

（6）人工神经网络模型。

人工神经网络模型是将神经网络的分类方法应用于财务预警，由输入层、输出层和隐藏层组成。一种误差从输出层到输入层向后传播并修正数值，从而使网络的实际输出逼近某个给定的期望输出，根据最后的期望输出得出企业的期望值，结合判别规则来对样本进行分类，对企业的财务状况作出判断。基本原理如下：

输入层：n 维矢量 $X = [1, X_1, \cdots, X_n]^T$

权重：$W = [W_0, W_1, \cdots, W_n]^T$

输出形式：$Y = \text{sgn}(W^T X)$

人工神经网络模型具有较好的模式识别能力，具有容错能力和处理资料遗漏或错误的能力。尤其重要的是，该模型具有学习能力，可随时依据新的数据资料进行自我学习，并调整其内部的储存权重参数，以应付多变的企业环境。

6.5.8　企业财务评价中的统计技术

财务综合评价是以会计报表和相关财务等资料为依据，采用一定的专门方法，系统分析、评价企业过去和现在的经营成果、财务状况及其变动，目的是在了解企业过去、评价企业现在的基础上预测企业的未来，从而帮助各相关利益集团进行财务预测和决策。财务评价的基本功能是将大量复杂的会计报表数据转换成对特定决策有用的信息，以减少决策中的不确定性，提高决策的准确度和可靠性。

利用统计方法帮助我们筛选出尽可能少的，但又能够全面地反映企业经营状况、财务状况的财务评价指标体系。比如聚类分析方法，聚类分析方法可将财务指标分别分成反映企业偿债能力、盈利能力、营运能力和发展能力的四大类指标，并从每一类中选取少量的指标之间相关系数平均值较大的财务评价指标作为该类指标的代表性指标，参与财务综合评价。层次分析判别方法有助于从众多的财务评价指标中筛选出判别区分能力较强的财务评价指标，提高评价效果。主成分分析等能够帮助我们更加客观地确定各财务指标权重，克服主观确定各财务指标权重的盲目性。统计方法不仅能够从多种财务综合评价方法中选出几种较优的财务综合评价方法，而且能够提供给我们将几种较优的财务综合评价方法综合在一起的合成技术，以利于充分利用各种财务综合分析方法的优势，更加客观地反映企业经营状况、财务状况。多元回归分析法、非参数统计分析以及灰色关联分析能够帮助我们找出影响企业经营状况、财务状况的因素，并为我们提供改善和提高企业财务状况水平的方法和策略。

6.6

现代企业风险管理中的统计技术

风险管理是一种目的性很强的工作，没有目标，风险管理就无从开展，只有通过目标，才能确定风险管理的方向，并且对风险管理的结果做出评价。风险管理既然是风险主体经营管理的一部分，那么它的根本目标就应该与风险主体的总目标一致，即在确保安全的前提下，尽可能地追求最大盈利。换句话说，风险管理的目标就是以尽量小的机会成本处于足够安全的状态。一般依风险事故的实际发生为界，分为损前目标和损后目标。本节在对现代企业风险管理中的统计技术按风险管理的基本程序分别讨论的基础上，重点对企业财务风险管理及相关统计技术进行研究，其他领域的风险管理统计技术有相似之处。

6.6.1 现代企业风险管理中的统计应用

风险管理的基本程序包括风险识别、风险衡量、风险管理技术选择、风险管理效果评价和风险管理决策等，因此，企业风险管理中的统计应用可以从企业经营管理职能即营销风险管理、财务风险管理、投资风险管理、技术风险管理及经营环境风险管理等角度讨论，也可以从风险管理的基本程序即风险识别、风险衡量和风险管理决策等方面讨论。

风险管理过程中对统计信息技术的需求见表 6-17。

表 6-17　　　　　　　　企业风险管理过程中对统计信息技术的需求

内　　容	对统计的需求	统计技术方法
风险识别	感知风险 分析风险	事故数分析法、风险分析调查法、财务报表分析法、流程图分析法、SWOT 法
风险衡量	损失概率估计 损失程度估计	概率分布、统计推断、类推原理、平均指标、变异指标、回归分析、相关分析
技术选择	控制型技术 财务型技术	
效果评价与风险管理决策	选择决策方案	损失期望值决策法 效用期望值决策法

（1）风险识别。

风险识别是风险管理的第一步，它是指风险主体对所面临的风险以及潜在风险加以判断、归类和鉴定性质的过程。

一般企业的风险识别包括：一是全面发现企业的人员构成和资产分布以及业务活动，即对该单位的人员和资产的构成与分布的全面分析与归类；二是对人和物所面临的和潜在的风险，以及发生风险损害的可能性的识别与判断；三是分析企业所面临的风险可能造成的损失及其形态，即对人和物的风险可能造成的后果与损失形态的归类与分析，如可能发生的人员损失、财务损失、营业损失、费用损失、责任损失等。必须强调的是风险识别不仅要识别所面临的风险，更重要也是更困难的是对各种潜在风险的识别。

风险识别的方法有很多，每一种方法都各有其优、缺点和使用范围。"SWOT"方法是分析识别风险发生状况的有效工具和方法。以分析企业风险为例，S 代表企业内部条件的优势，W 代表企业劣势，O 代表外部环境为企业提供的有利机会，T 代表环境威胁。将上述四项内容组合在一起，可得到一个四象限局阵图（见图 6 – 10）。"SWOT"方法可以通过比较分析企业内部条件和外部环境的相互关系，确定企业风险发生的领域和影响状况。

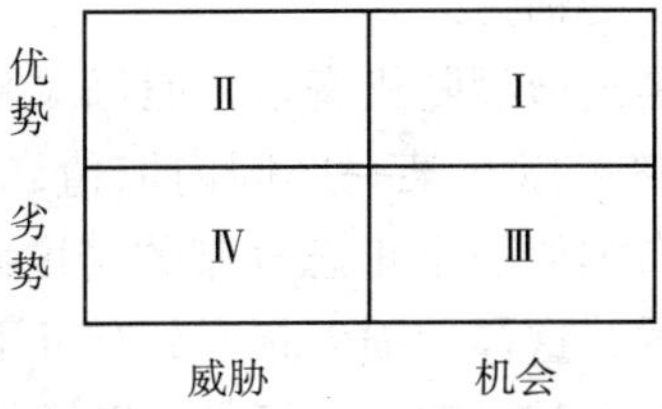

	威胁	机会
优势	II	I
劣势	IV	III

图 6 – 10　SWOT 分析图

从图 6 – 10 可以看出，内部条件和外部条件组合构成四个区域。在第 I 区域，从外部环境看，为企业的发展提供了机会，从内部条件看，企业又正好具备优势条件，此时企业处于最佳经营状态，产生风险的可能性最小，是企业最理想的经营条件。第 II 区域表明，外部环境中存在一些威胁因素，也就是不利于企业发展的因素，但企业内部条件具有优势。如果企业能较好地发挥自身优势，努力克服外部环境带来的一些困难，消除不利影响，企业仍有可能维持较理想的经营环境和条件，产生风险的可能性就可以减小。第 III 区域显示，外部环境存在有利于企业发展的机会，但企业内部条件不佳，此时必须重点抓住有利的外部环境提供的发展机遇，努力改善内部的经营条件、提高内部管理水平，就有可能壮大企业的力量、减小风险发生的可能性。第 IV 区域表明，企业既面临不利的外部环境，又不具备自身内部条件的优势。企业产生重大风险的可能性最大。在进行风险识别分析时，处于这一区域的企业应作为关注和监测的重点。

（2）风险衡量。

风险衡量是指在风险识别的基础上，通过对所收集的大量的详细损失资料加以分析，运用概率论和数理统计，估计和预测风险发生的概率和损失幅度。风险衡量以损失频率和损失程度为主要测算指标，并据以确定风险的大小或高低。

风险衡量要回答的问题是：风险发生的概率（或频数）是多少？会造成多大的损失？风险衡量是对风险识别的深化研究，是其后的风险评价、风险决策和实施各项风险处理技术的基础。

①风险衡量中损失概率的估计。

☆运用二项分布进行估计。公式为：

$$P(X = x) = C_n^x p^x q^{n-x} \quad (x = 0,\ 1,\ 2,\ \cdots,\ n)$$

☆运用泊松分布估计。一般当发生风险事故的单位数 n 很大，事故发生的概

率 p 又很小时，二项分布的计算会很繁杂，此时采用泊松分布更为适宜。

泊松分布的公式为：

$$P(X=x) = \frac{\lambda^x}{x!}e^{-\lambda}$$

②风险衡量中损失程度的估计。

风险事故发生的次数是离散型随机变量，但每次风险事故所导致的损失金额却不可能全部列举出来，它可以在某一区间内取值，因此，它是连续型随机变量。对于一些损失频率分布类似一个正态分布的密度函数图形，即只有一个峰，且图形关于峰是近似对称的，这样的损失频率分布可用正态分布来拟合，并通过正态分布来估计损失金额落在某区间上的概率，以及损失额超过某一数值时的概率。实践证明：每次风险事故所致损失金额服从正态分布。

利用正态分布，一般进行以下计算：

☆损失金额在 $[x_1, x_2]$ 之间的概率。

$$P(x_1 \leqslant X \leqslant x_2) = \int_{x_1}^{x_2} f(x)\,dx = P(X \leqslant x_2) - P(X \leqslant x_1)$$

$$= \Phi\left(\frac{x_2-\mu}{\sigma}\right) - \Phi\left(\frac{x_1-\mu}{\sigma}\right)$$

☆损失金额大于 x_0 的概率。

$$P(X \geqslant x_0) = 1 - P(X < x_0) = 1 - \Phi\left(\frac{x_0-\mu}{\sigma}\right)$$

☆损失金额小于 x_0 的概率。

$$P(X \leqslant x_0) = \Phi\left(\frac{x_0-\mu}{\sigma}\right)$$

☆通过损失概率求损失金额的区间：

$$\int_{\mu-\sigma}^{\mu+\sigma} f(x)\,dx = 68.27\% \ (\mu-\sigma \leqslant X \leqslant \mu+\sigma)$$

$$\int_{\mu-2\sigma}^{\mu+2\sigma} f(x)\,dx = 95.45\% \ (\mu-2\sigma \leqslant X \leqslant \mu+2\sigma)$$

$$\int_{\mu-3\sigma}^{\mu+3\sigma} f(x)\,dx = 99.37\% \ (\mu-3\sigma \leqslant X \leqslant \mu+3\sigma)$$

③企业经营风险的测度。

企业经营风险是指企业在无负债时未来经营收益的不确定性，这种收益不确定性的风险可以用统计中的标准差来测度。

设 P_1，P_2，…，P_n 为企业未来处于某种经营状态或财务结构状态的概率，E_1，E_2，…，E_n 为对应状态下的收益，则未来经营风险或财务风险（R）可以用以下公式求得：

$$R = \sqrt{\sum_{i=1}^{n} (E_i - \bar{E})^2 P_i}$$

式中，$\bar{E}$ 表示各种状态下收益率的均值。

（3）风险管理技术选择。

风险管理技术分为两大类：控制型风险管理技术和财务型风险管理技术。控制型风险管理技术是以避免、消除和减少意外事故发生的机会，限制已发生损失继续扩大的一切措施，其重点在于改变引起意外事故和扩大损失的各种条件，达到减少损失概率、降低损失程度，使风险损失达到最小之目的。这种风险管理技术通常有：风险回避、损失预防与抑制、控制型风险转移等。

财务型风险管理技术是通过事先的财务计划，筹措资金，以便对风险事故造成的经济损失进行及时而充分的补偿，其核心是将消除和减少风险的成本均匀地分布在一定时期内，以便减少因随机性的巨大损失发生而引起财务上的波动。通过财务处理，可以把风险成本降低到最低限度。事实上，从一个较长时期来看，企业的风险都是要由自己承担的，即自我补偿风险损失。财务型风险管理技术通常有：风险自留或承担、财务型非保险转移和保险等。

（4）风险管理效果评价。

对风险管理技术适用性及其收益性情况进行分析、检查、修正与评估称为风险管理效果评价。在某一特定时期内，风险管理技术选择是否最佳，其管理效果如何，需要进行科学的评估。风险管理效益的大小取决于是否能以最小的成本取得最大的安全保障。成本的大小等于为采取某项管理技术所支付的各项费用与机会成本之和，而保障程度的高低取决于由于采取了该项管理技术后而减少的风险（直接损失和间接损失之和）。若前者大于后者，说明该项管理技术是不可取的；若后者大于前者，则该项技术是可取的，但不一定是最佳技术。从经济效益来讲，所谓最佳技术是指在各项可供选择的技术中，下述比值最大。

$$\text{效益比值} = \frac{\text{采取某项技术后减少的风险（直接损失与间接损失之和）}}{\text{采取某项技术所支付的各项费用 + 机会成本}}$$

效益比值越大，说明该项风险管理技术越可取；效益比值越小，说明该项风险管理技术越不可取。但是，在风险管理的实践中，通常不仅要考虑经济性，还要考虑该项技术与整体管理目标的一致性、实施的可能性和有效性，同时由于风险的性质具有可变性，人们的认识水平具有阶段性以及风险管理技术处于不断完善的过程中，因此对风险的识别、衡量、评价乃至技术的选择需要定期检查、修正，使选择的风险管理技术适应变化了的情况，从而保证管理技术的最优使用。

（5）风险管理决策。

决策是管理的核心，任何一项管理活动都离不开决策，决策的科学性和合理性将直接影响管理活动的效果。风险管理决策的内容丰富，并且贯穿于风险管理活动的始终。风险管理目标是风险管理决策的基础和前提，风险管理目标应该也必须体现在决策方法和决策结果中。

风险管理决策就是根据风险管理目标，合理地选择风险处理的技术和手段，进而制订风险管理总体方案和行动措施。通俗地讲，就是从几个被选风险管理方案中进行比较筛选，选择一个最佳方案。

①损失期望值决策法。

损失期望值决策法是以损失期望值作为决策依据，在众多的风险处理方案中，选择损失期望值最小者为最佳。

☆损失概率无法确定时的决策目标及方案。

在损失概率无法确定时，风险决策属于不确定性风险决策，根据决策目标的不同做出决策时存在以下两种不同的决策原则：一是最大潜在损失为最小即"最大最小化"原则；二是最小潜在损失为最小即"最小最小化"原则。

最大潜在损失为最小。在损失概率无法确定的情况下，通常最大潜在的损失即是指风险事故发生时带来的最坏的损失后果。为达到使最大的潜在损失减少到最低限度的目的，须比较各种风险处理方案在最坏的情况下可能出现的最大损失额，以损失额最小者为最优方案。

最小潜在损失为最小。在损失概率无法确定的情况下，通常最小潜在的损失是指风险事故不发生的情况下企业所需要承担的处理风险的各种费用支出和负担。此时，决策者将选择最能节约费用支出和最能减轻风险负担的方案为最优方案。

☆损失概率能够确定时的决策目标及方案。

在损失概率能够确定或者有较大的把握估计时，风险管理者可以将风险事件可能出现的各种损失结果与其相应的概率结合起来，从而确定风险管理目标，比较各种方案的损失期望值，其中损失期望值最小者为最优方案。

②效用期望值决策法。

在风险型决策中，决策者对于风险的态度严重影响着决策方案的选择，我们可以用"效用"来反映决策者对于风险的态度。

所谓"效用"是指决策人对待特定风险事件的期望收益和期望损失所持的独特兴趣、感觉或取舍反应。效用在风险管理决策中代表着决策人对特定风险事件的态度，也是决策人胆略的一种反映。"效用"一般可用效用值指标表示其定量值，效用值采用0与1的界定方法。

决策者个人的主观意愿及态度即"效用"，对决策方案有着直接而重要的影响。不同的人对相同的期望值反应不一定相同，即使是同一个决策人，在不同的时期和不同条件下，对相同的期望值的反应也不一定相同。

☆效用函数与效用曲线。

效用函数是指决策人在某种条件下对不同的期望值所具有的不同的效用值。设 $u(x)$ 表示效用函数，$E[u(x)]$ 表示期望效用，假定某方案有 n 个可能结果 x_i，而每个可能结果发生的概率为 p_i，效用值为 $u(x_i)$。则该方案的期望效用值为：

$$E[u(x)] = \sum p_i \times u(x_i)$$

效用函数关系的曲线称为效用曲线。通常用横坐标表示期望值，用纵坐标表示效用值。效用曲线的形状描述了决策人对待风险的态度和胆略。效用曲线一般有如图 6 – 11 所示的三种基本类型。

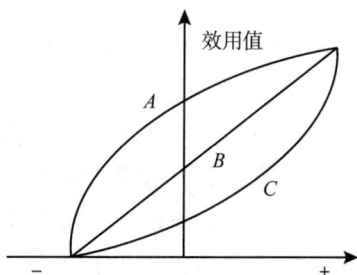

图 6 – 11　效用曲线的三种基本类型

曲线 A 代表了保守型决策人的效用曲线，其中间部分呈上凸形状。这一类型的人对于利益反应比较迟缓，而对损失反应比较敏感，属于一种不求大利、谨小慎微的低度冒险者。他们愿意支付高于损失期望值的费用作为转移风险的代价，绝大部分人的决策行为均属于保守型。

曲线 C 代表了进取型决策人的效用曲线，其中间部分呈下凸形状。这一类型的人对于利益反应比较敏感，而对损失反应比较迟缓，属于一种谋求高利、勇于冒险的高度冒险者。他们常常愿意支付低于损失期望值的费用作为转移风险的代价。

直线 B 代表了中间型决策人的效用曲线。这一类型的人对于风险采取中立态度。由于这类效用函数呈线性关系，因此，效用值最大的方案，也是期望值最大的方案。所以完全可以根据损失期望值大小选择行动方案，属于一种中度冒险者。他们常常愿意支付等于损失期望值的费用作为转移风险的代价。

☆效用理论的应用。

效用值的确定方法与风险管理目标是密切相关的。对效用值的不同规定，将直接影响决策的选择标准。若以可能出现的最小损失结果的效用值定为0，将可能出现的最大损失结果的效用值定为1，其决策目标是以损失期望值最小的方案为最佳方案。相反，若将可能出现的最小损失结果的效用值定为1，最大损失结果的效用值定为0，其决策目标则以期望效用值最大的方案为最佳方案。

效用理论是关于决策个人的心理和行为反映的定性决策理论，其定性分析表现在对于决策者个人主观意愿的测验和反应。因此，效用值通常可采用问卷调查、询问和心理测试等方法获得。

6.6.2 企业财务风险管理中的统计技术

企业财务风险管理是指企业在充分认识其所面临的财务风险的基础上，采取各种科学、有效的手段和方法，对各类风险预测、识别、预防、控制和处理，以最低成本确保企业资金运动的连续连、稳定性和效益性的一种理财活动。企业财务风险管理为企业全面、经济和有效管理风险提供了可能；为稳定企业财务活动，加强资金周转，保证资金安全、完整和增值提供了可能；增加了企业决策的科学性和效益性，是企业经营决策中的数据库和信息库；为企业提供了一个相对安全稳定的生产经营环境；对企业实现和超额实现经营目标、战胜风险、提高效益、增强实力，使企业立于不败之地具有重大作用。

（1）企业财务风险管理的内容。

企业财务风险按照财务活动的基本内容，可分为筹资风险、投资风险、资金回收风险和收益分配风险四种。

①筹资风险。

筹资风险产生的原因主要有以下三个方面：一是投资效益的不确定性，即投资风险的存在。由于竞争激烈，市场形势复杂多变，企业的投资效益就具有一定的不确定性，由此产生筹资风险。二是资金调度的不合理性。资金合理调度，可以相对节约资金占用，使其既能满足生产经营的需要，又能在时间上相互衔接，形式上相互协调，充分发掘资金使用的潜力。资金调度不合理，就会出现相反的情况。三是外汇汇率风险，只有当企业进行外币筹资业务时才发生。企业借入外币进行筹资活动，如果归还时该种外币汇率下降，就会产生汇兑收益；相反，就会产生汇兑损失，这样要使企业以更多的本位币来归还借款。

②投资风险。

投资风险是指投资项目不能达到预期效益，从而影响企业盈利水平和偿债能力的风险。企业投资风险主要由以下三种：一是投资项目不能按期投产，不能盈利；或虽已投产，但出现亏损，导致企业盈利能力和偿债能力的降低。二是投资项目并无亏损，但盈利水平很低，利润率低于银行存款利率。三是投资项目既无亏损，利润率也高于银行存款利率，但低于企业目前的资金利润率水平。

③资金回收风险。

企业产品售出后，就从成品资金转化为结算资金，再从结算资金转化货币资金。这两个转化过程在时间上和金额上的不确定性，就是资金回收风险。在社会主义市场经济条件下，企业一律进入市场，公平竞争。为了搞活经营、扩大销售，各种赊销方法被企业广泛使用。这种情况一方面为企业的发展提供了机遇；另一方面也加大了企业资金回收的风险，大大增强了坏账损失的可能性。

资金回收风险的存在，与国家宏观经济政策尤其是财政金融政策是紧密相关的。在财政金融双紧缩时期，整个市场疲软，企业产品销售困难，三角债务链规模巨大，资金回收困难；而在相反的情况下，资金回收则容易得多。另外，企业资金回收风险的大小也取决于企业决策和管理水平的高低。即使是在财政金融双紧缩时期，个别企业仍然生产经营有序、产品销售兴旺，这说明资金回收风险在一定程度上是可以控制的。企业要避免或减少资金回收风险，首先要求企业必须生产物美价廉、适销对路的产品，并配合一定的营销策略，使产品销售顺利实现，完成由产品资金向计算资金的转变；其次是必须注意评估客户的财务状况、资信状况，加强贷款的催收工作，促使贷款及时回收，完成由结算资金向货币资金的转化。

④收益分配风险。

收益分配是指企业实现的财务成果及利润在投资者之间的分配。收益分配风险是指由于收益分配而可能给企业今后的生产经营活动带来的不利影响。在企业效益有保证，资金运转正常、调度适当的情况下，合理的收益分配，会调动投资者积极性，提高企业的声誉，给企业今后的筹资活动奠定良好的基础。但是，收益分配确认的风险，这种风险有两个来源。一方面是收益确认的风险，即由于客观环境因素的影响和会计方法的不当，有可能少计成本费用，多确认当期收益，从而虚增当期利润，使企业提前纳税，导致大量资金提前流出企业而引起企业财务风险；或者有可能多结算成本，多计有关费用，少确认当期收益，从而虚减了当期利润，影响了企业声誉。另一方面对投资者分配收益的形式、时间和金额的把握不当而产生的风险。如果企业处于资金紧缺时期，却以货币资金的形式对外分配收益，且金额很大，就必然降低企业的偿还能力，影响企业再生产规模；但如果企业投资者得不到一定的投资回报，或单纯以股票股利的形式进行收益分配，就会挫伤投资者积极性，降低企业信誉，股票上市企业的股票价格会下跌，这些都会对企业今后的发展带来不利影响。因此，企业无论是否进行收益分配，也不论在什么时间、以什么方式进行，都具有一定的风险。

（2）企业财务风险管理方法。

企业财务风险管理方法是企业为避免或减小风险，在财务风险预测、防范、处理这一整个连续管理过程中，用来完成财务风险管理任务的手段和基本工具。

①财务风险预测。

财务风险预测就是在风险识别和估量的基础上，确定企业所面临的各种风险以解决这些风险对企业财务造成的影响所运用的方法，包括风险识别方法和风险估量方法。

☆风险识别法：是指在企业生产经营活动中，对其财务活动可能遇到的各种风险信息的搜集整理、风险环境的了解分析及风险特征和类别的区分等。要对尚未发生的风险进行识别，就要经常对企业内外环境进行调查研究，判断各环境因素对企业生产经营活动将产生何种影响，将会发生和可能发生哪些风险损失，这些损失的性质及其产生原因。风险识别的方法通常有暮景分析法、专家预测法、财务分析法、可行性研究等。

☆风险估量法：是指运用统计方法，对已识别的风险进行定量描述，包括各种潜在风险可能造成的损失、发生频数、损失程度以及对企业生产经营、生态环境、社会环境造成的影响等。通过风险估量，为今后财务风险决策、预防和控制以及处理等提供准确依据。风险估量的方法主要有概率估量法、费希尔现行判定法等。

②财务风险决策。

财务风险决策是在财务风险预测的基础上，通过对企业风险的综合评价，为完成决策者所期望的目标而选择一个最佳方案的过程。风险预测是风险决策的基础工作，而风险的防范和处理又都是风险决策的保证环节和善后环节，因此，财务风险决策是整个财务风险管理的中心环节。财务风险决策的正确与否关系到企业的兴衰胜败、生死存亡；正确的财务风险决策是企业在复杂多变、险象环生的环境中得以生存发展的基石。财务风险决策的主要方法有决策树法、最大期望收益值法、边际分析法、贝叶斯风险决策法、效用函数决策法、马尔科夫分析决策法等。

③财务风险防范。

财务风险防范就是企业在识别风险、估量风险和分析风险的基础上充分预见、有效控制风险，用最经济的方法使财务风险可能导致的不利后果减少到最低限度的管理方法。企业财务风险防范就是要使财务风险不影响企业的生产经营活动，不影响企业的效益。这就包含两方面内容：一是要在财务风险发生以前，采取各种措施最大限度地防止风险的发生或者把风险控制到最低程度，即财务风险的预防；二是对于企业无能为力、不能预防的财务风险，要采取控制措施，力求在财务风险发生后把风险损失降至最小，或者通过其他途径把风险损失弥补回来，或者尽快恢复企业正常生产经营活动，减少风险损失，即财务风险的控制。财务风险防范的主要方法有以下几种。

☆风险逃避：就是对超过企业风险承受能力的财务活动加以逃避，即停止实施有风险的财务活动项目。这是一种消极办法。

☆风险转嫁：就是企业把具有风险的财务活动采取保险、转包、转让、转租、签订远期合同等方法把风险转嫁给其他单位承担。

☆风险分散：就是企业通过联营、合并等多方位多元化经营方式来扩大规模，运用规模经济来分散企业财务风险，以盈助亏，以优补劣。

☆风险自留：就是企业根据国家财务会计制度规定，按照稳健性原则，在企业内部建立风险基金，如偿债基金、坏账基金、短期投资跌价准备、长期投资减值准备等，来预防风险损失，增强对风险的抵抗力。

④财务风险处理。

财务风险处理是对企业为预防和控制财务风险而发生的一切支出以及由于财务风险的出现而引起的损益进行核算和分配，并借以考核企业财务风险管理绩效。它由风险会计核算和风险财务损益处理两方面构成。

☆风险会计核算：是对财务风险管理中所发生的有关费用进行归集，对风险成本和风险收益进行计算，通常有：

$$风险成本 = 风险预防控制费用 + 直接净损失 + 间接净损失$$

$$风险收入 = 最终实际实现的企业经营利润 - 相对无风险状态下企业预计可实现利润$$

☆风险损益核算：是风险收入与风险成本的差额，正数为风险收益，负数为风险损失。对于风险收益，企业在财务上应合理分配，积累资金，增强企业实力；对于风险损失，企业要积极调拨资金进行财务补偿，包括向有关责任人、单位、保险公司索赔或运用企业风险基金等。此外，财务风险处理还包括财务风险管理机构的调整，业务分工及各财务部门、各财务单位人员职责的明确，各种减灾防损措施、安全技术手段的落实等。总之，要做到财务风险管理的人力、物力的合理搭配。

（3）企业财务风险预警中的统计技术。

通过财务预警机制，企业可以监测生产经营实际情况与企业预定目标、计划、标准的差距及其原因，根据企业的运营情况对企业的弊端进行针对性的诊断，更正企业中影响生产经营目标实现的念头促使财务活动回到良好的轨道上来。

①单变量模型。

单变量模型是运用单一财务比率来预测财务风险的模型。常用的三个比率为：一是现金流量/债务总额；二是净收益/资产总额；三是债务总额/资产总额。单变量模型的局限性在于，它不能具体证明公司破产的可能性和确定破产的时间。

②多变量模型。

多变量预警模型是一种综合评价企业财务风险的方法，该模型选取一系列财务指标，将选定的指标数值输入模型当中，根据计算结果判定企业面临财务失败和破产的可能性。多变量模型中运用最广泛的是多元线性函数模型。

多元线性函数模型有数种之多，但最早也最有影响力的要数美国学者Altman于20世纪60年代中期创建的Z记分（Z-score）模型。其基本公式为：

$$Z = 1.2X_1 + 1.4X_2 + 3.3X_3 + 0.6X_4 + 0.999X_5$$

式中，Z是判别函数值；$X_1 \sim X_5$是Altman所选项的5个比率，它们分别是：营运资金/资产总额；息税前利润/资产总额；权益的市场价值/负债账面价值总额；销售收入/资产总额。

一般地，Z值越低企业越有可能破产。Altman还提出了判断企业破产临界值，用于判断企业的财务状况处于何种状态。

③多元Logistic模型。

多元Logistic模型的目标是寻求观察对象的条件概率，从而据此判断观察对象的财务状况和经营风险。假定企业破产的概率为$p(0 \leqslant p \leqslant 1)$，破产和财务绝对安全时的$p$值为1或0，令$X_i$分别为可用来测算企业失败可能性的财务比率，假定变量关系满足Logistic模型，则以下等式成立：

$$p = \frac{1}{1 + \exp(-a - b_1X_1 - b_2X_2 - \cdots - b_nX_n)}$$

先根据多元线性模型确定企业破产的Z值，然后推导出企业破产的条件概率。通过计算确定p值，如果p值大于0.5，表明企业破产的概率比较大，可能判定企业为即将破产类型；如果p值低于0.5，表明企业财务正常的概率比较大，可以判定企业财务正常。

多元Logistic模型建立在累计概率函数的基础上，不需要严格的假设条件，克服了线性议程受统计假设约束的局限性。但其计算过程比较复杂。

6.7

现代企业技术创新管理中的统计技术

技术创新是企业家抓住市场的潜在盈利机会，以获取商业利益为目标，重新组织生产条件和要素，建立起效能更强、效率更高和费用更低的生产经营系统，从而推出新的产品、新的生产（工艺）方法、开辟新的市场、获得新的原材料或半成品供给来源或建立企业的新的组织，它是包括科技、组织、商业和金融等一系列活动的综合过程。

对企业技术创新活动可以从不同角度进行分类，参考联合国教科文组织对科技活动的分类，可分为研究与试验发展（R&D）、研究与试验发展成果应用及相关的科技服务三类活动。从创新活动的对象来看，可分为产品创新、工艺创新及相关的市场创新三大活动。从技术创新的过程来看，分为新产品的研制、新工艺和新方法的研制、中间试验、试生产、市场研究和营销等五个环节。

6.7.1　企业技术创新管理中的统计应用

对企业技术创新的定量测度是既重要又困难的问题。企业技术创新活动是企业发展中最重要的活动之一，加强对技术创新的管理，需要明确技术创新过程中的各个组成部分及其相互关系，对技术创新投入、活动、成果和经济效果进行量化分析，对技术创新绩效进行评价，或对企业技术创新能力进行综合分析。因此，企业技术创新管理中的统计应用主要有如下三个方面：企业技术创新统计指标体系设计，企业技术创新统计调查，企业自主创新能力评价。见表6－18。

表6－18　　　　　　　　企业技术创新管理中的统计技术应用

技术创新中的统计项目	研究重点	主要统计方法技术
技术创新统计指标体系设计	技术创新统计内容 技术创新统计指标体系构成	统计分组法、统计指标法、专家意见法、相关分析法
技术创新统计调查	创新经费投入、创新人力资源、创新活动过程、创新活动成果、创新经济效果	全面调查法、抽样调查法、科技管理文件调查法、网络调查法、关键事件分析法
自主创新能力综合评价	技术创新能力指标体系 技术创新能力综合评价	综合指数法、主成分分析法、因子分析法、聚类分析法

6.7.2　企业技术创新统计指标体系

企业技术创新是实现企业发展战略的重要步骤，对于提高企业综合竞争能力，实现企业可持续发展具有不可替代的作用。因此，企业技术创新统计成为企业经营管理统计的重要组成部分，为企业决策机构制定技术创新发展规划、政策和措施，确定科技发展的目标、方向，选择技术攻关的重点领域和项目等提供科学依据。另外企业技术创新统计可以全面、准确、及时地反映企业科技活动的规模、水平、速度、结构和效益，为政府科技统计提供准确的基础资料。在对技术创新含义和分类的研究基础上，对企业技术创新统计内容设计见图6－12。

```
┌─────────────┐   ┌─────────────┐   ┌─────────────┐   ┌─────────────┐
│  创新投入统计  │   │  创新活动统计  │   │  创新成果统计  │   │  创新效果统计  │
├─────────────┤   ├─────────────┤   ├─────────────┤   ├─────────────┤
│  创新人力投入  │   │  研究与开发   │   │   新产品     │   │  创新收益    │
│  创新财务投入  │   │  工艺创新    │   │  专利和技术   │   │  成本降低    │
│  创新装备投入  │   │  技术合作    │   │  技术成果交易  │   │  环境保护    │
│            │   │  相关市场营销  │   │            │   │            │
└─────────────┘   └─────────────┘   └─────────────┘   └─────────────┘
```

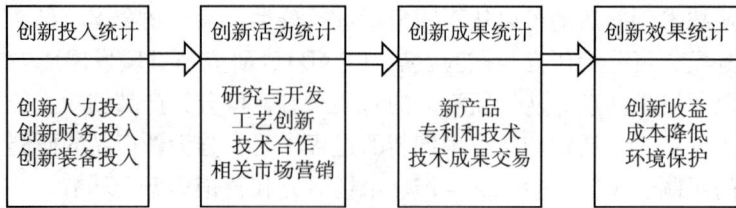

图 6 – 12　企业技术创新统计内容

　　企业技术创新统计指标体系基本上可按照投入—活动—产出（分为直接成果和经济社会效果）的主线设计，分为技术创新投入、技术创新活动、技术创新直接成果、技术创新经济与社会效果四大部分，这四个部分既相互独立，又相互联系、相互补充，从不同的侧面系统完整地描述企业技术创新活动过程的全貌。具体内容见表 6 – 19 所示。

表 6 – 19　　　　　　　　　　　　　企业技术创新统计指标体系

一级指标	二级指标	三　级　指　标
技术创新投入	技术创新人力投入	合格的科技人员数、科技活动人员数、研究与发展（R&D）活动人员数；科技人员占全部人员数比重，技术开发人员比重，科技人员中科学家和工程师的比重；科技人员平均受教育年限、员工平均受教育年限
	技术创新财力投入	科技经费投入规模及构成：科技活动经费筹集总额及来源构成、企业科技活动经费支出总额、企业 R&D 经费支出、新产品开发经费支出、为生产新产品和应用新工艺发生的培训费支出、新产品试销费用、科技活动经费外部支出科技经费投入强度：企业科技经费支出占销售收入的比重、企业 R&D 支出额占销售收入的比重、企业科技经费投入占企业总费用支出的比重、企业职工人均科技经费支出、企业科技人员人均科技经费支出、技术改造的投资占全部固定资产投资的比重、企业科技经费支出与企业利润总额的比率
	技术创新装备投入	研究与开发设备总值、员工人均固定资产净值、科技人员人均科技装备、新设备总价值、信息技术设备总值所占比重、设备新度系数、科技装备利用率
技术创新活动	研究与开发	企业技术中心拥有固定资产总值、新产品开发项目总数、新产品开发项目完成数、研究与开发项目经费总值、研究与开发项目经费增长率
	工艺创新	技术改造：设备技术改造数、设备技术改造率 技术开发：完成技术开发合同数、技术开发合同履约率
	技术合作	技术合作单位数、技术引进项目数、技术引进项目总值
	营销活动	新产品推广活动总投入、新产品营销人员数、新产品销售费用

一级指标	二级指标	三　级　指　标
技术创新直接成果	新产品	新产品品种数、新产品产量、新产品产值、新产品产值率、新产品的品种替代率、新产品销售收入、新产品实现利税
	专利和专有技术	专利申请数、专利批准数、拥有发明专利数、专利成长率
	技术成果交易	科研产品销售收入、技术转让收入、科技服务收入、技术转让收入占企业总收入的比重、技术入股收入
技术创新经济与社会效果	创新收益	新产品销售收入、技术创新产品的销售收入、技术创新直接增加的利润、单位技术创新投入的新产品销售收入、单位技术创新投入新增加的利润
	成本降低	技术创新引起的单位成本降低率、单位产值能源消耗及其降低率
	环境保护	环境保护技术支出、环境保护总投资、技术改造减少的"三废"排放量、技术改造节水量

6.7.3　企业技术创新统计调查

企业技术创新统计调查是从国家或地区企业总体的角度提出的研究项目。完善企业技术创新统计调查，对于加强企业技术创新研究和宏观管理具有重要意义。我国科技统计体制目前已经初具体系，但是无论是调查内容还是调查方式，对技术创新的调查反映得不够全面系统，难以及时、准确地研究和评价企业技术创新活动过程和效果。目前的科技统计中对企业技术创新统计，只限于规模以上企业，其他企业特别是中小型企业和民营企业的技术创新活动没有包括在内，统计调查内容主要是投入和产出两个方面，对技术创新活动和经济效果基本很少反映，调查方法主要采用全面统计报表，虽然具有连续性和便于积累资源的优点，但灵活性和适应性较差。这里从企业技术创新统计调查内容和调查方法两个方面进行进一步讨论。

（1）企业技术创新统计调查内容。

企业技术创新环境：包括投资环境、生活环境、政策环境和法律环境等。这部分内容中有一部分可以直接量化调查，如交通通讯设施、绿化面积和环境质量等，但还有许多偏于定性的内容需要通过对企业或投资者进行调查才能得到结果。

企业技术创新活动基本情况：开展技术创新企业的数量及其占全部企业数比重、开展 R&D 活动的企业数和比重、实现技术创新活动的企业数及其占开展技术创新企业数的比重；大中小型各类企业开展技术创新活动、R&D 活动及实现企业技术创新的情况；按经济类型分类的各类企业开展技术创新活动、R&D 活动及实现企业技术创新的情况。

企业技术创新投入：创新经费来源和投入、创新人力资源、创新设备投入。

企业技术创新活动过程：企业技术创新活动项数，平均每家企业技术创新活动项目，其中新产品创新项数、工艺创新项数；按企业规模分类、经济类型分类统计情况等。

企业技术创新产出：技术成果、经济社会效果。在企业技术创新的技术成果方面，有新产品、专利和专有技术、技术成果交易等，在企业技术创新的经济社会效果方面，有创新收益、成本降低、环境保护等。

（2）企业技术创新统计调查内容和调查方法。

全面调查法、抽样调查法、科技管理文件调查法、网络调查法、关键事件分析法。

全面调查法：普查（结合在经济普查中）、统计报表。全面调查主要用于一次或定期（每年）组织的调查，调查对象仅限于大中型企业和少数重要行业（高新技术产业、现代制造业等），不能经常采用。调查项目只能用于最基本的技术创新投入、产出指标。

抽样调查法：具有灵活、及时的优点。对于更广泛的企业技术创新，包括中小型制造企业、民营企业、三资企业和服务业、农业等行业，更适合采用抽样调查方法。调查周期和调查行业都可以选择。建议政府科技统计部门或政府统计调查部门制定年度企业技术创新抽样调查规划，对更广泛的企业技术创新活动进行系统的调查，搜集比较全面系统的企业技术创新统计数据。

科技管理文件调查法：我国各级政府管理部门、特别是科技管理部门掌握着许多企业科技活动的资料，但是由于资料比较分散，没有形成系统的统计数据。如果是为了掌握企业技术创新的基本情况，可以通过有关部门的科技管理文件进行整理得到基本统计数据。

网络调查法：用于分析公众对技术创新的认识程度、创新的人文社会环境调查等。由于现代网络普及很快，基本上全国大部分大中城市居民都能上网，可以借助公众网实施网上问卷调查，以了解各地区公众对企业技术创新认识情况和创新的社会环境情况。

关键事件分析法：适用于重大技术创新事件调查、经济社会重大技术应用事件和与技术相关重大社会问题事件等调查分析。如信息技术领域的重大技术突破、医疗卫生领域的重大事件（SARS 病毒及其相关技术研究）、企业重大环境污染事件等。调查方法主要是通过对各种新闻报道资料和政府相关部门掌握的情况调查汇总，分析企业技术创新面临的挑战和未来技术创新趋势。

6.7.4　企业自主创新能力综合测度方法

（1）企业自主创新能力的含义。

企业自主创新能力是一种技术创新能力，是经济区域内以企业为主体的创新组织围绕市场需求进行知识创新，并将知识转化为新产品、新工艺、新服务的综合能力。自主创新能力在三个方面与区域创新能力有明显区别：一是自主创新能力强调以我国为知识创新主体，对于引进的知识不能作为创新；二是在技术创新层面，突出强调技术创新的"自主特征"，对于引进技术的直接运用和国外技术的简单模仿均不在"自主创新"的范围内；三是对伴随着企业技术创新过程的相关组织网络和管理创新适当纳入考察的范围，因为这也是构成自主创新能力的重要一环。

在技术创新体系中企业、科研机构和高等院校是三个基本的创新主体，在计划经济时代，科研机构担当了技术创新的主角，但是在市场经济条件下，企业成为市场经济的主体，自然企业也就成为自主创新的主体。企业为了提高生产率或利润，可以进行各种各样的创新活动，要全面测度企业创新的方方面面，既是不可能的，也是不必要的。我们重点关注企业在产品和过程两个方面的自主创新活动。

企业的技术创新有创新程度的高低和影响范围的大小之分。有的创新活动影响很大，超出了国家的范围；有的创新活动只是在企业层面，对本企业是创新，但对整个行业并不是创新，这可以归类于技术创新的扩散。从创新程度上看，有的技术创新成果是全新的，有的可能只是在技术或产品细节上改善。只要能够带来市场效果，都可归于技术创新的范畴。相对于一般意义上的技术创新，企业自主创新，更加强调创新的影响范围和程度，越是影响范围广泛的，越是创新程度高的，越是符合自主创新的本质含义。那些影响较小和创新程度较低的技术创新活动，可以归类到自主创新的周围活动，是本质意义上的自主创新活动的带动效果。

（2）企业自主创新能力的系统结构。

自主创新能力既不是单个企业的技术创新能力，也不是区域内所有企业技术创新能力的简单加总，而是在区域创新体系内以企业为主体的技术创新条件及实现能力的综合水平。自主创新能力是一个经济、技术、社会有机结合的系统，因此，对自主创新能力的测度也必须从系统的角度进行研究，首先找出其系统结构，理出系统组成部分的各个关键节点，然后建立自主创新能力测度指标体系，运用综合测度模型，对各区域自主创新能力进行测度和评价分析。

企业自主创新能力涉及两个层次的问题：一是企业层面的创新；二是区域层面的创新。企业创新是形成企业自主创新能力的关键，而区域创新是企业自主创新能力的平台。区域层面的创新，除了以企业创新为核心外，还包括企业创新的外部因素，如技术、知识的转移、科学技术基础和创新的制度环境。技术、知识的转移需要有创新的网络，科学技术基础依赖于其他创新主体以及与企业之间的相互作用，创新的制度环境主要指一种适合创新的文化土壤。因此，企业自主创新能力的系统结构是一个以企业创新能力为核心，由创新主体（企业、研究机构、高等院校）、创新网络和创新环境共同构成的完整体系（见图 6 – 13）。

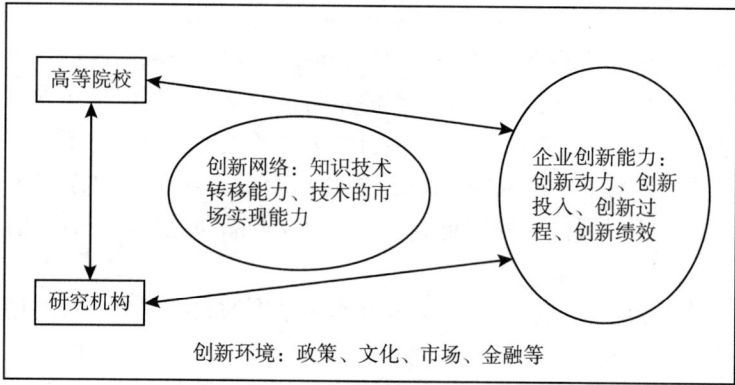

图 6 – 13　企业自主创新能力的系统结构

企业自主创新能力可以从国家、区域、企业多个层次进行测度。但是对国家层次的测度，可比性是个难题，因为不同国家在技术创新方面的历史积累和现实差距巨大，特别是各国制度文化特点根本不具有可比性。所以，如果从国家层次进行测度，从时间序列分析角度进行测度可能更为恰当，可以用来比较同一国家的企业自主创新能力在不同阶段的动态变化。

对地区层次的测度是企业自主创新能力测度的主要形式，可以分别从省级区域、市级区域、县级区域三个层次进行。从我国经济管理特点看，省级经济区域具有相对独立性，是最合适的测度层次，因为无论是政策制度、还是人文环境，无论是市场体系、还是企业间的联系，省内呈现出较强的共同性、省间则呈现出较大的差异性。城市级区域是个中间性层次，其企业自主创新能力的测度分析，对于各省内区域经济管理和制定技术创新政策有参考价值。还可以从单个企业比较角度进行测度，但主要适用于大型企业和企业集团。

（3）企业自主创新能力综合测度模型与方法。

根据对企业自主创新能力系统结构的分析，由于系统自身已经比较复杂，从方便定量分析的角度考虑，可以选择多指标综合测度模型及多元统计分析评价模型（主成分分析、聚类分析）作为基本的测度方法。

①多指标综合测度模型。

以自主创新能力测度指标体系为基础，搜集各地区有关数据，确定各指标及各子层指标权重、选择合适的无量纲化方法及综合模型，最后得到自主创新能力综合指数。对企业自主创新能力的测度，权数的确定是重要的一环，建议采取主观与客观相结合的定权方法，如德尔菲法、层次分析法等。对企业自主创新能力综合测度模型，以综合指数法最为常用，企业自主创新能力综合测度模型公式如下：

$$I = \sum_{i=1}^{n} w_i \left(\sum_{j=1}^{m} u_{ij} y_{ij} \right)$$

式中，y_{ij} 为第 i 层第 j 个测度指标值；u_{ij} 为对应的指标权重；w_i 为第 i 层权重；I 为企业自主创新能力综合指数。

对于指标的无量纲化可以采用统计标准化方法。

②多元统计分析模型。

多元统计分析模型，有主成分分析模型、聚类分析模型之分。多元统计分析模型的优点是可以忽略指标间的重复信息问题，而且不需要主观确定指标权重，其缺点是不利于对测度结果的分析解释（具体内容参见相关统计专业书籍）。

（4）企业自主创新能力的测度指标体系。

①自主创新能力的测度指标体系构建思路。

企业创新能力是自主创新能力的核心，因此，测度重点应放在企业创新能力上。单纯的企业创新过程是不存在的，企业创新必然伴随着企业与企业之间、企业与其他创新主体之间的互动和交流，创新网络对于完成知识交流和技术的转移起着重要的作用，各个创新主体共同生存于一个更大的制度环境中，与自主创新相关的制度文化因素也是考虑的对象。

对于测度指标的选择，既要考虑目前我国技术创新测度实现的难度，但又不能限于已有数据，应当具体有导向性，能够协助数据调查部门指出创新调查的重要方向。对于不能进行直接量化的指标，可以通过调查方式进行量化。

根据对自主创新能力系统结构的分析，建立自主创新能力测度指标体系的结构见图 6 – 14。

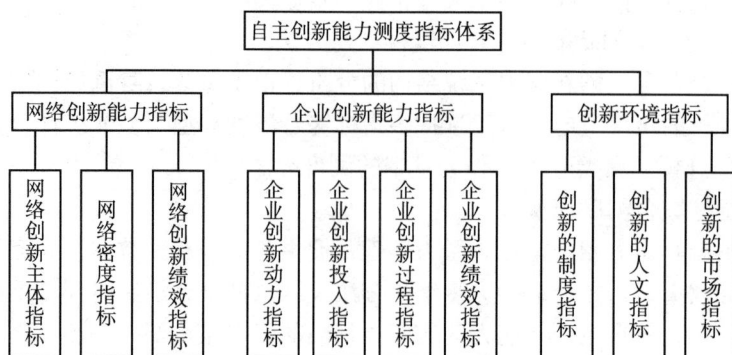

图 6 – 14　企业自主创新能力测度指标体系结构

②企业自主创新能力测度指标体系具体内容。

☆企业创新能力测度指标。

企业创新能力指标包括创新动力、创新投入、创新过程、创新绩效四个方面（见表 6 – 20）。

☆网络创新能力测度指标。

表 6 – 20　　　　　　　　　　　　企业创新能力测度指标

二级指标	内　　　容	具　体　指　标
创新动力指标	企业家的创新精神	企业家的学习时间、企业家的战略意识强度、企业家的决策方式（民主程度）、企业家任现职的年数、新注册企业数增长率
	企业家的创新能力	企业家的信息费用、企业家的年收入增长率、企业家的平均年龄、企业家对员工创新的重视程度、企业家的文化程度、本地企业到其他地区投资占总投资的比例、拥有国外分支机构的企业数比例
创新投入指标	创新经费投入	企业科技经费支出占销售收入比例、R&D 经费支出占销售收入比例、企业技术改造投资占固定资产净值的比例、与创新有关的培训支出占人力资源总成本的比例、企业市场推广费用占销售费用的比例
	创新人力资源投入	企业科技人员占全部员工的比例、企业科学家和工程师占企业员工的比例、企业管理人员平均年龄、企业科技人员报酬与员工平均报酬的比例、企业员工培训比例

二级指标	内　　容	具　体　指　标
创新过程指标	开发、设计制造、市场开拓	职工人均专利申请数、职工人均专利拥有数、专利效率（新批专利数量与 R&D 经费支出比例）、专利成长率、新产品开发项目数、参加科技项目人员时间占全部劳动人员时间比例、员工人均合理化建议数，员工合理化建议采纳比例、员工创新参与率、固定资产新度系数、企业质量成本占全部成本的比例、设备技术改造率
创新绩效指标	以市场实现原则测度创新产出	新产品产值率（可以分别从企业新产品、行业新产品、区域或全国新产品三个层次计算）、创新产品出口额占总出口比例、劳动生产率的提高、投资收益率的提高、市场占有率的提高、人均劳动报酬增长率、单位成本降低率、技术转让收入占销售收入比例、在国内外其他地区投资收益占全部利润比例

网络创新能力指标包括网络创新主体、网络密度和网络绩效三个方面（见表 6 - 21）。

表 6 - 21　　　　　　　　　　网络创新能力测度指标

二级指标	内　　容	具　体　指　标
网络创新主体指标	企业、高等院校和科研机构以及这些机构的科技人员	有创新活动的企业比例、新注册企业比例、有新产品上市的企业比例、拥有技术中心的企业比例、高等院校和科研机构与企业数的比例、每万人科技活动人员数、企业技术中心占全部研究开发机构比例、企业科学家和工程师占全部科学家和工程师数的比例、面向创新投资的金融机构数、风险投资企业比例、上市企业占全部企业比例、高新技术企业产值占全部企业产值比例、科技型中小企业占全部企业比例
网络密度指标	创新主体之间能够方便地进行学习、互动程度	技术中介机构数量及服务质量评价、每万人拥有国际互联网用户数、开展电子商务的企业占全部企业比例、高新技术园区产业集中度、产业集群平均企业数、产业集群平均企业产值、产业集群企业产值占全部产值比例、实现信息化的企业比例、信息服务企业比例、专著论文数量及增长率、服务业产值占地区生产总值比例、城市化水平、主要城市间交通平均时间
网络绩效指标	创新主体之间实现交流、互动和交换的程度	技术市场的成交额占企业销售收入比例、企业委托开发经费占销售收入比例、平均每个企业完成技术开发的合同数、购买国内技术经费支出占全部科技经费支出比例、技术创新贷款占金融贷款比例、技术人员的可流动性、风险投资增长率、技术开发和转让合同增长率、国内创新主体专利费和特许费收入增长率、国内创新主体专利费和特许费收入与对国外支付的专利费和特许费比例、风险投资收益率、不同单位合作研究成果占全部成果比例、高等院校（科研机构）来自企业科研费用占全部科研费用比例、大中专毕业生就业率、国家级创新成果形成的产业产值占全部产值比例

☆创新环境测度指标。

创新环境测度指标包括创新的制度环境、人文环境指标和市场环境指标三个方面（见表6-22）。

表6-22　　　　　　　　　　　　　　　创新环境测度指标

二级指标	内　　容	具　体　指　标
创新的制度环境指标	政府对创新的政策支持、政府决策的透明度、其他有利于创新的制度	财政支出中科技经费支出比例、财政支出中教育经费支出比例、企业家对技术创新政策的满意程度、技术密度产业的产值比重、供应商的专业化程度、政府电子政务实现程度、地方政府在技术创新上税收优惠占税收收入比例、知识产权保护力度、风险资金筹集难易程度、社会保障程度等
人文环境指标	指有利于创新的文化气氛和人员整体素质	公众的科学素质指数、每万人口中大专以上人数、企业职工平均工资与政府公务员平均工资比例、非本地籍人才占全部人才的比例、企业员工持股的人数占全部职工比例、劳动者每年学习时间、人均公共图书馆藏书数等
市场环境指标	市场主体多元化、创新产品市场潜力、要素市场的完善程度	非国有企业数比例、金融机构贷款与存款比例、人均消费水平增长率、出口增长率、垄断性产业产值占地区生产总值比例、用人单位评价的人才易得性、外来投资（包括外商投资和外地企业投资）增长率、专业批发市场销售额与社会商品零售额比例等

6.8

现代企业综合评价中的统计技术

企业综合评价又称为企业多变量综合统计评价或企业多指标综合统计评估。它是根据评价目的，采用适当的统计方法，通过建立企业综合评价指标体系，对企业整体生产经营状况或某个重要方面进行的系统性评价。现代企业综合评价主要适用于大型企业和企业集团，一方面可以对企业集团内部各个企业进行评价比较；另一方面可以参与同一行业（或地区）的评价比较，为分析企业在行业或地区中的竞争地位提供参考依据。

6.8.1　企业综合统计评价的基本思路

（1）根据企业综合统计评价的目的，选择若干个指标，建立综合指标体系。

建立综合统计评价指标体系应遵循以下原则：科学性、全面性、灵敏性、简约性、实用性。

综合统计评价指标的筛选方法有：一是经验判断法。即根据经验，对于意义相似的指标，选择其中一个主要指标作为此类指标的代表来反映现象发展变化的某幅度却极为相似的指标，可根据精简性、实用性等原则，删除其中某些次要指标。二是数学分析法。即用某种数学方法，对指标之间的相似性进行判断，进而将大量的指标合并为若干类，再从中进行筛选。当前应用最为广泛的方法是系统聚类分析法。

（2）根据评价指标体系的要求，做好数据的收集和积累。

统计数据资料的搜集、整理、积累是统计评价的重要一环。所评价企业基础资料的真实性，是评价结论客观、公正、准确的基本保证。

（3）对不同计量单位的指标数值进行同度量处理。

组成综合统计评价指标体系的各指标计量单位是不相同的，无法进行综合汇总。为了解决这一问题，最常用的方法是确定评价指标体系各指标的评价标准，亦即各指标的比较标准，然后，用各指标的实际值与相应的标准值进行比较，得出能直接汇总的相对数。这种方法被称为相对化处理法。在指标体系中，有正指标和逆指标之分。正指标用公式 X_i/X_m 处理，逆指标用公式 X_m/X_i 处理。

标准值要根据评价分析的目的确定，常用的有以下几类标准：

☆计划标准。若评价分析的目的是说明计划完成情况，可选择计划数值作为标准值。值得注意的是，此时的计划指标必须具有较高的科学性。

☆动态标准。若对一个企业的生产经营进行综合动态分析，说明该企业生产经营的提高情况，可选择本企业前一时期、上年同期、历史最高水平时期、某一基准时期的数值作为标准值。

☆平均标准或最优标准。若评价的总体包括若干个企业，通过综合统计评价分析来说明各企业的水平高低或排序，可选择某一时期所有参评单位的平均值或最优值作为标准值。

☆行业标准、国家或国际标准。若评价分析的目的是说明一个企业或若干个企业在行业内、全国、国际上所处的地位与差距，可选择行业所处的地位与差距，可选择行业标准、国家或国际上同类指标的一般水平、先进水平作为标准值。

另外，指标同度量处理还有打分法、功效系数法、标准化法等。

（4）确定指标体系中各指标的权数，以保证评价的科学性。

在综合统计评价分析中，各指标的作用是不同的，有的指标包含的信息量大，对反映的问题敏感性好，其地位的重要程度大于其他指标。指标的权数正是权衡各项评价指标在评价指标体系中的作用、地位和重要程度的数值。为了评价分析的科学性，必须对不同指标赋予不同的权数。科学确定权数的方法主要有：

☆经验判断法。这种方法是分析人员自己或邀请具有丰富管理经验的企业经营管理专家，采用开会讨论的方法，在深入分析各项指标对所评价问题的重要程度后，共同研究确定各项指标的权数。

☆专家咨询法。也称德尔菲法。这种方法是采用发函咨询的方法，请各位专家对各指标的权数独立判断，提出自己的意见；将专家们的意见收回加以整理、归纳、综合，再反馈给各位专家，再次征求意见；经过三四次循环，最后取得对权数的比较一致的意见。

在综合统计评价中，一般规定各指标权数之和等于 1 或 100%，用 W_i 表示。

（5）对指标进行综合汇总，计算综合评价值。

综合汇总的方法主要有加权平均法、直接汇总法、综合指数法等。

6.8.2 企业综合评价统计指标体系

现代企业综合评价的主要内容有：企业经营绩效综合评价、企业经济效益综合评价、企业技术创新能力评价、企业市场竞争能力评价等。

（1）企业经营绩效综合评价指标体系。

企业经营绩效综合评价是指对企业在一定时期内整体经营状况的综合评价，也可以称为综合实力评价。具体内容包括五个方面：规模实力、营运能力、盈利能力、发展能力和财务实力（见表 6-23）。

表 6-23　　　　　　　　　　企业经营绩效综合评价指标体系

经营绩效	指 标 名 称
规模实力	主营业务收入、资产总额、利润总额
营运能力	市场占有率、流动资产周转率、产品销售率、万元产值能耗、出口收入占全部收入比重、产品质量损失率（逆指标）、劳动效率、环境污染成本占主营业务收入比重（逆指标）
盈利能力	净资产收益率、总资产报酬率、成本费用利润率、单位工资的利润
发展能力	净资产增值率、主营业务增长率、利润总额增长率、总资产增长率、固定资产新度系数、新产品产值率、R&D 投入占主营业务收入比重
财务实力	资产负债率（逆指标）、流动比率、已获利息倍数、应收账款周转率、银行评价的信用等级

（2）企业经济效益综合评价指标体系。

企业经济效益，是指企业在一定时期内经营活动中投入与产出的比率。其中，投入是指企业在生产经营过程中所消耗和占用的人力、物力和财力；产出是指生产经营活动的成果，有货物和服务的数量、总产值、增加值等。提高经济效益，就是要在一定条件下，用同样多的投入获得最大的产出，或者说，用最少的投入获得同样多的产出。各企业根据行业特点建立反映生产经营效果的经济效益综合评价体系。制造业、服务业、建筑业企业经济效益综合评价体系有所不同。表6-24是制造企业、贸易企业和建筑企业的经济效益评价指标体系对照。

表6-24　　制造企业、贸易企业和建筑企业的经济效益综合评价指标体系对照

企业类型	制造企业	贸易企业	建筑企业
指标体系	总资产贡献率 净资产收益率 资产保值增值率 资产负债率（逆指标） 流动资金周转率 成本费用利润率 全员劳动生产率 产品销售率 万元产值能耗	总资产贡献率 资产保值增值率 资产负债率（逆指标） 流动资金周转率 商品流通费用率 全员劳动生产率 费用利税率 销售收入利润率 商品平均缺货率（逆指标） 消费者满意度	总资产贡献率 资产保值增值率 资产负债率（逆指标） 全员劳动生产率 流动资金产值率 产值利润率 成本产值率 万元产值能耗

6.8.3　企业综合统计评价方法

企业综合统计评价方法有广义和狭义之分。广义的综合评价方法指从确定指标体系到计算出综合评价值，根据统计综合评价值进行分析和排序全过程的方法。狭义的综合统计评价方法仅指根据已确定的指标体系和权数得出综合评价值的具体方法。

（1）打分综合法。

打分综合法的原理是：先将每一项评价指标的实际值与基础值（或其他标准值）进行比较，确定每一项指标的得分。凡是实际值好于标准值的计100分；实际值与标准值持平的计50分；实际值劣于标准值的计0分。然后将各单项得分加权平均求出（类）总得分，总得分的多少综合说明评价单位整体状况的优劣及其在全部被评价单位中的相对地位。

运用打分综合法进行综合统计评价的主要计算公式如下：

$$企业综合评价（类）总得分 = \frac{\sum\left[某项（类）指标得分 \times 该项（类）指标权数\right]}{\sum 该项（类）指标的权数}$$

值得注意的是，打分综合法这种方法操作计算简单，但由于按各项指标的变动幅度进行赋分，实际操作中，如果缺乏针对性或没有可比性等综合考虑，很容易出现"鞭打快牛"的现象。对那些基础好、水平高的企业由于其指标改善难度大，其评价总分数往往由于低于基础差、水平低、指标改善相对容易的企业。另外，按各项指标的变动幅度进行赋分的方法过于简单，指标只要改善了，改善10%计10分，改善80%也计10分；退步10%计0分，退步80%也计0分。这样计算所得的评价总分就不可能客观、准确地反映企业某些方面的实际水平和变动状况。因此，在进行准确评价时，不宜使用这种方法。但对于同一系统或同一集团内部期末综合评比过程中可以结合相应方法同时使用。

（2）排队计分法。

排队计分法是国际货币基金组织用于评价各个国家竞争能力大小的一种方法，主要用于多个企业综合评价的排序。其原理是：先将所有评价单位的各单项评价指标值按优劣排队，再根据评价单位指标值的名次计算各单项得分。例如，在评价指标的排序中，某单位在全部评价单位中位居第 k 名（设有 n 个评价单位，$1 < k < n$），则该评价单位在此项评价指标上的单项得分 X_i 为：

$$X_i = 100 - \frac{n-1}{N-1} \times 100$$

式中，X_i 为第 i 项指标的得分；N 为第 i 项指标的排队企业总数；n 为第 i 项指标的排队名次数。

指标排在第1名的企业得100分，排在最后1名的得0分，中间单位的得分介于100与0之间。最后，将各单项得分加权平均求出总得分，综合说明评价单位整体状况的优劣及其在全部被评价单位中的相对地位，数值越大，被评价单位越优。依据总得分的大小，可将全部评价单位进行分类或排序。

排队计分法具有以下优点：一是不必人为寻找比较标准，被评价单位的单项评价值由该单位在总体中的相对位置来确定。二是逆指标不必另行寻找转换为正指标的方法。确定名次时已考虑了正指标和逆指标的不同，不必事先将指标作同向化处理。三是各单项指标的评价值都有统一的变化范围，即介于（0，100）之内，因此，不会出现某一单项评价值过高从而对总评价值影响过大的情况。四是对数据的项数多少和分布状况没有严格要求。五是不仅适用于数值型变量，也适用于包含（或全部）等级变量（或称顺序变量）的综合评价问题，比其他方法的应用范围更为广泛。有些评价要素（变量）无法精确量化，但只要能够在被评价单位之间区分出优劣顺序或等级差异，就可将这些要素纳入综合评价中来，如企业投资环境、竞争意识等，尤其当被评价单位为数不多时使用更为方便。六是简单、易操作，容易理解，便于推广。

为了更符合人们一般的评价习惯，我们也可对上述排队计分法的评价值公式作如下改进，使第 1 名的得分为 100，而最后 1 名的得分为 60，所有单项得分介于（60，100）之内，即：

$$X_i = 60 + \frac{N-n}{N-1} \times 40$$

由公式可证明，经过这样改进以后，评价得分虽然变化了，但排序并没有改变。因为改进前后评价值之间的关系是线性函数关系，对单项指标的排序和全部评价指标的综合评价的排序都没有实质性影响，只是使得排序结果在形式上更容易被接受。

排队计分法也有其缺点：它是由指标值在全部评价单位中的位置即名次（而不是其数值本身的大小）来决定单项评价值，致使评价指标的原始信息有一定的损失。例如，就评价指标的数值而言，第 1 名和第 2 名之间的差异可能远远大于第 2 名与第 3 名之间的差异，但由于名次差异相同，体现在评价值上的差异也就相同。换言之，不管总体数据呈现何种分布，排队计分法都把它转换为均匀分布的名次及其对应的评价值，当评价指标本身不是均匀分布时，评价指标实际值与评价值之间的关系实际上介于一种非线性关系。

（3）综合指数法。

综合指数法是将每项指标实际值通过与标准值（通常取该评价指标的总体平均数或基期数值）比较，计算出各项指标的个体指数，再对单项评价指数进行加权算术平均即得综合评价总指数（总得分）。对于逆指标可利用倒数法进行同向化处理，将逆指标变换为正指标。计算公式如下：

$$z = \frac{\sum_{i=1}^{n} k_i w_i}{\sum_{i=1}^{n} w_i}$$

式中，给定评价指标体系由 n 个指标构成；k_i 为各评价指标的个体指数；w_i 为各指标的权重，即相应的权数。

综合评价指数的数值越大，说明该评价单位的整体状况越优。指数法计算的评价指数（评价值）完全反映了各评价指标实际数值的大小，充分体现各评价单位之间的差距。

综合指数法的缺点主要有：首先，对比标准值的确定有困难。若以被评价单位基期数值作为对比标准值（所得单项评价值实为发展速度），则有"鞭打快牛"之嫌，各评价单位的起点不同，将基期数悬殊的评价单位的发展速度等同看待，可能致使评价结果不尽合理。若以平均值为对比标准值，则不同评价指标有不同的差异程度，相应评价值的波动范围也可能有很大差异。其次，单项评价值没有明确和统一的取值范围（即理论上无上下限）。若存在极大值时，单项评价值过大，在计算综合评价值时，就会夸大该评价指标对总评价值的影响作用，严重掩盖了其他评价指标方面的不足，实际上也就使得事先确定的权数在评价指标之间的分配发生了变化。

（4）功效系数法。

功效系数法的基本思路是：先根据经验和评价目的，对每个指标确定一个上限值（或称满意值）x_{ih} 和一个下限值（或称不允许值）x_{is}，上限值可以是所有参与企业的最优值，也可以是同行业、全国乃至世界的先进水平，还可以是某一时期的奋斗目标等。下限值可以是所有参评企业的最差值，也可以是同行业、全国、世界的最低水平，或某一时期的最差值。然后将每一个指标的实际值转化为百分制表示的分数，计算单项评价值即每项指标的功效系数。其公式是：

$$d_i = \frac{x_i - x_{is}}{x_{ih} - x_{is}} \times 40 + 60$$

式中，d_i 为第 i 个指标的功效系数；x_i 为第 i 个指标的实际值；$x_{ih} - x_{is}$ 为第 i 个指标上限与下限之差，表明在评价时的条件下某指标所能允许的分布范围，是用来衡量指标所达到满意程度的尺度。

最后将单项评价值加权平均汇总得到综合评价值的方法。计算时可用算术平均法，也可用几何平均法。按照各评价企业的功效系数总得分，从多到少依次排队，确定各企业的名次。

功效系数法的特点：评价指标不需要经过同向化处理；指标数值与单项评价值之间也是线性转换关系，评价值能够反映出各评价指标的数值大小，可充分地体现各评价单位之间的差距；而且单项评价指标值一般在 60～100 之间。与指数法相比，它缩小了单项评价值的差距，在很大程度上限定了单项评价值的取值范围，使某一单项评价值过高对综合评价值的影响有明显减弱。功效系数法要求事先确定满意值和不容许值。许多综合评价问题中，理论上没有明确的满意值和不容许值。实际操作时一般有如下的变通处理：以历史上的最优值、最劣值来代替；在评价总体中分别取最优、最差的若干项数据的平均数来代替（只取一项即取最优值、最差值分别为满意值和不容许值，可看做其中一种特殊情况）。不同对比标准所得到的单项评价值不同，从而影响综合评价结果的稳定性和客观性。

（5）层次分析（AHP）法。

AHP 法是 20 世纪 70 年代由著名运筹学家 T. L. Saaty 提出的。它的基本原理是将一个复杂的评价系统，按其内在的逻辑关系，以评价指标（因素）为代表构成一个有序的层次结构，然后针对每一层的指标（或某一指标域），运用专家的知识、经验、信息和价值观，对同一层或同一域的指标进行两两比较，并按规定的标度值构造比较判断矩阵 $A = \{a_{ij}\}_{n \times n}$，再计算比较判断矩阵 A 的最大特征根 λ_{max}，并由 λ_{max} 解特征方程：

$$AX = \lambda_{max}X$$

得到最大特征根相对应的特征向量的分量作为相应各指标的权重系数。AHP 法是一种定性和定量相结合的方法。该方法对各指标之间相对重要程度的分析更具逻辑性，刻画得较细，再加上数学处理，因而可靠性高、误差小。不足之处一是在一定程度上存在主观性，如专家选择不当则可信度会降低；二是遇到因素众多、规模较大的问题时，该方法容易出现问题，如判断矩阵难以满足一致性条件，进一步对分组往往难以进行等。

（6）灰色关联分析方法。

灰色关联分析评价方法，就是在确定系统评价对象（企业）的评价指标的基础上，运用灰色系统理论的关联分析，计算被评价对象与由各被评价对象的最优和最劣指标构成的参考对象的关联度和从属度，根据关联度和从属度，对系统评价对象的综合效益进行排序。这种方法的评价排序依据是灰色关联度，灰色关联度是某个被评价对象的评价指标数的点关联度加权平均数，而点关联度是建立在计算评价对象系统评价指标数据的极差的基础上，既考虑了评价对象和整体的关系，又考虑了各评价对象之间的相互关系，因而依据灰色关联度排序是比较合理的。它克服了加权平均法忽略评价对象之间相互关系的缺陷，且具有数据离散度大、易于比较的优点。

6.9

本章小结

关于统计技术在企业管理中的应用，研究探讨者很多，发表的文章也不少，但总体来看理论与实践结合不够全面，如关于统计技术在企业管理中运用多数成果集中于质量管理方面的探讨，而其他方面研究者不多，更缺乏从企业管理的全过程、诸领域出发研究统计技术的应用。该部分从统计方法论的角度对如何将现代统计技术与企业经营管理有效结合做了大量系统性工作，根据现代企业经营管理各领域对统计技术的需求，分 7 个方面即企业运营管理、质量管理、营销管理、人力资源管理、财务管理、风险管理与综合评价对统计技术的运用进行了详细讨论和阐述。该部分研究成果达到以下两个目的：一方面使企业管理者能比较清晰地了解企业经营管理与决策中哪些方面能用到统计技术，充分认识统计技术的作用；另一方面使企业统计工作人员能更好地、有针对性地应用统计技术分析解决企业经营管理中出现的问题，增强企业统计工作成果的科学性与预见性，发挥企业统计的综合职能，为企业服务好。

第7章

现代企业统计信息化建设

目前，在我国大多数企业已有设有企业信息机构和信息主管，企业信息化人才队伍、标准规范、装备情况、操作系统、企业数据库等建设也已不同程度的开展。企业信息系统建设主要包括：计算机辅助设计/制造系统、基础性管理信息系统、财务管理信息系统、综合性管理信息系统、电子商务系统。自 2000 年中国"企业上网年"以来，"企业信息化工程"有效地推动了企业网络系统的建设与应用，企业信息系统的网络建设主要体现在：企业内联网（Intranet）、企业外联网（Extranet）、企业网站（接入 Internet）。

相对而言，企业统计信息化建设较为落后，许多企业尚未开展。即便一些企业已经开展了这方面的工作，它们对企业统计信息化的内涵、实质、建设过程等都缺乏足够的认识，导致企业统计信息化建设效率低下。

7.1
现代企业统计信息化基础

7.1.1 现代企业统计信息化的必要性

（1）企业统计信息化是企业信息化的基础。

现代企业运行的四个基本要素是人力、物力、财力、信息。企业统计信息是企业信息的核心来源，可以直接或间接创造财富。它是企业信息化建设的基础，这是由统计信息在企业生产经营管理过程中的重要作用决定的。

统计信息是决策的基础。在激烈的市场竞争中，企业要适应市场，求得生存、发展，必须通过统计信息了解市场、产品、技术、管理等诸方面的情况，以此制定企业发展计划，调整产品结构，解决与之相适应的人才培养、设备更新、技术开发等一系列问题。并可以提高决策的科学性和准确性，避免和减少决策失误。

统计信息是资源开发的重要依据。追求利润的最大化是企业的重要目标。企业通过运用统计信息，对生产经营、产品销售各个环节进行系统的对比、分析，寻找相关的情况和规律，从而进一步有效地利用、开发企业的各种资源潜质来发展企业。

统计信息是增强企业竞争力的助推器。统计信息既可使企业把握本单位的各种内部情况，也可把握企业在地区、行业中的市场占有额、行业排名，消费者对本企业产品的需求反馈等诸多外部情况，从而做到知己知彼、博采众长、扬长避短、采取对策、调整企业发展战略，增强企业市场竞争力。

统计信息是企业信息系统建立的核心。现代企业信息系统的建设，主要是围绕企业生产、经营、销售等各个环节的经济运行数据所建立的，它是一个企业内部与外部信息资源的有机结合体。而其中统计资料的收集、处理、开发和利用则是信息系统建立的主体。没有统计信息的基础性资料，也就无从谈起企业信息系统的建立。

因此，企业统计信息化就是企业信息化的核心与基础，没有企业统计的信息化，也就没有整个企业的信息化。

（2）企业统计信息化能够充分发挥统计的生产力作用。

作为社会劳动组成的一类，统计活动也是一种生产性的劳动，统计生产力就是指统计活动所产生的创造价值的能力。从现实来看，统计活动是建立统计数据标准、搜集统计数据和提供统计分析服务的专门技术服务的生产活动，它的价值实现体现在各个具体生产活动之中，例如企业在生产过程中，运用统计信息进行质量控制，降低产品的次品率和不合格率，从而降低企业的生产成本；再如在销售过程中，及时掌握由统计所提供的市场信息，满足消费者的需求，迅速占领市场份额，增加企业产品的销售收入，通过分析市场信息减少风险，获取最大收益。因此，统计活动在伴随企业生产和销售过程中可以创造统计服务价值。所以，企业统计是生产力的构成因素，它同生产力的其他因素一样，是企业的生产力资源，发挥着生产力作用，这是毋庸置疑的。

按照知识经济的观点，任何一个企业的生存、发展和成功，将越来越依赖于它从信息中获取价值的能力以及随着信息和知识的快速流动而做出的组织创新能力[1]。企业在市场上的竞争实质上就是信息的竞争，谁掌握了大量有价值的信息，谁就掌握了市场的主动权，就能在市场竞争中获胜。充分正确地利用信息已成为企业适应市场需要，不断推进技术进步和管理创新，创造最佳经济效益的重

---

① Olin, J. G., Greis, N. P. and Kasarda, J. D: Knowledge management across multi – tier enterprise, The promise of intelligent software in the auto industry［J］, 1999（17）, 335 – 347.

要因素，信息已成为当代企业生产经营的一种重要生产力资源。

统计是企业信息的主要生产者和信息的主要来源，这是由企业统计本身的特点所决定的。从根本上说，在市场经济条件下，企业统计是一个开放的系统，一方面在内部它贯穿于生产、经营、管理的全过程，构成了企业内部的主要信息流；另一方面适应市场经济的要求，企业统计必然拓展统计空间，由内部延伸到外部，并更加注重外部市场信息的收集、整理和分析，统计自然也就成了企业获取外部市场信息的重要手段和外部信息的重要来源。不仅如此，统计调查方式灵活多样，信息内容丰富多彩，能满足企业生产经营不同层面的需要，不仅能提供数据信息，而且能提供文字资料和深层次的规律性的认识；不仅能提供某一方面的专门信息，而且能提供全面的综合性信息；不仅有预测信息，还能提供决策信息和多种决策方案供经营者决策。可以说市场化程度越高，信息对企业生存发展的意义越大，企业对统计信息质和量的要求也就越高，企业统计的生产力作用也就越能显现出来。

（3）企业统计对信息技术的需求。

信息化、网络化是当今经济和社会发展的大趋势，已经或正在改变着人们的工作和生活方式，为企业管理的提升带来了良好的条件和难得的机遇①。作为专门和信息打交道的统计部门，掌握着十分丰富的信息资源，迫切需要利用现代信息技术进行有效开发和科学管理。因此不失时机地把握住这个机遇，紧扣时代脉搏，追踪先进技术，大力推广现代信息技术在统计工作中的应用是目前企业统计工作的迫切需要和客观要求。

顺应时代潮流的需求。20 世纪 90 年代以来，以计算机为代表的现代信息技术迅猛发展，成为当今先进生产力发展的方向。世界各国、各行各业都在积极推进信息化的进程。我国政府明确提出，以信息化带动工业化，是覆盖我国现代化建设全局，实现社会生产力跨越式发展的战略举措。不管你是否承认，信息化作为不可逆转的潮流，正在扩散和渗透到社会经济发展的方方面面，深刻影响着企业的发展方向，也将深刻影响着统计工作方式的变革，成为发展现代统计事业的必然选择。统计信息化建设势在必行。

适应业务增长的需求。现代企业对统计数据的需求量与日俱增。依靠传统的手工统计已经远远不能满足企业对信息的需求。信息技术的迅猛发展，使统计从繁重的手工劳动当中解脱出来。利用计算机完成手工操作所不能完成的大量数据处理。因此，信息技术应用于统计工作，可以大大提高统计工作的效率，可以在短时间内满足企业所需要的大量统计信息。所以，统计信息化建设刻不容缓。

---

① 王志斌. 浅谈企业统计信息的创新 [J]. 统计科学与实践，2004（2）：46-47.

内外部资源共享的需求。现代企业统计已经是一个开放的系统。随着电子商务的发展，企业与企业之间的信息流动都是借助信息技术、网络技术来完成的。如果企业不积极采用信息技术来改造传统的统计工作方式，很可能就会与外界信息交流产生障碍，形成孤立封闭的系统。

确保数据真实的需求。信息技术的应用，改变了以往统计数据层层上报，逐级整理的工作方式。在实现统计信息化以后，数据从最基层、最原始的地方直接收集，不再经过中间环节的干预，在一定程度上可以有效提高统计数据的真实性，确保统计系统提供信息的科学性和准确性，做到及时、准确掌握企业的运行状态。

提供深度分析的需求。统计信息的最终目的是提供决策支持。仅仅利用简单数据汇总，决策者很难做出准确的决策。如何在大量的数据中发现规律，从而正确认识客观总体，有时候仅靠人工的方式很难完成。这就要求统计必须借助先进的信息技术来进行数据的深度挖掘，以准确地提供决策信息。因此，信息化的建设为大规模、深层次、高效率、全方位地开发能够满足不同层次需要的信息提供了可能。

7.1.2 现代企业统计信息化的可能性

计算机和网络技术的飞速发展是企业实现统计信息化的根本保证。

根据中国互联网信息中心（CNNIC）发布的《第 25 次中国互联网络发展状况统计报告》（以下简称《报告》）（2010 年 1 月）显示，截至 2009 年 12 月，我国网民规模已达 3.84 亿人，互联网普及率进一步提升，达到 28.9%。截至 2009 年 12 月 30 日，中国网民规模已达 3.84 亿人，较 2008 年年底增长 8600 万人，年增长率为 28.9%。我国宽带普及率继续提高，宽带网民规模达到 3.46 亿人，较 2008 年增长了 7600 万人。此外，农村网民的规模也持续增长，达到 10681 万人，占整体网民的 27.8%，同比增长 26.3%。互联网作为人们日常工具的价值正在日益提升。《报告》调查显示，商务交易类应用的用户规模增长最快，平均年增幅达到了 68%。其中，网上支付用户年增幅达 80.9%，在所有应用中排名第一，旅游预订、网络炒股、网上银行和网络购物用户规模分别增长了77.9%、67.0%、62.3% 和 45.9%。据 CNNIC 调查，2009 年中国网络购物市场交易规模达到 2500 亿人，2010 年网购物市场将迎来更大规模的发展。

从数据可以看出，中国互联网应用正显示出网络消费快速增长的显著趋势。而商务交易类应用的快速增长，也使得中国网络应用更加丰富，经济带动价值更高。信息产业的迅速发展，可以为企业统计实现信息化提供有力的技术保证。

企业对信息的需求愿望迫切。在现代经济社会中，企业要想生存发展，不但要有好的产品和好的生产经营管理，更重要的还要有全面、及时、准确、有效的各种信息。我们通过对全国 206 家企业进行调查后发现，企业对统计信息的需求愿望越来越迫切（见图 7 - 1）。主要体现在以下 2 个方面：

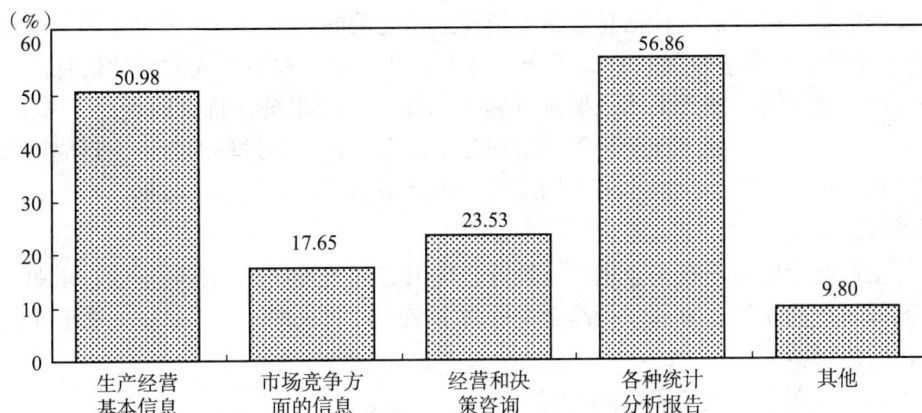

图 7 - 1　企业希望统计人员提供的各种信息比较

第一，企业迫切需要统计人员提供统计信息。从调查结果来看，超过半数的企业希望统计人员能够提供生产经营基本信息和各种统计分析报告。另外，17.65% 企业希望统计人员能够提供市场竞争方面的信息，23.53% 的企业希望统计人员提供经营和决策咨询。

第二，企业信息化程度不高，大部分企业有实现信息化的愿望。在调查结果中，有 71.4% 的企业信息化程度不高，其中，一般水平的占 59.5%，较差的占 11.9%；在调查的企业中，未来 1 ~ 2 年内有实现企业信息化要求和愿望的企业占 66.7%。这说明推行企业信息化的空间很大，企业对信息的需求愿望迫切。

7.2

现代企业统计信息化的基本内涵、特征与功能

7.2.1　现代企业统计信息内涵与特点

（1）统计信息内涵的科学界定。

现代科学认为：物质、能量和信息是构成一个客体的三项基本要素。信息是一种广义的概念，是物质的普遍属性，虽无所不在却不能独立，它紧紧地依附于

物质。信息作为日常用语，是指信号、消息，作为科学术语则是表述事物运动过程的状态、属性和方法的泛称。

统计信息是信息的一个重要分支，有广义和狭义之分。广义的统计信息是指运用统计理论、方法、技术处理的对人类活动产生影响的以统计数据或资料形式表现的信息。狭义的统计信息是指与统计工作有关的信息，即通过统计部门或专（兼）职统计人员在统计设计、调查、整理、分析等过程中形成的统计信息。因此，统计信息就是统计主体依据统计客体的需要，运用统计特有的理论、方法、技术，通过搜集、处理和分析等一系列关于社会和自然等过程的数据，形成可以揭示客观事物发展变化规律的有用结果。统计信息通常以文字、数据、图形、模型等形式呈现。

企业统计信息是在企业生产、经营、决策过程中形成的，有利于改进企业生产流程、产品质量；有利于提高企业管理水平、经营决策水平，是企业能够正常运转的传感器。

（2）统计信息特点新认识。

企业统计信息应具备以下 8 个方面的特性：

数据性。统计信息的数据性表现在两个方面。一是就其载体而言，统计信息是用数据载荷统计客体的状态、结构、动态特征及发展变化规律性。数值化是统计信息本身所具有的特殊性。二是就统计信息的内容而言，统计信息反映的是客体的数量规模、数量关系和质量互变的数量界限。统计信息的数量性决定了统计信息主要以统计数据为载体。这是统计信息的基本特征。

事实性。企业统计信息是以事实为依据的，是在企业生产、经营、决策过程中记载，经统计技术加工处理后形成，其结果与结论不以主观意志为转移，也不容更改。

动态性。随着企业的不断发展，随时都有大量的新信息不断产生。因此，只有适应客观现象的变化，及时采集和传递统计信息、更替和补充已经积累的统计信息，才能不断掌握新情况、新问题，保持统计信息的时效性。

共享性。企业统计信息作为一种具有使用价值和价值形态的社会资源，它和一般的实物产品不同。实物产品卖出去，它的使用价值随之消失，而统计信息不因一次使用而消失的特性为统计信息的全社会共享提供了可能。从时间上看，统计信息可以多次使用开发；从空间上看，一则统计信息可以供多方分享。

再生性。从统计信息的运动过程中可以看到，企业统计信息是有层次性的，最基本的信息叫做原生信息，它是描述客体一定时空条件下所处的状态信息。在原生信息的基础上，运用科学的统计方法对其进行加工处理和类比、综合、归纳等分析，便可得到不同类型的再生信息。

扩散性。企业统计部门可以收集信息，其他部门也可以收集信息；统计人员可以分析研究信息，其他人员也可以分析研究信息。企业统计信息的扩散性也决定了统计行为的社会性，这就要求统计工作必须从"封闭式"走向"开放式"，使统计信息成为诊断企业运行状态、提供企业经营决策参考的重要依据。

不完全性。由于信息采集、统计技术、处理方案不一，以及时间、人员、管理上的偏差，企业统计信息不可能反映企业生产经营决策过程的全部内容，必然带来一定的偏差和失真行为。问题的关键在于如何减少这种偏差和失真。

价值性。企业统计信息作为满足企业管理者和决策者思维需要的有用信息，不是自然固有的，而是统计人员运用各种统计手段，采取各种统计方法，经过采集、处理而汇总出来的。如果剔除统计信息的具体获得过程，可以看出它是劳动的结果，各种各样的统计信息，都凝聚了一般的人类劳动（物化劳动——资金、装备、工具等，活劳动——体力和脑力）。

（3）现代企业统计信息的类型。

企业统计信息可以依据不同的分类标准划分成不同的类型：

依据管理者对统计信息需求分。企业统计信息是为企业管理服务的，处在不同层次的管理者有不同的职责，处理的决策类型不同，需要的信息也不同。依据管理者对统计信息需要不同，可以把企业统计信息分为三级：一是战略级信息，是关系到企业长远发展目标的相关信息，如：资源水平与种类、资源获取的渠道与方式、使用资源与处理资源的指导方针、新产品开发、新市场开拓等。现代企业统计需要根据企业战略管理的需要，采用特定的统计技术及时准确地提供战略信息，为企业制定长远发展规划，进行重大战略决策提供信息支持。二是策略级信息，是企业管理控制所需要的信息。企业所面对的内外环境是复杂多变的，因此企业必须对其生产经营过程进行控制。统计参与管理的重要内容就是在管理过程中为管理控制提供控制信息。三是作业级信息，是与企业日常生产经营活动有关的信息。作业级信息是在企业日常生产经营管理过程中产生的，信息量比较大、信息的使用面比较广、信息采集的成本相对比较低，它是生成策略级信息和战略级信息的重要的基础信息源。

依据统计信息的来源分。企业统计信息有直接来源和间接来源之分，依据统计信息的来源，可以把企业统计信息分为原生信息和再生信息。原生信息是指基层单位的原始记录、单据、台账，是统计信息的基础。对原生信息进行加工、处理、分析、提炼形成的信息，称为再生信息。

依据统计信息反映的内容分。企业根据生产经营管理的需要，往往会关注三个方面的信息：其一，反映总体国民经济运行的宏观信息；其二，反映区域和行业的信息；其三，反映企业自身运行状况的内部信息。这三个方面的信息构成企业统计信息的宏观层面、中观层面和微观层面。

依据统计信息取得的方式划分。企业统计信息是通过多种渠道和多种方式获取的，依据获取方式，可以将其划分为常规性信息和偶然性信息、正式渠道信息和非正式渠道信息。常规性信息是指反映企业正常生产经营状况，按照一定程序以经常不断的形式进行收集和处理的信息；偶然性信息是指反映经营过程中特殊的、突发事件，需要紧急处理的信息；正式渠道信息是指通过制度规定、定期汇报取得的信息；非正式渠道信息是指通过多种关系，从其他途径取得的信息。

依据统计信息的时效性划分。企业统计信息是一个积累的过程，依据统计信息的时效性，可以将其划分为：历史信息、即时信息和预测信息。历史信息是企业过去生产经营活动的集中记录，是进一步分析的基础；即时信息是企业对当前生产经营活动的记录，有利于及时发现与纠正当前出现的各种非正常情况；预测信息是指在过去信息的基础上，依据统计方法与技术，对企业未来生产经营状况做出科学客观的估计与判断。

7.2.2　现代企业统计信息化的内涵

随着我国企业的成长与发展，企业内部也蕴涵着越来越多的信息。如何更加快捷、方便、准确地将这些零散的信息变为能够指导企业进一步发展的"知识"，是学界与业界共同关注的话题，而企业统计信息化是其中的基础性工作。企业统计信息化就是在制度保障、体制约束和机制激励下，实现统计信息在企业内部顺畅传输，制造出有用的"统计产品"的过程，有利于实现"统计生产力"，进一步提高"统计能力"。

统计信息化是企业信息化的重要组成部分。统计信息化的核心，是用现代信息技术改造传统的统计信息生产流程。目前，统计信息化尚无一个统一的定义。一般认为，统计信息化就是在统计信息的生产、流通及服务等各项统计活动中，充分利用现代化信息技术、资源和环境，逐步提高统计管理、统计运营的集约化程度，使科学技术对统计工作的社会效益、经济效益的贡献达到一个较高水平的过程。

企业统计信息化的内涵就是通过计算机网络技术，进行统计信息的收集、传输、处理、存储、发布，从而改造传统的统计管理和运行模式。企业统计信息化涉及统计工作的各个部门和所有参与者，涵盖统计信息的整个生产流程。企业统计信息化是一个人机合一的系统，包括人、计算机网络硬件、系统平台、数据库平台、通用软件、应用软件等。

企业统计信息化大致可分为四个层次：

物理层。物理层是企业统计信息化的基础，包括网络建设、计算机基本软硬件环境的配备等。

应用层。应用层是指用于支撑统计业务和统计工作的应用系统，如单一统计专业的数据处理软件、内部通讯系统、统计网站等。

数据层。数据层是指以数据为核心，以元数据为基础，将统计部门的各个应用系统集成起来，形成涵盖统计信息采集、处理、分析、存储、发布等统计业务全流程的协同的工作平台，如统计数据仓库、统计综合业务平台、统计预测系统等。

决策层。决策层是指对企业的统计信息经过加工和挖掘后，形成"知识"提供给决策者进行决策参考，能够用于指导企业实践。

7.2.3　现代企业统计信息化的功能

不同类型、规模的企业，企业统计信息化的目的有所差异，但是企业统计信息化的功能可以概括为以下五个方面。

（1）基础数据管理。

企业统计信息化最基础的功能就是基础数据管理，对企业日常生产经营活动中产生的各种类型的数据实施有效的管理，包括：数据的归类、编码；数据的录入与维护；数据的查询与校验；数据传输与存储；数据的汇总与发布；等等。

（2）指标数据上报。

企业在生产经营过程中，需要定期或不定期地向有关部门报送相关数据资料。传统的数据上报方式给企业带来了巨大的负担与浪费，企业"谈报色变"。企业统计信息化可以改变这一现象，可以在企业统计信息系统中，将需要上报的指标与数据抽取出来，通过互联网实施数据上报工作。

（3）生产经营诊断。

在正常的条件下进行生产经营活动对企业来说非常重要，企业一切的管理活动都是围绕着这个中心工作来进行。企业统计信息化通过指标体系和预警机制的建立，能够诊断企业的生产经营活动是否处于良性发展，为其发展把脉。

（4）生产经营决策。

企业生产经营决策就是考虑如何利用最有限的资源提供最有效的产品和服务，这就涉及资源如何配置、生产如何组织等一系列决策。企业统计信息化能够利用企业基础数据，统筹安排企业的生产计划，实施资源的最优配置，实现企业的最优生产状态。

（5）企业战略决策。

当企业面对市场环境发生变化时，需要对自身的发展战略进行决策。企业统计信息化能够依赖企业内部的信息资源，同时分析企业面临的外部环境，综合自身的优势和在市场环境中所处的位置，确定企业未来的战略发展目标。

7.3

现代企业统计信息化建设

7.3.1 企业统计信息化的基本内容

（1）企业统计信息化过程。

数据是事物、概念或指令的一种形式化的表示形式，以适合于用人工或自然方式进行通信、解释或处理，具体形态有：数字、符号、图形、图像、声音等。在信息科学中，信息根据表示数据所用的约定，赋予数据的意义。知识是人类在实践的基础上产生又经过实践检验的对客观实际的可靠反映，其表现有：规则、法则、科学规律、方程或概念网等。就其关系而言，数据是信息的载体；信息是数据所表达的客观事实；而信息经过加工和改造形成知识。

企业统计信息作为企业生产经营信息的主体，是企业进行科学管理和决策的主要依据。企业统计信息化是指按照信息流转的基本规律构建企业的统计信息系统，以企业的生产经营管理和现在与未来的发展为中心，为企业的经营决策及时提供各种信息的咨询。企业统计信息的发展经历了三个阶段：计算机应用起步阶段、统计管理信息系统的开发与应用阶段、网络技术的应用阶段。

企业统计信息化过程包括：数据准备、数据挖掘、知识发现。

数据准备实际上就是准备进行数据挖掘的原材料，是数据挖掘前的准备工作。整个阶段主要包括：数据选取、数据预处理和数据变换。数据选取主要是根据企业经营管理决策的需要，从企业数据仓库中进行取样，形成目标数据。数据预处理主要是指对目标数据进行清理、校验、判断、整合、筛选等操作。数据变换是为适应分析主题的需要，对经预处理后的目标数据进行正态变换、对数变换、季节调整、分解、降维等操作，使得变换后的数据能够适应数据挖掘的需要。

数据挖掘就是从大量数据中挖掘出有用的、隐藏在数据背后的信息，包括：趋势、特征、模式、关联规则等。数据挖掘整个阶段主要包括：明确任务、建立模型或选择算法、实施挖掘。明确任务就是依据企业经营管理决策的需要确定一个或几个商业问题，以及这些商业问题之间的优先级别、关联性。根据任务和要求，选择一个满意的模型或算法来解决问题，而模型或算法的选择要考虑到

"成本"、"效益"和"适用性"，同时还要对模型或算法不断地进行评估，以及考虑模型或算法的泛化能力。实施挖掘就是利用被选择的模型或算法进行分类、估计、预测、关联、聚类、描述、可视化等操作，以便更好地发现知识。

知识发现就是利用数据挖掘形成的结果，找到隐藏在数据背后的规律，结合企业生产经营管理的实际，形成决策方案，为企业生产经营管理决策提供依据。

企业统计信息化过程受到多学科或专业领域的影响：统计学、管理学、机器学习、信息科学、数据库技术、可视化技术、其他学科。

由图 7-2 可以看出，企业统计信息化的宏伟目标要想实现，必须依赖于两大基础学科：统计学和管理学的发展，而处于弦和箭上的信息科学、数据库技术、可视化技术、机器学习则有助于更加准确的"命中目标"。处于弓和箭交叉处的机器学习既有弓的功能、又有箭的功能，有利于加速企业统计信息化的实现。

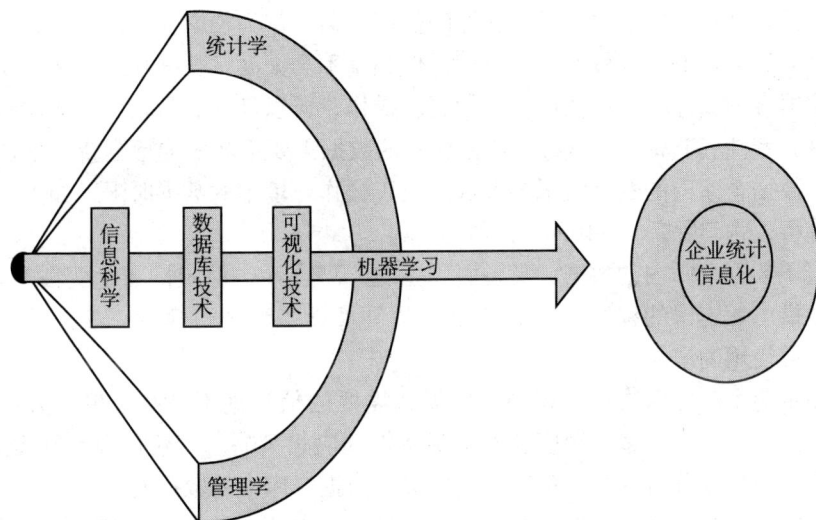

图 7-2　企业统计信息化影响因素的弓弦模式

（2）企业统计信息化数据库与指标库建设。

由前面的讨论可知，企业统计信息化过程中基础的工作就是数据库建设，它能够提供企业信息的源泉，是进行数据挖掘和知识发现的前提和基础。这里的目标是建立企业数据仓库（Data Warehouse，DW），它是一个整合的大型数据库，可以将企业内部的数个异质数据整合，支持结构化的在线查询、分析报告和决策支持，以作为企业管理决策的依据。数据仓库可以说是决策支持系统的核心。数据仓库与传统的数据库有所不同。数据库是未经整理后的一大堆数据集结；而数据仓库是从数据库中萃取出来，经过整理、规划、建构而成的一个有系统的数据库的子集合①。根据 Inman（1996）的说法，"数据仓库是一个面向主题的、整合的、稳定的、时变的数据集合，支持管理部门的决策过程"，数据仓库具有下列几种特性：

面向主题（Subject Orient）。企业数据仓库中数据的建置均围绕一个主题为核心，作为建构数据仓库的方向。数据需求者只要将研究的相关主题数据，从数据库中摘取、整合之后就可以做研究分析。数据仓库的使用者通常是企业管理决策者，需要从组织的角度来看企业中的客户、产品等信息，数据仓库则从客户或产品等主题来加以建置。

具整合性（Integrated）。企业数据仓库是将多个异种数据源整合在一起，在数据进入数据仓库之前，必须经过加工与集成，以便于执行相关分析作业。

具稳定性（Nonvolatile）。数据库的数据可以随时被更动，但是数据仓库的数据，并非日常性的数据而是历史性的数据，通常作为长期性分析用途，只有内部相关人员会定期性的修改数据结构，但频率不会太高，数据仓库只允许使用者进行数据查询，并不允许使用者去做更新操作，所以其数据是较少有变动的。

具时变性（Time Variant）。数据仓库的数据需要不断地进行更新与维护。一般地，数据仓库内的数据时限要远远地长于操作环境中的数据时限，如为了执行趋势分析，常须保留 1～10 年的历史数据。

由于数据仓库内的数据，具备面向主题、整合性、稳定性和时变性等特性，故必须借由一连串的程序（配合良好的软硬件设备）才可建置完成，而非一个即买即可使用的产品。

在企业生产经营决策过程中，决策者需要的信息绝不是某个单一方面的信息，他们希望能够从多个角度和多个层面得到决策策略。若仅仅拥有数据仓库，没有高效的数据分析手段，难以有效地提高数据仓库中的数据的利用效率。联机分析、数据挖掘、文本挖掘、知识发现等都是与数据仓库技术紧密相关的技术，能够显著地提高数据仓库的使用效率。

在进行数据仓库建设时，需要将宏观统计信息与微观统计信息相联系，社会经济统计信息、资源和环境统计信息相联系，生产统计信息、市场统计信息、消费统计信息相结合，物流统计信息、资本流动统计信息、知识流动统计信息相结合，国内统计信息与国际统计信息相结合，建立多层次、多维度的大型数据仓库。

---

① 李萍. 动态绩效统计信息与企业监控 [J]. 统计研究，2003（2）：39-40.

企业统计信息化指标库建设时，应建立能够进行事前预报、事中控制和事后分析的指标群，并根据企业的实际需要，建立不同层次、不同类别的指标库。在企业的不同发展战略阶段，企业决策者关心的核心指标也不同，在基础指标库建设的基础上，可以构建几个关键的指标或指数集中反映企业的日常生产经营状况、企业的潜在风险、企业的市场竞争力等核心问题。指标库详细内容不再赘述。

（3）企业统计信息化模型、算法库建设。

在信息科学中，信息是根据表示数据所用的约定，赋予数据的意义，是数据所表达的客观事实。20 世纪 40 年代，香农（Shannon）对信息的数学本质进行过研究，提出了著名的香农信息论，他用熵的概念来研究信息的容量，采用比特作为度量信息的单位。

在企业内部，随着计算机应用和 Internet 的日益普及，"丰富的数据与贫乏的知识"之间的矛盾也日益突出。企业内部的数据积累也正以惊人的速度增长，形成"海量数据"，能否从中挖掘出有用的知识、将信息变为知识，是企业管理者与决策者非常期待的一件大事。

联机分析、数据挖掘、文本挖掘、知识发现等技术就是从"海量数据"中挖掘知识的工具，它是统计学、计算机科学、模式识别、人工智能、机器学习及与其他学科相结合的产物。

联机分析（OLAP）。联机分析是针对特定问题的联机数据访问和分析，通过对信息的多种可能的观察形式进行快速、稳定、一致和交互性的存取，允许分析、管理、决策人员对数据进行深入观察、把握企业的状态。其目标是满足决策支持或多维环境特定的查询和报表需求，其核心技术在于"维"数的处理，其主要功能有：基本情况分析、分类汇总分析、联动分析、结构分析、趋势分析、比较动态分析、特征分析。

数据挖掘（DM）。数据挖掘是从大量数据中提取或"挖掘"知识，或使用智能方法提取数据模式。其目标是满足决策支持或深层次分析的需求，其核心技术在于"统计学习"，其功能有：发现概念/类描述、关联、分类、预测、聚类、趋势分析、偏差分析和类似性分析。

文本挖掘（TM）。文本挖掘是从非结构化的文本信息中获取有用的信息或模式的过程。其目标是满足决策支持或文本分析的需求，其核心技术在于"信息抽取、自然语言处理"。其功能有：信息抽取、信息检索、自然语言处理、文本分析、模式识别。

知识发现（KD）。知识发现是从数据中集中抽取和精化新的模式。其目标是形成知识提供决策支持，其核心技术在于"数据挖掘"，其功能有：数据清理、数据集成、数据选择、数据变换、数据挖掘、模式评估、知识表示等。

无论是联机分析、数据挖掘、文本挖掘，还是知识发现，都离不开一定的模型和算法，模型、算法库的建设是企业统计信息化过程中较为高级的阶段。在模型、算法库建设时应把握一个原则：宁可不用、不可错用，注意五点事项：准确（该用什么模型、算法，就用什么模型、算法）、有效（模型、算法使用后要有所收获）、恰当（能用简单的就不用复杂的模型、算法）、真实（模型、算法要使用，不要事后编套）、正确（加强培训，学以致用）。在利用模型、算法库进行分析时，需要遵循以下的过程：定义商业问题；建立数据挖掘模型；分析数据；准备数据；建立模型；评价模型；应用与实施。

（4）企业统计信息化主题库建设。

主题库建设就是收集企业的分析主题，并将相关主题进行归类：常规分析主题、战略分析主题、临时分析主题等，约定主题分析的时效性与发布程序。

主题库建设的关键在于分析主题的设计。按某个主题建立分析模型需要一定的组织归纳能力和统计专业知识，这对高层次的统计工作者本身就是一个挑战，是其能力的体现。系统在建立的时候，开发者肯定能将一两个分析主题包括在内。但统计分析不是一时、一事的工作，已有的分析主题还要继续完善，新的分析主题又会提出，如何把这些变化设置进企业统计信息系统，就是必须在系统设计时有妥善安排。采用向导方法建立分析主题是解决矛盾的一个很好的方法。将在系统内建立分析主题过程分解为若干个步骤，引导用户通过选择或确认，达到系统的自行扩展；而不是修改程序，由此来体现系统的可扩展性和自学能力。

（5）企业统计信息化可视化建设。

可视化（Visualization）就是把数据、信息和知识转化为可视的表示形式的过程。可视化技术为人类与计算机这两个最强大的信息处理系统之间提供了一个接口。使用有效的可视化界面，可以快速高效地与大量数据打交道，以发现其中隐藏的特征、关系、模式和趋势等。

可视化建设应贯穿于企业统计信息化整个过程。

①要想建立一个好的预测模型，你必须了解自己的数据。最基本的方法是计算各种统计变量（平均值、方差等）和查看数据的分布情况。你也可以用数据透视表察看多维数据。②图形和可视化工具在数据准备阶段尤其重要，它能让你快速直观的分析数据，而不是给你枯燥乏味的文本和数字。它不仅让你看到整个森林，还允许你拉近每一棵树来察看细节。在图形模式下人们很容易找到数据中可能存在的模式、关系、异常等，直接看数字则很难。③可视化工具的问题是模型或变量可能有很多维，但是我们只能在二维的屏幕或纸上展示它。因此，可视化工具必须用比较巧妙的方法在两维空间内展示 n 维空间的数据。

企业统计信息化中更应考虑信息可视化。信息可视化就是要发现信息中的模式、聚类、区别与联系、趋势等，其任务在于：对信息进行观察、操作、检索、导航、探索、过滤、发现和理解。信息可视化涉及的领域更广泛，它结合了科学可视化、人机界面、信息检索、数据挖掘、图像处理、认知工程等。

最后，我们将数据库之间的关系及数据处理流程进行了归纳，得到如图 7-3 所示的结果框图。

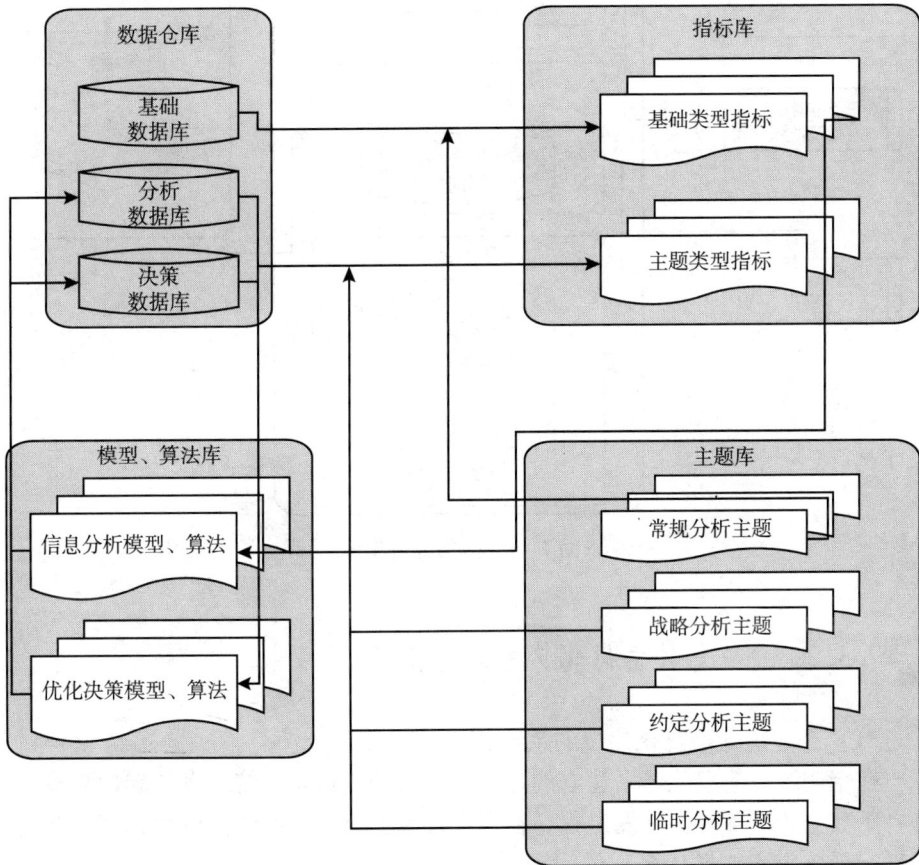

图 7-3 数据库之间关系

由图 7-4 可以看出，在基础数据库的基础上，根据常规分析主题，可以构造基础类型指标；后经信息分析模型与算法，得到分析数据库；再经优化决策模型与算法，得到决策数据库；根据战略分析主题、约定分析主题、临时分析主题的要求，得到主题类型指标，为企业生产经营决策服务。

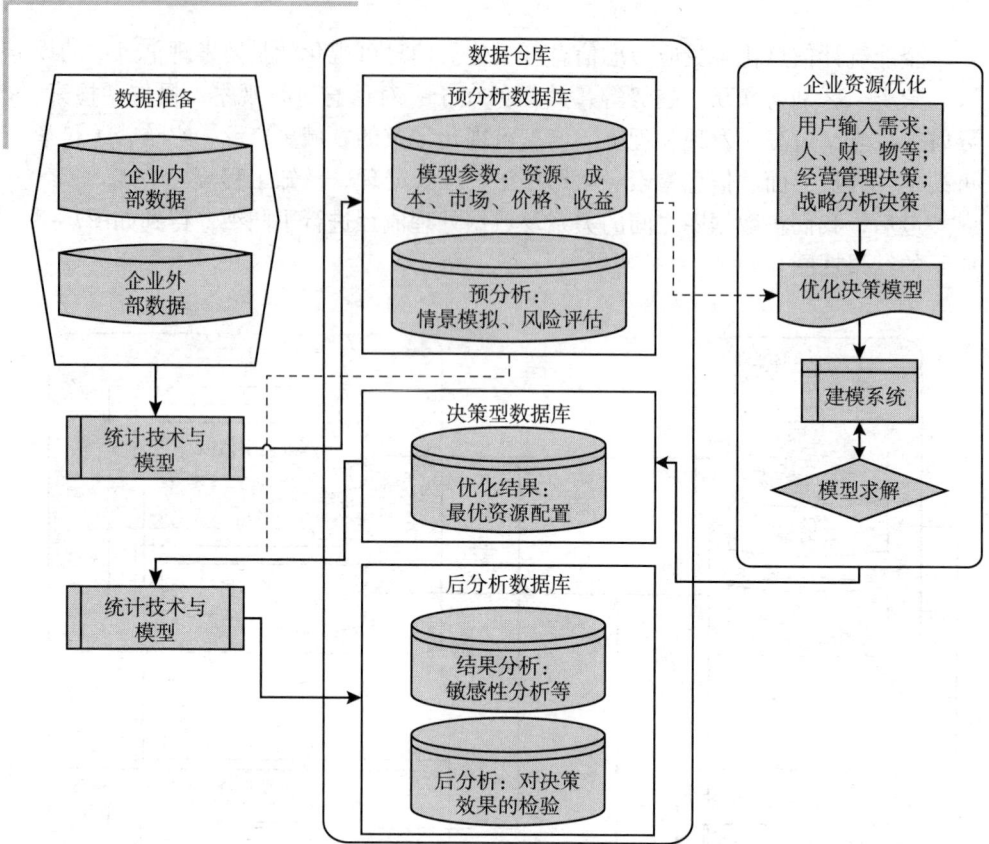

图7-4 数据处理流程

7.3.2 企业统计信息化体系的建立

（1）企业统计信息化建设的系统分析。

在企业统计信息化体系建立的过程中，系统分析是系统开发的起始阶段，它是一个独立的系统研究开发过程，在一定程度上决定着系统的成败，其主要任务是确定系统应该"做什么"的问题。

企业统计信息化体系是以统计电算化为基础，按照信息流转的基本规律构建的信息系统，其目的是及时地收集、汇总、整理、分析、挖掘、传递、发布所需的信息。企业统计信息系统大致包含三个部分：数据采集与处理子系统、数据管理与分析子系统、信息发布与交流子系统。

（2）企业统计信息化建设的系统设计。

在经历了系统分析阶段后，形成的系统需求传递到系统设计阶段，其主要任务是确定"如何做"的问题。

　　根据统计工作的职能、统计管理体制、统计工作流程，对企业统计信息系统做进一步设计，主要有：利用统计数据收集平台，建立统计数据收集系统；利用统计数据处理平台，建立统计数据处理系统；利用统计网络建设平台，建立统计数据上报系统；利用统计信息传播平台，建立统计信息发布系统；利用统计数据仓库平台，建立统计信息查询系统；利用统计分析主题平台，建立统计决策支持系统。

　　由图 7-5 可以看出，在六个子系统中，数据处理系统是核心，其余五个子系统均与其发生联系；数据搜集系统是基础，提供基础的数据来源，是进一步处理与分析的前提；决策支持系统是关键，担负着将数据、信息上升为知识、智慧的任务，为企业生产经营决策提供智力支持；数据上报系统、信息查询系统、信息发布系统是纽带，承担企业统计数据信息的上报、企业内部信息查询、企业信息与决策发布等任务。在这些子系统之间、系统与系统之间及系统内部的连接均是通过网络完成。

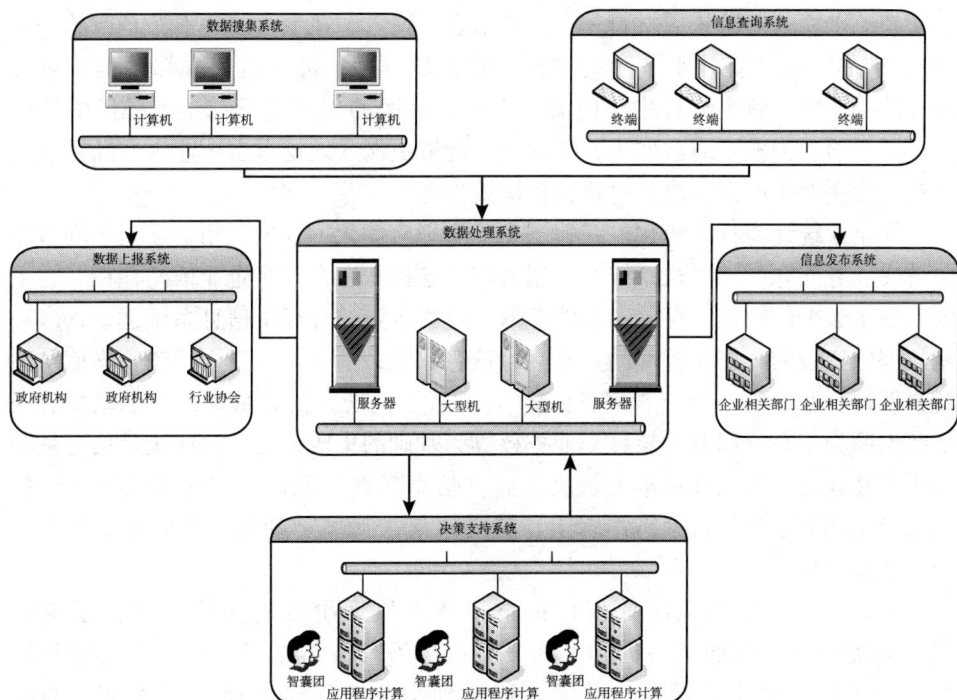

图 7-5　企业统计信息化子系统之间的信息传递关系

（3）企业统计信息化建设的实现途径。

企业统计信息化建设工作本身就是一项系统工程，完成这项工作需要从五个方面同时推进，具体可以概括为"五化"：企业统计数据信息化、企业统计信息流程化、企业统计流程系统化、企业统计系统网络化、企业统计网络智能化。

①企业统计数据信息化。统计数据只是统计信息的最初级形式。只有依据统计理论、方法、技术，将统计数据加工成统计信息后，才能为企业生产、经营、决策提供优质的"统计产品"和"统计服务"。要实现统计的信息化建设，首先要企业统计信息系统建立在科学、系统、实用的统计指标体系的基础之上；其次要完善企业统计计量方法。在原有统计计量方法的基础上，应该发挥统计的优势，更多地引入数理统计的方法，加强对不确定性和风险的测定。同时，统计计量方法应更趋向于规范化，以便于内外系统之间信息交换与对比分析。

②企业统计信息流程化。企业统计信息的测度、收集、整理、预处理、分析、挖掘的过程是依次进行的，需要经历一个完整的流程，就像是一条生产流水线。在流水线的上游是原材料——统计信息的输入，在流水线的下游是产品——"统计产品"和"统计服务"的输出。在该流程中，每一道工序都是至关重要的，缺一不可。整个流程中，前面的工作为后面的工作进行铺垫、提供中间产品；而后面的工作是对前面工作的深化，能够更深入地挖掘出企业生产经营活动状况，为企业生产经营决策过程提供决策参考。

③企业统计流程系统化。在我国企业实现自动化过程中，相继建立了许多用于解决业务问题的计算机系统和应用系统，这种状态在许多企业依然存在。它主要实现了数据的收集、存储和在线存取。过去企业的计算机信息系统建设，多数是按部门建设的，如财务部门建立会计信息系统，销售部门建立营销管理信息系统，使得企业形成一个个"信息孤岛"。现代企业统计信息系统是一个以微观经济数据库为中心，以会计核算和业务核算为基础的集成系统，为使统计信息系统能更好地运行，要求从根本上解决企业"信息孤岛"问题。同时又由于统计信息系统是建立在计算机网络平台上，解决"信息孤岛"现象，可以帮助企业实现业务智能化。

目前，大多数企业统计仅仅由电子数据处理阶段进入信息报告系统时期，以提供分类的加工数据和某些分类报告为其核心内容，在决策支持及信息扩展系统方面还很薄弱，并因此影响到企业统计在企业管理体系中的地位，影响了企业统计在企业生产经营活动中发挥监督与服务的功能。所以，企业统计的信息化建设必须按照高级系统的框架，对现有的统计体系进行升级换代。

企业统计信息系统建设大致需要经历以下几个过程：系统规划、分析、设计、实施、运行维护。企业统计信息系统建设的成功与否，主要看企业统计信息传输是否具有效率。为此，需要对统计信息传递效率建立相应的评价机制，这可以借助于管理"熵"理论。

④企业统计系统网络化。企业统计信息系统必须与企业的其他信息系统：财务信息系统、生产信息系统、销售信息系统等进行对接，实现数据与信息的传输与部分资源的共享。计算机网络系统是将大中型微型计算机、各类通讯设备互联而成的综合系统，它除了具备联机系统的优点以外还具备以下特点：一是灵活性强。可根据企业规模进行选择，小型企业可选用工作组网络，大型企业可以分级建局域网，网络类型的选择也可以根据企业的实际情况安排。二是信息来源广。不但可以及时获取企业内部的有效信息，同时可以通过互联网大量获取企业外部的有效信息。三是更加便于实现资源共享和信息交流。对于企业统计信息系统的建设而言，网络化建设是其方向。

研究开发适合不同规模、不同类型企业使用的统计信息管理软件，开发数据系统的防泄露、防入侵技术，以新的信息存储、传输、处理技术为平台，实现统计信息的数字化、智能化转换，利用互联网并结合虚拟现实技术构造虚拟统计模型进行统计分析、推断、数据挖掘和知识发现等。

⑤企业统计网络智能化。企业统计网络智能化主要表现在：信息传输智能化、业务决策智能化、产品服务智能化。信息传输智能化就是在让信息通过网络在系统内部顺畅传输，信息能够有选择地进入相应的加工流程和分析模块。该阶段中，数据库的关联技术将得到广泛应用；业务决策智能化是指在企业的已有知识的基础之上，能够智能创造、挖掘新知识，用于业务决策、日常管理等，形成自组织、自学习、自进化的企业管理体制。该阶段中，人工智能、专家系统的思想将得到广泛应用；产品服务智能化是关注组织的决策效率，提供决策支持、知识挖掘、商业智能等服务。智能信息服务已成功应用在客户服务、知识管理、智能软件帮助、企业管理等多个领域。该阶段中，数据挖掘、商业智能、Web 技术将得到广泛应用。

由图 7-6 可以看出，企业统计信息化建设由五个过程组成：企业统计数据信息化、企业统计信息流程化、企业统计流程系统化、企业统计系统网络化、企业统计网络智能化，这"五化"过程是循环进行的，每完成一个循环，企业统计信息化建设则会上升一个台阶，达到一个新的水平。

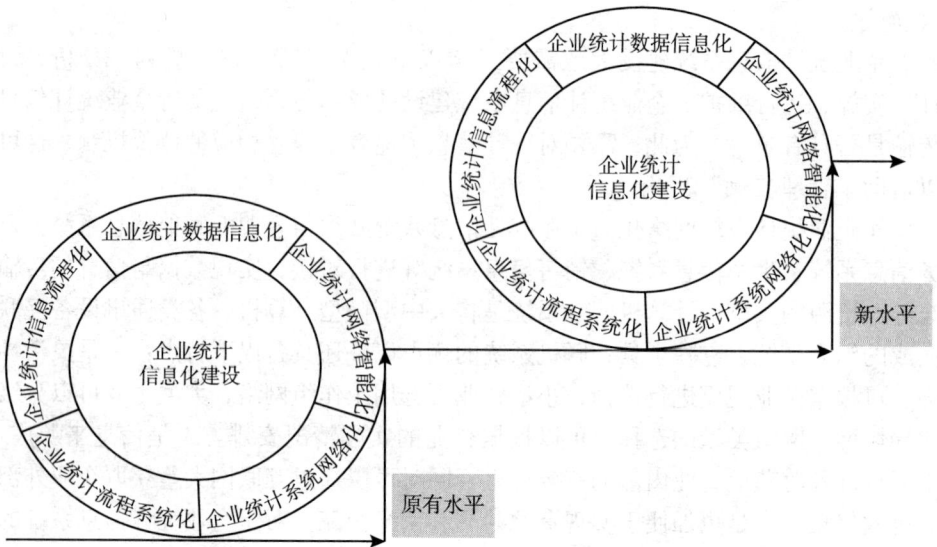

图 7-6 企业统计信息化建设实现途径

7.3.3 现代企业统计信息化操作过程

从我国传统的统计工作实践来看，企业统计信息化的发展大致经历了三个阶段：计算机应用起步阶段、统计管理信息系统的开发与应用、网络技术的应用。企业统计信息化的现状大体表现在：企业统计信息化总体应用水平低；企业统计信息化投入力度小、结构不合理；企业统计信息化人才特别是复合型人才缺乏；企业统计信息化缺乏统一规范、统一标准；企业统计信息化工程建设"咨询——监理——评价体系"机制没有形成。针对企业统计信息化建设过程中存在的问题，我们提出企业统计信息化建设的"三建一防"工程：统计信息化软硬件环境建设、统计信息标准化建设、统计信息化评价体系建设和统计信息化工程中的统计信息安全。

（1）企业统计信息化软硬件环境建设。

硬件环境建设。硬件环境包括：仪器设备、网络设备、计算机、服务器等，一般企业都能够较好地满足硬件环境的建设要求。

软件环境建设。软件环境包括：基础管理系统、统计信息系统、相关机制与制度、人才队伍等，其中：基础管理系统、统计信息系统在条件较好的企业中也较容易得到满足。但是，相关制度建设与人才队伍建设却并非朝夕之间就可以完成的。这需要企业领导层转变观念、开拓思路，在实践中不断积累和总结经验。

（2）企业统计信息标准化建设。

没有标准化就没有高效率的管理，在企业统计信息化建设中也一样。企业内部产品、服务、管理等技术标准不统一，就会阻碍统计信息、统计产品与服务在企业内部的流转，形成其他部门对统计产品使用上的障碍，降低统计信息化的功能。企业应根据自身的实际情况，针对产品、服务和管理上的特点，设计一套标准化的程序，对其进行标准化。

（3）企业统计信息化评价体系建设。

企业统计信息化工程不应成为面子工程，其投入必须要取得回报，而这里的回报未必是看得见、摸得着的有形产品，这就造成了对企业统计信息化工程评价上的困难。如何建立企业统计信息化工程的合理评价体系，在理论界与实务界都是一个挑战性的课题。这里，只给出一个思路：可以从服务产品定价的角度给出其合理的评价，并借助于服务领域的质量管理对其实施质量控制。

（4）统计信息化工程中的统计信息安全。

统计信息不仅是企业的一项重要资源，还是企业的一笔重要的无形资产。统计信息的保密性和安全性关系到企业在市场竞争中能否占领先机，把握市场动态，赢得市场份额的关键。统计信息的泄露会给企业带来不可估量的经济算损失。因此，统计信息的安全性是信息系统建立不可或缺的重要部分。对于信息的安全管理，可以采取以下措施：

①访问控制。是指防止对计算机及计算机系统非授权访问和存取。主要采用两种方式实现：一种是限制访问系统的人员；另一种是限制进入系统的用户所能做的操作。前一种主要是通过用户标识与验证来实现，而后一种则依靠存取控制来实现。

②用户标识与验证。是访问控制的基础，是对用户身份的合法性的验证，如签名识别法、指纹识别法、语音识别法及智能卡识别法、磁条卡识别法。

③存取控制。是对所有的直接存取活动通过授权进行控制以保证计算机系统安全保密机制。是对处理状态下的信息进行保护。一般有两种方法：一是隔离技术法，包括物力隔离方式、时间隔离方式、逻辑隔离方式、密码技术隔离方式等；二是限制权限法，就是限制特权以便有效地限制进入系统的用户所进行的操作。

④系统安全监控。系统必须建立一套安全监控系统，全面监控系统的活动，并随时检查系统的使用情况，一旦有非法进入者进入系统，能及时发现并采取相应措施，确定和堵塞安全及保密的漏洞。

⑤数据加密。对数据进行加密，防止非法窃取或调用。如对文件信息的加密，数据库数据的安全与加密，磁介质加密等。

⑥系统软硬件的安全。硬件的安全，对于网内的服务器与计算机应使用开机

热启动密码，使用带复杂口令屏幕保护而且启动屏幕时间不要太长，以不超过 3 分钟为宜，尽量不要使用文件共享功能，如需使用，必须设置访问控制权限和密码，在用完后立即去掉文件共享，对重要文件设置读写口令。软件的安全。对于操作系统要严格控制管理员级的账户的使用范围，最好不要使用远程控制系统，随时更新系统，关注最新的业界动态。

⑦计算机网络安全。主要是指计算机网络抵御来自外界侵袭等应采取的安全措施。企业信息化建设必须采用国产的设备来实现网络的安全。目前主要通过采用安全防火墙系统，安全代理服务器，安全加密网关来实现。

⑧网络边界的安全。网络边界是指本单位或部门的网络与外界网络或互联网的出口边界。其安全主要是针对经边界进出访问和传输数据包时要采取的控制和防范措施。企业各部门的计算机网络应当采用统一的国际互联网出口。计算机网络与外界网络接入口处必须设置安全防火墙系统，该防火墙要具有加密功能或安全加密网关。外网的授权用户要通过安全防火墙或安全加密网关远程进入企业网络时，必须配备电子印章认证系统。

⑨网络内部的安全控制和防范。是指应采取防范措施以控制外界远程用户或网络对网络内部数据存取。

7.4

现代企业统计信息系统开发应用①

目前，我国大部分企业统计信息化和自动化程度普遍较低，有的也多为桌面型或 C/S 模式，在企业内部各单位之间（尤其是大型企业集团）、企业与外部之间难以实现实时通信，使得企业管理信息交换速度缓慢，影响了企业的实时管理与监控，降低了企业领导决策的效率与效果，这种状况持续下去，会严重影响企业综合竞争力的提升，影响企业的可持续发展。基于 Web 技术建立的企业综合统计信息管理系统，能够满足网络经济条件下现代企业各级领导及各部门统计信息管理的需要，能够实时提供企业综合统计与各下属经营单位、职能管理部门之间的统计信息收集、传递和汇总处理，能够实现企业内部、企业与外部的实时信息交换，从而为现代企业进行科学管理与决策提供了良好的信息保障。目前我国大部分生产企业大多采用 Windows 操作系统，为了使系统具有更好的集成性，可以选择微软的 NET 平台构建 B/S 结构的企业综合统计管理信息系统。本项目组自行研发的"某矿业集团公司非煤产业统计信息系统"即采用了这种结构。

---

① 本节内容以"某矿业集团非煤经营统计信息系统开发"为例。

2006 年 1 月，山东省某矿业集团公司非煤产业例会决定，2006 年将实施非煤经营统计信息系统建设，实现非煤重点项目工作现场的实时监控和统计数据的集中传输。经过公开招标，本项目最终由山东工商学院与某矿业集团公司共同研究开发。在某矿业集团公司和山东工商学院领导的支持鼓励下，经过近一年的时间，就成功开发完成了"某矿业集团公司非煤经营统计信息系统"，并于 2007 年 1 月正式投入使用，运行效果良好，实现了项目开发的预期目标。现将本项目开发的主要内容和基本特色加以总结，期望能对我国企业统计信息化实践工作有所参考，更好地为广大企业经营管理和决策服务。同时也希望有更多的企业参与企业统计信息化建设，早日实现企业统计信息化。

7.4.1　项目开发背景

某矿业集团是一家以国有资产为主体、多种所有制并存，以煤为主、多种产业共同发展的大型企业集团，是全国 520 家重点国有企业和山东省 136 户重点企业集团之一，2004 年位列中国 1000 家大企业集团的第 189 位，2005 年中国煤炭企业 100 强第 10 位。作为一个资源开发型企业，某矿业集团经过近 50 年的超强度开采，煤炭资源面临枯竭，企业发展面临资源约束。面对严峻现实，集团公司积极寻找出路，发展非煤产业。到 2005 年，集团公司共有 292 个基本生产单位从事非煤产业，产业范围涉及农业、化工、电力、建材、建筑、机电、纺织、造纸、制药、国际贸易与商业流通等十多个行业，产值已占集团公司全部产值的 2/3。

由于非煤产业投产项目多、涉及行业多、产品品种多，给非煤产业管理带来很大困难。而且某矿业集团非煤产业大多数为近几年新开工的项目，其信息管理工作大多处于半手工状态，数据分散、准确性差，会计、统计、业务三大核算不够规范，集团公司对非煤企业的各种信息了解不及时，影响了非煤产业的整体运营质量和盈利水平。因此，集团公司决定，从规范统计报表制度开始，进一步加强非煤产业内部管理，建立一个统一高效的经营统计信息系统，改变目前落后的统计信息管理状态，提高领导决策的科学性和准确性。

7.4.2　非煤经营统计信息系统简介

（1）统计信息系统架构。

根据需求调研的结果，从业务流程的角度进行分析，将非煤经营统计信息系统分为劳资统计、财务统计、在建项目统计、技改统计、预算统计五个子系统，业务流程见图 7－7，系统的整体功能架构见图 7－8。

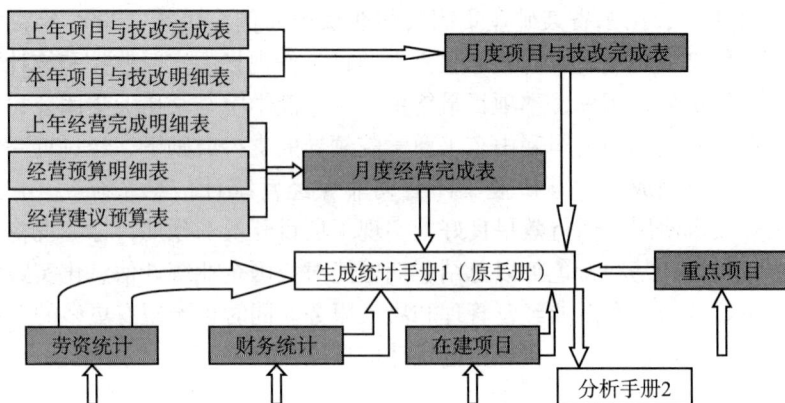

图 7 - 7 非煤经营统计信息系统业务流程

（2）应用系统层次划分。

应用软件部分是整个系统的灵魂，系统能否适应将来功能要求的变动，能否实现系统总体协调控制，系统的安全性和运行效率如何保证，这些都必须上升到应用软件内部体系结构及功能层次划分的高度。

为了做到每项业务功能的高效、灵活和对周边对象、输入信息的自动适应性，我们在功能内部按照从抽象到具体的顺序进行多层功能封装，并结合独立开发模型，从而使业务功能划分为数据层、信息层、对象层、功能层、组织层、流程层等六个层次，并对每一个层次进行有效的流程时间控制、数据权限控制、行为权限控制，对其协作模式、流转条件、过程监控模式、信息表现方式、信息传递方式、信息合并方式、流程自动启动、流程合并模式等进行综合设计，见图 7 - 9 所示。

通过这种层次划分，业务功能的数据、逻辑、权限、流程被有机地耦合起来，足以适应系统对于流程变化、权限变化、展现变化、甚至逻辑变化的需求，提高了系统的整体稳定性和通用性。

7.4.3 应用系统功能规划

（1）简要需求分析。

某矿业集团经过多年的发展，管理部门基本实现了计算机化，矿区内建立了局域网络，并与互联网相连，非煤产业与集团公司之间的有效通讯得到了保证。集团公司还设有六十多人的信息中心来维护网络软硬件的正常运行。系统软件和应用软件的充分配备，也保证了信息系统的软件环境需求。系统的开发需要完成以下工作：

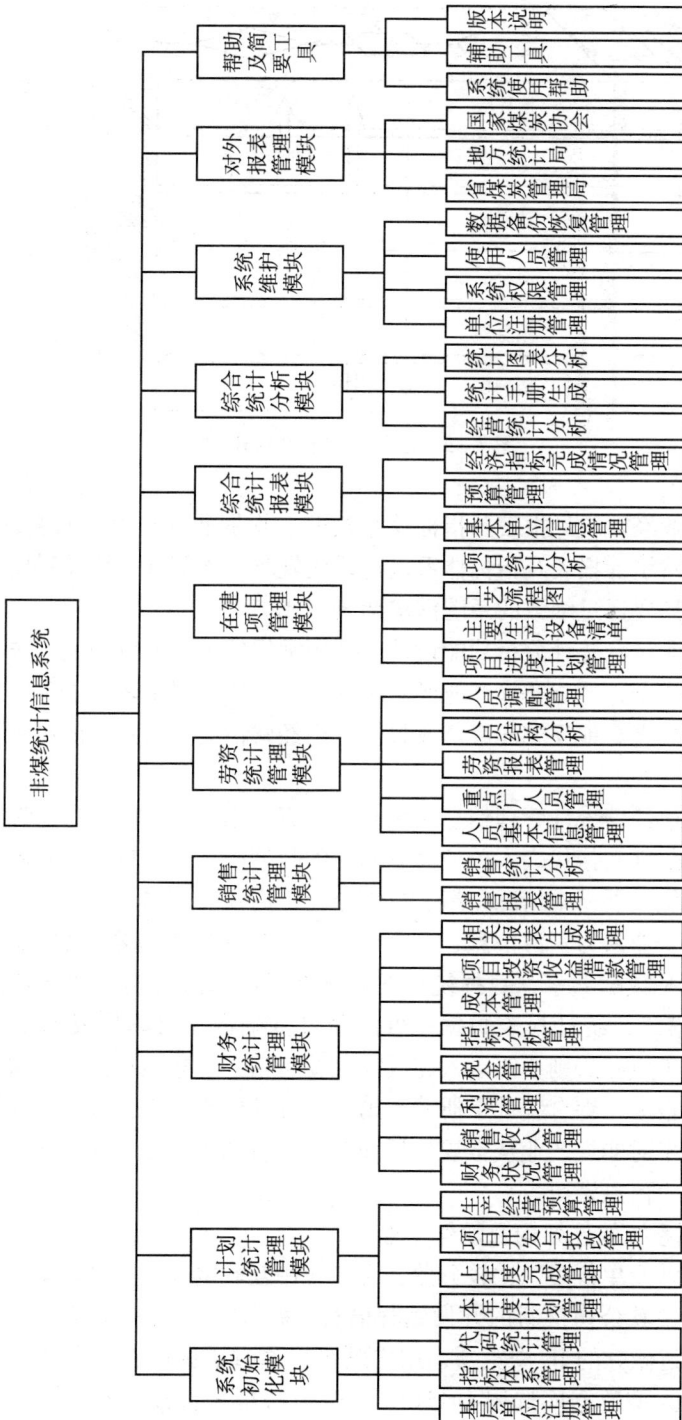

图 7-8　系统的整体功能构架

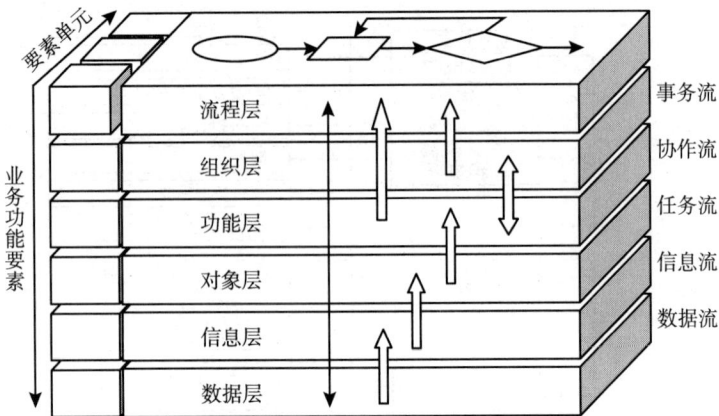

图 7 – 9   应用系统层次划分

①非煤产业经营统计报表及指标体系规范。根据非煤产业经营管理的需要，对非煤产业经营统计报表及指标体系进行系统规范，该部分是统计管理信息系统的基础工作，需要通过细致的系统需求调研完成。

②非煤产业经营统计分析功能设计。运用常规的统计分析图表方法和选择适用的统计分析模型，建立非煤产业经营统计分析模块，提供多种表现方式的图表分析功能，形象直观地反映非煤产业整体生产经营情况，为集团公司领导决策提供参考。

③非煤产业经营统计管理信息系统开发内容。第一，基础数据建设：主要包括本单位基础数据，指代表本单位固有属性的数据项，数据较长时间不变化。包括各矿非煤单位发展基本情况介绍、非煤企业工商注册基本信息、法人单位最基本信息、非煤企业人力资源信息、产品信息库、财务状况基本信息、各种编码、词典等信息（是数据共享，数据统计的基本要求，通过分析，做出各种编码与数据词典）。第二，统计报表数据：可以通过基础数据自动生成的报表或数据项，进行自动生成；否则手工录入完成。主要包括：在建项目报表、财务分析报表、劳动工资报表、综合统计手册等。第三，统计分析图表：采用描述统计和统计分析模型技术对非煤产业从常规分析和专题分析两个方面展开，充分开发基础数据和统计报表信息资源。

（2）应用系统软件架构及硬件安排。

非煤产业涉及单位多、比较分散，必须使用互联网开发工具。本项目的开发工具选择美国微软公司最新的开发编程语言 C#. net，结合网页编程语言，采用 B/S 架构，通过微软的 IE 浏览器，用户既可以通过矿区网，又可通过互联网接入信息系统，大型数据库选用 ORACLE，这为信息平台开发构建提供了技术保障。应用系统的技术优势如下：

①基层单位不用再备份数据，数据在集团公司集中保存；

②任何地点、任何时间都可以录入、打印、查询报表，不用报送手工报表，为基层单位节省大量办公费用；

③客户端不用安装软件，只要能访问集团公司网站即可；

④矿级单位（包括公司）工作量约减少90%，基层单位（厂网点）工作量约减少30%，集团公司工作量约减少50%；

⑤及时监控各厂网点数据录入情况，登录系统的用户情况；

⑥数据统一规范、集中管理，操作灵活方便。

7.4.4　现代企业统计信息系统开发目标、应用效果及特色

（1）项目开发目标。

①实现全公司非煤生产经营统计信息资源共享，为非煤生产单位和集团公司领导决策与管理情况提供高效服务，全面提高非煤经营管理水平。

②通过计算机网络，实现报表信息及时报送，规范会计、统计、业务三大核算，建立一套高效的"非煤经营统计信息系统"，实现统计报表信息的系统性、准确性和及时性。

③在信息系统基本功能建设基础上，加强系统的统计分析功能，充分利用统计分析方法及时分析生产经营和项目建设的运行状况，为集团公司决策提供有参考价值的建议。

④在满足公司内部经营管理需要的同时，实现对外统计报表的及时、准确和全面的报出，以满足政府统计和行业统计的需要。

（2）项目开发实施效果。

项目经过实施，初步达到如下几点效果：

①规范统计工作内容，提高统计工作效率。对集团公司非煤产业经营统计报表及指标体系进行了全面系统的规范，剔除了部分对企业生产经营管理没有实际作用的统计报表，合并或重新设计了部分内部报表，对企业内部报表与对外报表可以兼顾使用的报表，以对外报表为基础进行整合。这项工作为统计信息系统开发打好了基础，也减轻了公司基层单位填报的工作量。

②实现了全公司非煤产业生产经营统计信息的实时报送和资源共享，满足了公司各级管理人员的统计信息需求。过去半手工统计汇总时，公司部门统计人员特别是综合统计人员每个月大部分的时间都在汇总基层单位填报的各种报表，根本无暇去对统计数据作分析，更谈不上发挥企业统计的咨询监督等职能。实现企

业统计信息化后，现在统计汇总只需 1～2 天时间，每月 3 日前公司最高层领导都能看到上月生产经营统计报表，同时对外报表也提前完成。企业统计信息系统是一套"数据集中管理、分散访问"的系统，也同时满足了公司各级管理人员的统计信息需求。

③企业统计分析功能得到加强，统计参与管理的作用得到充分发挥。系统除了对某非煤产业经营统计内部报表和对外报表进行统一规范外，还设计了 55 张经营统计分析报表（最后实际使用 40 张）。"非煤经营统计信息系统"能够在基础数据库的基础上自动生成月度、季度及年度统计分析报表，综合统计人员只需要在统计分析报表基础上结合定性分析加上分析结论，形成分析报告，提供给公司领导和有关部门参考。由于企业综合统计人员从大量的统计报表汇总事务中脱离出来，能够在系统统计分析模块生成的分析结果基础上对生产经营进行深度分析，有利于提高企业统计分析水平。

④数据准确性得到显著提高。由于系统设计时设置了关键指标的校验功能，基层填报单位在输入数据时一旦出现错误可以及时发现并更正，保证了基础统计数据的准确性。

（3）项目特色。

①以满足企业经营管理需要为目标，强化统计分析功能。现代企业统计只有通过为企业生产经营管理服务才能充分发挥自身价值，要实现统计价值，一方面需要借助现代信息技术，实现企业统计信息化；另一方面要不断加强企业经营统计分析，提高统计产品层次和水平，更好地满足企业经营管理的需要。某矿业集团非煤产业经营统计管理信息系统建设本身来源于企业经营管理的要求，而且自始至终坚持以满足企业经营管理需要为目标。在项目需要分析阶段，公司管理部门提出要在规范统计数据的基础上，加强统计分析功能，结合企业经营实际定期提供深度统计分析报告，为企业经营决策提供有效的服务。因此，某矿业集团非煤产业经营统计管理信息系统建设过程中，将经营统计分析专门作为一个专题进行调研，并在信息系统中专门设置一个分析模块，强化了信息系统的统计分析功能。非煤产业经营统计管理信息系统统计分析模块基本架构见图 7－10①。

②以统计信息化为手段，提高统计管理信息质量和效率。现代企业统计模式与过去相比有根本性的变化。过去由于信息技术手段落后，统计工作大部分依赖手工或半手工操作，工作效率低下而且数据质量难以保证。现代信息技术和网络技术的发展为现代统计提供了全新的创新思路：统计理论方法与现代信息技术的

---

① Wang Yanming. The Study on the Evaluating Index System of Transferred Economic Growth Pattern of Coal Enterprises in China e（C）. The 55ᵗʰ ISI Session, 2005.

有机结合必然产生更先进的统计管理模式。某矿业集团非煤产业经营统计管理信息系统建设过程中，合作各方由企业中有丰富实践经验的管理人员和信息技术专业人员、高校研究机构中的信息系统专业开发人员和统计专业人员组成，最大限度地发挥了智力资源整合的优势。企业管理对企业统计提出的要求集中在：全面、准确、及时地收集、整理统计数据，上报统计报表，深度分析统计信息，及时提交管理决策参考。要满足这一要求，必须充分利用信息技术，实现统计工作的信息化。本项目采用较为流行的基于微软的 NET 平台，采用 B/S 架构，用户界面完全通过浏览器实现，操作简单、方便；数据管理科学高效，具有数据采集、计算、统计、查询等功能；报表管理能够按照表格定义自动生成各类统计台账和统计报表；在统计分析方面，应用数据库和方法库、对基础数据和历史数据进行加工分析，生成有参考价值的数据信息和图表信息，具有支持预测和综合评价的功能。

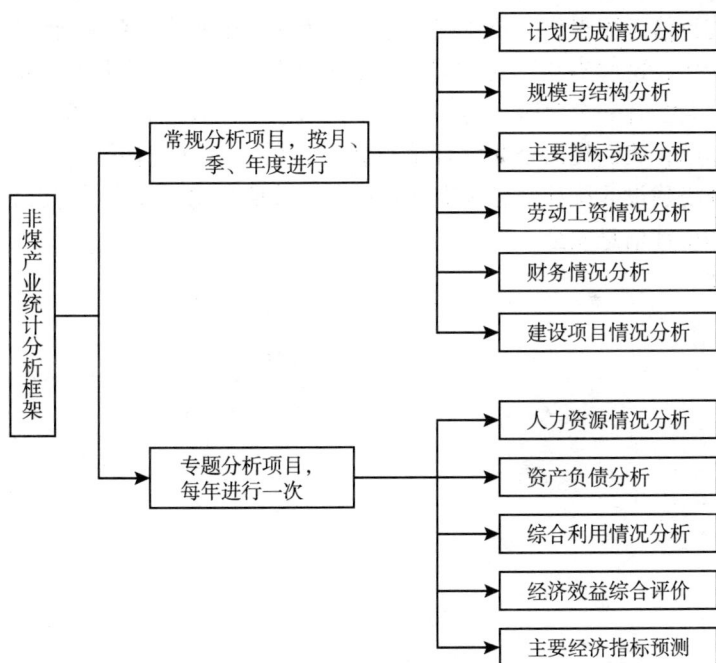

图 7-10　非煤经营统计信息系统统计分析模块基本架构

③以非煤产业经营统计报表为基础，实现统计信息数据库的集中管理。项目开展之前，某矿业集团公司非煤产业经营统计报表数量众多、报表格式不规范，难以全面系统反映企业生产经营活动全貌。结合需求分析，项目组重新对某非煤

产业经营统计报表进行了系统整理和规范，形成了包括综合统计、财务和投资统计、劳动工资统计、销售统计、投资统计、建设项目统计和对外报表共 75 张基础统计报表，并根据基础统计报表，新设计了 55 张统计分析报表，基本满足了企业内部经营管理信息需要和对外报表的需要。以统计报表中的统计指标体系为统计信息收集整理和分析的依据，形成了公司非煤产业经营统计信息数据库的集中管理，保证了统计数据的质量，方便统计信息的积累。

7.5

本章小结

　　理论上系统地论证了企业统计信息化的六个子系统相互之间的关系，明确了其地位与作用。指出企业统计信息化建设工作本身就是一项系统工程，完成这项工作需要从五个方面同时推进，具体可以概括为"五化"：企业统计数据信息化、企业统计信息流程化、企业统计流程系统化、企业统计系统网络化、企业统计网络智能化，这"五化"过程是循环递进的，每完成一个循环，企业统计信息化建设则会上升一个台阶，达到一个新的水平。针对企业统计信息化建设过程中存在的问题，我们提出企业统计信息化建设的"三建一防"工程：统计信息化软硬件环境建设、统计信息标准化建设、统计信息化评价体系建设和统计信息化工程中的统计信息安全。

第8章

现代企业统计理论创新的保障

现代企业统计理论创新是一个系统工程，企业统计功能的实现还牵涉到企业统计基础工作规范化、企业统计人力资源和教育培训、企业统计文化等保障措施。所有这一切，最终都是为了提升企业整体统计能力，因此，最后对企业统计能力的相关理论和评价方法也一并进行讨论，为现代企业统计理论在实践中的应用效果提供一个可行的检查评估框架。

8.1

企业统计基础工作规范化建设

企业统计基础工作是企业管理工作的重要组成部分，是完成企业统计任务、实现企业统计功能的基础和手段，是实现现代企业统计理论创新的基本保障。只有建立在统计基础工作规范化基础上的统计工作，才能满足现代企业统计理论创新的顺利实现。

8.1.1 企业统计基础工作规范化建设的意义

（1）企业基础统计规范化的定义。

企业统计基础工作规范化就是按照科学统一的标准和要求，把企业统计基础工作用科学、规范、简练的语言做出明确的界定。具体而言，企业统计基础工作规范化主要指企业统计人员从计量、原始记录到整理、分析、报出等每一个环节，每道工序的实际操作都合乎规范的要求；同时也指企业统计机构的设置、统计人员的配备和统计各项规章制度都合乎规范的要求。

（2）企业统计基础工作规范化的必要性。

企业统计基础工作规范化是企业改革的需要，同时也是国家宏观管理的必须，这就为企业统计基础工作规范化建设提供了需求与发展空间。企业统计基础工作规范化建设对提高统计工作水平与效率，推动企业管理与决策的科学化均有重大意义。

①加强企业统计基础工作规范化建设，可以为各级核算提供准确而及时的数据资料，是保证统计数字资料及时性和准确性的前提。基础工作规范了，一方面可以保证统计数据从源头到传输加工处理各环节的及时性；另一方面也使企业、各级统计部门的数字质量有了真实可靠的基础，避免因数字虚假而造成定量分析不准，定性分析失实和管理决策的失误。从而有利于形成企业内部横向与纵向、企业与政府统计信息的及时传递与反馈，提高信息的利用价值，发挥统计的整体功能。

②加强企业统计基础工作规范化建设，可以更好地发挥抽样调查的作用。抽样调查是用样本的数据资料来推断调查对象即总体的数量特征，这就要求抽取的部分单位能够充分地代表总体。企业的基础统计工作搞好了，可以保证各样本单位数据的可比性和对总体的代表性，可以扩大抽样调查方法的适用面，更好地发挥抽样调查的作用。

③加强企业统计基础工作规范化建设，能够规范企业的统计工作内容、工作程序等，使企业统计基础工作有规章可循，有制度可依，保证统计工作的科学性与严肃性。

8.1.2　企业统计基础工作规范化建设的内容

一般来说，企业统计基础工作规范化主要包括：统计原始记录规范化、统计台账规范化、统计计量标准规范化、统计指标规范化、统计优质服务规范化、统计档案管理制度规范化等内容。

（1）原始记录规范化。

原始记录是企业对生产和经营管理活动的全过程所作的最初数字或文字的记载，是未经任何加工整理的初级资料，是统计信息资料的源头。原始记录的设置和管理是企业统计工作的基础，必须要求其规范化。原始记录的规范化需要注意：

①企业在设置原始记录时，应遵循以下原则：科学、完整、简明；填写方便；目的明确；栏目清晰；能够满足企业生产活动、经营管理活动和统计、会计、业务核算工作的需要；随着企业生产和经营管理情况的变化，对原始记录不断调整、修改、充实、完善。

②填报原始记录时要注意：按规定的时间、项目、内容及时填写和传递；填写项目要齐全，字迹要清晰，数字要客观、真实，不准虚报、瞒报；不能在原始记录上乱写乱画，对已填写好的原始记录不得任意涂改，若确认填错，必须由填

报人在修改处签章。

③加强企业统计原始记录管理要做到：实行由统计主管部门负责，统一归口管理，指导、检查、监督企业原始记录工作的执行情况，审核整个企业原始记录的表式、内容、填报规定，并组织实施；专业科室及车间统计负责本部门原始记录的制定、修改、补充、整顿，并报企业统计主管部门审核批准后组织实施，负责指导、检查、监督本部门原始记录执行情况；对原始记录资料按月分类装订成册，按年编号；车间原始记录由车间统计员负责整理保管；各专业科室的原始记录由各专业科室的统计人员负责整理保管。

④未经企业统计主管同意，任何人不得擅自销毁原始记录资料，并要求其保存期限一般为 3~5 年，重要的原始记录应长期保存。

（2）统计台账规范化。

统计台账是基层单位根据企业填报的统计报表和本单位生产经营管理的需要而设置的一种系统积累统计资料的表册。在现代企业中，编制规范的统计台账要求：

①企业综合统计部门要设置综合年度统计台账、综合月度统计台账和历史资料统计台账，其内容主要包括企业的生产经营总成果、成本、利润、税金、资产等主要技术经济指标，以反映一定时期内企业生产、经营、管理的基本状况；企业内部行使统计业务的各管理职能科室应设立专业年度统计台账，并根据需要设立月度统计台账；各生产车间和生产班组还应设立个人统计台账和班组统计台账以及车间基本统计资料统计台账；车间和班组的统计台账按月设置，按月登记，日清月结，全年汇编。

②统计台账的填报要及时，字迹要工整、清晰，做到表、账、数统一；不得对已入统计台账的统计资料随意修改，确需修改的，必须在涂改处加盖公章。

③统计台账由综合统计部门或统计负责人负责统一归口管理，制定审核整个统计台账的表式、内容、填写规定，并组织实施；专业科室和车间负责本部门统计台账的修改、补充、整顿，并报企业综合统计负责人审核批准后实施；统计台账的填写原则一般为"谁填写谁保存"。

④未经综合统计部门负责人同意，不得擅自销毁统计台账；统计台账为永久性保存资料。

（3）统计计量标准规范化。

为了保证各种信息快速有效地进行流通，便于进行汇总整理和组织核算，便于分析和指导各方面的活动，必须有统一的统计计量标准，使其规范化。统计计量标准的规范化主要是指计量单位的规范化，计量单位主要包括实物单位和价值单位。

①实物单位。实物单位是按照现象的使用价值来表现的，主要包括自然单位、度量衡单位、复合单位、标准实物量单位等，它具有反映现象使用价值的独特功能，但综合性能很差。不同的实物单位其表现形式不同，因此，在运用实物单位时，一定要注意其单位的一致性。不同的现象其使用单位不同，然而，即使是同一现象也会出现由于其规格、含量、品种等的不同而使得这些现象缺乏综合性能，造成不可比，这时，必须采用标准实物量单位。

②价值单位。价值单位是按照现象的货币形式表现的，具有反映其价值量的功能和很强的综合性能。在反映社会经济现象时，为了消除使用单位的不可比性，一般使用价值单位。

③计量价格。一种是完全成本价格即基本价格，包括要素成本和中间投入成本及商品税净额以外的间接税净额。另一种是生产者价格即出厂价格，包括基本价格和商品税净额。在计算产品价值量时，应选择同一个价格。

④三大核算协调统一。会计核算是企业经济核算的中心，而统计核算、业务核算是企业会计核算的基础，是会计核算基础资料来源之一。现代企业管理要求企业统计人员加强对企业会计核算资料的开发与运用，因此，要规范统计核算、会计核算、业务核算的口径、范围，特别要注意三种核算时间的不一致性，这就要求进行统计核算、会计核算、业务核算时，都应采用同一个核算期的资料，以保持其时间的可比性。

（4）统计指标规范化。

统计指标是反映企业生产经营过程及最终成果的名称或范畴，对于统计指标的规范化，过去一直是执行国家统一的报表制度，统计指标统一设计。而市场经济体制下，现代企业为了满足企业内部管理需要，往往在已有统计指标的基础上还要设计一些新的统计指标，这就需要在企业内部尤其是企业集团公司内部所使用的统计指标必须统一规范，制定企业内部的统计指标规范。统计指标的规范化主要是指标的内涵和外延要统一。在进行统计指标设计和使用时，要在遵循科学性、系统性、功能性、预警性、易操作性、通用性等原则的基础上进行。

①指标的内涵设计。指标的内涵包括名称、含义及内容。统计指标的名称是对所反映研究现象的综合概括，因此，其名称一定要简洁、准确、科学、合理；在明确了统计指标的名称后，就要规定该名称所包括的具体含义，统计指标的含义决定了指标的具体内容，什么内容包括在内，什么内容不包括在内。尽管不同的问题，研究的内容不同，选择的反映指标不同，需要保持统计指标的名称在任何情况下的一致性。

②指标的外延设计。指标的外延包括指标的口径和范围、计算方法。确保指

标名称的一致性后，统计口径和范围的确定同样重要，统计口径主要针对统计指标而言，即指标的构成内容应包括哪些，而统计范围主要针对总体范围而言，即总体范围决定了指标的范围。统计口径与统计范围有时是一致的。实践中，一定要明确规定指标的口径和范围，特别是一些相对指标和平均指标更需要注意其统计口径和范围的可比性。对于统计指标的计算有简单方法，也有复杂的方法，特别是既可以采用实物指标，也可以采用价值指标时，一定要注意采用一个确定的计算方法，以保证统计指标使用时的可比性。

（5）统计优质服务规范化。

统计优质服务是保证企业统计基础工作保质保量完成的前提，因此，必须健全企业统计优质服务制度，使其规范化。统计优质服务是统计原始资料及时、准确、全面提供的重要保证，关系到统计分析工作能否顺利进行。因此，要求企业统计在统计优质服务方面做到：

①企业统计部门和统计人员要充分运用统计资料积极开展统计分析和预测，定期公布统计分析资料和组织一定形式的经济活动分析会。

②做好季度、年度、历史综合统计资料汇编，根据需要编印供企业领导参考的"企业领导统计资料手册"，为企业领导决策及时提供全面、准确的信息资料。

③在开展企业统计分析工作时，在满足一定数量要求的同时，更要注重分析报告的质量，针对企业各方面的重点、难点、热点问题，认真选题，做到分析问题透彻，有针对性；提出的建议切合实际，可操作性强。

④加强统计数据管理工作，防止数出多门，重要统计数据上报时必须经统计负责人甚至企业主管领导同意后，才能对外提供。

（6）统计资料档案管理规范化。

统计资料档案化管理是现代企业管理的要求，因此，为了能够保证统计基础工作的规范化，必须要做到统计资料管理的规范化，以保证企业统计创新的实现。

①企业要建立统计资料档案制度，实现档案由指定的档案员统一管理。企业进行决策、制订和检查计划、考核效益及工作成绩，进行奖罚、达标升级等所使用的统计资料，以统计机构或统计负责人审定的统计数据为准。

②在企业内部，要定期采取手册、宣传栏、简报的形式向职工公布主要经济指标和有关生产经营成果的统计资料，以接受群众监督，发挥职工参与和监督企业生产经营管理的职能，提供统计资料的透明度。

③纸质统计资料中，定期统计报表应按月装订成册，按年编号整理归档；企业上报的年度统计报表由综合统计部门负责人审核，由档案管理员保存并归档；

企业内部年度统计报表、资料由各填报单位的统计员整理归档；年度统计报表为永久性保存资料；企业内部统计报表的保存时间由综合统计部门负责人根据企业情况而定。

④磁质统计资料中，企业综合统计部门、各专业部门、车间、班组都要建立自己的原始数据库，随时将生产经营中发生的数据进行归类存档整理，以满足企业管理对企业统计分析和对外提供报表的需要。

8.1.3 企业统计基础工作规范化的实施

企业统计基础工作规范化是保证统计工作质量的前提和基础，关于企业统计基础工作规范化建设多年来得到了广大统计理论与实际工作者的重视，许多企业也尝试着作了许多这方面的工作。但就目前情况来看，许多企业特别是中小型企业、非国有企业、新建企业统计基础工作还很薄弱，需要有一个部门最好是国家统计局出台一个"关于企业统计基础工作规范化"的指导性文件，并组织周期性的抽样调查进行评比，公布统计基础工作规范化建设情况，督促统计基础工作不达标的企业限期整改，必要时可以派人指导。这项工作如果能够开展下去，相信我国企业基础统计数据质量会大有改观，国民经济核算数据的准确性将得到很好保证。企业统计基础工作规范化建设评价可以按照制订标准方案、实施标准方案和检查验收等步骤来进行。

（1）制订标准方案。

制订一个科学的、切实可行的标准方案，是实行企业统计标准化管理的首要环节，也是整个企业统计基础工作规范化的出发点，是保证统计基础工作规范化建设的顺利实施和健康发展的条件。

企业统计基础规范化建设工作涉及面广，工作量大，行业复杂，企业单位情况不尽相同，而且要求严格，是一项严密而又细致的工作。一个积极稳妥又切实可行的标准方案，应符合以下原则：

①统一性。一是规范化的标准应与《统计法》和整个统计工作相统一，即企业统计基础工作规范化实质上就是贯彻《统计法》及其实施细则的有效方法和具体的实施步骤。二是规范化的标准应适用于企业单位各种管理，要与企业的全部经营管理相统一。对于企业单位来讲，规范化建设就是加强管理的重要措施，加强企业统计建设，提高企业统计水平，增强统计参与企业管理的能力。

②可行性。目标既要科学又要可行。要做到可行，就要从企业的现实和统计工作的实际情况出发，从企业可能达到的水平出发，不能脱离实际；否则，只能

成为"空中楼阁"。

③明确性。制订标准方案的内容，一般都是具体执行的目标，因此一定要具体明确，有可操作性。在制订过程中，能定量表示的一定要定量表示；在内容表达上要准确而具体。这样，才能有利于标准的实施和检查验收。

根据上述原则，企业可视规模、基础等特点，从实际出发，在充分全面地调查、了解、掌握外部环境和内部条件的信息资料的基础上，制订标准方案。

（2）验收达到目标任务的标准。

①企业统计工作是否纳入企业管理日程，是否有分管的企业领导分管。

②大中型企业是否建立健全了统计机构，配备了统计科长、处长；小型企业是否配备了综合统计负责人、企业统计网络是否建立健全。

③企业的统计报表制度、原始记录、统计台账，以及报表制度的传递等是否合理、科学、健全，是否达到了科学化、系统化、档案化。

④企业综合统计部门和综合统计负责人是否全面管理起企业全面统计资料数据的调查搜集、加工整理和一头对外的职责。

⑤企业统计分析水平和参与企业决策的意识和能力是否有明显的提高。

⑥企业统计信息、分析、管理功能是否得到了有效发挥。

（3）标准方案的实施。

标准方案一经确定，就进入实施阶段。这一阶段需要进行大量而艰苦的工作，这也是实施标准方案能否取得成效的关键。

具体讲，统计基础工作规范化建设标准方案确定以后，能不能顺利实施，并非我们统计部门本身所能解决的事情，它的可能性、科学性和权威性关键在于它能不能得到政府和有关部门的重视和支持。特别是工业、商业、建筑业和交通运输业等各行各业，情况复杂，包罗万象。因此，加强统计基础规范化建设不仅是统计部门的事情，必须同各级主管部门、企业单位密切配合、通力合作才能完成。

①正确处理好理论与实际的关系。

从理论上讲，企业改革必须有规范化的统计工作相辅佐，而企业基础统计的规范化要求统计人员责权利相统一，统计机构的网络化、原始记录的科学化、统计台账标准化、统计制度完整化、统计图表系列化、统计分析经常化、资料整理档案化、计算手段现代化和统计服务优质化。这些标准和要求是针对所有企业的，是共性的东西，不同行业的企业应在总的原则指导下，结合本系统的特点，在为企业基础统计规范化建设满足自身的微观需求的同时，能最大限度上达到国家宏观调控的需要，切忌一窝蜂、一刀切。

②正确处理好企业和政府之间的关系。

在我国，政府与企业的根本利益是一致的，但在一些具体问题上仍然存在一定的矛盾。在企业改革和统计基础规范化建设中，必须明确企业统计的规范化建设应立足于企业，适应和满足企业改革与发展的需要是第一位的；在此基础上，满足政府宏观管理的需要。离开这一点，企业统计基础的规范化建设就必然失去成长的根基。

③正确处理好目前利益与长远利益之间的关系。

企业改革和企业基础统计工作规范化建设绝非一朝一夕，企业统计规范化建设工作除了政府和主管部门的精心指导外，企业在转变思想观念，充分认识规范化重要性的同时，还需要一定的人财物的付出。这必然触及企业目前的利益，但从长远角度看，随着市场经济的逐步完善，国内外经济交流的日益加强和频繁，企业与外部之间的信息交流越来越广泛。信息的传递必然依赖于企业与企业之间、企业与政府之间以及企业与国际之间的信息网，各种信息网的建立与以搜集、加工整理、分析传递信息为基本工作内容的统计密不可分，而企业基础统计工作规范化建设最终必将为国内乃至国际信息网的建设打下坚实的基础，为企业参与国际竞争提供条件。

加强组织领导，层层落实方案是抓好这项工作的重要一环。实施方案的中心环节，就是在明确标准方案、做好实施方案准备工作的基础上，层层落实，保证目标的顺利实施。一是领导落实。把规范化纳入议事日程，各级部门和企业单位都应有一名分管领导亲自抓。二是组织落实。企业综合统计部门具体负责组织、实施、验收工作。三是措施落实。作为企业来讲，首先要解决综合统计负责人设置，建立健全各项规章制度，保证标准方案的实施；其次抓人员落实。把任务自上而下层层分解到企业车间（科室）、班组和个人，形成一个企业统计标准化建设目标体系。可以说，规范化管理的过程，也是提高整个企业管理水平的过程。

（4）检查验收。

检查验收工作，是整个统计基础工作规范化建设的最后阶段。统计工作规范化建设是一个一劳永逸的工作，这方面工作做好了，企业统计工作一定会有一个质的改变，不但大大提高统计工作的规范性与效率，而且使企业统计工作人员有更多的时间和精力从事高层次的统计工作，最大限度地发挥统计的整体功能，为企业管理与决策服务。

内部验收：检查验收小组实行分级检查，按照标准方案，统一审核确认。逐条逐项审核评审，查漏补缺，逐一解决。外部验收：由上级部门进行抽查审定即可。

8.2

企业统计人力资源与教育培训

8.2.1　企业统计人力资源的含义及设置原则

（1）含义。

企业统计人力资源的含义可以从狭义与广义角度进行界定①。从狭义的角度来说，企业统计人力资源就是指企业统计人员，即指在数量、质量和结构与其生产经营规模和特点相适应的企业统计队伍。从广义的角度来说，企业统计人力资源是指企业员工（包含企业管理者、企业专兼职统计人员）整体中的统计基本素养和技能水平，一个企业只有企业经营管理人员和其他员工具备了统计素养，前述统计功能才能很好地实现。企业统计队伍组成合理与否，对企业统计成果质量的高低，企业统计发挥作用的大小，有着直接的和极其重要的影响。本部分主要对狭义的企业统计人力资源建设进行探讨研究。

（2）企业统计人力资源设置的原则。

第一，任何企业都必须有一定数量的统计人力资源。为了完成企业信息资料的收集、整理、分析以及政府、行业、社会对企业统计有关数据的需求，必须配备一定数量的统计人员，根据工作任务量的大小，企业统计人员可以是专职也可以是兼职，既需要有综合统计人员，又需要有专业统计人员。如果企业统计队伍数量不足，就不能充分发挥企业统计应有的功能与作用。

第二，企业统计人力资源队伍构成要科学合理。企业统计工作不仅需要一定数量的统计人员，而且要求统计人员的构成与需要相适应。因为现行企业统计工作是一个集中与分散相结合的整体，企业的人财物、产供销都需要统计。企业统计工作按工作内容来看，既有综合统计、又有专业统计，既有班组统计、又有车间统计，既有内部统计、又外部统计；按企业统计工作过程来看，包含了统计设计、统计调查、统计整理、统计分析等工作，所以要求企业统计人员设置上要在满足企业统计工作需要的前提下合理分工，在不同岗位上安排与工作相适应的统计岗位或人员，以保证在分工协作条件下顺利完成企业生产经营统计任务，高质量地实现企业统计的功能，发挥统计作用。企业统计人力资源的结构合理，就

---

① T. Dalenius：Errors and other limitations of survey，Statistical Methods and the Improvement of Data quality，Academic Press Inc（London），1983.

会使企业以最低的统计经费投入获取最大、最优的统计产品。

第三，企业统计人力资源是指企业统计人员素质适应企业管理与决策、改革与发展需要。企业特别是大中型企业的统计工作必须有一定数量的具有基本统计能力的人员，拥有一定数量的掌握先进的科学管理知识和能力的高级管理人才，各生产经营岗位，特别是综合统计岗位，要配备思想作风好、责任心强、专业素质高、信息化技术过硬的统计技术能手。这样，才能提供满足不同需要的高质量的统计产品和服务，从而为最大限度实现统计功能，发挥统计作用打下坚实基础。

8.2.2 企业统计人员应具备的基本素养

新的《中华人民共和国统计法》（2010 年 1 月 1 日正式实施）中第四章"统计机构和统计人员"第三十一条规定："国家实行统计专业技术职务资格考试、评聘制度，提高统计人员的专业素质，保障统计队伍的稳定性。统计人员应当具备与其从事的统计工作相适应的专业知识和业务能力。县级以上人民政府统计机构和有关部门应当加强对统计人员的专业培训和职业道德教育。"

我们认为合格的企业统计人员应具备以下基本素质：

①应具有良好的高度的责任感，爱岗敬业、积极开拓、勇于创新的精神和意识。企业统计工作对于企业决策至关重要，一个数据、一个计量单位甚至一个小数点符号都可能影响到企业生产成果的质量与管理决策方案的选择。因此，高度的责任感对于一名企业统计人员十分重要；一名优秀的统计工作者要经常深入生产第一线，与生产打交道，了解企业生产环节与生产过程。通过实地调研，取得现场第一手资料，工作很辛苦，所以企业统计人员要有吃苦耐劳的精神。

②企业统计人员无论是否是统计专业毕业，都应具备统计及相关专业的基本知识和技能，胜任统计工作。企业统计工作不一定非得大专以上具有统计学专业背景的人才可以胜任，但专业背景知识是不可忽视的。通过学校正规的学历教育，可以培养其分析问题、解决问题的能力，培养全面考虑问题的思维方式。如果接受了统计专业的教育，至少具备了统计的基本知识以及统计人员的敏感和较强的数字观念，善于发现问题、分析问题、解决问题，从而使统计工作顺利开展。

③企业统计人员要具有行业工作经验。统计工作对象、内容与具体行业生产活动密切相关，不同行业对于统计工作者有不同的要求，不了解行业生产工艺、工序，不了解行业产品的性能、特点，很难做好统计工作的。

④企业统计人员既需要懂信息技术、网络技术、熟悉市场，并能进行市场调

查和搜集市场信息的"外向型"统计人员，又需要熟悉政策，具有统计预测能力，并能进行科学统计分析研究的综合统计人员。

⑤企业统计要具有更加广博的知识结构，了解和掌握经济学、管理学、心理学、社会学、WTO 规则等相关领域、相关学科的有关知识，提高统计工作的效率与效果。

⑥企业统计人员要树立服务意识。统计人员要积极主动地为用户提供优质的统计产品和优质的统计服务，通过高质量、高效率的统计服务，充分发挥统计的作用，进一步扩大统计的影响，从而促进企业统计事业的改革与发展。

8.2.3　企业统计人力资源的现状

（1）企业现有统计人员的专业素养与水平亟待加强。

从统计业务来看，企业统计是一个专业性十分强的工作。统计功能发挥得如何，在很大程度上取决于统计人员的文化素质，而目前我国企业统计人员的文化素质普遍偏低，据我们对我国几家大型集团公司统计人员所做的调查表明，某集团公司有 300 多名统计工作人员，其中初中以下文化程度的占 0.72%，具有高中（含中专）文化程度的占 47.22%，具有专科学历的占 48.41%，本科及以上文化程度的只占 3.57%。而大专及以上的统计人员中，接受过统计专业教育的只占 20%，有 80% 的人接受的是其他专业高等教育。因此，对现行的企业统计内容难以全面很好地把握，据调查企业统计人员中能完整地理解现行统计指标体系的只占 58.02%，利用统计资料进行深层次的加工与分析以及现代统计技术在企业中的应用更是凤毛麟角。不是他们不想做，而是没有能力做。

（2）企业统计队伍不稳定，难以推动企业统计的健康可持续发展。

由于受多方面因素影响，企业统计人员在继续教育、福利、晋升、职称等问题上的机会较少，许多统计人员即便通过"统计师"职称考试，但由于没有岗位，各方面的待遇也不能享受，极大地挫伤了统计人员的积极性；另一方面，企业对统计人员的工作缺乏行之有效的奖优罚劣制度，干好没有奖励，干坏也没有关系。使有些有才能的统计人员纷纷跳槽，人心浮动、队伍不稳，统计人员年轻化严重，影响统计工作质量的提高；还有些企业经常调动统计人员的工作单位及岗位，哪个部门需要人，就可以随意地从统计部门调出，严重影响了统计工作的正常开展，造成统计人员工作的不稳定以及统计队伍的不稳定。据我们调查表明，现行企业统计人员非常喜欢统计工作的只有 12.5%，而且年龄在 45 岁以下的占到 95.5%。

（3）企业统计人员缺乏系统的、高质量的岗前培训与后续教育，因而存在着知识老化的现象，难以适应21世纪统计事业发展的需要。

由于繁忙的统计工作再加上缺乏系统的、高质量的岗前培训与后续教育，使得现有的统计人员的知识很难适应现代企业发展的需要，从而也影响了统计事业的发展。调查表明，需要经过培训与学习方能理解现行统计指标体系的统计人员接近1/3，有相当一部分企业统计人员对现代统计知识与方法知之甚少，对计算机的使用也只限于简单的操作，统计资料的深加工程度低，有90%的企业统计人员迫切想得到进一步学习的机会，以获得专业素质的提高与统计知识的更新。

（4）企业统计队伍的知识结构，不甚合理，制约着企业统计功能的综合发挥。目前企业统计人员的知识结构较为单一，现有企业统计人员所学专业近60%集中于统计、会计、经济管理三个专业，影响现代企业统计整体功能特别是咨询功能的实现。

8.2.4 企业统计人力资源建设的内容

在市场经济体制下，要保证企业管理与决策的科学性与准确性，就必须加强企业统计人员的再造与培训工作，以更好地实现企业统计整体功能，加速企业统计创新的实现。

多年来，大凡探讨企业统计改革的文章都要谈到统计人才的培养问题，普遍认为企业统计需要高素质的复合型人才。高素质的复合型人才固然重要，但并不是所有的统计工作都需要高素质的复合型人才来完成，我们要用全新的观念来构建适合新形势需要的企业统计人才队伍。如果我们要求企业的全部统计人员都是高素质的复合型人才，既不可能也没有必要。现代企业统计人力资源建设需要做好以下几方面工作。

（1）坚决贯彻执行统计人员持证上岗制度。

保证企业统计人员的基本素质，统计部门要严格按照《统计人员持证上岗管理办法》的规定和要求，实行统计人员持证上岗制度，并且将统计人员持证上岗制度与统计人员的管理密切结合起来，形成配套制度。统计执法部门还要定期对统计人员持证上岗情况进行监督检查，对违反制度和办法规定的行为要依法查处。实行专业统计人员持证上岗制度，首先对不具备统计基础知识和统计法基本知识的统计人员进行培训考试，考试合格才准予领取《统计证》；再每隔2～3年，对已取得《统计证》的统计人员进行知识更新，这既有利于不断提高企业统计人员的整体素质和专业水平，提高统计工作质量与效率，而且对稳定企业统计队伍，扩大统计影响也有着不可忽视的作用。

（2）建立规范的企业统计人员教育培训、教育管理制度，以满足各不同层次对统计人员的需要，建立一支梯队形的企业统计人员队伍。

保证统计人员知识的不断更新，适应高速发展的知识经济时代对统计人员的要求，还要加强对统计人员培训管理的职能，切实加强统计人员的业务技术培训，为此，需建立规范的统计人员教育培训、教育管理制度，以满足各不同层次对统计人员的需要，建立一支梯队形的统计人员队伍。对于企业的统计信息调查登记人员只需要懂得一些统计调查的基本知识、统计登记的基本技巧，并不需要掌握太多的统计理论和方法知识，可进行短期的、常规性知识的培训；对于统计数据的汇总与整理、统计报表的编制等工作，则需要统计人员掌握统计指标的计算方法、统计分类的基本原则和方法、统计报表的编制技巧以及相关的计算机软件操作等方面的知识，可进行较长期的、定期的半脱产培训；对于从事企业统计业务管理、统计设计及统计分析的统计人员，既需要懂得统计基本理论、统计设计原理、统计调查技术、统计分析方法、计算机操作技术以及生产管理、财务管理、市场营销等方面的知识，还需要了解企业生产工艺过程，这样的统计人员也就是我们通常所称的高素质的复合型人才，可以采取长期的、定期脱产培训。在培训中，既要培训与企业生产工艺有关的内容，另外还要加强对有关经济理论知识以及现代统计方法与技术如现代统计调查技术、整理技术与分析技术的传授以及现代企业统计分析软件（主要包括 SPSS、SAS、EVIEW、STATISTIC 等）的应用。这样既可以做到人尽其能，也可以形成行之有效的激励机制，激励企业统计人员努力学习和应用统计专业知识，向更高层次迈进，还有利于统计专业人才的培养，实现统计人员队伍建设的可持续发展。

（3）企业要从实际出发，针对企业统计人员的特点，对他们进行不同形式与内容的教育和培训。

目前，我国企业统计人员具备专业知识的人数所占比重不大，而即使是具有统计专业知识，有的也陈旧、老化了，难以适应社会主义市场经济体制下现代企业制度管理的要求。因此，这就要求必须加强各类统计教育与培训工作。教育和培训主要包括学历教育、继续教育、岗位学习与培训等。

学历教育主要是对没有学历的统计人员组织他们到专业对口的学校学习，或者是参加自学考试类的学习或者参加一些高校远程统计专业教育，以取得相应的学历或文凭。对于企业统计人员来说，这不是教育和培训的重点。

继续教育是对那些已取得学历或文凭的人员进行增新和拓宽知识而提高专业技能的教育或培训。由于人类知识的更新随时间呈指数关系增长，所以，继续教育必将成为在职人员接受教育的一种重要的形式。教育的本质特征在于传播知识和技能，但对已有一定基础知识的企业统计人员，注重能力培养较之注重知识灌输的效用无疑要大得多。因此，要重视发挥企业统计人员具有基础知识和实践经验的潜能，教学的目的应着眼于培养他们重返工作岗位后，适应新形势，创造性地开展工作的能力。在教学中对教师的授课方式与内容要求较高，教学形式可以灵活多样，最好以案例的形式讲授现代统计调查技术、整理技术与分析技术，将现代统计分析方法与企业实际结合，有利于企业统计人员对现代统计知识的理解与掌握。在培训中，一定要注意避免空洞的理论与方法的讲授。

岗位学习与培训主要是使统计人员掌握统计基本知识、基本方法、了解统计法规、统计报表制度的有关规定，能够及时有效地完成统计的各项任务。岗位学习与培训的重点在于提高统计人员的理论水平和业务能力。企业要把对统计人员的培训并使其具备专业知识作为统计人员的任职条件。各专业统计人员须具备执行统计任务所需要的专业知识，现有的专业统计人员不具备统计专业知识的必须进行培训和考试，如可开设《统计学原理》、《企业统计学》、《统计分析专题讲座》等基础性课程以及统计分析类课程。岗位培训工作在今后应当形成一种较为完善的统计教育制度，企业综合统计负责人应定期对专业科室、企业基层统计人员轮流进行培训。在报表、法规或制度有所改变时，应及时组织培训，让全体企业统计人员及时了解新情况、新动态、掌握新方法，以便更好地完成统计任务。

总之，面对市场竞争及入世的挑战，各级部门必须重视企业统计人员的继续教育，调整企业统计人员的人才结构与知识结构，提高统计队伍的整体素质，以更好地适应企业科学管理与决策的需要，做到有为有位。

8.3

现代企业统计文化建设

企业统计文化是伴随着企业统计的生存轨迹而发展的。企业统计文化建设是企业统计工作在新形势下实现企业统计创新的重要保证，也是改进和完善企业统计工作机制，由粗放式统计向集约化统计，由外延统计向内涵统计转变的重要途径。

8.3.1 企业统计文化的界定与作用

（1）企业统计文化的界定。

企业统计文化是指企业在从事统计实践中创造的具有专业特色的价值观念、思维方式、人文精神、行为方式、道德规范等，逐步形成并被共同认可、遵循，带有统计取向、行为方式、规范、制度及其具体化的物质实体等因素的总和。它是以统计活动为基础，以组织的实际情况为依据，以统计人员为主体，以倡导科学精神和人文精神为重点，以树立正确的世界观、人生观、价值观为方向，以培育统计人才为目标的一种特定的文化现象。

表层的企业统计文化，也称物质层企业统计文化，如企业统计工作机构、企业统计工作环境、企业统计工作人员、企业统计产品等，是形成企业统计制度层和精神层的条件，往往能折射出企业统计的基本思想、工作作风。它外显企业统计文化的发达程度。中层的企业统计文化，也称制度层企业统计文化，指企业长期形成的统计规章制度和所遵循的统计行为规范，它约束着企业统计成员的行为，维持着企业统计组织的正常运转，调节着企业内外统计关系，规定了企业统计人员的工作职责，主要表现在企业统计的规章制度及企业内外统计关系的处理等方面。它是企业统计物质文化和精神文化的中介。深层的企业统计文化，也称精神层企业统计文化，是形成企业统计文化的物质层和制度层的基础和原因，是渗透于企业统计人员、企业领导和企业职工共同认可的统计意识形态，包括统计理想信念、道德规范、价值标准、工作行为等。一个企业凡是统计组织高度有效，一般都具有自己比较好的统计文化，它是企业统计事业发展的基础。

（2）企业统计文化的作用。

企业统计文化建设为企业统计的健康发展提供思想保证、精神动力和智力支持，对企业统计工作面貌的提升、工作质量的改进、工作效益的提高将会起到越来越大的作用，企业统计对企业管理决策的作用被企业领导所认可并重视。因此，企业统计部门和统计人员应切实重视企业统计文化建设，为企业统计文化发展贡献力量。

①凝聚作用。企业统计文化的灵魂是共同的价值观，它像一根纽带，通过对人们的认识的整合沟通，把统计人员、统计部门、企业要实现的目标和目的紧密地联系在一起，使每个统计人员对统计工作感到有兴趣和热爱，以从事统计工作为荣，增强为统计事业兴旺与发展的信心和决心。

②约束作用。企业统计文化注重研究人的因素，提倡以人为本，充分尊重人、相信人、培育人，培养科学的统计观和工作作风，形成群体道德规范和行为准则，用理念来约束人，使文化管理成为一种无声无形的管理，实现外部约束和自我约束的统一。

③激励作用。统计文化的核心是一种精神。务实、创新的统计精神可以调动统计工作人员的主动性和不断创新的强烈欲望，企业统计工作人员能够切实感受到统计工作在企业管理与决策中的价值，做到有为有位，工作的积极性、进取心、责任感增强，工作质量也会大大提高。

④协调作用。统计文化作为一种价值观念，可以加强企业统计人员之间的信任、交流、沟通，从而调整不同的价值观，对事物和问题的认识趋于一致，使统计各项工作和活动更加协调。

⑤形象作用。企业统计形象是企业统计文化的外在体现，是企业统计文化的综合反映。优秀企业统计文化可以向社会特别是企业展示着统计机构和统计工作者的能力和水平，依法统计、坚持原则、公正廉洁的品格，能够树立信誉，扩大影响，形成统计部门巨大的无形资产。

8.3.2 企业统计文化的建设

（1）企业统计文化建设的原则。

①人本化原则：统计工作者通常有统计工作者做事的品格、方式、精神，怎样围绕统计职业素质的提高和思想品格的升华，推进统计文化建设，需要深入研究、达成共识，从而把鲜明的富有职业特点的统计文化建设推向新的阶段。以人为本的统计文化建设，就是要创建通畅的沟通渠道和沟通机制，了解统计工作者的思想动态和各种需求，做好统计者纵向与横向沟通工作；关心统计工作者即帮助解决统计工作者面临的一些困难和矛盾，通过集体的温暖，为统计工作者创造一个好的工作环境；提高统计工作者即要建立一个提高统计工作者业务水平、工作能力等综合素质的工作机制，营造一个人才脱颖而出的良好氛围；规范统计工作者即建立和完善一些统计工作者必须遵守的工作规范、行为准则，要以追求真实、甘于奉献为核心内容，加强统计职业道德建设，以不进假数和不出假数的要求来规范统计工作者；另外建立一套激励机制，激励统计工作者创新、敬业、认真完成各项工作。

②结合性原则：结合性原则是企业统计文化建设必须与企业发展战略、企业管理、企业生产经营等相结合的原则。只有这样，才能从根本上解决"两张皮"现象，也才具有强大的生命力。企业统计文化建设必须渗透于管理的各个环节和全过程。

③层次性原则：层次性原则主要是指统计文化建设部门的层次性，即要求在政府综合统计部门、专业统计部门、企业统计部门以及车间班组都要展开。

（2）企业统计文化建设的内容。

①企业统计的表层文化（物质文化）建设。

企业统计文化中的物质文化要素是指企业为实现其职能，按照国家有关法律、法规，通过依法行政，在统计工作中的配备物质要素的总和。主要包括以下几个方面：

☆统计网络设施 网络设施包括企业统计服务平台，统计服务导示、告知设施，现代统计技术手段处理信息的网络支撑系统等。统计机构和统计工作网络，是统计工作正常运行的基础条件，是统计工作者高质量开展统计工作的基本。大型企业最好设置综合统计机构或企业信息中心，使统计机构在更大范围、与更高层次的统计机构及国内国外有关部门建立纵向与横向联系网络。

☆劳动工具　现代企业统计工作方式是以电脑为劳动工具的知识密集型的方式。企业统计部门必须建立电子计算系统，使作业手段自动化、电脑化、现代化。今后各企业需在企业统计信息实现微机联网的基础上，一是将传输网络向企业外延伸；二是在搞好硬件建设的同时，进一步把软件的开发应用作为重点，建立起将数据采集、数据加工处理、数据信息管理和提供利用集为一体的现代化的数据信息库。

☆工作氛围　良好的工作氛围能够增强企业统计人员凝聚力与进取心。因此，要通过树立"有为才有位"的用人理念，在内部营造一种"精通业务、争创一流为荣，无所作为、不求进取为耻"的工作氛围。此外还要不断改善其他工作条件，使统计活动的正常开展具备优良的物质基础，可以使统计人员产生安全感、荣誉感、成就感和使命感，进而萌发对统计部门的归属感和依存感。同时，自律意识也能得到相应提高，行为也将更加规范。物质文化是企业统计文化的重要组成部分，它对统计工作有着至关重要的影响，必须加以重视。

②企业统计的中间层文化（标准文化）建设。

企业统计文化的标准文化要素，主要指统计部门管理的体制、各种规章制度和管理的方式方法，也就是所谓的制度文化。包括统计组织体系，统计法律、法规、准则和职业道德的建设与完善。制度层面的企业统计文化是统计文化的关键，它把物质文化与精神文化连为一体。同时，它是一种"规范性"文化，是统计组织为了实现企业目标而给予成员工作以一定约束并使其具有适应性的文化要求。

标准文化主要包括行为规范和工作理念两个方面：

行为规范：主要指企业统计管理体制、统计组织机构和各项统计制度等。企业统计文化的这一要素作为一种现代化的管理方式，其有效性在于各种制度的科学性。标准文化应该是企业统计工作者行为准则和工作规范，是统计行为的自然习惯。

工作理念：表现为依法从统和主动服务的理念，理念的作用可以将企业统计人员的事业心和成功欲望化为具体奋斗目标、信条和行为准则。为激发广大企业统计人员树立自主观念、自律意识，可以通过开展"文明窗口、文明职工"创建活动，制定一些《企业统计人员道德规范》、《企业统计人员文明守则》、《企业统计人员行为十不准和文明礼貌用语》等规章。

③企业统计的深层文化（认知文化）建设。

企业统计认知文化是统计人员品质、个性、精神面貌的集中反映，也称精神文化。它包括统计思想、文化价值（价值观、人生观、道德观）和统计美学等，核心是统计人员的价值观和信念。价值观是一个团队所认可的原则和品质，共同的信念能够形成合力和团队效应，促进企业统计目标的实现。

（3）企业统计文化的评价。

①建立企业统计文化评价体系的必要性。如何结合我国企业统计的实际状况，在建设企业统计文化的过程中，找到一条可操作性强、见效快的道路，是摆在企业统计面前的一个重大任务。优秀的企业统计文化可以增强企业的竞争能力，促进企业不断发展，而不好的企业统计文化对企业的发展有一定的阻碍作用。企业如何判断他们所建立的企业统计文化的优劣，就需要通过对企业统计文化进行系统、科学的评价。通过对企业统计文化的评价，了解企业统计文化建设中所存在的不足，及时加以调整和改进。

企业统计文化评价体系可以根据企业统计文化的内容建立衡量企业统计文化各构成要素的发展现状和发展程度的指标体系，并通过确定各项指标的分值和相应的评分标准，采用量化的方法准确地对企业统计文化进行评估。

建立评价体系的目的是为企业建设独具特色的企业统计文化提供了一套完整的衡量标准，为外界或企业自身对企业统计文化进行评价提供了依据。它不仅有助于企业认识自身的企业统计文化发展状况，也是外界对其进行评价的验证尺度。评价体系除了可以反映企业统计文化建设的现状以外，还可以反映出企业统计文化建设中相对薄弱和亟待加强的环节，对企业统计文化建设做出导向性的预测，从而使企业统计文化建设的动态调整内容有一个准确的定位。

②企业统计文化的评价体系。根据企业统计文化建设的内容，企业统计文化的评价体系见图8-1。

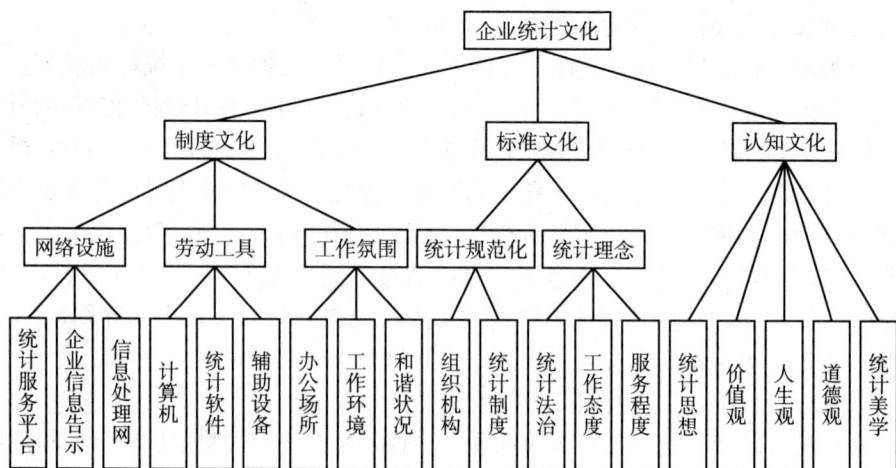

图8-1 企业统计文化评价内容体系

　　以上只是对企业统计文化建设在理论上提了一些粗浅的思路，在实践中还有很多的工作要做，还有很多的困难需要克服。应该说企业统计文化建设绝不是一朝一夕、一蹴而就的事情，它既需要各级统计部门的参与指导，同时也需要广大统计理论与实践工作者的努力，更需要一定的环境和氛围。民国初年著名学者陈之藩在《剑桥倒影》一书中说道：许多许多的历史才可以培养一点点传统，许多许多的传统才可以培养一点点文化。所以，企业统计文化建设任重而道远，它是一个长期的、渐进的过程，需要一代统计人共同努力。只要我们意识到统计文化建设对统计发展的重要性，有意识地去努力、去做些事情，我们相信企业统计定会有更为美好的明天，统计事业更加辉煌。

　　总之，企业统计文化是统一广大企业统计工作者的思想意志、凝聚人心、振奋士气、规范行为的一个重要的长期起作用的精神力量。要提升企业统计工作的层次，使之成为充满活力的事业、富于竞争力的事业，就必须大力加强企业统计文化建设。

8.4
现代企业统计能力建设

　　统计能力建设问题源于 1999 年联合国经济合作与发展组织发展援助委员会、世界银行、国际货币基金组织等举办的一次国际会议，这次会议建立了"21 世纪促进发展统计伙伴关系联合体（PARIS21）"。PARIS21 的目的是促进发展中国家的统计能力建设。从统计能力建设的提出背景可知，统计能力从一开始是指国家统计能力。国家统计能力是指一个国家统计系统定期提供满足适用性、准确性、及时性和可比性的统计数据所必须具有的基本特征或基本条件，包括硬件条件和软件条件。

　　虽然"统计能力"一开始是作为一国的统计能力提出的，但一国的统计能力首先被人们定义为"政府统计能力"或"官方统计能力"。如果仅从国际组织开展国际合作和援助的需要来看，这种定义是合理的。但细究起来，国家统计能力并不等同于政府统计能力。国家统计能力是一个比政府统计能力含义更广泛的概念。除了政府统计能力之外，还应包括政府之外的组织和公民统计能力，政府之外的组织可以区分为两类：一是企业组织；二是非政府组织（NGO）。因此，国家统计能力应当由四个基本部分组成：政府统计能力、企业统计能力、NGO统计能力和公民统计能力，后三部分可以统称为"民间统计能力"。可见，企业统计能力是国家统计能力的重要组成部分，如果说公民统计能力是国家统计能力的基础，政府统计能力和企业统计能力则构成了国家统计能力的主体，非政府组织统计能力构成了国家统计能力的补充。

提高统计体系效率，提升国家统计能力，更好地服务于社会经济发展，多年来一直为统计理论界与实际部门关心的热点之一。邱东教授等撰写的著作《中国统计能力研究》从宏观层面对我国统计能力建设的相关理论进行了研究并提出了基于中国国情的统计能力建设的全新研究框架。但作为国家统计能力重要组成部分的企业统计能力建设，则研究得不多。2009 年 7 月 22 日中国国家统计局局长马建堂和联合国副秘书长沙祖康、联合国统计司司长张保罗分别代表中国政府和联合国在北京签署了"联合国统计能力开发信托基金协议"。其目的旨在提升中国及亚洲其他发展中国家统计能力，其中"企业数据收集"为该项目的重点领域之一。企业数据收集的质量高低与企业统计能力的大小关系密切，因此，企业统计能力建设需要引起重视，也需要有更多的专家学者关注企业统计能力建设的问题研究。

8.4.1　企业统计能力的内涵

政府统计能力的核心是统计数据质量问题，企业统计能力在重视统计数据质量的同时，更加重视统计分析能力和统计参与企业管理决策的能力。因此，企业统计能力是企业经营决策过程中成功运用统计数据和统计分析改进企业运行效率的能力，关键有三个内容：一是获取高质量数据的能力；二是处理和分析数据的能力；三是有效使用统计成果（包括统计数据和统计分析结果）参与管理决策的能力。即：企业统计能力 = 获取高质量数据的能力 + 企业统计分析能力 + 企业统计参与管理决策能力。

企业统计数据分为来自内部的经营管理数据和来自企业外部的经营环境数据，而企业外部数据又分为一手数据和二手数据。比较而言，企业内部经营管理数据的搜集比较容易，企业外部数据中的一手数据收集比较困难，二手数据中的宏观统计数据则相对容易，其他数据则多数需要购买（取决于民间统计市场的发育程度）。与政府统计能力相似，企业获取高质量数据的能力可以通过企业统计数据质量来测量，具体包括准确性、及时性、适用性、简便性、经济性等几个维度。

企业统计分析能力一直以来是企业管理者十分重视的问题，随着市场经济向纵深发展，在企业统计中的重要性日益凸显。企业统计分析能力一方面建立在企业数据质量的基础上；另一方面有其独特的性质。它取决于诸多因素，从企业制度因素、到企业领导的重视程度、再到统计人员的业务素质等，是企业统计能力中最重要也最具有综合性质的因素。所以，对企业统计分析能力的评价十分重要。当然，我们也可以看到，在很多企业中企业统计数据要啥有啥，统计分析报告也定期提供，但企业领导对统计并不满意。除了企业统计分析只是一种表面工夫外，企业统计缺乏有效参与管理决策的能力是又一个关键因素。参与管理决策不仅是提供好的分析报告，还要求参与者具备企业经营管理知识和经验，要将统计与经营管理有机结合起来。其实有些领导本身就具备统计专业知识背景，这种类型的领导自然会将统计与管理结合起来，其管理多半是有效的。不论企业经营管理者是什么专业背景，他都应具备一定的统计素养，只有这样才能实现统计有效参与经营管理决策。对于企业统计专业人员也是一样，只有具备相关的经营管理知识和经验，才能有效参与经营管理决策过程。这恐怕是很多企业统计难以达到有效参与经营管理决策的症结所在。

企业统计能力与政府统计能力既有相同之处也有不同之处。二者相同点主要表现在：一是都是国家统计能力的重要组成部分，政府统计能力服务于宏观管理和决策，企业统计能力服务于企业管理和决策；二是都以统计数据质量为核心，因此，统计数据质量既是政府统计能力的关键要素，也是企业统计能力的关键要素；三是都以一定的硬件条件和软件条件为前提；四是都是建立在统计科学的理论基础上，并以统计认识过程的内在逻辑性为基础。这种内在逻辑性体现为统计认识过程的基本规律性：从统计设计、到数据收集、再到数据处理和分析、最后达到统计认识目的。二者的不同点具体见表 8-1。

表 8-1　　　　　　　　　　企业统计能力与政府统计能力的区别

项目	政府统计能力	企业统计能力
用户	比较广泛：有政府机构、企业、NGO、社会公众、国际组织	企业管理者、股东、员工、客户、相关政府部门
广度	范围广：全国范围，各行业	范围相对小：企业内部及所处行业
深度	着眼于国民经济核算等宏观层面	着眼于企业内部经营管理、与企业相关的外部市场及行业数据
方法	调查方法、数据处理方法、经济统计方法、计量模型方法等	数据组织、数据分析、数理统计方法、质量控制方法、调查方法等
信息技术	对信息技术有较高的依赖性	对信息技术的依赖性与企业规模正相关
法规制度	非常依赖法规	主要依赖行业规则和企业内部制度
数据质量	是统计能力的核心，准确性和及时性是难点	仅是统计能力的核心之一，市场数据方面存在准确性难题
组织程度	组织程度高，强调一致性、公开性和国际可比性	组织程度较低，不公开，仅需要最低限度的横向可比性

8.4.2 企业统计能力的评价系统结构

企业统计能力的评价可以从三个维度进行：首先是统计条件维度，包括人力条件、财力条件和物力条件三个方面；其次是统计内容维度，包括数据收集与处理、数据分析、参与管理和决策；最后是统计应用领域维度，包括投资、市场、运营、质量和综合管理等。无论是从哪个维度评价企业统计能力，都会与另两个维度有内容上的交叉。但如果只从一个维度进行评价，受实际数据可得情况的限制，难以达到系统和全面的要求。因此，在具体进行企业统计能力测度时，需要以某些维度为主进行分解，同时兼顾其他维度，这样比较简便易行。从量化数据的易得性来看，以统计条件维度和统计内容维度展开为主，以统计应用领域维度作为补充（在具体指标体系中体现），设计企业统计能力评价指标体系和评价标准，是比较适当的。这样，企业统计能力的评价系统结构就可以表述成如下形式。见图8-2。

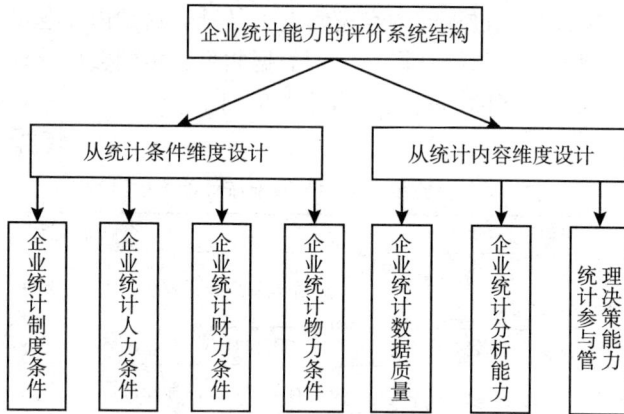

图8-2 企业统计能力的评价系统结构

企业统计能力的评价系统结构分为七个子系统，它们的基本内容如下：

（1）企业统计制度条件。

这是企业统计发挥作用的制度环境，包括企业管理制度的健全程度、企业统计规范程度和统计工作在企业中的地位等。

（2）企业统计人力条件。

包括企业统计人员和员工统计素质两个方面。

（3）企业统计财力条件。

包括企业对统计部门的各种直接投入、对所有部门在统计信息方面的费用投入等。

（4）企业统计物力条件。

主要指企业统计人员（包括兼职统计人员）的工作条件，如硬件设备和软件装备等，这个内容与企业统计信息化程度高度相关。

（5）企业统计数据质量。

主要从统计数据的准确性、及时性、适用性和简便性等方面考察。

（6）企业统计分析能力。

包括统计人员的统计分析能力和经营管理人员的统计分析能力。

（7）统计参与管理决策能力。

包括统计参与管理的能力和参与决策的能力。

8.4.3　企业统计能力的评价视角

从总体上看，企业统计能力是国家统计能力的重要组成部分；从每个具体企业看，企业统计能力是构成企业竞争能力的重要内容之一。因此，对企业统计能力的评价可以从两个不同的视角进行，一个是对每个具体企业的统计能力进行分别评价；另一个是从总体上对全国（或某一地区）的企业统计能力进行整体评价。

（1）个体评价：针对具体企业。

就一个具体企业来说，统计的意义是什么？企业的基本目标是盈利，企业实现目标的关键是管理和决策能力。因此，对于企业来说，统计的意义就在于帮助企业有效提高企业管理水平和有效进行决策。基于管理和决策的企业统计能力是最本质的内容，至于满足政府有关部门对数据的需求，在很大程度上也取决于企业统计能力。

从前面企业统计能力的系统结构可知，不同行业、不同规模的企业之间在很多方面没有直接可比性。这就要求在对具体企业进行评价时先要对企业分类，评价必须在相同行业、规模相近的企业之间进行。

（2）总体评价：针对总体企业。

从总体上评价，就是从国家统计能力的角度，考察其中的企业统计能力处于什么状态。如果从具体企业评价，我们可以通过统计条件、统计成果等各个细节去进行横向比较。但是从整体上进行评价就很困难，没有可比的对象。因此，必须先制定一个评价的标准。这就涉及我国企业统计能力建设的未来目标。有了明确的建设目标,对现实的评价才能有可比的标准。对总体企业的统计能力进行评价,与针对具体企业的评价内容基本是一致的,但也有一些特殊性。从总体上看,企业运用统计的制度环境是非常重要的,一个具有良好的公民统计素养的社会中,企业对统计的认识程度是较高的。同样,在一个市场经济体制和政府统计制度相对健全的国家中,企业运用统计解决问题的内在动力必然是较高的。

8.4.4 企业统计能力评价方法探讨

(1)企业个体能力评价。

对企业统计能力的个体评价主要涉及两个问题:一是综合评价指标体系设计;二是综合评价方法选择。

①综合评价指标体系设计:根据前面对企业统计能力系统结构的分析,建立如下两层次综合评价指标体系,由 7 个子系统共 29 个指标构成,其中约有半数的指标属于定性变量。具体见表 8 - 2。

表 8 - 2   企业统计能力个体评价指标体系

企业统计能力子系统	评 价 指 标	计 量 方 法
企业统计制度条件	1. 企业管理制度的健全程度	应有的管理制度是否齐全
	2. 统计基础工作规范化程度	从统计岗位设置、基础规范等方面考察
	3. 企业领导对统计的重视程度	通过统计人员的反映考察
	4. 统计人员相对待遇水平	工资水平在企业中的相对位置
	5. 企业员工的统计素养	员工中学习过统计的人员比例
企业统计人力条件	6. 专兼职统计人员数量	近三年统计人员年平均数量
	7. 统计人员的学历结构	本科(或专科)以上学历人员比例
	8. 统计人员专业背景	统计人员中统计相关专业人员比例
	9. 统计人员统计知识水平	有统计师(或统计员)以上资格证的人数占的比例
	10. 统计人员工作年限	人均工作年限
企业统计财力条件	11. 统计硬件和软件费用支出	统计硬件和软件投入累计价值(按重置价值计算)
	12. 近三年外部信息收集费用支出	用于行业数据、市场调研和投资评估等方面的信息支出,包括统计部门和其他部门的信息费用支出
	13. 近三年统计知识培训费用支出	包括统计人员进修费用及各种短期培训费用支出

企业统计能力子系统	评 价 指 标	计 量 方 法
企业统计物力条件	14. 人均使用计算机台数	指当前正在使用中的有效设备
	15. 统计人员信息技术水平	掌握并使用统计软件或信息系统的统计人员比例
	16. 统计数据库应用水平	企业统计数据库的健全程度及软件应用水平
	17. 管理信息化程度	信息技术手段收集处理的信息量占全部信息量比例
企业统计数据质量	18. 准确性	由企业内用户评估，分成 5 个等级
	19. 及时性	由企业内用户评估，分成 5 个等级
	20. 适用性	由企业内用户评估，分成 5 个等级
	21. 简便性	由企业内用户评估，分成 5 个等级
企业统计分析能力	22. 统计分析工作的相对重要性	统计人员用于统计分析时间占全部工作时间的比例
	23. 统计分析成果的数据	年人均统计分析报告数量
	24. 统计分析成果的质量	统计分析满足企业管理需要的程度
统计参与管理决策能力	25. 参与管理的主动性	统计人员对改进经营管理的提案数量
	26. 参与管理的有效性	统计人员提案被采纳的比例
	27. 参与决策的程度	统计人员参加公司决策会议的人次数
	28. 企业领导对统计作用认可度	由企业主要领导评估，分成 5 个等级

②综合评价方法选择。

多指标综合评价方法有很多，有专家意见法、综合评分法、多元统计分析法、模糊综合评价法、灰色关联分析法、层次分析法等，考虑到企业统计能力评价指标体系中有许多属于定性变量，不宜使用多元统计分析法，但其他方法都是可以选择的。比较而言，模糊综合评判法和灰色系统评价法在可操作性和相对客观性上具有较大的优势。

模糊综合评价方法。模糊综合评价是以模糊数学为基础，将边界不清、不易定量的因素定量化，进行综合评价的一种方法。通过构造等级模糊子集把反映被评事物的模糊指标进行量化（即确定隶属度），然后利用模糊变换原理对各指标综合。模糊评价通过精确的数字手段处理模糊的评价对象，能对蕴藏信息呈现模糊性的资料作出比较科学、合理、贴近实际的量化评价；评价结果是一个向量，而不是一个点值，包含的信息比较丰富，既可以比较准确地刻画被评价对象，又可以进一步加工，得到决策参考信息。

灰色关联分析法。灰色关联法是指事物之间不确定性关联，或系统因子与主行为因子之间的不确定性关联。灰色关联分析是基于行为因子序列的微观或宏观几何接近，以分析和确定因子间的影响程度或因子对主行为的贡献测度而进行的一种分析方法。它主要用于态势发展变化的分析，也就是对系统动态发展过程的量化分析。它根据因素之间发展态势的相似或相异程度来衡量因素间接近的程度。由于灰色关联分析可以通过分析参考序列与比较序列的曲线几何形状的接近程度，来判断变化趋势的接近，所以也常常被作为多指标体系的综合评价方法。一般选取最优方案为参考序列，与之关联度越大的方案最优。另外，灰色关联分析也可用来确定指标权重。

（2）企业总体能力评价。

对企业统计能力进行总体评价，可以有两种思路：一种是参照 IMF 的数据质量评估框架（DQAF），提出企业统计能力总体评估框架，然后运用"专家意见法"进行逐项评价。另一种是运用抽样调查技术，对企业总体进行抽样，通过样本估计总体企业的统计能力基本状况。第一种方法简称为"评估框架法"；第二种方法简称为"抽样调查法"。

①评估框架法。

DQAF 采用的是级联式结构，对数据质量评估标准采取从一般到具体、再到更为详尽的一种描述过程，对每一种描述由专家在认真调查分析的基础上给出评估结果，评估结论分为完全符合、基本符合、不符合三种情形。参照 DQAF 的评估框架，结合前面对企业统计能力评价系统结构的讨论，将企业统计能力总体评价框架设计为三个层次，包括 5 个一级指标，14 个二级指标共 34 个评估标准（见表 8-3）。

表 8-3　　　　　　　　　　企业统计能力总体评价框架

注：请在对应空格中填"√"。　完全符合（+）　基本符合（0）　不符合（-）

层号	评价内容	+	0	-	层号	评价内容	+	0	-
1	良好的企业制度环境				3.3	统计数据及时性有保证			
1.1	良好的企业法制环境				3.31	没有因为数据的缺少影响管理和决策			
1.11	企业认识到统计法的重要性				3.32	企业有严格的统计数据时效规范并得到执行			
1.12	企业认识到合同法的重要性				3.33	统计人员有充足的工作时间			
1.2	良好的市场经营环境				3.4	企业统计数据有较好的适用性			
1.21	市场信息能够及时得到				3.41	企业统计数据冗余较少			
1.22	不存在信息垄断和信息失真				3.42	需要的统计数据容易得到			

注：请在对应空格中填 "√"。　完全符合（＋）　基本符合（0）　不符合（－）

层号	评价内容	＋	0	－	层号	评价内容	＋	0	－
2	资源充足				3.5	企业统计数据使用简单方便			
2.1	人力资源比较充足				3.51	员工能够随时得到关于统计数据的解释			
2.11	企业能够找到所需要的统计人员				3.52	统计数据的来源是明确的			
2.12	企业能够找到所需要的信息技术人员				3.53	统计数据查找和取用方便			
2.13	企业能够找到所需要的管理人员				4	有较强的统计分析能力			
2.2	财力资源比较充足				4.1	统计分析的条件有保证			
2.21	企业愿意在收集信息上投入				4.11	统计分析的时间有保证			
2.22	企业愿意为统计人员提供良好工作条件				4.12	统计分析人员的业务水平较高			
2.3	物力资源比较充足				4.13	统计分析人员掌握基本的分析软件			
2.31	企业信息基础设施比较健全				4.2	统计分析报告的适用性较好			
2.32	企业有必要的信息系统				4.21	统计分析报告的频率是合适的			
3	企业统计数据质量有保证				4.22	统计分析报告的内容有深度			
3.1	统计数据符合客观性标准				5	统计参与管理决策的能力较强			
3.11	企业统计工作的专业性较强				5.1	统计参与经营管理的能力较强			
3.12	有保证统计数据真实的机制				5.11	统计人员有经营管理知识及经验			
3.13	统计人员严格遵守职业规范				5.12	统计人员不定期提供经营管理改进建议			
3.2	统计数据准确性有保证				5.2	统计参与经营决策的能力较强			
3.21	建立了规范的基础工作				5.21	企业决策者在重要决策问题上听取统计人员的意见			
3.22	有对统计数据进行审核的机制				5.22	企业统计人员对企业发展战略高度关注			
3.23	所有统计数据具有一致性（无数出多门现象）								

②抽样调查法。

建立在"专家意见法"基础上的"评估框架法"，本质上也是一种调查研究方法。因为专家做出评估的前提就是对实际情况的了解。因此，对企业统计能力总体评价的更为直接的方法就是进行抽样调查。由于企业统计能力评价是以定性认识为主定量认识为辅，所以，抽样调查的精度要求是第二位的，关键是不能出现明显的样本偏性。抽样方法可以采取两阶段分层随机抽样设计，即第一阶段采用 PPS 抽样从全国抽取若干城市（或县），第二阶段从抽取城市（县）中按行业及规模分层抽样。调查估计的精度取决于抽取的样本量（调查的企业数量），如果样本量较小，只能得出全国企业总体的基本认识，并不能真正推断出全国企业总体统计能力的数量特征。抽样调查的问卷设计可以参考前面对具体企业统计能力评价的指标体系内容确定。

企业统计能力作为国家统计能力的重要组成部分，必须重视与加强其能力的研究。本部分主要是根据我国企业统计实际，对我国企业统计能力有关理论问题进行了较为系统的研究，一定程度上弥补了我国企业统计能力建设理论研究的不足，为我国企业统计能力的建设与评价提供了理论指导，但无论是研究的深度还是广度还需加强，企业统计能力理论研究还有诸多问题尚需探讨，相信随着"联合国统计能力开发信托基金协议"项目的开展，会有更多的人关注企业统计能力研究，企业统计能力建设会越来越得到重视，企业统计能力会不断加强，进而加速提升我国国家整体统计能力，更好更快地实现国家统计战略发展目标。

8.5

本章小结

本章主要从企业统计功能实现的保障角度对企业统计基础工作规范化建设、企业统计人力资源与教育培训、企业统计文化建设和企业统计能力建设四大方面进行了系统的研究。企业统计基础工作规范化主要从建设的意义入手，指出规范化建设的内容进而就企业统计基础工作规范化的实施提出了标准、目标和评价体系；企业统计人力资源与教育培训部分，探讨了企业统计人力资源的素养、企业统计人力资源的现状以及企业统计人力资源建设等内容，对提高企业统计人力资源的能力，发挥其作用提供了很好的参考；现代企业统计文化建设部分主要从企业统计文化的界定、建设原则、内容进行了理论上的深入探讨，希望在有关企业实施；企业统计能力建设是一个全新的内容，从企业统计能力建设问题入手，讨论我国企业统计能力的内涵及其与政府统计能力的区别，提出了企业统计能力评价的系统结构，并从个体评价和总体评价两个角度对企业统计能力的评价方法进行了研究。

附录 1

企业统计工作现状调查问卷（A）

[本问卷适用于企业主要分管领导] 200701

> 您好！我们是山东工商学院"山东省企业统计工作现状调查组"。为全面了解我国企业统计工作现状，加快我国企业统计改革步伐，更好地为企业生产经营管理与决策服务，我们组织了本次调查，希望能得到您的支持。本次调查不记姓名，答案没有对错，但求真实。
>
> 让我们一起为我国企业统计理论与实践事业的发展共同努力。感谢您真诚的合作！

您若打印填写，就在选项处画"√"即可；您若填写电子文档，把选项字体变成红色即可。

A1. 企业统计工作在本企业经营管理中的作用：

1. 很大　2. 较大　3. 一般　4. 较小

A2. 企业统计工作在企业经营管理中应发挥的作用为：

1. 完成统计报表，提供统计信息　2. 除 1 之外，提供一些咨询意见

3. 应全面发挥统计的信息、咨询、监督作用

A3. 您认为随着企业市场化的深入，我国企业统计力量应：

1. 加强　2. 维持现状　3. 削弱　4. 不好说

A4. 您认为主要统计人员（如综合统计负责人）参与企业经营决策：

1. 很有必要　2. 无所谓　3. 没必要

A5.（若选择 1）那么，您认为参与形式应该是：

1. 提供决策所需统计信息　2. 为决策提供咨询　3. 直接参与决策过程

4. _____

A6. 您对本企业目前统计工作是否满意？

1. 满意　2. 比较满意　3. 不太满意

A7.（若选择 3 请回答）您感到不太满意的原因是：

1. 不能够及时全面提供所需信息　2. 不能够发现、分析和解决实际问题

3. _____

A8. 您认为企业统计工作：

1. 很重要　2. 一般　3. 不太重要　4. 没有用　5. 不好说

A9. 您认为本企业现有统计工作人员的素质：

1. 完全能满足要求　2. 基本能满足要求　3. 不能满足要求

A10. 工作中，您最希望统计人员为您提供的信息是：

1. 生产经营基本信息　2. 市场竞争方面的信息　3. 经营和决策咨询　4. 各种统计分析报告　5. 其他（请简要说明）＿＿＿＿＿＿＿＿＿＿＿＿＿＿＿

单位名称＿＿＿＿＿＿您的职务＿＿＿＿＿您分管的工作＿＿＿＿＿

附录2

企业统计工作现状调查问卷（B）

[本问卷适用于企业统计工作人员] 200701

您好！我们是山东工商学院"山东省企业统计工作现状调查组"。为全面了解我国企业统计工作现状，加快我国企业统计改革步伐，更好地为企业生产经营管理与决策服务，我们组织了本次调查，希望能得到您的支持。本次调查不记姓名，答案没有对错，但求真实。

让我们一起为我国企业统计理论与实践事业的发展共同努力。感谢您真诚的合作！

您若打印填写，就在选项处画"√"即可；您若填写电子文档，把选项字体变成红色即可。

BA. 企业基本情况

B1. 贵企业的经济类型：

1. 国有企业　2. 集体企业　3. 股份合作企业　4. 联营企业　5. 有限责任公司　6. 私营企业　7. 港、澳、台投资企业　8. 外商投资企业　9. 其他（请说明）＿＿＿＿＿

B2. 贵企业所属的主要行业：

1. 采矿业　2. 制造业　3. 电力、燃气及水的生产和供应业　4. 建筑业　5. 交通运输、仓储和邮政业　6. 信息传输、计算机服务和软件业　7. 批发和零售业　8. 住宿和餐饮业　9. 金融业　10. 房地产业　11. 租赁和商务服务业　12. 科学研究、技术服务和地质勘察业　13. 水利、环境和公共设施管理业　14. 居民服务和其他服务业　15. 教育　16. 卫生、社会保障和社会福利业　17. 文化、体育和娱乐业　18. 其他（请说明）

B3. 贵企业的生产经营方式

1. 单一生产经营企业　2. 集团公司

B4. 如果是集团公司，请问公司下属企业个数＿＿＿＿＿

并写出前五个主体产业所属行业名称 ＿＿＿＿＿、＿＿＿＿＿、＿＿＿＿＿、

＿＿＿＿＿、＿＿＿＿＿

B5. 贵企业规模：

1. 特大型　2. 大型　3. 中型　4. 小型

BB. 企业统计工作基本情况

B6. 贵企业有没有独立的统计机构？

1. 有　2. 没有

B7. 如果有，全称是_____，直属领导是_____（职务）

B8. 如果没有，企业综合统计工作设在：

1. 财务部门　2. 综合管理部门　3. 营销管理部门　4. 信息管理部门
5. 其他（请说明）_____

B9. 贵企业专兼职统计人员数有_____人，其中综合统计_____人

B10. 贵企业统计人员年龄、文化程度和所学专业情况：

年　龄	人　数	文化程度	人　数	所学专业	人　数
30 岁以下	1	本科及以上	2	统计	4
30～50 岁	16	专科	13	会计	7
50 岁以上	4	中专及以下	6	经济管理	3
				其他	7

B11. 贵企业的统计管理制度：

1. 没有统计管理制度　　　　　　　　2. 有，但很简单
3. 比较详细，但不分综合统计和专业统计　4. 非常详细具体且分工明确

B12. 您从事统计工作后的统计培训情况：

1. 从未参加（没机会）　2. 从未参加（有机会）　3. 参加过（不定期的）
4. 参加过（定期的）

B13. 如果参加过培训，培训的方式有：

1. 企业内部培训　2. 政府部门培训　3. 到院校进修学习　4. 其他（请说明）_____

B14. 如果参加过培训，请问您的统计技能水平：

1. 有很大提高　2. 较大提高　3. 提高不大　4. 没有提高

B15. 贵企业领导是否经常关注统计工作（工作问题、困难等）：

1. 从没关注　2. 偶尔关注　3. 一般　4. 比较关注　5. 十分关注

B16. 贵企业开经营调度会时，综合统计负责人：

1. 从未参加　2. 偶尔参加　3. 经常参加　4. 不清楚

B17. 贵企业对外统计信息传输工作采用的主要形式是：

1. 邮寄报表　2. 报送软盘　3. 计算机网络通讯　4. 电话传真　5. 其他

B18. 除统计报表外，企业统计人员参加企业外部市场调查情况：

1. 经常参加　2. 偶尔参加　3. 从没有

B19. 贵企业统计人员参与企业经营管理的程度：

1. 仅限于编制统计报表　2. 能够定期提供企业基本经营情况分析

3. 能够结合企业管理和决策需要搜集信息和进行深度分析

B20. 您认为贵企业对外统计报表：

1. 种类少，很简单（约_____套）　2. 种类较多，较复杂（约_____套）

3. 种类很多，很繁琐，重复填写（约_____套）

B21. 贵企业统计核算、会计核算与业务核算的协调程度：

1. 完全协调　2. 总体上协调，有少量不协调　3. 很不协调　4. 不清楚

B22. 您认为本企业目前的统计指标体系：

1. 完全能够满足企业经营管理需要　　2. 基本满足企业经营管理的需要

3. 完全不能适应企业经营管理需要　　4. 不清楚

BC. 企业统计工作人员的基本状态：

B23. 您对统计工作：

1. 很喜欢　2. 喜欢　3. 一般　4. 不喜欢

B24. （若选择 4 请回答）您不喜欢的原因：

1. 统计地位不高　2. 能力得不到发挥　3. 干统计没出息　4. 其他（请注明）

B25. 您认为企业统计工作在企业经营管理中：

1. 很重要　2. 一般重要　3. 不太重要　4. 不重要

B26. 您认为本企业对统计工作：

1. 很重视　2. 一般重视　3. 不够重视　4. 不好说

B27. （若选择 3 请回答）统计工作不受重视的最主要原因应归结为：

1. 领导不懂统计　2. 统计工作不重要　3. 统计工作没有发挥应有作用　4. 不清楚

B28. 统计工作中您最常用的软件进行统计整理分析的是：

1. SPSS 或 SAS　2. EXCEL　3. 其他软件_____

B29. 统计工作中您进行统计整理分析最常用的工具是：

1. 计算器　2. 电脑　3. 手工

B30. 贵公司统计信息联网了吗？

1. 有　2. 没有

B31. 您认为贵公司企业信息化程度如何？

1. 程度很高　2. 一般　3. 较差

B32. 总体上看，您认为企业统计工作在企业中的地位与计划经济时期相比：

1. 更受重视　2. 基本相同　3. 没有以前重视　4. 不清楚

B33. 您认为目前企业统计数字与过去相比较：

1. 更准确了　2. 差不多　3. 没有以前准确　4. 难说

B34. 您认为企业统计工作：

1. 做好统计报表就可以　2. 除了报表工作，还应加强企业内部统计分析

3. 应主动运用调查和分析技术为企业经营决策提供更多信息　4. 领导安排干啥就干啥

B35. 您认为企业统计工作目前存在的主要问题是：

1. _____

2. _____

3. _____

B36. 您在统计工作中遇到的主要困难是：

1. _____

2. _____

3. _____

B37. 企业统计工作应如何开展才能更好地为企业管理与决策服务？

1. _____

2. _____

3. _____

B38. 您对我国企业统计前景：

1. 看好。理由是_____

2. 不妙。理由是_____

3. 说不清。

BD. 被访问者基本情况

B39. 单位名称：

B40. 年龄：　　1. 30 岁以下　　2. 30 ~ 45 岁　　3. 45 岁以上

B41. 文化程度：　1. 本科及以上　　2. 专科　　　　3. 中专及以下

B42. 所学专业：　1. 统计　　　　　2. 会计　　　　　3. 管理
　　　　　　　　　4. 其他（请注明）

B43 从事统计工作:1. 5 年以下　　　2. 5～10 年　　　3. 10 年以上

单位名称：_____您的职称：_____您分管的工作：_____

参 考 文 献

中文文献

[1] 刘冰. 统计工作好做　统计理论难学 [J]. 中国统计，2006 (4).

[2] 蔡旭初. 市场经济条件下的统计理论导向 [J]. 统计研究，1994 (1).

[3] 王艳明，杨海山. 中国企业统计理论研究 [M]. 北京：中国统计出版社，2003.

[4] 唐广泉. 30 年企业统计之路 [J]. 中国统计，2008 (12).

[5] 汪作先. 企业统计改革的主要方向 [J]. 统计研究，1998 (5).

[6] 颜德伦，胡忠良，赵农华. 对企业统计改革的探索与思考 [J]. 统计研究，1999 (8).

[7] 董逢谷. 企业统计改革的若干热点问题的再思考 [J]. 统计研究，2000 (1).

[8] 万寿桥，徐健. 企业统计市场化定位的目标取向：再论企业统计改革 [J]. 统计研究，2001 (8).

[9] 管于华. 六西格玛管理与企业统计前景 [J]. 统计与决策，2005 (12).

[10] 邵建利，刘仲英. ERP 系统中的企业统计核算信息生成研究 [J]. 计算机工程，2005 (9).

[11] 蒋真华. 关于统计理论若干问题的重新审视 [J]. 科技风，2008 (16).

[12] 黄建新. 企业统计分析报告必须实现三个转变 [J]. 统计教育，2000 (5).

[13] 彭永红. 企业统计改革探讨 [J]. 统计与决策，2003 (9).

[14] 黄良文，陈金菊. 转型中的中国企业统计模式探讨 [J]. 统计研究，1995 (4).

[15] 何锦义. 转变企业统计观念促进企业统计改革 [J]. 统计研究，1999 (4).

[16] 李军德. 差异与衔接——试论政府与企业统计有机结合 [J]. 中国统计，2000 (8).

[17] 王艳明. 企业统计若干理论问题思考 [C]. 国际统计论坛，2006 (6).

[18] 董逢谷，陈慧琴，胡清友.企业统计学［M］.上海：上海财经大学出版社，1999.

[19] 王雷.提高企业统计工作运行质量的思路［J］.统计与决策，2004（1）.

[20] 纪宏，柯世才，石瑞芹.吃企业的饭干谁的活——企业统计误区［J］.北京统计，1996（1）.

[21] 张涵.我看国有工业企业统计改革［J］.中国统计，1999（12）.

[22] 苏永明.中国企业统计管理体制创新中的几个问题［J］.统计与信息论坛，2005（3）.

[23] 彭莉莎主编.企业经营管理统计［M］.北京：中国统计出版社，2009.

[24] 陈振裕.深化改革企业统计分析工作的思考［J］.统计研究，2000（12）.

[25] 崔瑛.企业统计改革的思路［J］.中国统计，2000（4）.

[26] 史传坤.根据企业统计业务流程重塑企业统计职能［J］.统计与决策，2003（5）.

[27] 林梦琦.谈转轨时期的企业统计［J］.统计研究，1999（12）.

[28] 王诚惠.企业统计工作的改革对策［J］.统计与决策，2004（1）.

[29] 蔡宏宇.用科学发展观构建企业统计创新理念［J］.统计与决策，2007（17）.

[30] 宋丽群.企业统计改革的思考［J］.统计研究，1999（增）.

[31] 谢中枢.由条例谈我国企业统计的改革与发展［J］.统计研究，1995（6）.

[32] 隗斌贤.企业统计改革的出发点与突破口［J］.统计与决策，1997（1）.

[33] 王亚雄，刘洪范.探索市场经济条件下企业统计改革的出路［J］.财经理论与实践，2000（3）.

[34] 王艳明.企业统计改革思路［J］.统计与决策，2001（8）.

[35] 袁卫秋.企业统计的改革方向［J］.统计与决策，2006（10）.

[36] 李晓翼.市场经济背景下的现代企业统计改革［J］.统计与决策，2008（15）.

[37] 耿奎.对政府、企业统计整体功能的思考［J］.统计研究，1998（5）.

[38] 鹿丽.关于知识经济下统计创新的思考［J］.统计研究，2001（3）.

[39]《企业统计改革与发展》课题组.企业统计改革新体系［J］.统计研

究，1995（3）.

[40] 隗斌贤. 企业统计与会计：尽快实现职能上的一体化 [J]. 统计研究，1998（1）.

[41] 杨全照. 如何进行企业统计制度改革 [J]. 统计与决策，2003（1）.

[42] 邵建利. 基于信息技术的企业统计会计核算 [J]. 统计研究，2004（6）.

[43] 褚可邑. 论市场经济条件下企业统计改革 [J]. 中国统计，1999（3）.

[44] 马岚. 浅谈经济全球化与企业统计的改革 [J]. 财经理论与实践，2001（1）.

[45] 王艳明. 如何构建现代企业统计新体系 [J]. 统计与决策，2003（8）.

[46] 高家规. 浅谈企业统计理念的创新 [J]. 煤炭经济研究，2005（8）.

[47] 郭书政. 关于统计创新的几点思考 [J]. 统计研究，2000（12）.

[48] 王延东. 信息技术推动企业统计职能重建 [J]. 中国统计，2004（7）.

[49] 杨鲁菅. ERP——石油企业统计改革发展的推动力 [J]. 统计与决策，2004（9）.

[50] 顾晓中. ERP 对企业统计工作意味着什么 [J]. 中国统计，2005（4）.

[51] 杨海山. 构建面向企业的统计信息管理系统 [J]. 统计与决策，2001（12）.

[52] 陈彦玲，陈首丽. 企业统计信息化建设的构想 [J]. 统计研究，2001（4）.

[53] 刘崇欣. 企业统计信息数据库通用模式的构建 [J]. 统计与决策，2004（11）.

[54] 苟巧玲. 企业统计制度设计应注意的问题 [J]. 统计与决策，2007（23）.

[55] 顾卫兵. 法国中小企业统计体系值得借鉴 [J]. 中国统计，2008（7）.

[56] 陈振裕. 国外工业企业统计工作简介 [J]. 统计与管理，1992（工业统计论文精选）.

[57] 赵彦云. 统计生产力与统计创新网络建设 [J]. 统计研究，2006（9）.

[58] 上海企事业统计现状调查课题组. 企事业综合统计人员现状 [J]. 上海统计，1997（5）.

[59] 上海企事业统计现状调查课题组. 企业领导的统计意识 [J]. 上海统计，1997（6）.

[60] 田隽江，郑胜. 企业统计人员的现状与企盼 [J]. 中国统计，2007（5）.

[61] 刘菊红. 调查问卷中的统计分析方法 [J]. 上海统计，2002（2）.

［62］柯惠新，黄京华，沈浩．调查研究中的统计分析法［M］．北京：北京广播学院出版社，1996.

［63］纪宏主编．企业统计（第二版）［M］．北京：中央广播电视大学出版社，2003.

［64］钱伯海，庞皓．企业经济统计学［M］．北京：中国统计出版社，1995.

［65］周纪芗，茆诗松．质量管理统计方法［M］．北京：中国统计出版社，1999.

［66］朱昌延．我国国民经济核算体系的成功转型［J］．第十五次全国统计科学讨论会文集（上册），2009.11.

［67］吴喜之编著．统计学：从数据到结论［M］．北京：中国统计出版社，2004.

［68］齐乃昌，朱震葆．市场经济呼唤统计管理体制改革［J］．统计研究，1999（12）.

［69］邵建利著．中国企业核算一体化［M］．上海：上海财经大学出版社，2008.

［70］刘全编著．统计数据处理概论［M］．北京：中国统计出版社，2008.

［71］方佳信．统计分析与数据仓库［J］．上海统计，2002（6）.

［72］李宝瑜，刘洪主编．企业经营统计学［M］．北京：科学出版社，2006.

［73］陈安文，穆庆贵，胡焕绩主编．新编企业管理（第六版）［M］．上海：立信会计出版社，2008.

［74］邵建利主编．企业管理与经济统计学［M］．上海：格致出版社，2009.

［75］王连生编著．新编统计技术教程［M］．北京：中国计量出版社，2008.

［76］何桢，岳刚，王丽林．六西格玛管理及其实施［J］．数理统计与管理，2007（6）.

［77］李萍．动态绩效统计信息与企业监控［J］．统计研究，2003（2）.

［78］付亚和，许玉林主编．绩效管理［M］．上海：复旦大学出版社，2006.

［79］周国富．如何认识企业统计机构的设置［J］．统计与决策，1998（3）.

［80］赵华荃．邯钢统计改革经验［J］．中国统计，2000（1）.

［81］北京市统计局，国家统计局北京调查队［C］．北京市统计业务流程重构的探索与实践．第十五次全国统计科学讨论会论文集，2009（11）.

［82］苏金栋．浅议市场经济条件下企业集团统计系统的重构［J］．统计研究，2001（8）．

［83］王志斌．浅谈企业统计信息的创新［J］．统计科学与实践，2004（2）．

［84］方佳信．统计分析与数据仓库——企业统计信息系统分析功能漫谈［J］．上海统计，2002（6）．

［85］邵建利．市场经济中的企业统计信息系统研究［J］．财经研究，2001（2）．

［86］汪盛．企业统计信息系统优化问题研究［J］．浙江统计，2005（9）．

［87］宋宝良，李川．浅谈统计信息网上直报系统的设计与创新［J］．辽宁经济统计，2004（10）．

［88］范永犁，杨爱民．现代经济条件下企业统计信息化建设的实现途径［J］．文山师范高等专科学校学报，2006（12）．

［89］丹阳．信息时代企业统计数据安全［J］．中国统计，2009（7）．

［90］龚炳江，白冬艳，韩建．基于B/S和C/S混合结构的煤炭企业综合统计系统的研究［J］．统计与决策，2008（22）．

［91］王桂娟．企业如何实现统计基础工作规范化管理［J］．中国统计，2007（10）．

［92］王艳明．企业统计人才队伍的再造与培训［J］．中国统计，2003（1）．

［93］王艳明，李志强．四种人力资源的定量预测方法及评述［J］．统计与决策，2008（7）．

［94］郭炎福．塑造企业统计文化［J］．中国统计，2001（9）．

［95］邱东，侯瑜．基于决策和监测文化构建的统计能力建设［J］．财经问题研究，2006（3）．

［96］胡永宏，贺思辉．综合评价方法［M］．北京：科学出版社，2000．

［97］常宁．IMF的数据质量评估框架及启示［J］．统计研究，2004（11）．

［98］牛家山．理性推进企业统计"一套表"［J］．中国统计，2007（4）．

［99］徐晓海，张琳，周彦．青岛一套表的实践与经验［J］．统计研究，2009（10）．

英文文献

［100］Raghunathan，S. *Impact of information quality and decision-makerquality on decision quality*：*A theoretical model and simulation analysis*［J］．Decision suppot system，1999（26）：pp. 275－286．

［101］Thomas G. Rawski，Wei Xiao：*Roundtable on Chinese Economic Statistics*

Introduction [J]. China Economic Review, Volume 12, Issue 4, 2001, pp. 298 – 302.

[102] James T. Mcclave and P. George Benson. *Statistic for Business and Economics* [M]. Dellen Publishing Company, 1985.

[103] Lee K. *Chinese Firms and the State in Transition*: *the structure of business* [M]. Harvard Business School Press, 1985.

[104] Mariagnese Branchi, Heinz Christian Dieden, Wim Haine, Csaba Horváth, Andrew Kanutin, Linda Kezbere: Analysis of revision to general Economic Statistics, *Occasional Paper Series*, 2007: pp. 4 – 49.

[105] Arnold Zellner: *Guy H. Orcutt*: *Contributions to Economic Statistics* [J]. Journal of Economic Behavior and Organzation, Volume 14, Issue 1, 1990, pp. 43 – 51.

[106] Tomo Suzuki: *The accounting figuration of business statistics as a foundation for the spread of economic ideas* [J]. Accounting, Organzation and Society, Volume 28, Issue 1, 2003, pp. 65 – 95.

[107] Tomo Suzuki: *The accounting figuration of business statistics as a foundation for the spread of economic ideas* [J]. Accounting, Organzation and Society [J]. 2003 (28 – 1): pp. 65 – 95.

[108] Fairtlough, G: The organization of innovative enterprises [A], Ziman, J. Technological innovation as an evolutionary process [C]. Cambridge University Press (UK), 2000, pp. 267 – 279.

[109] Fred L. Bunnell and Mark Boyland. *Decision-support systems*: *it's the question not the model* [J]. Journal for Nature Conservation, 2003, 10 (4).

[110] Fellegi, Ivan P: Characteristics of an Effective Statisdcal System [J]. *Statistical Journal of the United Nations*, FCE, 1996 (13).

[111] Wang Yanming. *An exploration on the New Statistical System of Modern Enterprise* [C]. The 54th ISI Session, 2003.

[112] George Brown and Mik Wisniewski. *Management Information* [M]. Bell and Bain Ltd. 1995.

[113] Jehn Yih Wong, Pi Heng Chung. *Managing valuable Taiwanese airline passengers using knowledge discovery in database techniques* [J]. Journal of Air Transport Management, 2007 (13). pp. 362 – 370.

[114] Olin, J. G. , Greis, N. P. and Kasarda, J. D: Knowledge management across multi—tier enterprise, *The promise of intelligent software in the auto industry* [J], 1999 (17), pp. 335 – 347.

[115] PHAM D T, OZTEMEL E: *an online expert system for statistical process*

control ［J］, International Journal of Produc-tion Research, 1992 (30), pp. 2857 – 2872.

［116］ Jemey D. Ullmanenniefr Widon: *A First Course in Datbase systems* ［M］. PrentieeHall, 2004 (16).

［117］ Robert Mc Allen. Business Applications: Manufacturing ERP Implementation and Operations ［J］. *Info World Media*, 1996, June, 11 (3).

［118］ Wang Yanming. The Study on the Evaluating Index System of Transferred Economic Growth Pattern of Coal Enterprises in China e ［C］. *The 55 th ISI Session*, 2005.

［119］ T. Dalenius: Errors and other limitations of survey, Statistical Methods and the Improvement of Data quality, *Academic Press Inc (London)*, 1983.

［120］ Capacity Assessment and Development – In a Systems and Strategic Management Context, Technical Advisory Paper No. 3, Management Development and Governance Division, Bureau for Development Policy, *http: //mirror. undp. org/magnet/docs/cap/CAPTECH3. htm*, January, 1998.

［121］ Carsten A, Hotz: "Chinese Data", Prepared for conference on China'S EconomicTransition: Origins, Mechanisms, and Consequences15 – 17 November 2002, Toronto.

［122］ Gordon Brackstone: Managing Data Quality in a Statistical Agency, *Survey Methodology, 1999 (25)*, pp. 2 – 21.

［123］ John Cornish: Management of Quality in Statistics New Zealand, *www. nso. go. kr*, 2000 – 08 – 07.

［124］ Berry. M. and Linoff, G. *Data Mining Techniques for Marketing, Sales, and Customer Support* ［M］. New York: Wiley Computer Publishing. 1997.

［125］ Fayyad, U. Piatetspy_Shapiro, Smyth and Uthurusamy. *Advances in Knowledge Discovery and Data Mining* ［M］. MIT Press, 1996.

［126］ Indranil Bose, Radha K Mahapatra: *Business Data Mining – A Machine learning perspective* ［J］. *Information and Management*, Volume 39, Issue 3, 20 December 2001, pp. 211 – 225.

［127］ Man Leung Wong, Shing Yan Lee, Kwong Sak Leung: Data Mining of Bayesian networks using cooperative coevolution, *Decision Support Systems*, Volume 38, Issue 3, 2004, pp. 451 – 472.

后　记

本人主持完成的国家社科基金资助项目《现代企业统计理论与实践创新体系研究》（05BTJ003）2008 年 5 月结项，在课题报告的基础上，又进行了深入系统的研究，完成了我的博士论文《现代企业统计理论体系创新研究》，所以本书是以博士论文内容为主，增加了课题报告中的"现代企业管理中的统计技术研究"一章构成，以使体系更完整、内容更全面。

感谢我的导师天津大学的何桢教授，在我攻读博士学位期间，给予了我悉心的帮助与指导，使我顺利地完成了博士论文的写作，并使我的学术水平得到了全方位的提升。感谢王忠辉副教授、许启发教授、苏永明教授、李志强副教授、薛伟老师等山东工商学院统计学院各位同事，书中的许多观点都是在他们的启发与帮助下形成的，他们为本书的研究和完成做了许多贡献。感谢经济科学出版社的李雪编辑及各位编审。

王艳明

2010 年 3 月